追随智慧

中国人在微软

凌志军 著

人民日报出版社

图书在版编目（C I P）数据

追随智慧：中国人在微软／凌志军著．—北京：
人民日报出版社，2011.11
ISBN 978-7-5115-0642-9

Ⅰ．①追… Ⅱ．①凌… Ⅲ．①电子计算机工业－工业
企业管理－经验－中国 Ⅳ．①F426.67

中国版本图书馆CIP数据核字（2011）第191389号

书　　名：追随智慧——中国人在微软
作　　者：凌志军

出 版 人：董　伟
责任编辑：朱　岩
封面设计：蒋宏工作室

出版发行：人民日报出版社
社　　址：北京金台西路2号
邮政编码：100733
发行热线：(010) 65369527　65369512　65369509　65369510
邮购热线：(010) 65369530
编辑热线：(010) 65369522
网　　址：www.peopledailypress.com
经　　销：新华书店
印　　刷：环球印刷（北京）有限公司

开　　本：710mm×1000mm　1/16
字　　数：430千字
印　　张：25
版　　次：2011年11月第1版　2011年11月第1次印刷

书　　号：ISBN 978-7-5115-0642-9
定　　价：46.00元

再版序

《追随智慧》、《联想风云》、《中国的新革命》这三本书都是在21世纪第一个十年完成的。然而我在其中的知识积累、思想沉淀和精神历练，却要向前追溯到20世纪的90年代、80年代、70年代、60年代和50年代。从很多方面看，中国在这几十年经历了西方世界几百年经历过的变化；但是从另外一些方面看，这个国家仍然顽固地保留着旧时代的特征。无论在物质方面还是精神方面，中国人第一次被日新月异的商业革命所激励，这又导致了他们对意识形态革命的普遍的厌恶和摈弃。新革命取代了旧革命。“主义”的力量偃旗息鼓，而对于利益的追求成了人们行为的动机。这是一个伟大的进程，包含着一连串耀眼的成就，也包含着层出不尽的丑陋勾当。光明与黑暗交织在一起，新思想和旧思想此起彼伏，促使我的写作发生了一个改变，从关注这个国家的政治进程转而描述她的商业进程。其结果是在2000年完成了《追随智慧》，在2004年完成了《联想风云》，在2007年完成了《中国的新革命》。

我在写这些书的时候，只是想表达一下自己对这个伟大进程的观察和想法。这是经年累月呕心沥血的结果。我没有试图印证官方的立场，也不想刻意追踪市场的风向标。因为在今天的中国，唯上和媚俗有着异曲同工之妙，都是名利场上的阶梯。然而我们如果回过头去看，就会发现历史是不懂人情世故的，它通常会让很多最权威最聪明最有名望的大人物显得可笑和无足轻重，也会让一些小人物变得伟大和不可磨灭。

虽然舆论大都把这三本书归入“财经类”，它们获得的奖项也是冠以“商业图书”的头衔。但是说老实话，这些书既不是“致富宝典”，也不是“商战秘笈”。如果你问这些书是为谁写的，我会说，为了那些还没有失去信念、没有失去价值准则的人。所以会看的读者一定心知肚明：这不是“文人言商”，说来说去还是一个“文人论政”。

记得1989年夏天我给自己定了一条规矩，那就是，当我回看自己写的东西时，不会感到羞愧——不会为说了假话而羞愧，也不会为没说真话而羞愧。这是一个最简单庸常的准则，但要真正做到却很难，需要拒绝种种压力和诱惑，同时还要学习妥协、周旋和迂回前进的技术。我曾在《联想风云》的前言里写过一段话："在过去20多年里，我们的国家始终在新与旧的激烈冲突中挣扎着前进。如果你屈服于旧体制，你会被淹没其中；如果你公然反抗，你会体无完肤。联想的真正与众不同之处，在于它掌握了与旧制度相处的方法，同时又以惊人的坚韧、耐心和技巧与旧制度中令人作呕的弊端周旋，一点一点地摆脱束缚，走向新世界。"这是在说一家公司的成长历程，其实也是在说我自己做人做事的刻骨铭心的体验。

现在人民日报出版社打算再版这三本书，归入"商业史"系列，作为此前再版"思想交锋"和"改革史"的续篇，三个系列总计包括了八本书。编者和读者愿意接受我的书，分享我的观察和体验，我很欣慰。如果有人对我持有批评的立场，我也乐意倾听，如果事实能够证明他是正确的，那么我就随时准备支持他。好在这些书的完成都已过去多年，时间是最好的评判者。

作　者

2011年6月24日

代序　你是不是侵略者？

——与比尔·盖茨对话

（2000 年 2 月 18 日）

凌志军：你在大多数中国人眼里的形象，既鲜明又模糊。很多人说你是“知识英雄”，有些孩子渴望成为“比尔第二”，但也有很多人恨你，他们说你是“侵略者”。看到微软进入中国，他们会说“狼来了”。你喜欢哪一种评价呢？你希望你在中国人的眼里是什么样的人？也许你根本就不在乎中国人对你的评价？

比尔·盖茨：我希望过不了多少时间，中国人对微软的印象会是友好的合作者。每次进入一个全新的市场，一些人总是断定微软肯定成功，因为我们曾经太成功了。但是这些人没有意识到，当地信息技术产业的繁荣发展对我们多么重要。微软必须依靠合作者，尤其是当地的发展商，我们需要共同寻求让顾客满意的途径。如果我们在你们的国家干得很好，这就意味着你们很多公司干得同样好。能够在世界范围内带领信息产业的进步，真正给那些具有才能的人提供机会，这是我最感骄傲的事情之一。我热切盼望将来能在中国做生意，真诚希望中国的信息产业获得巨大成功。

凌志军：你是 20 世纪的成功者，但现在是 21 世纪。你在 1995 年曾说：“从历史的角度来看，微软在信息时代和信息高速公路领域内恐难再领风骚。”在 1999 年说：“21 世纪的头十年是注重速度的时代，是企业本身迅速改变的年代。”你认为未来十年里会有人来取代你吗？

比尔·盖茨：微软的发展重点，始终是不断保持竞争优势，尽其所能为客户开发重要技术。信息产业将继续加速发展，这个领域的竞争比以往任何时候都要激烈。我们正面临巨大的挑战，必须吸引优秀人才，开发的软件同时满足用户现在的需要和未来的需要，投资决策既要敏捷精明又要目光远大，只有这样我们才不致被淘汰出局。我不认为任何一家公司能在互联网领域独领风骚。有竞争实力的公司很多，大家都在各自合适的领域里奋斗，但是仍有很多模糊不清的边缘地带和变幻莫测的经营战略。谁的产品最好、战略最好，只有用户能做出最终的判决。想保持强大地位，我们就必须比任何人都了解用户的心思，创造出他们最需要的产品。

凌志军：你认为微软“难再领风骚”，是由于你们面临的和司法部的官司，还是不断出现的Linux一类的市场新模式？也许你正在试图使微软永远领先，就像你曾说过的，“我想向历史挑战”。过去几年你在招募最优秀的人和在基础研究上所做的种种努力，包括在雷德蒙、剑桥和北京建立研究院，是不是你为保住微软领先地位而采取的最重要的步骤？

比尔·盖茨：是的。如果不改变传统的经营理念和运作模式，几乎没有公司能将这个时代的领先地位维持到下一个时代。另外，信息变化频率不断加快，我们需要认真审视，如何迅速反应，如何领导潮流，如何积极影响这种变化，并据此塑造企业。这也是我改变角色而请斯蒂夫·鲍尔默担任首席执行官的原因之一。这是一项重要的工作，我认为，这是应对变化的最好办法。用人和科研是两项最关键的投资，我绝对不会顾此失彼。我必须坚持聘用人才的高标准，我必须更多地投资于基础研究。我还必须保持这样一种企业文化：聪明的员工会不断受到挑战，他们可以发挥潜在才能，探索崭新领域。微软研究队伍的人员素质很让我骄傲，同样让我得意的是，大家都喜欢在微软工作。我们的员工流动率大约只是同行业平均流动率的一半。

凌志军：中国的报纸说，1997年12月你在清华大学和一群学生对话之后，在回美国的飞机上决定把微软在海外的第二家研究院设在中国，是这样吗？如果不是，那么是中国的哪些东西引起了你的兴趣？

比尔·盖茨：我们大部分的研究工作在雷德蒙进行，在全世界，我们并没有很多研究院。所以，成立一家新机构对微软总是一项重大决定。实际上，是高级副总裁里克·雷斯特决定成立中国研究院的，而我完全支持这个选择。过去几年间，我五次访问中国，和用户、合作者见面，在大学里演讲，和大学生交谈，这些都是很好的经历。对于信息产业及其对社会的影响，他们都有着相当新鲜的看法。所以，和大家聊聊想法，回答他们的问题，是件很有意思的事情。

凌志军：在聘用李开复先生主持微软在中国的研究院之前，你熟悉他吗？对他知道些什么？如果不知道，是微软的人事制度允许你的下级在你不知情的情况下决定高级管理人员的录用吗？

比尔·盖茨：李开复先生在卡内基梅隆大学和在苹果公司时，我听说过他的工作情况。他有关于语音识别的博士论文很了不起，我认为语音识别是人机界面的关键，开复的想法和我不谋而合。开复在苹果公司的工作同样给人留下深刻印象。我通常非常留意公司高层人员的录用，不过，我十分相信经理们会在各个层面选择培养有才华的人。我们扩张得相当迅速，所以我无法和每个人见面。但是聘用员工是这里每位经理的首要工作，我们对此都很认真地对待。里克·雷斯特想聘用开复时，我们相互通了几封电子邮件，想法让他加入微软。很高兴他最终接受了我们的提议。

凌志军：听说你曾赞扬北京的研究院"太出色了"。你对它的印象最深的东西是什么？

比尔·盖茨：我想，建立研究院的关键紧要的第一步，是吸收一大批人才。因为，研究院的工作有多出色，完全取决于它的队伍有多出色。我们最终聘用了出类拔萃的人才，比如在多媒体领域人人皆知的张亚勤、名字在中国家喻户晓的李劲。建立研究院的速度很重要，这意味着尽快从中获取重要成果。比如，和中国高校建立紧密的联系，和有才华的学生一起工作，这些学生将来会在当地开创信息行业的职业生涯。

凌志军：美国《财富》杂志曾经刊登你的一句话，现在则在中国广泛传播。你说："虽然中国每年的电脑销量有三百万台左右，但人们不花钱买软件。总有一天，他们要付钱的。只要他们想偷，我们希望他们偷我们的。他们将会上瘾。因此，我们可以算出，在未来十年的某一天，我们要怎样去收钱。"我不能说你的话完全没有根据，但这在相当多的中国人当中正在引起极大反感。他们说，这是微软占领中国市场的策略。你现在想解释一下这些话吗？或者，关于盗版，你有一些新的想法对中国人说吗？

比尔·盖茨：微软从不允许盗版存在。我们采用大量市场策略使盗版越来越难。我们相信，要发展繁荣本地信息技术产业，必须尊重知识产权，给软件发展商相当的报酬。盗版不仅是微软面临的问题，它也影响着中国整个软件业的发展。事实上，盗版对中国国内软件企业的伤害，远远超过中国以外的企业，因为国内公司通常依赖当地的软件市场获取收益。如果他们唯一的市场碰上大量盗版，他们会发现，生存都是问题，更不用说在地区和世界范围内展开竞争。

凌志军：很多人都说微软崇尚自由宽松的文化。但也有人举出一些事实，表明公司的许多员工最怕听到"比尔请你去开会"，当他们和你坐在同一张桌子前的时候，他们会感觉到紧张甚至恐惧。他们怕什么呢？你的员工在精神上到底是自由轻松的，还是整天心事重重？或者你根本不认为你的员工怕你？

比尔·盖茨：软件业是竞争异常激烈的行业，微软聘用的人员通常热衷技术，热爱工作。在某些时候，比如努力完成“Windows 2000”的日子，我们面临的压力是难以想象的。那是艰苦难挨的岁月，也是激动人心的岁月。为了获得成功，我们必须聘用出色的员工，同时创造良好的氛围，让大家能自由分享信息，需要时和其他人员合作，能够迅速做出明智的判断。我们在工作中共同对付各种各样的压力，所以我说，兴奋、协作、挑战是每一天的精神状态。我可以理解，员工第一次碰到我，或者其他高层管理者，会感觉紧张，我自己可能也会这样。但这种情绪很快就会过去，所有的人都会把注意力集中到面前的问题上。在一些会议中，我们展开有益的争论，这很好。我们知道大家都在试图寻找最好的解决问题的办法。我们聘用的员工很出色，和他们一起工作我非常自豪。

凌志军：在中国，很多人都知道你是“世界首富”。他们更想知道，你生活中最重要的东西是什么？假如地球在明天毁灭，所有人都将随之消亡，只有你被上帝允许到另外一个星球上去生活。但是，在全部金钱、最有才华的20个雇员、家人这三者中间，你只能带走一样。你会选择哪一个呢？

比尔·盖茨：嗯，首先，我要带走我的家人。他们是我生命中最重要的。然后，我想试着谈谈能否再带走20个人。我不在乎钱。当我们创办这家公司的时候，我从来没有想过会如此成功，而且我说起过很多次，打算赠送掉我的财富。如果只关心经济保障，我早就歇手不干了。事实却是，我拥有世界上最好的工作，我从中获得许多乐趣，我们从根本上改变着世界，我对此津津乐道。至于财富嘛，我乐于把自己看做公共财产的保管员。过去的几年间，我和妻子、父亲在我们的基金会和基金组织中频繁活动，希望推动保健、教育和获得新技术的工作。

凌志军：你在不久前辞去首席执行官的职务，任命自己为首席软件设计师，是什么想法导致你做出这样的决定？

比尔·盖茨：在过去一年半的时间里，我和斯蒂夫·鲍尔默对微软做了很多改变。我们的目标是，让现在这个实力雄厚的企业具备长远发展的后劲。这些改变开始于1998年7月，那时斯蒂夫成为微软总裁，接管公司日常运作。然而，我们仍有很多事情要做。为了在激烈的竞争中最有效地实施我们的战略，我和斯蒂夫都决定，现在正是把资源和人才集中起来应对挑战之时。所以，我决定给自己创造一个新角色——董事长和首席软件设计师，这使我能够把100%的精力放在突破产品的关键问题上。在建立微软的过程中，斯蒂夫是我长期的搭档，他是一名很出色的商界领袖。我们之间独特的合作关系自然发展，筑成现有格局。再往前走，我会成为微软核心队伍的一员，给合作者创造更多的机会，给顾客开创更加伟大的闻所未闻的技术，与员工和股东一起，建立起一个更加不可思议的企业。我担任微软首席执行官25年了。这在技术行业或是其他行业都是不多见的。我一直很乐意接受这个职位带来的商业、技术和其他方面的挑战。在过去的两年里，我和董事会讨论过如何改变我的工作方式，我们很幸运有斯蒂夫接任首席执行官这个职位。我和以往一样，对我们这个了不起的公司无比乐观。我们有最出色的员工，有比以往任何时候都坚强有力的管理队伍，有数量庞大的绝妙技术和无穷无尽的发展机会。所以，如果有人怀疑我宣布这个决定，意味着我会在微软花更少的时间，那么他就大错特错了。我会竭尽全力，保证微软占据技术领先地位，在数字时代再获成功。我将和斯蒂夫密切合作，保证微软成为21世纪美国最成功的企业。

前言　关于智慧的故事

我将本书奉献给：

- 那些最聪明的人。
- 那些现在还不聪明但却正在聪明起来的人。
- 那些曾经聪明但现在已经聪明不起来的人。
- 那些虽然不聪明但却管着聪明人的人。

在过去的十几年中，微软始终是一个世界范围的话题，即使在我们国家，关于微软的故事也有很多正式出版物。与以往这些出版物不同，本书所描述的主要是微软公司里一批中国人的命运，这些中国人组成了微软中国研究院。其内容大都取自第一手资料，主要部分是我的直接观察以及当事人的回忆。

在我采访的整个过程中，微软公司以及微软中国研究院都给了我极大支持。前者安排了我同微软公司董事长比尔·盖茨、高级副总裁里克·雷斯特和其他一些人的直接交谈，这些人全都是第一次接受一个中国内地记者的独家采访。后者向我开放其内部档案和电子邮件，并且允许我旁听他们的许多根本不能向外公开的会议。我还有机会采访位于美国华盛顿州雷德蒙市的微软总部，穿过那些迷宫一般的走廊去寻找我感兴趣的人。在本书所涉及的100多个人物中，有50多位曾经与我面对面地交谈。我对他们的采访断断续续持续了16个月，接受采访的每一个人，都真诚地对我讲述了他们的故事、他们的思想以及种种酸甜苦辣，让我留下大约140个小时的录音带，还有超过100万字的采访笔记。我还同有关的人相互往来300多个电子邮件，其中相当部分是为了核实一些事实乃至每一个细节。当然我也阅读了大量旁证材料和公开出版的书刊，对于我理解微软和在微软工作的这些中国人，这些间接资料都是重要参照。没有微软的支持，我无法完成我的工作，不过，我在下面所叙述的内容，全都出自我本人的独立的取舍和分析，所表达的思想也全部属于我自己。我从一开始就向我的采访对象表明，我不是微软的“代言人”，而只是一个旁观者。当我考虑做这件事的时候，曾与微软中国研究院院长李开复有过一次交谈。

我说：“我将写我想说的话，不写我不想说的话。”

他说：“当然。你可以随便写什么，也可以什么都不写。”

在相当一段时间里面，我并没有决定真的写出什么东西。让我最终下决心把本书写出的人，不是李开复，不是比尔·盖茨，而是清华大学电子系一位尚未毕业的硕士生。她是江西南昌人，叫潘锦辉，不是微软的正式成员，但却有几个月的时间在微软中国研究院里实习，因而能够从最近的地方感受微软的环境以及微软员工的工作、生活和心态。她表现出色，深得老板嘉许，但她从未想过毕业之后就职于微软。她说她对微软曾经有过不大好的印象，那是她进入微软实习之前从各种公开舆论中得来的，但她的不肯就职于微软不是因为这个，而是一些个人的原因促使她出国了。这些事实表明，她与微软之间并无利害纠葛，其本人既无成就和名声，也无权力和财富，在我们国家几亿年轻人中没有任何特别的地方。正因此，我便格外相信她的客观公正。从以下一段潘锦辉和我的对话中，读者必定会和我一样希望更多地了解微软，以及微软中的中国人：

问：能谈谈你对这里的感觉吗？

答：我今年夏天来到研究院，感觉非常愉快。虽然压力很大，但很愉快。虽然清华是一个很累人的地方，但你如果想舒服，还是可以很舒服。节奏比这里慢得多。这里的工作让我兴奋，虽然压力大，但你会觉得每天都能做出一些事情来，每天都不是在原来的地方踏步，有成就感。整个过程让我觉得很幸运。

问：你刚才两次提到，虽然有很大压力，但很兴奋，很愉快？

答：对！对！就是这种感觉。

问：可是在很多地方，压力大会让人不愉快，压力和愉快不是很矛盾吗？

答：哦（笑）！这要看是什么样的人。如果是习惯于舒适的人，在压力之下也许会觉得非常不舒服。但是我觉得，我们这批学生都不是这样的人。在清华念书的几年，大家都是在压力下长大的，所以大家都是不怕压力的。尤其是在这样的压力之下，你每天都能做出新东西来，这样的感觉就会很好。

问：你的意思是，关键是每天都能做出新的东西？

答：对！如果你混了一天什么都没有做出来，这样一天一天，恶性循环，越来越糟。

问：我明白了。关键是每天都在前进，不是原地踏步。如果没有前进，就算没有压力，你也不会开心吧？

答：（笑）对！对！不是说压力使人愉快，而是在压力之下的小小成就感让人感到愉快。

问：这种感觉，你过去在别的地方有吗？比如说在清华？

答：我刚才说在这里做得很兴奋，就是说在学校做得不是很兴奋。

问：那么在你来之前，微软公司在你心里是个什么样子？

答：老实说，是个负面形象（笑）。

问：什么负面印象？

答：因为……毕竟……它……比较……比较霸道。反正，总体上是一个负面形象。

2000 年早春，我在美国西部雷德蒙市微软总部完成了采访，住在哈利泰吉花园公寓开始写作。窗外红杉郁郁葱葱，绿草如茵，景色宜人，空气中散发着野生丛林的芳香。雨过云开，天空湛蓝，日月俱澄澈。我这人一向喜欢把自己融入天地之间，这次却没有一点这样的闲情逸致。在以后的几个星期中，我除了每天早晚在红杉树林散步各 20 分钟，其余时间全都沉浸在下面这个问题中：我们的国家，什么时候才能有更多的人拥有潘锦辉那样的兴奋感？才能像微软中国研究院里的那些中国人那样，既聪明又走运，既有成就又有钱？

读者一望而知，这是一个关于智慧的故事，因为故事中的人物几乎都是一些聪明绝顶的人，但事情还不仅止于此。要估量人的智慧对于社会进步所具有的作用，须以长距离大范围的眼光来看世界。在过去 100 年中，计算机技术对人类生活的影响之大，甚至超过了战争。但是这仍然只是覆盖在历史表面的那一层。技术的背后是人。有足够的证据表明，人类在改变技术的同时，也在改变着自己。20 世纪的世界经历了“智力战胜体力”的时代；在 21

世纪，世界也许将出现一个“智力战胜权力”的时代。也只有在这个时代真正开始的时候，蕴藏在亿万“潘锦辉”身上的智慧和激情，方能放射出耀眼的光芒。

这样看来，人，人的智慧的弘扬，人的智慧的弘扬所依赖的环境，就应当成为我们将要叙述的这个故事的主旨。

目录

第三章
脑力激荡

第四章
那是我“儿子”

第五章
“死亡线”

第六章

今天你要去哪里？

序幕 “狼”来了！

作者题记：20世纪最后20年里崛起的这个奇迹，不因横行霸道，而因勇于创新。它的兴旺，不是由于其尽善尽美的道德准则，而是由于其机灵多变的精神。它的力量，不是理想主义，而是一种乐于接受普通人需要的平实态度。它是世界上最大的软件基地、最值钱的公司，拥有最多的富翁，但它仍然像是一个不知分寸横冲直撞的孩子。在它之前，全世界的历史上有谁对人的智慧寄托过如此巨大的信心、倾注过如此多的争论？

我们将要叙述的故事，开始于1998年，但它的序幕有可能在100年前已经开启。

公元1898年，在中国旧历属戊戌年，历史所载最重要的事件，为“百日维新”。皇城内外，变法高潮迭起，吸引国人关注，谁也不曾料到，激进的改革领袖谭嗣同却在一件小事上倾注极大热情，惊叹见到“至奇”。

这一年谭嗣同游历全国至上海，亲见一部计算机，其“进位”结构由六个齿轮组成，轮上依次表明从“零”到“九”，齿轮转动速度以十倍递增，所以能够构成六位数字的加减运算。据说此种设备为法国人帕斯卡发明，后来又由莱布尼茨加以改进，赋予乘除运算的能力。19世纪20年代，再由托马斯大幅度提高机械工艺，成为能够使用的计算工具。谭嗣同在友人傅兰雅处看到，惊叹不已，当即致信老师欧阳中鹄，说那台机器能够自动显示计算数目，还说他试验百次，居然不差。谭嗣同的这一感慨转瞬即逝，日后也被史家忽视。从那时以来，悠悠岁月中，多少事情都已发生，可是计算机给世界以及中国带来的变化，看起来已超过种种惊天动地的大事件。可惜历史只是记录了谭嗣同的政治主张和慨然就义，而对于这段牵涉深远的小事，后人大都不能尽知。

整整100年后，也即1998年那个承前启后的秋天，我们的国家再现改革高潮。京西万山红遍，层林尽染，城里的人们纷纷聚会，赞美过去20年里怎样改革内政，又怎样向世界开放。11月5日，星期四。北京长安大街两边的白杨正在凋零，天气虽未进入酷寒，却有几分萧瑟，不是户外活动的良好季节。然而当日午后，与北京火车站相去不远的国际俱乐部门庭若市，熙熙攘攘。礼仪小姐盛装笑脸，亭亭玉立在迎宾案两侧，案上端放"来宾签到簿"一册。根据此簿记载，这一天来者约300人，均为中国计算机业的成名人物，包括18位院士、56位教授、4位大学校长、9位系主任、27位研究员、7位所长、一个总工程师、一个高级工程师和一个总裁，还有29个政府官员和美国驻华使馆的一位外交官。

上百来宾从京城以外很远的地方专程赶来。人们鱼贯进入二楼大厅，依次坐定，个个西服革履。主席台为22个花篮簇拥着，送花人既有信息产业部和中国科学院这样的官方机构，又有"方正"和"亚信"一类的民间集团，还有美国驻华大使馆。

大批盛装官员和知名学者在这同一时间聚集一堂，其实只为一事：美国微软公司在中国建立了一个研究院。

令人惊讶的是，当日新成立的微软中国研究院，全部成员不过六人。46岁的凌小宁已是其中"老者"，余下的人全都是不满40岁的年轻人。院长李开复37岁。年龄最小的郑薇是一个20岁出头的女孩子。而客人当中，不是高龄就是高官，数量以百计。这情形就算不会造成喧宾夺主的局面，至少也会令人生出宾主不能对等的担心，所以，李开复特意从美国雷德蒙微软总部请来若干高级管理与研究人员助阵，有公司高级副总裁里克·雷斯特，还有微软美国研究院的华人学者黄学东、洪小文、沈向洋和刘自成。这四个人昔日去国求学，现在全是美国计算机领域里的成名人物，又全都年纪轻轻。

黑发人和白发人济济一堂。大家嘴上说着"忘年之交"，内心却强烈地感受着年龄的对照。来自微软的年轻人，不得不做出比他们的年龄更老成的样子，一看就知道是勉为其难。计算机业在美国乃是年轻人的世界，而在这里则是由老一代人主宰。凌小宁还在人群中发现自己20年前在北大求学时的老师。老师风采不减，只是两鬓苍苍，看见从海外归来的学生，遥想当年，不免感慨。眼前这些青年，那时候还是什么也不懂的孩子，而今，他们头上顶着"世界级专家"的光环，口袋里揣着一大堆专利、论文，以及五颜六色的获奖证书，开口闭口都是世界计算机技术的最新进展。老师们自己呢？当年一头黑发和一腔热情，有如眼前这些年轻人，现在则除了"牛棚杂忆"，大都只剩下一头白发。一位记者将这“白发人面对黑发人”的场面看在眼里，不免感叹：“这一边快要走到尽头，而那一边才是刚刚开始。”

至少有100个记者来到现场，这时候全都坐在后排座位上，默默地察言观色，手上还拿着微软中国研究院历史上的第一份新闻稿。上面说，研究院的成立“再次表明了微软公司对中国市场的长期承诺”。还引用李开复博士的话，宣布研究院将“在未来几年内扩大到100人，成为世界顶尖级的科研机构”。副总裁里克·雷斯特博士则当场保证：微软将给中国用户“提供更好的计算体验”。这时候，一位软件工程师，杨飞，打开了录像机。比尔·盖茨从硕大的屏幕上走出来，展开了他那全世界都熟悉的微笑：

> 大家好！我是比尔·盖茨，微软公司董事长兼首席执行官。现在我非常高兴地宣布，微软中国研究院正式成立。
>
> 基础研究一直是微软公司至关重要的业务领域。微软公司的每一个主要产品都融入了微软研究部门的工作。我深信在未来的日子里，微软研究院的贡献将越来越大。微软研究院正致力于开创先进的计算机技术，使未来的计算机会看、会听、会说、会学习，让人们能像与人交流一样与计算机交流。
>
> 我们选择在中国设立我们在亚洲的第一个研究院，是因为我们发现中国有许多非常优秀的人才。在前几次访问中国期间，我有幸与一些优秀的研发人员进行交流。他们素质很高，给我留下了深刻的印象。

300名中国来宾和100名记者接着看到，奈森·梅尔沃德出现在屏幕上。此人是微软公司的首席技术官，谈笑风生，常有精彩之论被作为“奈森定理”在美国广为传扬。现在，他显然要把他的“定理”搬到中国来：

> 科学研究是一项非常艰巨的任务。当你开始进行一项研究时，你要求研究人员做一些难以实现的事情，因为以前从没有人做过这些事情。迎战这些问题的主要资源是智慧超群的优秀人才。科学研究管理的关键在于如何找到这些人才，为他们提供良好的科研环境，让他们的好奇心和专业才能得到充分的发挥，创造出新的、了不起的发明。因为人才是成功研究的先决条件，我们决意追随人才，到人才济济的地方开设研究分院。

把奈森的"追随人才"，同我们国家所说的"吸引人才"相比较，就会发现，其间有着微妙但却重要的区别。对于这一点，李开复进一步解释道："我们不能等待人才找上门来，我们应求贤若渴，三顾茅庐。"又说，成立微软中国研究院的初衷，就是"汇聚中国本地的优秀人才和微软公司自己的专业人才，汇集其思想"。此话说得直截了当，扼要简明，可是无论来宾还是记者，当日都未给予足够注意。只有王选在这中间隐约发现：微软公司志不在小，"有眼光"，还有"远大战略"。此人是中国科学院院士、北大计算机教授，也是中国计算机领域过去20年中最有成就的计算机专家。感同身受，一语中的。然则他的话在当日会场上淹没在一片空泛的祝词中，犹如大海里面投入一粒石子，涟漪不惊。直到好几个月之后，人们才能明白，所谓"追随人才"、"汇聚思想"，恰为1998年11月5日国际俱乐部二楼大厅杯觥交错中的一束耀眼光芒，更在日后引发了无数的争端与机缘，承前启后，因果相连，也是本书所要叙述的重点所在。

记者们那一天所关注的事情，无非"8000万美元"和"100人"这两件。微软公司说："将在今后六年投资8000万美元于中国研究院，并且将研究人员增加到100人。"作为研究院的院长，李开复还补充道，他在中国将"只花钱不挣钱"。记者追问，"8000万"将如何花？李开复说，其中大部分将用在科研人员身上。又问，100个人从哪里来？李开复说，将主要来自中国。看来中国人应该为此满意，但事实并非如此简单。

微软公司自1985年进入中国，13年来似乎只关注其产品在中国市场上的营销。李开复现在的话意味着，此后微软将不只是"卖产品"，而且也会"买人"。对西方人的动机一向敏锐的中国记者，全都惊讶起来，其中两位当场在心里盘算，结论是，"诱惑力显而易见"。《北京晨报》记者陈曦算出来的结果是，"每个人平均将得到数十万美元的投入"。这消息在第二天早上立即传遍京城。普通百姓看了未免咋舌，见过世面的人却说："这算什么？还顶不上人家微软一年挣来的一个零头！"

这天午后出场的可不止一家《晨报》——78家中国的报社电台电视台和10家外国报社电台的记者都来了。那时候微软对待中国记者真是热情，但这并不是因为中国记者的本事特别大，可以让微软这样傲慢的公司也放下架子来，而是因为，研究院创建伊始，已经感受到一种特殊的气氛。谁也说不清楚他们的心里到底在担心什么，反正谁都能感到他们拼命想把自己扮演成无害的角色。里克·雷斯特喋喋不休地说："这个研究院将只进行基础性研究，并不做产品开发，科研工作方式是开放性的。”李开复则说：“微软中国研究院将支持中国政府在发展信息产业方面的举措，帮助吸引本地的优秀人才开展高水平的基础研究，防止人才外流。”这意思很明白：微软中国研究院一不抢市场，二不抢人才，所以中国人尽可以把心放在肚子里。不过，记者们的眼光里仍然充满怀疑，《电脑生活》杂志的文章，把美国《商业周刊》记者格雷姆的一句话以大号字排出，异常醒目：“微软是谎言大家，他们成天说‘我们不做这个，我们不做那个’，但最后大家发现他们是无所不为。”

回想起来，当日这研究院充其量也不过六个人，虽然个个聪明绝顶，傲骨雄心，但却逢人点头，对官员赔笑脸，对记者说好话，无论对谁，都是仪态谦恭，不敢怠慢。他们力量薄弱，似乎很难成为中国计算机产业的威胁。那一天记者们紧追不舍，如临大敌，小题大做，似乎是由于平日的北京过于平淡。这倒不是说这座城市没有新闻，而是说记者们没有机会去施展才干，他们内心中的批判精神，在国内事务中难得发扬，现在逮到了一堆美国人，当然要尽情施展。政府的官员们就不会那样感情用事。他们人人显得矜持，表现出有节制的祝贺。科技部部长朱丽兰闭口不谈“抢什么”的问题。她说她最感兴趣的是微软中国研究院的一个宗旨：“提供开放的环境。”还说现在是“脑力激荡”的时代，所以微软的做法“非常值得我们欣赏”。这位女部长是那天到场的最高官员，说出来的话听上去没有敌意，让美国人松了一口气。不过，她也没有热烈地赞誉。她甚至还在演讲一开始就表示，自己对于在这个场合讲话并无足够准备。言外之意，她是面对一种突然而至的邀请，以致不能左右自身，只好勉为其难。中国科学院副院长白春礼说：“希望今后能够加强合作，共同做出更好的工作，为人类服务。”这话让任何人听来都会觉得无懈可击，只是不疼不痒。另外一位女性，教育部副部长韦钰，说出来的话显然含有更多的真诚。她说，中国人一提到知识经济，便提到微软。“微软是一个十分有影响力的公司，比尔·盖茨是中国年轻人心目中的传奇英雄。”还许诺说，她将支持微软中国研究院。然则最引人注目的是信息产业部。部长吴基传在报纸上公开表示：“软件技术主要是依靠人的智慧来推动，人才至关重要。”还说，对微软等世界著名的公司在中国设立科研机构，“我们应给予支持”。但这肯定是在另外什么地方说的，而与微软研究院的成立庆典无关。在11月5日这一天，这位部长根本没到会场上来。事实上，尽管里克·雷斯特和李开复曾专程去信息产业部拜访，但那里一个部长也没有来，只有两位司长和两个随行人员来了，带来一个花篮表示祝贺。几个人全都不讲话，也没有在签到簿上留下电话号码。这又让在场的记者猜疑，不免追问缘由。其中一位官员的回答挺实在："信息产业部开始也与微软进行了接触，但是没有谈拢，后来他们和科技部谈成了。"又问，为什么这个部能"谈拢"，而那个部没"谈拢"？这一次，官员说："科技部自然有它的想法，它们是从科技研究的角度来看与微软的合作，而我们更多的是从整个产业的角度看待这个问题。"

看来，与微软这行当越是接近的部门，对微软的感情也就越是疏远。尽管如此，李开复仍然感受到鼓舞。他后来说："我们没有想到能够得到中国政府的这么大的承认。"

可是，要说微软长期以来挺进中国市场，步步为营，则有事实的根据。

微软的英文名字写作"Microsoft"。前半部分"Micro"，中文意为"微"和"小"；后半部分"Soft"，对应中文为"柔"和"软"。在刚刚过去的20世纪，人类社会中至大或至小的例证无数，但由小而大、以柔克刚、名"小"实"大"、外"软"内"硬"的例子，莫过于微软。

这个词的诞生既偶然又必然，它不过是25年以前两个20多岁的毛头小伙子——比尔和保罗，灵机一动写下来的。那是1975年冬天，地点是在比尔狭小的宿舍里面。两个年轻人坚信"一场革命开始了"，进而就像朱迪·加兰和米基·罗尼电影里的人物一样，高声呼喊："我们要在谷仓里面演出！"微软的"革命"就这样开始了。那一年，我们的国家也在演出一场"革命"。两种"革命"都需仰仗激情，但却有着完全不同的本质。一个是科学技术，一个是意识形态；一个依靠智慧，一个依靠愚昧；一个依靠自由，一个依靠专制。那时候7亿中国人的理想是那样豪迈：走向一个"红彤彤的新世界"，然后去"解放世界上三分之二受苦受难的人民"。而两个美国青年的期待则要简单得多："我们的目标是让每一个办公桌上以及每一个家庭都拥有计算机。"然则到20世纪结束的时候，"微软"的标志昂然飘扬在人类世界9/10的地方。美洲、欧洲、亚洲、非洲、大洋洲……凡有现代文明之处，便有"微软"标志，就像19世纪的"米字旗"和20世纪的"星条旗"。世界上无论口说何种语言的人，都会说"Microsoft"这个词。人们谈到计算机，就说"Windows"，或者"Office"。说到财富，就是比尔·盖茨。1995年夏天，微软"Windows 95"，一夜之间风行全世界，三年之后是"Windows 98"。当时一套"Windows"批发132美元，零售商会卖到241美元。"Office 97"批发250美元、零售499美元。价格不菲，但全世界使用计算机的人，每100个中就有95个买了微软的软件——不是买正版，就是买盗版。在美国，微软的股票价格在过去九年当中增长了大约 32.33 倍。在中国，一位年轻的歌手，朴树，随着一阵轻快的电子音乐唱出一首新歌——《新男孩儿》：

快来吧，奔腾电脑，
就让它代替我来思考。
穿新衣吧，剪新发型呀，
轻松一下，Windows 98！
我们的生活甜得像糖，
我们的未来该有多酷。

倘若比尔·盖茨本人能够听到这首《新男孩儿》，必会笑出声来。此人对中国也许有着特殊的兴趣，不然他就不会在过去几年中连续五次来到中国。不过，只是当江泽民主席接见他的时候，大多数中国人才开始注意到这个在椅子靠背跳上跳下的“世界首富”。他的新书《未来之路》的中文版，这一年在中国大陆发行 45 万册。微软在中国的事业看上去真是一帆风顺。当然，更加激动人心的场面还是在中国的大学里，比尔·盖茨在那里受到国家元首般的欢迎。不过，至少有一位大学生认为：“他比国家元首还要棒，因为世界上元首无数，而比尔只有一个。”

1997 年 12 月 12 日，比尔的“中国梦”达到了高潮。那一天，清华大学的报告厅盛况空前。学生会似乎已经料到会有此种局面发生，所以事先在每一个学生宿舍发一张票，让一个屋子里的六个甚至八个学生抽签决定，谁去观摩那个世界上最有钱也最不拘小节的家伙。但是，没有抽到签的学生不甘心失去机会，所以大家不论有票还是没票，全都蜂拥而来。报告大厅座无虚席，走廊上也站满了人，再后面进来的就只好坐在讲台上，仰面向上，目不转睛，只听见比尔·盖茨说了第一句，“非常高兴来到这里与大家一起分享我生命中那些激动人心的事情”，就满堂喝彩起来。

但是这一天里最令学生激动的是比尔·盖茨说的另一句话：“我们一直非常幸运地从清华招收了大量的人才，我们的核心人员来自清华。”他后来说过，中国大学的院墙里孕育着未来的真正希望，可能还说过他喜欢清华大学那个报告厅之类的话，中国国内的不少报纸说，微软中国研究院的诞生与比尔·盖茨此次清华之行有着直接的关联，说比尔·盖茨被学生的睿智折服，所以在回国的飞机上下决心，在北京设立一个世界级的研究院。这样的评论广泛流传，为清华大学的学生平添一道光环，实则多属夸张不实之词。日后还有更多的事情证明，报刊舆论中关于微软的诸如此类的夸张屡屡发生。

李开复后来解释微软何以将研究院设在中国的时候说，比尔·盖茨对清华的那次演讲大有好感，这是不错的，但这只是部分原因，更加重要的是他认为中国人很优秀。这当中既有中国大陆上的年轻人，也有美国计算机业里的那些华人（在美国微软总部的18000名员工当中，华人大约有800人，其中有相当部分来自清华大学）。不过，有一点虽然从来没有人提及，但肯定潜移默化地影响着比尔·盖茨的决定，那就是他在中国所受到的英雄般的款待。

细检我们国家1997年以前的舆论记录，极少见到后来那种尖刻抨击微软的文字。那时候，无论在中国官方和民间，微软都放射着耀眼的光芒，就连对微软抱有强烈敌意的方兴东也说，微软在中国“得到的待遇截然不同，大有一呼天下应的气势”。

但是，比尔·盖茨并不总是这样走运。自从“Windows 95”成功之后，他在全世界的坏名声就越来越多。微软被描述成一个“罪恶的帝国”。攻击者首先不是来自中国而是来自他自己的家园。最激烈的言论来自加州“硅谷”：“邪恶的公司”、“黑暗王子”、“骗人的货色”、“打倒盖茨”、“消灭微软”、“希望自己能成为它的终结者”、“摧毁微软是我们每个人的任务”……他们说，微软的成功根本不是依靠自己的发明，而只不过是追随了别人的发明。还说，微软的战略中“暗藏着一种恶魔似的企图”。然而这些攻击的性质多属于谩骂，大体只能在人们的感情方面发生共鸣，而没有理性的效果。不过，美国报刊上的一种说法，却正在被人们广泛地接受：“微软公司是一辆坦克，它会把前进道路上的一切障碍都碾平。”

要想看看90年代中期美国人怎样表达对微软的不满，只要用鼠标点一下《有线》杂志在“万维网”上开设的一个新的旅游路线就成了。那趟旅游的题目叫做“可恨的微软”，每一个景点都包含着对微软的不满。另外一个刊物，把比尔·盖茨画成一个巨大的黑猩猩，张开大嘴想要吞咽整个世界。对于微软的种种怨恨和抱怨，似乎就从那时候开始喷薄而出。有人甚至将比尔·盖茨的照片印制在高尔夫球上，让人狠狠击打。历来成功者的结局只有两个：一个是被捧到天国，一个是被打入地狱。像比尔·盖茨和他的微软这般被同时赶进天国和地狱的，倒是不多。

微软不断地讲述自己推动了全世界的一场新革命，进而改变了亿万人的生活。至于微软造就了这位“世界首富”和数以千计的“百万富翁”，那正是他们造福于人类所得到的回报。没有人能否认这些。当比尔·盖茨在1995年宣告自己“又要开始另一次伟大的旅程”的时候，大多数人还在为他欢呼呢。可现在，很多人已经把这些“欢呼”抛到一边去了，就连那些正在有意无意模仿比尔·盖茨成功之路的人，也不掩饰对他的厌恶。网景公司的马克·安迪森说：微软公司“发展出一种毁灭性的文化”。安迪森善于提出前瞻性的技术设想，其经历挺像盖茨。23岁那年，他和自己的年轻伙伴里克·比纳一同写出了第一个万维网浏览软件。这使得三个“W”成为亿万人进入互联网的“钥匙”，如同“Windows”成为亿万人进入个人计算机的“钥匙”。1995年8月，当比尔·盖茨的“Windows 95”轰动全世界的时候，安迪森的“网景”也上市了。24岁的安迪森一夜成名，身价5800万美元，成为美国青年的新偶像。美国报刊上说他是“电脑金童”、“因特网时代的比尔”，还说他是“全美国最有结婚价值的单身汉”。看不上比尔·盖茨的那些人，从这最后一个封号中得到灵感，想出一种新的嘲弄比尔的方式。“我做梦都想嫁给马克！”他们学着女孩子的口吻说，“以前我心中的白马王子是比尔。”马克则接过话头批评比尔道：“他们的战略存在着基本缺陷。”另一个人，菲利普·凯恩，在任波兰特公司总裁的时候，把微软比喻成“纳粹德国”。这话在富有良知的人心中具有极大的煽动性：假如微软真是“纳粹”，那么全世界都应发动一场新的“卫国战争”，就好像在第二次世界大战时一样高举正义之帜。不过，这一次“轴心国”似乎只有微软公司，比尔身后，除了律师就只有他的助手斯蒂夫·鲍尔默，也许他的最重要的支持者是学校里那些除了智慧一无所有的学生，而“同盟国”却包括了微软公司在全世界的竞争对手、记者、作家、评论家、民族主义斗士、社会主义者、美国司法部、至少19个州的政府，以及华盛顿特区地方法官托马斯·杰克逊。

由托马斯·杰克逊主审的“微软涉嫌垄断案”，肇始于1991年，但是反微软的强大联盟是在以后若干年里逐渐形成的。直到2000年春天，司法部和19个州政府联手发动的诉讼让微软防不胜防、“反微软联盟”步步进逼的时候，比尔·盖茨对这整个过程始终表现出傲慢和不屑一顾。1998年10月12

日，他来到印第安纳大学，身穿红色的大学T恤衫，面对7000名学生，振振有词地讲述他的“梦想”：“我的梦想是在不远的一天，电脑自身可以看、听和学习。”——这话就像他1997年12月在北京对清华大学的数千年轻学生，以及1998年11月在北京对中国计算机业的数百成名人物说的一样。联邦司法部的“反垄断案件”让他有些心烦意乱，所以现在免不了要在他的“希望”当中寻求同情：“我们的竞争对手说我们富于侵略性。”他说，“什么是侵略性？推出好的产品，降低产品的售价，让更多的人能够使用它，这些都是好事。我们在这里生产好的产品，与客户交流，雇用聪明人，这就是我们所做的一切。”他的激情果然在印第安纳大学的学生中间获得同情。“他是推动我们这个时代发展的标志之一。”一个大学生这样说，“我们是技术的一代，还有谁能像比尔一样创造这样令人炫目的机会，又有谁更值得我学习呢？”

七天以后也即1998年10月19日，华盛顿特区法院开始对微软的“垄断案件”进行实质性的庭审。但是比尔·盖茨在他的“未来之路”上仍然一往无前，似乎并不在乎脚下有什么羁绊，更何况，太平洋的那一边还有一片友好的土地呢！

又过了三周，微软中国研究院就在北京诞生了。然而这一回，这片“友好的土地”上空已经不仅仅是阳光灿烂，就从这一年开始，风云突变。

中国人的想法也是一样。公开的舆论正在鼓舞一种自强不息的民族精神。那些在过去20年的改革开放中很少开口的人，现在忽然情绪激昂，说中国的国家安全已经面临重大危险。危险来自“西方列强”。对于弱者来说，“朋友”越是强大就越是危险。那些外国人嘴上花言巧语，实则唯利是图，20年来侵占了中国多少产业？80年代是从彩电和冰箱开始的，然后是吸尘器、空调、啤酒、口红、香水、汉堡包……到了90年代，是汽车、传真机、复印机、寻呼机、大哥大、计算机、食品、洗涤剂、纸张、瓷砖、洗澡盆、马桶……简直无所不至。这情形用当日一句典型的语录来表述，就是“外资越多越反动”。报纸上还出现了下面一行简短而醒目的标题：

“狼来了！”

他们说个不休，全不问一问，被这只“狼”咬过的这些行业，为什么全都或快或慢地兴旺起来了。也没有查一查，到目前为止我们国家经济中那些衰落的行业，有哪一个是被来自西方的“狼”咬死的？不过，鼓动中国人的情绪用不着事实，只要接着说一句，这只“狼”现在又在窥视我们的高新技术产业啦，以民族软件和互联网首当其冲，也就足够。

想想吧，就是在这个时候，李开复说，微软要在中国投资8000万美元。他还以为这是一件好事呢。按照通常人的逻辑，的确如此，可是按照“外资越多越反动”的逻辑，就正好相反啦！

说微软在威胁我们国家的安全，显然是无中生有，但是诸如此类的声音在1998年的秋天看上去挺有力量。关注中国高新技术产业未来命运的人看到了什么呢？首先看到外国人投资建立了“北邮－北方电信研究中心”，时在1994年。此后进来的还有国际商用机器、宝洁、朗讯、富士通、NEC、爱立信、罗克韦尔、通用汽车、松下、惠普和英特尔。等到微软中国研究院成立，也即1998年11月，已经有15个跨国公司在北京设立了18个研究开发机构，其中大部分位于以中关村为中心的智力密集区。

中关村位于北京西北，是一个大约100平方公里的平坦地域。50年前人民解放军进入京城的时候，就是拿这个地方当做进军的起点。现在不同了，这里兴起了4500家计算机企业。这些企业差不多全都集中在一个“T”字形的地域上，所以这里也被中国人叫做“中国计算机产业的发祥地”，或者“中国的硅谷”，至少也是北京最引以自豪的“高科技产业带”。其实，京城的知情者中，流传着许多挖苦中关村的话。他们用“尴尬的中关村”来描述那里的情形，还说，“中关村里只有小商小贩”、“没见过英雄”、“信息产业的王府井”、“信息业的个体户时代”，甚至还有“不是电子一条街，而是骗子一条街”的说法。姜奇平把那里的竞争说成“残疾人运动会”。方兴东说中关村不过是“‘硅谷’拙劣的仿制品”。这些说法从北京一直流传到全国，显然言过其实，但却不是全无道理，因为那里的最大特点，是商业而不是科技。所谓“人才”，其实是一些“个体户”，把计算机配件论堆儿撮着卖。盗版软件横行。有人说，国内软件市场上，90%为盗版。也有人说，更多，超过了95%。要说市场占有率，这已经超过了微软的“Windows”啦，但是在中关村，挑战“微软霸权”的声音却远远超过了挑战“盗版霸权”。

历史上矛盾可笑的事情不少，但很少有比得上这一件的：1998年中国计算机硬件销售额上升了至少三成，而软件销售额却下降三成，我们不怪“盗版霸权”，而是责怪“微软霸权”。中国软件的出口量不及印度，我们还是不怪“盗版霸权”，而是怪“微软霸权”。联想集团是唯一能够挑战“微软霸权”的中国企业，这时候特别吃香，另外可能还有北大方正和清华同方。“民族产业”的大旗是他们最雄厚的资源。仅仅这一点，就会在中国人眼里留下一尘不染的形象，也让评论家们抱以无限同情。不过，说到软件技术，就差得太远。全中国的软件开发企业虽然也有几千家，软件从业人员虽然人多势众——已有15万人，但是否能和微软这样的软件公司两军对垒，还很难说。因为这些人中的相当部分，不是在倒卖电脑配件，就是在自己的机器里安装盗版软件，最近两年刚刚完成从“DOS”向“Windows”的转移。至于现在国外的软件工程师在干什么，根本不知道。一些最有成就的软件工程师，正在不断地“跳槽”。他们全都在问同一个问题：“我替公司挣到了钱，自己得到了什么？”

像在美国一样，在中国，微软的崇拜者也是集中在大学校园里。一位北京大学四年级的本科生说：“微软设立中国研究院当然是件好事，管它是不是帝国主义，它带来的思考方式和管理方式总比中国更先进。”清华大学的一位学生说得更加直截了当：“我喜欢微软公司，因为它提供给我们年轻人很多机会，如果我有机会，我希望到那里去工作。”但是，也同美国一样，在中国，学生的呼声总是不能成为社会的主流。

说起来微软真是有点冤枉，那么多跨国公司开了进来，要说是“狼”，也不只微软这一只。可中国人偏偏只是和微软较真儿。英特尔中国研究中心总经理容志诚说：“中国将成为英特尔继美国之后的第二大市场。”微软中国研究院院长李开复说：“十年或者二十年之后，中国肯定会成为全球最大的软件市场。”这两个人其实是在用不同的语言表示同一种想法，可是没有人说容志诚是“侵略者”，等到李开复说完这句话，记者们便不依不饶，追问不休。

研究院成立庆典甫毕，李开复回到希格玛大厦他的办公室里，从朝南的窗户看出去，无法将视线投向很远的地方。天地之间，障碍重重：楼房、高墙，还有一座高压电线塔。当然还有一些“无形的障碍”。报纸上面在介绍李开复的时候说：“温文尔雅的微笑带着他的自信，慢条斯理的口才透着他的成功。”都是挺好的词，但他并不轻松。“自信”和“成功”是他迄今为止经历中的主要部分，不过，经历今天这样的场面，在他的确是第一次。他还不能把所有事情全都想清楚，却已经意识到，自己开始了迄今为止生命历程中最具有冒险性和创造性的一个阶段。他正在步入一个错综复杂的世界，其成功与失败，将不再仅仅取决于纯粹的技术和他个人可以控制的因素，而是取决于一些很有中国特色的纠葛。也许，今后他将不得不用一种全神贯注的热情来谈论一些自己毫无兴趣的事情。

他隐约觉察气氛有些异常，须得预防在先，所以一一致函中国政府的官员表达谢意。他致信朱丽兰部长说：“我深信在未来的数年中，我们能证明给您看微软对开放式科研的诚意，并不辜负您对我们的期望。”又在信的末尾处向部长“颂安！”在同一天，他还给韦钰副部长、白春礼副院长发出信函，表示了同样的谢意。信息产业部的吕新奎副部长虽然并未出席，李开复仍然不敢忘记致信表达谢意，信里说：“您的睿智和对信息产业的理解和把握，给我们留下了极其深刻的印象。”

次日早上，李开复这一边的感谢信刚刚发出，那一边报纸上关于微软研究院的种种报道便弥漫开来。此后两周中，56 家报纸就此评论，既有盛誉，也有危言。根据微软公司公关经理尚笑莉的统计，正面评价微软此举的报道，“占了 98% 的篇幅”。她的统计是不错的。不过，她没有想到，在中国，很多复杂的事情发生在数字之外。比如现在，那 2% 的“危言”所能产生的影响，就有极大可能超过那 98% 的“盛誉”，当然还有一些既不是褒、又不是贬的话，同样具有“以一当十”的效果：

> 微软挟巨资杀入中国硅谷。
> 中关村又一次烽烟四起。
> “硅谷”人才大战。
> 联想奋起应对。
> 微软要在中国干什么？
> 每个人平均将得到数十万美元，诱惑力显而易见。
> 一场跨国资本带来的“技术圈地运动”也即“人才圈地运动”。
> 设立研究院是跨国公司争夺中国市场的一种升级。
> 数字化的背后是美国化。
> 太可怕了！

1998 年，也即戊戌喋血惨案以及谭嗣同就义整整百年，京城舆论难免怀念百年沧桑，间或穿插着一些痛斥微软在中国发起“人才圈地运动”的言论。

“我觉得在中国大家都会夸张或者歪曲我们的想法。”李开复后来有些委屈地说，“对于微软在中国的方针，建立研究院当然是一个最大的决定，但要是说蓄谋已久，抢人才，抢市场，还有讨好中国政府之类，都是100%的不正确。”

第一章

追寻天才

比尔·盖茨：天才和创造力一直在以一种令人无法预测的方式造成种种进步现象。我仍然相信存在许许多多的天才，只不过他们的抱负和潜力都因经济上的困扰和工具上的欠缺而被扼杀了。新技术将为他们提供表达自己的新手段。信息高速公路将为新一代的天才们提供艺术上和科学上梦寐以求的种种机遇。

希格玛大厦第五层

进出的门紧锁着，透过两扇落地玻璃窗，仍能看到里面灯火通明。陈蕾扬起手来，把挂在脖子上的一个小卡片，凑到门框一侧的电子眼上，门锁发出轻微的“咔哒”声，自动弹开。那卡片上面镶着她的照片和一个隐形磁条，所以既是身份凭证也是开启大门的钥匙。任何人，只要能够成为微软中国研究院的雇员，总是有这样一个东西在胸前晃来晃去。上面一行字赫然写着：

Microsoft

同样一行字也矗立在这座大厦的最顶层。大厦名叫“希格玛”，坐落在京城西北知春路上，并不高大，却有几分夸张。四围镶嵌着蔚蓝色玻璃幕墙，有如一个硕大无比的蓝宝石，熠熠生辉，咄咄逼人。每天有无数人在这里进进出出，可是谁也不知道它为什么叫做“希格玛”。对他们来说，真正具有意义的是，这里是中关村，也即我们国家舆论所说的“中国硅谷”。

“希格玛”共有七层。在中关村，更多的人叫它“电脑大厦”。大厦里面装满了著名的跨国公司：一层是“三菱”，三层和四层是“惠普”，五层和六层是“微软”。如果不是“联想集团”在这里占了第二层，有些人就可能把它当做卷土重来的“外国租界”。

陈蕾供职的“微软中国研究院”在第五层。尽管这里是“研究院”而不是“公司”，既不做产品也不卖产品，但陈蕾和她的同事还是习惯于把这里叫做“公司”，而不是叫做研究院。办公的空间不算宽敞，以微软公司数千亿美元的市值和数百亿美元的现金存款来衡量，算不上奢华。浅驼色的化纤地毯上编织着深色花格，窗帘是垂下的，天花板由斜线分割成规则的平行四边形，其间点缀着圆形的灯具。外边天色已经大亮，休息厅里的电灯却都开着，把淡淡的光亮洒在研究员们工作的大厅。走廊边上相隔不远的地方就放着咖啡、可口可乐、红茶、绿茶和菊花茶以及冷水和热水。靠西北的角落里，还有一间专用的饮水房。那些来实习的大学生们，往往会对这饮水房和饮料产生强烈的兴趣。他们过去只是从书籍报刊上听说，微软公司的员工和来访者都是按需取用饮料，不必付钱，现在则有了实际的体验。

关于办公室的设计，比尔·盖茨有他自己的想法。他认为，办公室和人的等级无关，和人的智慧有关。只有在一个独立的富有个性的环境中，软件开发人员的智慧才有可能最大限度地发挥，但是，一个更大更舒适的办公室却不能使一个高级经理更加聪明，反而会助长其高人一等的念头，进而变得愚蠢。80年代初期，微软公司在美国雷德蒙市的那片红杉树林中兴建它的总部时，美国各地的大公司里正在时兴大开间的集体办公区（90年代中国也开始流行了）。但比尔·盖茨坚持让每一个员工都拥有一个单间办公室——大约11平方米，里面摆着电脑台、电脑、一个小圆桌和几把靠背椅，没有沙发。不论是新来的大学毕业生还是公司高级管理人员，全都一样。这种空间格局潜移默化了一种人人平等和张扬个性的思想，与美国东部那些老牌公司中的等级制度背道而驰。现在，总部员工已经有18000人，比那时多了上百倍。办公区域不断扩大，楼房号码已经排到127号（实际上只有46栋），但比尔·盖茨仍旧坚持他原来的主张。所以，每一个进入微软公司的人，从第一天起便能享有单间办公室的种种乐趣。

要让所有人拥有单间办公室，又要让尽可能多的办公室拥有一个朝外的窗户，这使得微软的办公楼全都造型奇特，第一批建造起来的十栋楼房，都是“星”形建筑，以后的则是五花八门，奇形怪状。但不论什么形状，全部是两层。里面的走廊则会因为外形的不同而变化多端，错综复杂。那些来到微软公司总部的记者和作家，大都有过在走廊里迷路的经历，这便使他们相信，只有高智商的人才不至于在这里迷失方向。

不过，比尔·盖茨在雷德蒙实行的这些主张，在北京的希格玛大厦就行不通。像中国所有的机关或者公司一样，希格玛大厦第五层里的办公室是按等级来界定的。大厅中央的部分被隔板分成面积相同的方格，每个格子里面有一张“L”形的桌子和一台顶级配置的电脑，还有一位年轻的副研究员或者工程师。他们的桌子上，都会有一些完全属于个人爱好的物品——照片、饰物或小玩具，间或还有吃剩的饼干和果皮，或者整洁或者凌乱，把主人的性别、年龄和禀性显露无遗。电脑大都拥有21英寸的屏幕，从早到晚都亮着。两侧贴着大大小小的黄色不干胶纸条，用以记录一些不能忘记的事项。大厅四围是一个挨着一个的单间办公室。靠南边一侧的两间属于院长李开复和首席科学家张亚勤，李开复的稍大，张亚勤的稍小。另外三面排列的单间，属于各个研究小组的经理和研究员，面积更小些。这些单间办公室朝向走廊的一面，均为顶天立地的大玻璃窗，在与人视线同高的那一部分玻璃上，造成一条一条磨砂。这种设计刻意地表现了“一半隐秘一半公开”的效果，让你可以看到对面是否有人，却又不能一眼看清楚那人在做什么。

微软员工的邋遢和不拘小节，举世闻名。雷德蒙公司总部单间办公室的制度，似乎最大限度地弘扬了这些人的个性，里面的陈设完全根据自己的兴趣安排。最常见的当然是家庭照片，此外还有形形色色的工艺品、野花、红杉以及各种说不出名字的花草、芭比娃娃、比尔·盖茨和爱因斯坦的画像、大理石雕刻而成的专利碑、儿童画、饼干和各种零食、星球大战的模型、松鼠、其他宠物，有一个人甚至在办公室里养了一条大蟒蛇……这样的情景，在希格玛大厦中也根本不会出现。

事实上，这个工作大厅里不算整洁，但却没有任何噪音或喧闹，如果有谁想要与人交谈，就会穿过走廊来到一间开放式门厅。门厅宽 9 米，长 16 米，中间是一圈圈浅绿色的沙发。一切摆设都很普通，唯有沙发中间的那些茶几与众不同，桌面一律是用白色书写板制作。“这是开复的发明。”陈蕾总是对来访的客人这样说。当初李开复设计了这种茶几，要求工匠照做，不准有误。后来的事实表明，这是必要的，因为研究员们即使坐在这里休息时，也能相互表达自己的想法，并且在这些白板上画满乱七八糟的符号、字母和曲线。当然他们也有可能静静地坐在这里浏览书刊。门厅一侧摆放着一些公用报纸和期刊，也有一种微软公司在中国印制的内部刊物：《视窗里的事儿》。最新一期的封面上，赫然几个大字：

正直无愧——阳光下的骄傲

不过，这一天也即 1999 年 2 月 2 日，当陈蕾走进希格玛大厦的时候，外面可没有什么阳光。

再过两天就要立春，可是并没有一点春日气象。站在大厅南面 16 米长的落地窗前，向外望出去，知春路的那一边，中航科技大厦和中国天利大厦遥遥相对。天昏地暗，举首浮云低。高压电线在寒风中抖动，发出阵阵凄厉的呼啸。昨日午夜，狂风由西北方向卷地而来，希格玛大厦活像一座深陷茫茫波涛的小岛。城内围墙倒塌，树干折断，巨大的广告牌轰然落地，停在路边的汽车在狂风中碰撞在一起。到今天凌晨天亮的时候，市内供电网络已有数十处遭到破坏。气象台的报告说，席卷京城的狂风乃是由于蒙古国强冷空气南下，风力超过十级，并且将持续至少36个小时，气温也将大大下降。

陈蕾的模样，很容易让人联想到典型的"白领丽人"，年纪轻轻，却是微软中国研究院中资历最老的人之一。她已经为微软公司工作了四年半，甚至比她的老板李开复为微软工作的时间还要长。陈蕾喜欢她现在的工作环境，"别人都说我的运气好"，她总是这样说。她毕业于对外经济贸易大学英语系，是经济学学士以及文学硕士。看得出来，她当初之所以能够进入微软，大半凭着一口流利的英语和一副机敏的头脑，而不是因为她在电脑方面有什么专长。事实上，当她进入微软中国有限公司的时候，对电脑还抱有一种莫名其妙的痛恨。"那时候，我一看见屏幕上一串串的字符就头疼，"她说，"实在是一点人情味都没有。"不过，用不了多久，她对电脑的感情就发生了变化。她惊喜地发现，"这东西太好用了"。

在这个狂风漫卷的早晨，陈蕾走进希格玛大厦第五层的走廊，经过那些装饰一新的会议室，进入摆满计算机的办公区域，然后就看见李开复已经坐在他自己的办公室里，目不转睛地盯着电脑屏幕。三个月前微软中国研究院成立的时候，陈蕾成为院长李开复的执行助理，按照中国人的说法，这职务其实就是李开复的秘书。

李开复出生于台湾，长于美国，兼有一口流利的中文和英文。熟悉他的人都说，他那副华人的外表下面，掩盖着典型美国人的性格和观念。不熟悉他的人总是会把他当做中国人，实则他是一个美籍华人。不过，他却没有美国名字，甚至连个中西合璧的名字也没有。当他成名之后，名字频频出现在美国报端，他只是按照美国人的习惯，把"李开复"变成"开复·李"。

李开复的办公室朝南，大约有30平方米。半圆形的大办公桌上很少文牍，一大一小两台电脑从早到晚同时开着。电脑旁有时候会放着饼干、橘子或者几本书，但绝没有微软公司总部里惯常有的那种凌乱不堪。东边墙壁上是成功的象征，那里挂着一大片他在美国获得的各种名誉证书。西边书架上充满了家庭气息，一幅他在多年前结婚时的照片放在最显眼的位置。那一年李开复21岁，一对新人看上去还没有脱尽稚气，所以陈蕾笑称他是"童婚"——不是21岁，像是12岁。另外一边，两个女儿从镜框里望着年轻父母，一个温文腼腆，瞪着一对好奇的眼睛；另一个精灵古怪，伸出舌头，故作一副滑稽的表情。李开复有时候会走到书架前边和家人对望片刻，有时候又会抬头看看墙壁。墙上有一幅字："科学研究，桥架中美，技术合作，情倾神州。"那是浙江大学校长潘云鹤所书，也是李开复数月前离美赴华时抱定的心愿。事实上他的热情总是在回归家庭和成就事业的两种冲动之间徘徊，就像一个想入非非的农民，定要种出"两头甜"的甘蔗来。

办公室一侧的套间是他会客和开会的地方。这房间在希格玛大厦处于东南角上，两面有巨大的玻璃窗，视野开阔。沙发由设计师专门设计，高背深座，蓝白相间，款式和颜色都别具一格。不过，李开复很少使用这个房间。他习惯于在他办公室的一角开会或接待客人，那里有一张小圆桌和四把靠背椅。这表明他召集下属开会在一般情况下不会超过四人。按照他的想法，参加会议的人越多，效率就越低，所以他从不把一大堆人召到他的会议室里来。

他每天总是在陈蕾之前来到办公室，这一天尽管天气肃杀，仍然如此。像往常一样，他走进办公室的第一件事，就是阅读电子邮件，然后一一回复。这样的邮件他有时候一天会接到上百件，最少的时候也会有几十件。现在，李开复决定在回答其他人的邮件之前，先给陈蕾发出一个邮件。他希望研究院的每一个新会议室都拥有自己的名字，还希望研究院里所有人都来参与这件事。在他看来，这是一个让他的研究人员展示想象力的机会。

在太平洋上跑个来回，比走到隔壁房间还快

说起来挺奇怪，李开复和陈蕾的办公桌仅仅隔着一道玻璃窗，但他如果有什么事情要陈蕾去做，既不肯推门出来走到陈蕾桌边吩咐"请你……"，也没有拿起电话高声呼唤"请来一下"的习惯，而总是用电子邮件互通往来。在微软工作的中国员工，全都用手指在键盘上表述自己的想法，尽管他们都可以写一手熟练的汉字，但他们相互之间的邮件往来，却更习惯于用英文，因为英文录入要比中文录入更加快捷。他们把这种习惯叫做"电子邮件文化"，说是好处无穷，许多人最初对这样的说法不以为然，但要不了多久，他们就会发现，它的确是微软文化中的精髓。

比尔·盖茨曾说，电子邮件是"弹指间的信息"。其实还有更重要的东西：弹指间的管理。80 年代初，比尔·盖茨在微软安装了第一个电子邮件系统，它很快成为公司内部通信和管理的主要方法：替代书面的备忘录和电话口信，讨论技术问题以及在旅途中的汇报。那时候公司只有 12 个雇员，但电子邮件的魅力已经显示出来。比尔·盖茨后来回忆说："这为提高我们这个小

公司的效率立下了汗马功劳。”现在，微软公司在全球已经拥有 3 万多名雇员，电子邮件看来比 20 年前更加重要，因为这种东西在越是庞大的机构中，就越能显示其无与伦比的效率。

我们当然不能说没有电子邮件就没有微软，但微软在崛起过程中对于电子邮件的须臾不离，则有事实的根据。比尔·盖茨承认他每天要花几个小时来阅读电子邮件，并做出答复，这些邮件来自全球的雇员、客户和合作者。公司中每一个人都可以把电子邮件直接传送给他，越过所有中间层次的阻隔。他是唯一读它的人，因此谁都不必担心礼仪问题。他似乎相信人们口头上都具有“报喜不报忧”的倾向，而在一种不必见面的交流方式中更有可能流露真情。“坏消息几乎总是从电子邮件中传来。”他说。所以，他每天晚上睡觉之前，必定要把自己的便携式电脑和公司系统连接起来，与公司雇员交换新的信息和想法。即使是在旅行当中，在远离总部上万公里的几个时区之外的地方，也要检查一下他在公司中的电子邮箱。他说这样“才能让我放心”。那些接到他的信息的人，甚至没有意识到他根本不在雷德蒙总部八号楼他的办公室中。

无论是政府机构还是公司内部，传统的行政方式以文牍与会议为基础，及至机构内部叠床架屋，云山万重，外部也因现代社会的演变日趋复杂多变，仍以传统手段应对，就只有增加文件与会议一途，也即我们通常所谓“文山会海”。倘若管理人员虚与委蛇，以一套一成不变的空话、套话和大话应对万变之情势，那么此种行政方式的结果，就只能是在浪费大量的时间、资源和金钱的同时，滋生不论效率也不负责任的官僚之风。但是，现代社会的演变似乎不仅在产生新的技术，也在产生着新的管理方式。

电子邮件的出现，似乎天生就是对着“文山会海”来的。微软对它情有独钟，但情有独钟的却不仅仅是微软。事实上，在西方几乎所有的大公司中，电子邮件都是一种最主要的管理方式，而见于纸张的文字和我们通常所理解的那种一人长篇大论余者洗耳恭听的会议，一律极为少见。那些精于计算的老板们心里明镜一般：在电脑屏幕上发布一个指示、安排一次约会或开个 10 分钟的会议，比起开车赶往某处，到处寻找泊车的地方，然后在会客室里坐等、握手、寒暄、说“开场白”和“再见”，然后再开车回家或者回到办公室，既简单又省钱。

“如果没有电子邮件，不能想象我们每天怎么工作。”陈蕾这样说。此话并非夸张。电子邮件的确是李开复最重要的管理手段之一。他对这件事情极为认真，无论是对远在太平洋彼岸微软总部的上级，还是近在咫尺的下属，他都会通过这种方式来沟通。事实上，研究院中很多人的电子邮箱，本来就是开设在雷德蒙的微软总部，李开复和他们之间的信息传递，须经过北京—上海—东京，一路到达美国，又由同一线路以相反方向传回。这样，希格玛大厦第五层里，这些“低头不见抬头见”的人们之间传递信息的距离，比他们同比尔·盖茨之间的距离还要长一倍。不过，由于电波运动速度每秒可达30万公里——大约绕地球七圈半，所以天涯犹在咫尺之间。对于李开复来说，给一道玻璃之隔的陈蕾发出一个电子邮件，同给太平洋彼岸的比尔·盖茨发出一个电子邮件，并无距离的差别。一个电子邮件在太平洋上跑一个来回，比李开复起身走出办公室步行几米来到陈蕾桌前还要快。

从一个领导者的角度来衡量，李开复也许是整个中国最少接听电话又最多写信的人。很难说电子邮件在现代管理中将会完全取代电话，但在李开复的办公室里，我们的确看到了类似的情形。他几乎整天没有一个电话，但却每天都要接收数十个乃至上百个电子邮件，并且做出大致同样数量的回复。这同我们周围发生的情形似乎相悖。伴随着我们国家现代化的进程，人们正在减少通信的数量，与此同时我们还看到电话的剧增。一般人必定认为，打一个电话要比写一封信更加快捷方便，也更易表达情感，即使情人之间也是如此，所以现代生活的特色之一就是用一大堆电话账单来代替情书。

实则电子邮件的情形完全不同。

电子邮件书写的要旨在于开门见山。人们在接听一个电话或者参加一个面对面的会议时，大都具有将一句话就可以说清楚的问题说上十句的倾向，听者则必须在漫无边际的谈话中费尽力气寻找问题的焦点。李开复的电子邮件也许长达数百言，也许只有一个单词，全都直奔主题，甚至要将十句话的内容以一句话说清。有时候只传送给研究院的某一个人，有时候是传送给某几个人或者全体员工，都只在弹指间完成。

如果我们把电子邮件和电话拿来对照，有意思的情形还有很多。比如当电话铃声响起的时候，你必须停下手里的工作去摘取听筒，否则便不能了解对方的信息也无法表达自己的意见。但当你终于下定决心拿起听筒的时候，却有可能沮丧地发现这个电话你根本就不想接，或者是对方拨错了号码。如果李开复让自己陷于这样的情形，那么他每天要接听50—100个电话，可以想象他的样子已经不像院长而更像一个接线生（最现成的办法是让秘书接电话，那不过是把自己不愿做的“接线生”让人家做）。但是，现在李开复办公桌上不断响起电子邮件的铃声时，他却仍旧可以继续手中的工作，那些电子邮件全部储存在他的专有信箱当中，不会丢失，直到他认为适当的时候才来处理。他也会接到一些没有意义的邮件或者根本就是对方“拨错了号码”，那么他就可以不用理睬。当然也会遇到一些无理取闹之人——因为微软所有人的电子邮件地址都是公开的，而且你越是有名望，这种可能就越大。比如比尔·盖茨就曾经提到，他在接到一位女性的无聊邮件之后，弃置一旁，但那女性再次致函说：“如果截至明天你还不答复，我就要公布你跟那位袒胸露乳的女招待的事情。”

电子邮件的精髓，乃是以数字化的管理手段取代人的主观随意性，但问题又不仅如此。对于个人来说，它在无形中督促每一个人精确地表达思想，反应快捷，直截了当而不含糊其辞，主动地安排自己而不是被动地应付别人，可以在一派歌舞升平当中无所顾忌地说些不中听的话，做了错事而又没有勇气当面表白的时候，也能以这种不必见面的方式向人家致歉。比如有一次，一个员工在泊车的时候，不小心将比尔·盖茨的“凌志400”撞坏。在连续几个小时的郁郁寡欢之后，他终于给比尔·盖茨本人发出电子邮件表示道歉。比尔·盖茨立即回电说，这是小事一桩，不必介意。此时这位员工必定感谢电子邮件，因为如果没有这个东西，他就根本没有机会消除心中的不安。诸如此类的情节让很多人坚信，电子邮件缩短了人与人之间的距离。一个美国记者，弗雷德·默迪，在撰写的《电脑的旋律》一书中甚至认为，“这种交流方式也是非常亲密的，能与之相比的只有传统而古老的基督教忏悔室”。

对于一个组织来说，电子邮件所包含的意义就更值得回味。当人们无论高低贵贱都可以直接往来并表达自己的意见时，传统机构中通常具有的那种等级差别就变得模糊，不再需要设立那么多的管理部门以及管理层次，那些担负承上启下之责的一级又一级中间管理人员，现在也不再像过去那样重要。比尔·盖茨曾经说：“由于电子邮件，在我和公司的任何成员之间都不存在着等级差异。”这话也许言过其实，但他的所谓“电子邮件是一种有力手段”的话，的确没有错。事实是，他和公司最下层员工之间，仍然有着五个或六个管理层次，但他的确每天都能听到来自下层的声音。

这样看来，电子邮件是等级式管理制度的天然掘墓者。它需要的是一种扁平式的管理体系，而非一个层层叠叠的“金字塔”。这中间包含的意义当然不仅止于技术，还有文化。换句话说，在一个等级森严并且牢不可破的机构中，即使拥有一大堆最新型的电脑并且全都可以在网络上驰骋，仍然不能设想电子邮件能够发挥其作用。对于那些热衷于等级制度的人来说，仅仅是不能面对面地向下属发号施令、颐指气使，就失去了为官的一大乐趣。至于那些横断中间，名曰承上启下实则阻滞上下沟通的中间环节，倘若一个没有层次、没有瓶颈、没有过渡的状态能够形成，那就不仅夺去了他们的乐趣，而且还夺去了他们的种种看得见和看不见的利益。

点子最值钱，架子最不值钱

李开复的下属都说他是一个好的管理者，但几乎没有人把他看做一个“官”。行政助理陈蕾从来不用帮助他起草什么文件，如果他觉得有必要向下属发出指示，就自己动手。现在，当他想到要为新会议室命名的时候，就是这样做的，其“指示”与我们通常看到的那些官样文章完全不同。

一连串英文字母从他的指尖弹到电脑屏幕上，其速度比口述还要快。也许是因为具有华人血统，他脑子里最先出现的念头全是中国式的。他建议使用“中国最著名的发明家的名字”或者“中国最著名的发明”。有一个瞬间，他想到了中国人发明的火药。于是写道：“我建议用‘火药’命名其中之一。这样，当你走进这会议室的时候，必会激发所有的力量，为你的思想而战。”

想到他和他的同事的智慧将会以火药的力量爆发出来，李开复不免有些兴奋，于是又在这句话的后面留下一个符号：“：—））”。我们把这符号竖过来，就可以辨出，这是一对小眼睛、一个小鼻子和两张哈哈大笑的嘴巴，所以它是在显示书写者的快乐。

几秒钟后，陈蕾接到李开复的“指示”，随即在键盘上敲打出一行英文：

> 亲爱的同仁们，我们的会议室还没有适当的名称呢，有时候这会引起混乱。所以我们现在征集会议室名称。截稿时间：明天下午六点！

研究院全体员工的电子邮件地址都在陈蕾的电脑里面，所以，她只要点击屏幕上一个表明“研究院·北京·中国·所有人”的按钮，就把李开复的“建议”连同她自己的邮件在同一时刻传给了研究院的所有人，甚至连李开复的“哈哈大笑”也没有遗漏。

“火药”的念头在众人感情上立刻产生了共鸣。这批供职于外国公司的中国青年，难免会在心里生出一种五味杂陈的感受：我们的祖先发明了这个足以改变世界面貌的东西，但却只会把它做成鞭炮用于庆典或者祭奠。外国人把火药引进他们的国家——就像我们现在说的“引进”，但却把它做成枪炮打进我们的国家。悠悠岁月中种种惨痛的故事，难道仅仅告诉我们“落后就要挨打”这样的教训么？为什么我们中国种种杰出的智慧，竟不能造就杰出的历史，而种种蒙昧愚蠢的行为却能够发扬光大？

“当我们说‘让我们去火药库讨论吧’的时候，那该多棒！”徐迎庆立即响应李开复的想法。他在给全体同仁的电子邮件中，还特地用中文提出了新的建议：“试想一下这几个名字吧：火药库、司南车、造纸坊、印刷厂。”

在新近加入微软的副研究员中，徐是年龄最大的一个。此人身材不高，大脑发达，既聪明又勤奋，总是冒出形形色色奇特的念头，从来不肯循规蹈矩。比如他会坐在湖边一连几个小时观察水波的荡漾，又会拿起床单，在微风轻拂之中数百次地来回摆动，借以体会它那飘飘欲飞的感觉，然后就想象着怎样把这些感觉描绘到电脑屏幕上。诸如此类的念头，在过去并不能给他带来任何创造性的成就，有时候反而会带来麻烦；但这却是微软对自己员工的最重要的要求，所以他说，他在这里就好像是“鱼归大海”。李开复说，徐迎庆的这种充满激情和想象力的性格非常“美国味”。奇怪的是，徐在来到微软之前从来没有到过美国，他本人倾向于把自己的层出不尽的念头和过去的经历联系在一起。他在50年代“大跃进”的年代中出生，在“动乱的十年”中长大。“文化大革命”结束后，他成为恢复高考的第一批受益者，从数学学士一直读到计算机博士，其间还在中国人自己的研究机构中工作多年。这样一个人，对于中国传统中种种利弊无疑有着更深的感受，所以才会想到把自己祖先的“四大发明”拿来做一个外国公司会议室的名称。

然则根据研究院的档案记载，徐迎庆并不是第一个对李开复的“征名活动”作出响应的人。至少郑薇就在徐迎庆之前发出了一个建议。郑薇是当时研究院里唯一的行政助理。这个毕业于首都师范大学的女孩子，似乎格外崇尚古代中国的文化哲人，所以建议使用孔子、孟子、老子、庄子、荀子这样一些人的名字，并且在相应的会议室里面挂上这些人的画像。这一想法一度得到徐迎庆的赞同，所以他后来又在自己的邮件中补充说：“忘掉‘火药库’吧！”

张高满脑子装的都是外国人。“我想到了一些最著名的计算机科学家的名字。”这个刚刚毕业于中科院软件所的计算机博士写道：

阿伦·图灵——“图灵奖”就是以他的名字命名的。

阿伦·伯利斯——第一个获得“图灵奖”的人。

约翰·卡斯和马温·明斯克——两个最著名的计算机科学家。

道格拉斯·英格伯特——鼠标的发明者，1997年“图灵奖”获得者。

吉姆·格雷——1998年“图灵奖”获得者。

接下来的几个小时，研究院中电子邮件频繁往来。后人如果有机会阅读这些邮件，必会惊讶这些人对这样一件简单的事竟会倾注如此热情，当然还有严肃、幽默，以及一两句插科打诨。徐彦君想起了“雅典娜”。他说，研究院的女性们作出极大贡献，故此以“智慧女神”的名义向她们表示敬意。在向身边的女性同仁大献殷勤之后，徐忽然严肃起来，他说他想起了电影《罗马假日》中主人公的最后一句话：“当然是罗马。”所以建议用“罗马”作为另外一个会议室的名称。他的用意既含蓄又明显：“一个最早建立议会制的城市，象征我们在此进行平等的学术交流。”

李江是到2月3日才发现有这样一场讨论的。大家已经如火如荼地争辩了一天，而他一无所知。原因是他的名字居然忘记登录在陈蕾的“电子邮件名录”上。“我失去了一次机会。”这位毕业于浙江大学的博士一边抱怨一边提出自己的想法。他说，应当把“司南车”变成“指南厅”。

“我喜欢你们的想法。”李开复也加入了讨论。他说他也喜欢徐迎庆的“四大发明”，但他想起中国人在数学领域里发明了“零”的概念。“这等于是半个计算机啊！”他在给所有研究员发出的一个电子邮件里这样喊道：“我们应该把一个会议室叫做‘Zero Room’。”接着又插科打诨地说：“但是中文怎么说呢？零堂？那会在口头上念成‘灵堂’的。”

这个美国人的中文造诣其实能够胜过很多中国人，他能够顺口说出“象牙塔”、“无为而治”、“赴汤蹈火”一类的中国话，还知道用《半夜鸡叫》里面的“周扒皮”来比喻那种刻薄的人。但现在，他也有了黔驴技穷的感觉。这一大群熟悉英语也熟悉中文的青年人，开始在中文和英文中间寻找合适的过渡。当陈通贤和孙宏辉找到下面两个词的时候，所有人都意识到，事情终于有了眉目：Zero Room：灵感屋；Abacus Room：算盘室。

“哇——呜！看看这些想法和争论，多么精彩！”李开复在电子邮件中禁不住欢呼起来，“现在我们已经拥有所有充满活力的思想。让我们来结束这场有趣的讨论吧，这将指导我们去思考我们未来的研究。”

2月3日下午，到了陈蕾规定的时间，事情有了结果。会议室的名称确定如下：

指南厅——研究院最大的一间会议室，大致可容五十人。

火药库——面积仅次于“指南厅”，一门古代火炮的模型放置在这里。

造纸坊——面积较小。只有一个圆桌和几把靠背椅。

灵（零）感屋——其中一面墙全被书写白板覆盖。

印刷厂——最引人注目的装饰物是一块活字排版盘和一大堆散乱的铅字。

算盘室——李开复使用的会议室。

李开复想到了最初的承诺。在给陈蕾发出的一个电子邮件中，他写道：“我想，奖励应该给徐迎庆，因为是他最先提出了四大发明的想法。”

“你是对的，老板！”陈蕾半是认真半是玩笑地给大家写出一句中国特色的口号：“咳！全体同仁，榜样的力量是无穷的！让我们大家向迎庆同志学习！向迎庆同志致敬！”

这几行字从电脑屏幕上跳出来的时候，徐迎庆有些不好意思地笑起来，他摸了摸自己蓬乱的头发，手指在键盘上弹出：

“这事好像被夸张了！”

如果除去这件事当中幽默和说笑的成分，李开复就不会认为有任何夸张。六个月前，李开复接受比尔·盖茨的邀请，出任微软中国研究院的主持者的时候，五个月前，他变卖在美国的家产，携妻牵女来到中国上任的时候，只不过是孤身一人。徐迎庆还在中科院计算所当他的副总工程师，张高是软件所的一个尚未毕业的博士生，陈通贤在一个公司里谋职，刘文印在清华大学当教师，李江在浙江大学当教师，日后围绕在他左右的那些人，全都没有踪影。那时候，李开复的情景真是有点凄凉。才过了几个月，就有这么多优秀的人相聚一室，议论风生。刚刚出版的《微软研究院通讯》中，也可以辟出栏目《我们的大家庭》，并且喜气洋洋地宣布“我们的队伍不断壮大”了。

然而还有更重要的事，李开复希望在这个“大家庭”里营造“智慧至上”的气氛。作为一院之长，他当然可以使用他的权力来处理诸如会议室名称这样的事，那会更加简单，依据惯例，也无不妥。但他早就说过，他来到中国是“期望和一些最优秀的人在一起工作”，他也说过，他是在“追随智慧”。他懂得那些最优秀的人尽管性格各异，但几乎全都具有藐视权力的本能。这种本能并不总是有道理，但这就是他们。看到有权势者门庭若市，从早到晚乱哄哄地围着一帮人，他们会说缺乏智慧的权力永远不会造就进步的力量。看到思想者冷清孤寂，门可罗雀，他们会有惺惺相惜的感叹。他们会说，点子最值钱，而架子最不值钱；智力最值钱，而权力最不值钱。李开复明白，在他身边聚集着的，正是这样一些人，他需要他们。他们和他一样，是冲着他的智慧而来，而非追随“权力”。在这场关于会议室名称的讨论中，每一个人代表的都是智慧、热情和想象力，他们能够赋予冷漠的电脑以炽热的感情，用自己的头脑判断这个世界的好与坏。

世人皆知微软公司一向信奉“脑力胜过体力”，我们也可以把这一信念看做是20世纪人类社会的一个重要特征。不过，在过去的岁月中，这个世界生产“权力”的速度还是超过了生产“智慧”，不免形成深厚而又广大的权力海洋。我们虽然还不能断言权力与智慧是成反比——权力越多越无限，智慧越少越有限，但却有足够的证据表明：弘扬智慧的最大障碍是权力。对于那些敢于幻想和善于思考的人，权力带来的损害，远远超过了迷信和愚昧。智慧被压抑、被扭曲、被侮辱的种种记录，乃是20世纪世界历史的一部分。在即将开始的21世纪，智慧必将不能满足于已有的成功，更不会甘于昔日的耻辱。它也许会在自己的旗帜写上一个新的信念：“脑力胜过权力。”

今天我们回看微软中国研究院的历史，可以认为，“会议室命名”是李开复激发员工热情与幻想的首次尝试。参与这次活动的人后来都说，那是他们经历过的第一次“脑力激荡”。风气既开，必会发扬光大，这就难怪李开复要欢呼“哇——呜”。现在，他坐在这蔚蓝色的大厦里，想象着未来岁月，难免有些得意，似乎已经知道历史从什么地方来，又将到什么地方去。

摆脱“完美主义”的迷人陷阱

1998年7月9日，微软公司正式宣布李开复博士加入微软。李开复在这一天说：“我现在相信微软研究院是实现我的梦想的地方。”但是，微软公司首席软件总工程师巴特勒·拉姆伯森博士那时不一定会赞赏这样的“梦想”。他曾经说：“让一个最优秀的研究人员变成一个最优秀的管理人员，不一定是个好主意。”

李开复是个优秀的研究人员，这在他还没有走出校园的时候就已得到证明，有如当日的卡内基梅隆大学教授、后来的微软公司副总裁里克·雷斯特所说，“那时候他是一个明星学生，做出了一些里程碑式的工作”。这一点我们在后面还要更多地牵涉，现在来看李开复的职业历程。

此人在90年代开始的时候离开卡内基梅隆大学，进入加利福尼亚州的硅谷。那时候他踌躇满志，自信天降大任。五姐开敏说他“从小聪明过人”，他对自己的智慧也从来没有怀疑过。不过，从那时起直到1998年7月进入微软公司的八年中，每当他把自己的智慧和热情投入研究的天地，总是无往不利，而当他把心血用在管理的领域，情形就格外复杂。他的上级和下级都说他是一个好老板，可惜的是，他作为一个“好老板”的才能从未得到回报。事实正像他自己后来说的，那是一个“失败的历程”。

1990年进入硅谷的苹果公司，是他职业历程的第一个起点。那时候，他在语音识别领域取得的成绩已为世界瞩目，所以不用像其他毕业学生那样为了找工作而发愁。他坐在家里守株待兔，苹果公司的一位总监就找上门来，先是给他演示了一段录像：一个装饰讲究的办公室里，一台电脑和一个男人在对话，声音真切，有如一对亲密伙伴。当然这是一个虚拟的场景，人是真的，电脑却只是一个关于“未来电脑”的梦想。但李开复深受感动，内心惊叹那位制作录像的幻想者是“一个非常有能力有远见的人”。此人名叫阿兰·凯，在李开复之前23年毕业，有人说他是“个人电脑之父”，因为他的论文对整个计算机业都产生了重大深远的影响。他构思了20世纪个人电脑的模样，又在施乐公司做出世界上第一个图形界面。就在全世界都按照他的构思生产个人电脑和“Windows”操作系统的时候，他却坐在苹果公司里描绘出21世纪的电脑，时在1990年，恰是李开复毕业的日子。

阿兰·凯后来成了李开复的“忘年之交”。那录像则在当场就对李开复发生了巨大的吸引力，以致他在以后的日子里把这段录像反复演示了30次。这个人和这个“幻想”使李开复相信，苹果公司真的很想把语音识别技术放在产品里。这时候，那位总监开口了，他说，苹果万事俱备，有幻想，也有足够的钱实现幻想，就差一个语音专家。

这以后的事情可想而知，苹果公司使用了一切手段表明自己的诚意，请来一些深孚众望的人打电话到李开复家里游说，还给他送来鲜花。这让初出茅庐的年轻人受宠若惊。他觉得这不是一个只知赚钱的公司，很有人情味。那时候，微软还不是一个既令人生畏又令人羡慕的公司，员工也远远不是35000个，而是4037个。尽管“Windows 2.0”已经诞生，但没有人注意，大家还是在用DOS。“Office”也不存在。苹果看上去比微软好得多，李开复没有什么可犹豫的，他选择了苹果。

在苹果的最初六个月，是他最快乐的一段时光。那时候，公司看上去一切都好。语音识别技术成为大热门，李开复在卡内基梅隆的博士论文也成了专利，每套能卖10万美元，半年卖出好几套。钱是归学校的，李开复分文未得，但毕竟满足了年轻人的成就感。总裁每天到李开复的研究小组来看，眼见进展顺利，人人兴奋异常。苹果机在市场上虽然只占10%的份额，但价钱昂贵，利润很高，足以和占有市场份额90%的个人计算机相抗衡。苹果沾沾自喜，完全没有想到，世事多变，公司已是四面楚歌。

后来人谈论苹果公司的潮起潮落，都说那个时候公司的总裁实在目光短浅，缺少魄力。其实，当时苹果公司的人没有一个能够拥有正确的判断，当然也包括李开复。毫无疑问，这里有一群最富有智慧的人，但这些人几乎全都陷入完美主义的迷人陷阱。不像微软公司那群没有规矩不论方圆的小子，只把眼睛盯着市场，苹果对自己的技术兢兢业业，但求完美无缺，根本不管用户的心里想什么。他们把“苹果机”的外观做得豪华而又精美，软件又快又好。李开复当时觉得，“苹果机”是世界上速度最快样子最漂亮的。他们不肯接受“兼容”的概念，倒不是“兼容”本身有什么不好，而是看见那简陋的“个人电脑”，就嗤之以鼻，一想到要把自己的技术放进“个人电脑”，就觉得是“把鲜花插在了牛屎上”。举出两件小事就可以证明，这些人的“完美主义”已经如醉如痴，走火入魔：“苹果机”的软盘驱动器必须具有“轻点鼠标自动弹出”的功能，因为，一个最好的技术，就不应该让人们伸手去按什么按钮；语音识别不能允许把麦克风戴在头上，男人戴这个东西已经难看得要命，更不要说那些“白领丽人”，高髻云鬟新样妆，难道要让这个黑糊糊的东西搞得一团糟吗？苹果的设计人员就是这样陶醉于自己的“完美无缺”，根本不管“自动弹出”技术的实现将使每台“苹果机”的成本增加10美元；将麦克风放在1英尺以外的要求，就使得语音系统根本不能做出正确的分辨和选择。

具有讽刺意味的是，苹果的“完美主义”并不为用户接受。用户宁愿使用并不完美但却便宜的东西。简陋的机器在扩张，完美的“苹果”在下降。苹果在市场上的占有率，一度降到3%。这样看来，苹果的最大毛病似乎就是它没有毛病。假如它能够像它那个著名商标一样，有一点缺陷，也许就不会落到后来的地步。

1991年4月，这些“完美主义者”对于眼前的危机再也不能熟视无睹。彻底转换公司模式的钟声敲响了。那一天，总裁来找李开复，告诉他，研究小组将被拆掉，他可以做经理，但人员须裁减，18个人只能剩下15个。李开复即使再缺少公司运作经验，也可以看出公司出了麻烦。幸运的是，语音识别系统的研究仍能继续。大半年后，李开复的研究再进一步，语音系统技术和操作系统合在一起了，公司的情况也出现转机，还和国际商用机器公司签了合约，这给不少人带来幻想。老板也许是想再接再厉，一举扭转公司颓势，所以吩咐李开复立即展示他的语音技术成果。

展示新技术的地方是一个海滨度假场。那里正在开一个会，名曰“技术·娱乐·设计”（TED），所以吸引了几百个电影明星、导演、画家和设计师。李开复走到台上，和他的“小精灵”（Casper）频频交谈。“小精灵”不是人，是卡通片中一个善解人意的鬼，现在则是李开复面前的一台电脑。它一边回答李开复的话，振振有词，一边在自己的屏幕上显现出李开复想要的东西：一张开出65美元的支票和一个日历本，还能帮助李开复安排工作日程。那时候计算机界对于语音还没有多少认识，大多数人还远不是今天这样，处心积虑地让电脑“能听会说”，在人与电脑之间，键盘是无可争议的桥梁，就连微软这样的公司也还没有涉足语音的领域。想想这些就可以知道，李开复与“小精灵”对话的那一瞬间是多么奇妙。

大家一起站起来鼓掌，全都惊叹不已。《华尔街日报》和其他报纸的记者纷纷赶来，围着李开复问这问那。美国ABC电视台的记者要来实况转播，这正是苹果公司首席执行官约翰·斯考利所需要的。他问李开复有无把握。李说：“失败的概率为10%。”老板说：“能不能减少到1%。”李把脑筋一转，当场就说“能”。老板以为他要回家挑灯夜战，再来一次“完美主义”的技术改进，其实李开复想的是：到时候带上两个“小精灵”——如果一个“小精灵”失败的概率为10%，那么两个同时失败的概率为：10%×10%=1%。

1992年3月2日清晨7点，李开复和他的“小精灵”出现在“早安美国”节目上。这是电视台早晨的黄金时段，至少2000万美国人一边吃早饭一边观看。30 岁的李开复第一次面对电视直播镜头，不免紧张。他不断呼唤他的“小精灵”，其实他面前的那台电脑只是做样子的，真正和他对话的电脑在幕后。女主持人当场发现面前的“小精灵”有些问题，好在此女不仅风度翩翩，而且有经验，处变不惊，还能故作惊喜，说出一番颇有诗意的话：“早晚有一天，机器也会气急败坏地对你叫喊。你以前必会认为这是夸张之词，但现在，这里有一台能和人交流的计算机——世界上第一台，它居然能听懂你的话并且还能回答你的问题。”节目刚一结束，她便转向操作者说：“别蒙人，你们的电脑连线都没有接上。”多年以后，李开复说起此事，还在遗憾：“到今天她可能还会以为是假的，其实那的确是真的。”

一切顺利，老板担心的失败没有出现，连备用品也没有用上，不过，还是出了一个小小的纰漏：女主持人询问苹果的老板，这机器什么时候能变得更好。问话的声音纯正悦耳，“小精灵”闻之心动，插话道：“你要不要和我约会?”

这场面令全美惊叹，就连那个纰漏也被看做是成功的象征，大家都说那是一个精心安排的幽默：这机器也想吃女主持人的“豆腐”啦！“硅谷”惊叹不已，雷德蒙的田园也不再宁静。苹果股票从60 美元跳到63 美元。李开复一夜之间就成了电脑世界的明星，那真是他的职业生涯中一个辉煌的时刻。

不过，那时候他太年轻，既不能洞悉人间万象，也不理解市场变幻。“我太相信其他的人了，以为他们都比我高明。”他后来说。他以为他的发明真的可以成为产品，然后长驱直入千家万户。他可没有想到，当他和“小精灵”出现在电视屏幕上的时候，苹果已经在走下坡路。“小精灵”其实只有宣传的价值，距离实际的应用还远着呢。老板让他把“小精灵”弄到电视上去，与其说是为了造福人类，倒不如说是为了拯救苹果。

“小精灵”风光一阵就没了下文。这情景有些像我们国家成千上万的科技发明，获得了什么大奖之后便沉睡实验室中。宣传的效果无论多么辉煌，毕竟不能代替市场上的商战。李开复从电视屏幕走下来，就看到公司开始裁员了。第一年裁了10%，以后几年更多，先是一般的雇员，然后是大大小小的老板。“那是很残酷的事情，很不好玩。”李开复说。研究项目不保，小组也被撤掉。那些“没了庙的和尚”集中到他的名下，越来越多，一度增加到200 多人。这不是繁荣的象征，而是末路的征兆。第二年，公司有一半人离去，又雇了一些人来。李开复那个组流失率最低，但也有10%，有才能的人说不定哪个早上就走了。中国的企业即使到了这个地步，也是硬撑着，想方设法"扭亏"，要政府关照，要银行贷款，担心员工一走社会就会大乱，而员工大都宁愿在一棵树上吊死也不愿离开。美国的公司就没有这些，没有哪一位老板会承担"安置下岗职工"之类的责任，也没有任何人有权力阻拦员工离去。

苹果在90年代后期重整旗鼓，经理层的人员大换血，由此带来新的局面。但在90年代初期，苹果没有好的领导，董事会都是一些有权有钱就是没有智慧的人，公司员工全都不知道他们将被带到什么地方去。李开复一个人撑着200多人。大家不断抱怨："这有什么用处？"

牢骚和抱怨的盛行，大都是日薄西山的征兆，无论一个国家还是一个机构，都是一样。现在苹果到了这个地步，就连新任首席执行官杰欧·艾姆利奥也在抱怨。他对一个朋友说："我就像是在划一艘大船，这个船有一个大洞，快要沉了，而每一个水手都在划向不同的方向。现在我的目的就是要让大家向同一个方向划。"

他的朋友挺感动，但接着就发现有什么不对，于是问道："那个洞怎么办呢？"

"啊……啊……还有一个洞？！"杰欧·艾姆利奥似乎刚刚想到。

这总裁看来也不是一个完全清醒的人，雄心有余而智慧不足。不过他的比喻也有几分道理。人心散了，全都自顾自。这种局面一旦发生，就很难扭转。

1995年，李开复接任苹果公司副总裁的职位，负责公司多媒体技术的研究。他年轻气盛，期望能够力挽狂澜。作为一个研究人员，他在苹果辉煌了一阵，现在，他觉得自己也有做一个高级管理人员的能力。

他对总裁杰欧·艾姆利奥说："电脑业现在已经非常重视多媒体软件的研究开发。"他的计划是推动公司重视软件开发。他还有一支多媒体的研究队伍，有200多人，他认为这是公司振兴的希望。总裁有些心动，继续听，于是李开复大着胆子说出很多极端的念头。他说，不能用衡量硬件的营业额标准来衡量软件的成功与否。这想法在今天不言而喻，多媒体已经横行天地之间，比微软的"Windows"和"Office"还要厉害。但这想法在当时就被视为年轻人的"不现实"。总裁说："公司正在赔钱，再把巨额资金花在这些'不现实'的研究上，董事会中没有一个人会接受！"李开复退而求其次，就说：

“你可以把多媒体公司卖掉。这个公司价值5亿美元，一大笔现金。”苹果的确需要这笔钱，但卖公司必须连这200多人也卖出去。董事会能同意吗？这时候苹果公司董事会里的气氛，真让你觉得挺像中国的某些机构。他们想的是：我不愿意让你干，也不愿意让你走。李开复万般无奈之下，只好说出心中下策：放弃操作系统的研究。因为市场上的局面已经不是90年代初的样子了，微软的“Windows 95”已经红遍全世界，没有办法再在这个领域和微软竞争。李开复建议，苹果可以和微软合作，把多媒体软件的重心放在“Windows”的操作系统上。“95%是微软的操作系统，5%是我们的多媒体。”李开复说。但董事会中那些蔑视个人计算机的人依然要撑自己的脸面，坚决不肯“把鲜花插在牛屎上”。

到了这一步，李开复终于对苹果彻底失望。“我觉得我的想法都不被接受，”他说，“这是我要离开的很重要的原因。”但还有更重要的，他已经隐隐感到，在一个硬件公司里，他不可能痛痛快快地做他最喜欢做的软件。

1996年早春，他离开苹果，走的时候仅仅带着一叠剪报，那上面记录着他和他的“小精灵”共同拥有的辉煌时刻。

还有一份材料是他属下的两个员工给公司两位主管发出的电子邮件。里面都谈到李开复。一个名叫艾瑞克的说：“他真的是我在苹果工作时最好的经理。他诚实正直，决策正确，目光远大，是一位优秀的经理。我希望你们两位一定要理解，和开复一起工作是我最有兴趣留下的理由。”另外一位说：“他对我是难得的导师。有更多李开复这样的经理对苹果有好处。”事实上，用不着这些下属的提醒，杰欧·艾姆利奥也能了解李开复的价值。他在多年以后回忆起这时的情形，还能记忆犹新：“那天晚上，一件令人悲哀的事发生了：李开复告诉我他打算离开苹果。开复是苹果公司五千员工中最杰出的两个人之一，而我们竟然眼睁睁地看着他离开，无能为力。”

比尔·盖茨与李开复

大多数人在见到李开复的时候，都会仔细端详，在脑袋里面想象他和比尔·盖茨之间有什么瓜葛。其实他在1998年7月9日接受微软公司的职务前，还从来没有和比尔面对面地坐在一起呢。那时候，他是SGI公司的副总裁，名声远远不及比尔，但他的成就在多年以前就吸引了比尔的注意。“他有关语音识别的博士论文很了不起。”比尔有一次这样谈论李开复。他说，开复对语音识别的想法和他“不谋而合”，还说他对开复在苹果公司的工作“留下了深刻印象”。不过，比尔是地道的美国人，开复却是华裔，有着一副地道的中国面孔，你怎么也想象不出他和比尔会有共同之处。两人那些共同的地方乃是凝于无形之中。全都绝顶聪明，全都少年得志，全都是工作狂，全都戴一副纤细金属框架椭圆镜片的眼镜，除非在正式场合，全都不系衬衣领口上的纽扣。不过，比尔属于更加外露的那一种人，从不掩饰自己的喜怒哀乐，开心的时候总会咧开大嘴情不自禁地欢呼，见到不能令他满意的人和事，就会粗鲁地骂起来。当然比尔有时也会做出一些笑容可掬的样子，就像他出版的所有书的封面照片一样，但那是做给别人看的，很难说是真正的比尔。实际上这个时候的比尔更像开复。开复有东方人的含蓄，无论喜怒哀怨，来到脸上的时候全都会打折扣，头发一丝不苟，不像比尔那样乱七八糟。中等身材，举止文雅，面容白净而少棱角，说话声音委婉平和，内容不卑不亢，逻辑严谨，常在紧要关头节外生枝，插科打诨，脸上露出一种诱人的笑容。眼镜后面的目光中，总有几分傲慢，但绝没有比尔眼睛里的那种肆无忌惮。当他的嘴角微微向上翘起却又转瞬即逝的时候，便有一分紧张和缺少自信显现出来。他已习惯于处在中心的位置，但有时候也会在内心里估量旁人对他的印象，每当这时候，他的目光就会忽然离开他所关注的对象飘忽左右。他的内敛和宽容远远超过了他的大多数同龄人，比如他在苹果公司做副总裁的时候，有一次召集会议，一个美国人用粗鲁的脏话冲他大骂，在场者全都愕然，他却淡然处之，不动声色。这种“猝然临之而不惊，无故加之而不怒”的本色，乃是中国文化的典型表现，在美国文化中极为罕有，在锋芒毕露的比尔身上更是从未出现。

李开复的名字第一次与比尔·盖茨联系起来，乃是出于一种偶然的机缘。

1998 年春的一天，他只身一人，从加利福尼亚州的硅谷来到华盛顿州的雷德蒙，见到他的好友黄学东。黄本人就是微软研究院里主持语音项目的高级研究员。两个朋友不期而遇，分外惊喜。黄学东问李开复来雷德蒙做什么，李开复老实地说，他正在为出卖他的公司做最后一次努力。他摇头叹息道：“我在出卖自己的心血，而且知道卖不出好价钱。”

李开复那时是硅谷 SGI 公司的副总裁，并且直接领导着 SGI 下属的一个多媒体公司。SGI 以大型和中型的计算机工作站服务器为主要产品，在全世界都挺有名气。在美国，计算机的世界里真是此起彼伏，各领风骚三五年。70 年代是国际商用机器公司，80 年代是苹果公司，SGI 的无限风光是在 90 年代初期，那时公司里的工程师们，大都是硅谷最优秀的。至于微软公司的空前盛况，还要等到三年以后。

李开复进入 SGI 是在 1996 年春天，那时候这家公司还有一层耀眼的光芒，有一批最优秀的工程师，做的是世界上最快、最酷的机器。色泽鲜艳，光彩夺目，内装多媒体软件也都是最快最好的。不过，明眼人已经看出危机的征兆：机器价格昂贵，非一般人所能承受，软件只有专业人员才会有兴趣。计算机企业的瞬息万变和表里不一，甚至金玉其外败絮其中，如今全世界的年轻人都已明晰，可在那个时候，聪明者如李开复，也不能完全洞悉公司隐情。

SGI 公司对待李开复的办法非常特殊，首席执行官艾德·迈克拉肯和总裁汤姆·杰姆拉克，双双亲自出动，把公司副总裁的权力交给他，显然也把公司振兴的希望寄托在他身上。李开复少年得志，自以为智慧过人，又有超常的勤奋，必能无往不利。

表面看来，起步挺顺利。李开复一边卖公司原来的产品——服务器，一边想象着开创一个新的软件平台，可以在互联网上跨平台使用。艾德·迈克拉肯看来对互联网有特别的兴趣，很慷慨地花费时间来听李开复的游说，然后便竭尽全力地支持他的计划。公司有一段时间情况不好，艾德·迈克拉肯把口袋里最后一笔钱掏出来，交给他的诸位高级经理，咬咬牙说："李开复小组需要多少钱，就用多少，剩下的你们其他人分。"

然而李开复需要的不仅是钱，还有时间。艾德·迈克拉肯可以倾囊相助，却没有时间等待他的成功。公司的财务已经无法继续维持，人心离散。眼看着李开复的新产品出现一点眉目，可现在谁都等不及了。在他身后，有才华的人一个又一个悄无声息地离开。他觉得苹果公司的阴影跟在他的身后来到了 SGI。

不过，他还是义无返顾地投身在自己的研究中。直到有一天，一个电话让他从梦幻中醒来。那是高级副总裁瑞伯·布吉斯打来的。瑞伯是个商业天才，曾在加拿大开过一家软件公司，SGI 看到人家的公司不错，就掏钱连人带公司一起买了来。瑞伯进入 SGI 负责公司的软件研制，也是李开复的顶头上司。当初为了说服李开复加入 SGI，他费了不少心血，但现在，他在电话的那一头说："我要走了。"

李开复大惊："我是冲着你来的呀！你怎么可以……"

硅谷的情形就是这样。这里有大约 7000 家计算机企业，有好几万软件工程师和管理者，每年却有大约30%的人离开自己的企业。几乎所有的人都是来去匆匆，能在一个地方待上两年，就已经是老员工了。李开复回天无力，只有感叹。直到多年以后，他谈起那情景还很伤感：“越是优秀的人走得越快。可惜我没有很多时间和他们在一起。”

公司的情况更加糟糕，走的人也更多了。到了这一步，总裁不得不仿效美国大多数公司陷入这种局面时的办法，一边裁员，一边改组，一边把最后的赌注压在李开复身上。“我们打算做一个专门的软件。要你来做。”他对李开复这样说。

很幸运，这是李开复正在做的东西，所以，它在公司是救命稻草，在李开复却是兴趣所在。概括地说，这是一个多媒体软件，它可以帮助用户在互联网上进入三维世界，声形并茂，前后左右，恣意进出漫游。它可以是很小的东西，有如一张网页、一个广告；也可以是整个世界，让你在里面寻找人世间的朋友，或者去任何一个地方旅行。

“那时候我真的觉得这是一件很酷的事情，”李开复在两年以后这样说，“可以彻底改变因特网的经验。”这时候他已经是微软中国研究院院长，他的不少研究员果然在做类似的事情了，比如沈向洋的“三维漫游”和张宏江的“多媒体检索”。但是，在1997年夏天，他却完全没有想到，这个“很酷的事情”竟会将他引向有生以来最狼狈的境地。

任何失败之举，在它刚刚开始的时候都会笼罩一重诱人的光彩。李开复的起点也是诱人的。他的智慧没有辜负他的期望，当他把自己做成的软件拿出去给别人展示的时候，每个看客都会张大嘴喊出声来：

“哇！怎么会有这么了不起的东西！”

“微软做不出来！苹果做不出来！国际商用机器做不出来！”

“移植到个人电脑上去！”

李开复尽管已经历过苹果的沉浮跌宕，却还没有学会超过他的年龄的思维方法，真是既天真又自信。别人一说他的技术了不起，他自己也就觉得了不起。“我要做一些彻底改变人类生活的工作。把我们的软件全部移植到微软的‘Windows’上。”他对他的老板和同事这样说，“让我来做一个多媒体公司。”

如他所愿，SGI真的买下了一个公司，让他实现他的“多媒体之梦”。大家都看出，这项计划既刺激又危险，但李开复胸有成竹地说：“只要我们的软件好，就可以成为微软的伙伴。就算是竞争，我也不见得输给它。”

他准备孤注一掷，但是他低估了一个技术被人们接受所需要的时间。一个好的东西并不能保证一定会被人们接受。用户的需求真是奇特，有时候会莫名其妙地突然爆发出来，淹没那些毛病百出的烂货；有时候无论你的东西怎样优秀，他却迟迟不肯接受。这样的例证在计算机的市场上屡见不鲜。

李开复熟知这些事，但是从来没有想到同样的事情会落到他的头上。他把自己的宠儿叫做“宇宙”（Cosmos），拿着它到微软去寻求合作，立即就发现了不祥之兆。

“不错！”人家毫不犹豫地承认他的东西更好些，甚至认定，几年以后会非常重要。“不过，现在用不着。我们现在买来的技术应该足够。”人家轻描淡写地对他说。

李开复赶忙插话，说他分文不收，只是想把这很不错的东西捆绑在微软的操作系统上。微软的那位一边倾听他的陈述一边微笑，笑完了还是不肯接受。

若干年后，李开复有一次谈到微软这一次拒绝和他合作，承认搞技术的人难免都会犯“技术至上”的错误，但事情恐怕还不仅仅如此。他还低估了比尔·盖茨对市场的影响力，他一心想着只要自己的产品好，就会迫使微软要么接受合作，要么接受竞争。根本没有想到，“Windows 95”在以它的活力赢得了全世界之后，竟也会反过来拒绝活力。

他不得不为自己偏爱的“多媒体之梦”做最后挣扎。熬过几周之后，事情终于有了结果，网景公司接受了他的产品。网景浏览器占有60%的互联网市场，照理可以让李开复绝处逢生。漂亮“女儿”抛头露面，动心的人家也不能算少，一年的营业额超过了1000万美元。可是公司支出更大，必须照常开门，100多员工的薪金一分也不能少。一年以后，亏损已经超过2000万美元。到了这时候，李开复不得不承认，微软的“拒绝”不是没有道理。“好东西也不能做早了，”李开复后来说，“当初就算微软接受，也不一定成功。”

1998年春天是在一片惨淡的气氛中到来的。新总裁瑞克·布鲁斯上任，第一件事情就是找到李开复说：

“我知道你的产品很好。不过，我们还是把多媒体公司卖掉吧。”

那是李开复迄今为止的生命中最暗淡的春天。他到处奔走，遇到可能的买家就会苦口婆心地讲述自己用智慧、心血和梦想培育起来的公司。到了自己一个人静下来的时候，就会在心里暗自打定主意：

“无论如何，不能在一个不看重我的公司干下去了。”

“我更喜欢自由平等的环境”

李开复再一次来到雷德蒙的时候，已是1998年初夏。美洲大陆西海岸的这座小城，风景如画，阳光明媚，气候宜人。不过，李开复的心里却笼罩着一片阴云。

春天结束的时候，他的出卖自己公司的努力再一次受挫。期待中的买主是日本的索尼公司，1500万美元成交。公开的舆论叫做“并购”，消息已经刊登在《华尔街日报》上。可是当日本人知道李开复不准备继续管理这个公司，另外五个最优秀的管理人员也将集体离开的时候，变卦了。

现在，李开复的悲剧演到了最后一幕。有一家公司对他的“心血”表示出兴趣，不过，条件极为苛刻：500万美元，只是日本人的1/3，并且还要裁掉2/3的员工。一望而知对方不是雪中送炭，而是乘人之危。李开复心有不甘，还在挣扎着要给自己的公司和员工找一个稍好些的新家。于是他来到雷德蒙，希望微软不会像当初拒绝他的新技术一样拒绝他的公司，但他再一次失望了。

那天中午，李开复和黄学东坐在一起吃午餐，对黄学东说他要离开SGI。黄学东并不奇怪，他早就认为李开复的光辉被SGI的阴云掩盖了。不过，当他听说英特尔公司正在打李开复的主意，不免着急起来：

“英特尔？要你做什么？”

“他们计划在中国建立一个研究院！要我去。”

这叫黄学东更加惊讶：

“我从来没有想过你愿意到中国去。”

“我觉得我挺适合做研究。”

“为什么你不到微软来呢？微软也要在中国开研究院啊！”

这是李开复第一次知道微软将要在中国设立研究院的消息，也是第一次将自己的未来和微软联系在一起。事情来得有些突然，李开复一时语塞。被迫出卖自己的“心血”这件事表明，他的激情和才能都处在一种被压抑和被埋没的状态中，他正处在一个艰难的探索时期。多年以后谈到这段经历，他说这是自己的“失败时期”。这种失败用今天的眼光来看，既有技术、市场的原因，又有他个人的性格作祟，还有那个行业里特有的文化色彩。整整一个春天，他都在为自己寻找一个新的起点。硅谷里面，能让他挣到一大笔钱的小公司的确不少，他的同事中有很多已经捷足先登。但他却觉得那样的未来缺少刺激，没有满足感。他也去了一些很大的公司。比如英特尔，那是美国最大的芯片制造公司，享誉全球。总裁克瑞格·波瑞特告诉他，英特尔正在中国开设一个研究院，希望李开复去主持。李开复说他“在硬件公司做怕了”。克瑞格·波瑞特说，他们将请他来做软件。李开复说：“我就是怕在硬件公司做软件。”但克瑞格·波瑞特执著地邀请李开复：“来我们公司看看。”李开复真的去了，立刻就发现他不能习惯英特尔的文化。“有点像国际商用机器公司，等级分明。”李开复后来对朋友说，“我更喜欢自由平等的环境。”

其实他的所谓“自由平等的环境”，还是为了他那始终不能实现的“梦想”。他还是念念不忘自己的研究，他讨厌那些急功近利的公司，希望自己的智慧能够在广阔的技术领域发挥影响，又能在将来的某一天汇入产品走进千家万户。这是一个奢侈的梦想，需要大笔金钱的支撑以及一个真正理解他的老板，其背后的支持不仅坚定不移，而且持之以恒，方有可能成为现实。但这样的支持在美国极为罕有，可遇不可求，而且越来越少。他曾经效力过的“苹果”和SGI，说来都是了不起的大公司，竟全都不能做到，如果微软再做不到，还有谁呢？这样看来，也许他真的需要微软。

微软对李开复的公司没有兴趣，这迫使他不得不将自己的公司以500万美元的低价出售给另外一家公司。但微软却对他这个人感兴趣。这一点从黄学东的兴奋就可以看出。黄学东是出自清华大学计算机系的博士，在英国做访问学者多年，又来到卡内基梅隆大学，其专长也是语音识别，也许是因为这个原因，两个人早就成为朋友。有一个时期，李开复在苹果公司把语音识别系统做得如火如荼，促使微软建立起自己的语音研究小组，黄学东就是在这时加盟微软，成为微软语音研究的创始者。两个朋友成为竞争者，也就很少往来。多年以后说起这些，黄学东笑道：“就像国民党和共产党一样。”

但是黄学东现在发现有了“国共合作”的机会，不免兴奋起来。他的兴奋并非出于私谊。美国人才如云，论成就声望，在李开复之上者不是没有，但黄学东对朋友了如指掌，知道在李开复身上有一件最奇特的事情，其研究成果总是走在微软公司的前边，或者也可以说，微软总是追随他的后尘。前述李开复的语音识别技术的突破，令微软在雷德蒙的那块宁静田园不再宁静，这是第一次。第二次是李开复做出的一个叫做“QuickTime VR”的东西，它能把一大堆照片粘连在一起而不露形迹。此后，微软也开始招募多媒体专家，也做出一些东西，不叫“Quick Time VR”，而叫“Surround Video”，却和前者大同小异。第三次，李开复的一个新软件（Quick Time）可以在个人计算机上看到视频，微软也做出了一个叫做“Active Movie”的东西。第四次，李开复拿出了他的“宇宙”，微软紧接着购买了一个公司，也开始研究类似的“三维技术”。同样的事情重复再三，连续不断，令人怀疑微软在抄袭李开复的创意。李开复本人并不同意这样的看法，但他毕竟为此沾沾自喜：“不能说是抄袭，但总是我在先，微软在后。”令李开复感佩不已的是，同样的东西在李开复手里总是虎头蛇尾，在微软手里全能轰轰烈烈：语音识别在苹果日薄西山，但在微软却成长起来；“三维”研究队伍在苹果已经消失，但当初曾为苹果效力过的沈向洋，却在微软发明了世界领先的“三维漫游”。

有了这些传奇故事，黄学东有一切理由相信，微软需要李开复。“我当然希望开复做更多的研究，但他做管理也很好。”他后来对一位记者这样说，“很难找到一个既懂研究又懂管理的人。要是找一个不懂研究的人来管理，外行领导内行，那麻烦就大了。”他告诉李开复，尽管比尔已经决定在中国设立研究机构，但真正操作起来的时候就发现一个棘手的问题：找不到一个合适的人。微软一向信奉“只有最优秀的人身后才会聚集优秀的人”。现在的局面是，最优秀的人不肯到中国出掌大局，肯去的人又并非足够的优秀。无奈之中，微软正在考虑退而求其次的办法：把这个机构的规模缩小，甚至只让它具有象征的意义，然后再慢慢做大。但现在，情况似乎“柳暗花明”。他对李开复说：“如果是你来做，也许微软愿意把这件事重新设计一下。”

那次谈话之后，雷德蒙对于李开复就有了某种特殊的意义。这是一座建设在原始森林里的城市，在地理上与西雅图市接壤。雷德蒙规模小，而西雅图规模大，有如中国的县级市和地级市，但与中国的县市不同，这两者并无行政上的隶属关系。不了解情况的中国人大都以为微软是在西雅图市，严格说来是一种误解。产生这种误解也许是因为，西雅图机场是进出雷德蒙的必经环节，从那里驱车沿高速公路到雷德蒙，只要40分钟。当然我们还有可能做出另外一种估计：20世纪最初20年，在西雅图那片浩瀚的红杉树林中，产生了一个工业时代的经典之作——波音飞机公司；20世纪最后的20年，在同一片红杉树林中，又产生了一个信息时代的经典之作——微软公司。所以西雅图能够享誉世界，而雷德蒙却要淹没其中。

雷德蒙的四围重峦叠嶂，圣海伦火山30年前的一次爆发，至今还在周围遗留着可怕的死寂。不过，人们聚居的地方一派生机。原始的红杉树林簇拥着民宅和道路，严冬季节，奥林匹克山峰冰雪覆盖，山下却是绿草如茵。向西是普吉特湾，隔着浩瀚的太平洋和中国遥遥相对。微软就建立在大洋东岸一片茂密的丛林中。

公司的位置在第四十大街西侧，既无警卫，也没有高墙，任何人都可以自由出入。只有一道1米高、10米长的矮墙，很不起眼地趴在街头拐角处，上书“微软”二字。从外观上看，你怎么也不会想到这是世界上最富有的公司。据说比尔20年前为微软选择新基地的时候，在整个美国查看了至少40个地方，终于还是买下了雷德蒙的大片土地，又在红杉树林中开辟出一片校园式的土地，一边建造那片闻名于世的“星”形建筑，一边刻意保留着田园牧歌式的情调。人们将自己的轿车停泊在鲜花丛中，从办公室的窗户伸手触摸百年老树。松鼠在树上树下跳跃，但逢行人，便跑到跟前摇头摆尾。几只水鸟在湖面随波荡漾。那片小小的湖水被办公楼、绿草和鲜花环绕，名字叫做“比尔”，与公司老板同名。湖边曾发生过无数动人的故事，其中一个故事的主人公是一只公鸡。它在一天早晨来到这里，徜徉不去。公司员工感受到它的孤单，于是为它抱来一只母鸡。从此这对“情侣”就在“比尔湖”畔相依相随，又与人类和睦相处。看得出来，公司里的人，都努力在一个人造世界里保留浓郁的天然本色，让最现代的技术融于一种原始之美。

微软公司设备部经理卡尔·贝茨当初设计这个田园式办公区的时候，有过一个经典的解释。他说：“优美青翠的环境能有效地帮助人们抚平心头的愁绪。”也许这话真的有道理，李开复在同黄学东谈话之后再一次来到这里的时候，心情的确好起来。

英特尔和苹果扑了空

里克·雷斯特正在他的办公室等候李开复。

他是微软公司负责科研的副总裁，向以寻觅世间天才为乐事。尽管微软公司的雇员这时已经增加到35000人，还有数万份求职简历摆在人力资源部的案头。但他仍旧恪守“追随天才”的原则。他曾经是美国宾州卡内基梅隆大学的教授，也是世界著名的计算机操作系统专家。当比尔·盖茨在1991年决定发展微软研究院的时候，第一件事情就是煞费苦心说服里克·雷斯特到微软来主持这个事业。在六个月的时间里，计算机界一些最有名的人物，接二连三来到宾州，替微软做说客。这些人全是比尔·盖茨请来的。有 DEC 公司的戈登·贝尔，还有微软的首席技术官奈森·梅尔沃德。其情景令人想起中国古代刘备“三顾茅庐”请出诸葛亮的故事。据说，里克·雷斯特决定加盟微软的时候，对比尔·盖茨说：“我准备寻找 50 个比我更优秀的人到研究院来。”比尔·盖茨开心大笑道：“难道这世界上真有那么多比你还优秀的人吗？统统请来！”从那时起到现在，八年过去，里克·雷斯特请来的计算机专家，不是 50 个，而是 500 个。

里克·雷斯特后来承认，如果不是戈登·贝尔出面说项，他不会考虑到微软来。还说这是每 10—20 年才出现一次的机会，是“比尔·盖茨给了我这个机会”。但他认为这个故事的后半段有些夸张。当他从一个记者口里听到这个传说时，笑道：“让我弄清楚这件事情，好不好？”他说，当初比尔建立研究院的时候，的确是想邀请很多优秀的人。微软董事会也提出要请来 100 个最有才能的人。“当时我还没有来。”他说，“但现在我们已经有 500 个能人了。”

但他并不知足，他现在的目标是李开复。他从来没有想到，这个被计算机语音识别领域称为“天才”的人，居然会对到中国去感兴趣。他觉得，这真是天上掉下一个大馅饼。

里克·雷斯特在卡内基梅隆大学当教授的时候，就知道李开复。他说他是个“明星学生”，在 80 年代末期就已经创立了一种语音识别的新方法。“他是一个领域里面的先锋和开拓者。”他后来回忆说，“这件事情已经过去了十年，到今天，全世界所有语音识别的研究，都是在他的开拓性工作的基础上继续的。”这样一个人如果能到微软来，“是非常理想的事情”。

“如果你来，我们可以把在中国的研究机构做得更大，更优秀些。”他对李开复这样说，显然是在尽力把李开复的情绪调动起来。

“多大？多优秀？”李开复单刀直入。

“可以和剑桥一样。”

英国剑桥有微软在海外的第一家研究院，始建于 1997 年。那里集中着一批欧洲最有才干的研究人员。微软对剑桥研究院的投资为六年 8000 万美元。现在，里克·雷斯特的话显然是在告诉他，微软也将对中国研究院给予同样的投资，并且招聘一大批高级研究人员。

“我感觉这是一个很大的承诺。”李开复后来说。这使他感到振奋，比尔·盖茨的“未来之路”，似乎正在向他开启。但他发现微软对他们要在中国做的事情还没有一个具体的想法，对于那个神秘的东方大国也没有很深的理解。比如里克·雷斯特和雷德蒙研究院院长凌大任都说，未来的中国研究院应当设立在上海浦东。李开复当即反驳说没有道理。他此前五次到中国，并且在中国各地巡回演讲，知道北京才是中国计算机人才的汇聚之所。他到过上海，知道那里漂亮、新鲜，并且充满了现代气息，承认要是为他太太选择久居之地，上海一定是个最佳地点。但是，那里的学术空气不如北京活跃，与这座城市的宏伟和热情比起来，实在不能般配。中国早就有“最好的学者在北京，最好的官员在上海”之说。上海人热衷于职务的高低、房子的大小以及工资的多寡，以满口当地方言为荣耀，即使在公共场所也不肯说一些让外地人听得懂的话。在中国，好像只有边远地区的人们才会这样。李开复把诸如此类的想法倾泻而出，他知道如果他真的去主持微软设在中国的研究机构，里克·雷斯特将是他的老板，所以并无一点隐瞒。里克·雷斯特静静地听完他的陈述，然后说：

“你来了，就是你决定。”

分手时，李开复对里克·雷斯特说，英特尔公司已经给他聘书。后者闻声色变，连声叮嘱：“你千万不要接受英特尔的职务。”

从微软公司的人事制度上来说，里克·雷斯特有权独自决定他属下高级管理人员的聘任，但他还是立即将这件事向比尔·盖茨报告。他需要比尔的支持。“噢，我早就知道他。”比尔·盖茨说。两人频频交换电子邮件，想办法让李开复加入微软。

李开复为微软公司的诚意所感动。在他的心目中，微软是个了不起的公司，但说老实话，迄今为止，微软给予他的印象是复杂的。这家软件领域最大的公司美名远播，可又恶名昭彰，腰上缠着一大堆财富和一大堆官司。人家都说它是电脑行业的“巨无霸”，它自己却没有一点大企业的特征——沉稳、老练、步步为营、按部就班、等级森严和老谋深算，好像一个蹒跚挪步的老人。这个“巨无霸”倒像是一个还没有长大的孩子，充满活力和幻想，喜怒无常，藐视规则，行事鲁莽，横冲直撞。

他钦佩比尔·盖茨，常常掩饰不住对比尔的神往。可以说，他对微软的向往，在很大程度上就是冲着比尔的。这倒不是因为比尔有钱，而是因为比尔对科学研究有着充分的理解，并且对用户的需求有着异乎寻常的敏感。他依据自己在硅谷多年的经验，认为技术家不能持续地管理一个企业，但比尔·盖茨是“一个几乎独一无二的例外”。他说：“比尔·盖茨是一个技术天才，但他同时也是一个杰出的企业家。”

李开复的梦实现了，但妻子谢先铃的梦那几天却总是被电话铃声打断。

有一个电话挺奇怪，尽管李开复不在家，但对方依然没有放下电话听筒的意思。他询问先铃，李开复为什么要去微软？为什么要去中国？去中国有什么好？还问先铃想不想跟随丈夫去中国，口吻之关切令先铃觉得异样。等到李开复回家的时候，妻子告诉丈夫，有一个电话来客。

“是一个叫什么斯蒂夫的人。”妻子说。

“斯蒂夫？”丈夫想不起来这个人。

“斯蒂夫·乔布斯，”妻子提高声音重复道，“我以为他是你的朋友。”

“是斯蒂夫·乔布斯？”

“对呀！”

“那是苹果公司的新总裁啊！他和你说什么了？”

“说了15分钟的话。我告诉他，你去了微软，还要去中国。”

李开复与苹果公司确有渊源，但却从来没有见过这位苹果新任总裁。斯蒂夫·乔布斯在美国计算机业颇有名声，美国舆论说他是“无与伦比的天才”，就连比尔·盖茨也对他佩服不已，说他的“思想就像炸弹一样”，还说自己不过是“乔布斯第二”。这样一个人在这个时候给李开复打电话，令他觉得意外。

李开复接通了电话。

“你为什么不回苹果呢？”斯蒂夫·乔布斯露出本意。

“我们并没有见过面啊！”

“这无关紧要。”斯蒂夫·乔布斯说，“在苹果，你以前的员工都说你是一个好老板。他们都对我说，应该把李开复搞回来。”

“可是……”

“不要‘可是’，在你接受微软的职务之前，来我这里看看吧。”

“我已经接受微软的职务了。”

“你为什么到中国去呢？”

“我是一个中国人啊。那里有那么大的市场，有那么多人用计算机。可以为中国做很多事情，也可以为微软做很多事情。”

“听起来你已经决定了？”

“是的!”

“……”

李开复拒绝了斯蒂夫·乔布斯，却对他的真诚念念不忘，一年以后还在说：“我对他的器重非常感激。”不过，对于李开复义无返顾地选择去中国这一点，很多像斯蒂夫·乔布斯一样的美国人不能理解，很多中国人也抱有极大好奇。当日李开复并没有对此做出更多解释，直到这年冬季，他对一位中国记者谈到了他的理由：

> 最大的理由就是微软有很多很多很优秀的人。有非常聪明、比我更聪明的人。微软的环境很开放，不同的意见都能表达出来，没有什么人会为听到逆耳之言不高兴。你只要足够优秀，就能很快做出成绩。有成就的人爬得很快，大家也乐意让他爬得很快。我希望和一些比我更有才华的人在一起工作。我会给他们一个公平的机会。当然公司的成长也很重要，公司不成长，有才华的人机会就不多，公司越成长，机会就越多。
>
> 我过去在其他公司工作，这些公司也是领先的公司，但这些公司没有办法让我有成就感。我做出好的东西，用在那些公司的产品中，是几百个人、几千个人用，而微软的产品是几亿人用。对我来说，最大的成就感，就是全世界有亿万人在使用我的产品。

这番话是李开复在上海说的。那时候微软中国研究院刚刚成立，坐在他对面的记者来自《人民日报》。他觉得李开复的回答有些冠冕堂皇，像中国国内报刊经常宣传的精神文明模范人物在作报告，还有点饱含憧憬和幻想的流行歌曲味道。

李开复后来在北京再次提到这一点，他对《电脑生活》的记者说：“一个软件工程师能够进入微软是一种幸运。”那位记者在报纸上嘲笑他的自信，其实这是不了解他的经历。此人大器早成，但自从出道以来屡战屡败，就连苹果和SGI这样声名赫赫的大公司，也让他觉得压抑，其情景有如一台“286”电脑，根本不能包容“Windows 98”所拥有的庞大智慧和激情。他在1992年3月昙花一现之后，就再也没有获得证明自己才能的机会。那么多雇员都说他是个“好老板”，他自己也这样认为。“要论研究的水平，在雷德蒙和剑桥，像我这样和比我好的，至少还有一打，要论管理水平，像我这样的就不多。”

他有一次这样说。不过，在来到微软之前，他从来没有尝过作为一个管理者的成功喜悦。这一点就连他的妻子也看明白了。当他把加盟微软的决定告诉妻子的时候，妻子极力赞成，还说："你的晦气也只有微软这样的公司才能冲掉。"这样一个人要是在中国，大概真的会被人家当做"企业克星"，到处碰壁。幸亏里克·雷斯特不信这套"歪理邪说"，而比尔·盖茨有时候会觉得失败比成功更加值得珍惜，甚至还偏激地认为"成功是一个讨厌的教员，它诱使聪明人认为他们不会失败，它不是一位引导我们走向未来的可靠的向导"。微软文化中所包含的这种精神，正在李开复身上应验。不然的话，李开复哪里会有今天？他太需要成功了，而现在他终于有了一个新的机会，假如旁观者能够了解这种种情节，必会在李开复的话里发现某种真诚。

优秀的中国人不会留在中国吗？

现在，李开复最急切的事情，是寻找足够聪明又愿意和他同赴大洋彼岸的人。那个夏天，李开复待在加州自己家里的时间，明显少了。他不断地跑到雷德蒙，就算回到家里，也是埋首电脑前，在屏幕上不停地寻找计算机领域中那些熟悉的名字。他信心十足：在雷德蒙的微软研究院，40 岁以下的研究员中，华人差不多有1/10，在硅谷，这个比例更高——20%甚至30%，不愁找不到志同道合的人。7 月份的第二个星期里，他约见了十几位华裔学者，发出几十封电子邮件。结果却发现那些人全都不肯与他同行。他们不是不赞成李开复的选择，更不是不相信李开复的能力和诚意。他们都是各自领域里的佼佼者，眼光远大，头脑敏捷，不用李开复多费口舌，就会发自内心地赞叹在北京建立研究院"是一件了不起的事"。李开复是一个有代表性的美国人，但却长着一副华人外貌。了解他的人都相信，他将冲击中国那块最富智慧的土地上的那种群体惰性，也愿意倾全力助他一臂之力。只不过，一说起到中国生活和工作，他们就会吞吞吐吐起来，提出种种理由：小孩子要读书；大陆太脏、太乱；太太不愿搬家；我现在工作很满意；我已经有足够的钱了；就算搬过去，早晚还不得回来？……是呵，这些人全都经过一番艰苦的奋斗，事业有成，热爱现在的工作，享受自己的成功带来的生活，没有什么不满，为什么要改变呢？

再接着谈下去，事情就更加复杂。

一个朋友说："你知道为什么在美国的中国人那么优秀吗？就因为一些优

秀的中国人出来了。”

另一个朋友说：“回去？整天就要和官员打交道，赔笑脸，说好话。”

李开复无可奈何地承认：“这都是一些很现实的问题。”还承认自己把事情想得简单了。他开始担心国外那些最优秀的中国人能不能回国。他需要的是真正优秀的人才，而不是那些在外面混不下去只好回家的“人才”。可眼前说这些话的，不仅都是最优秀的人，而且都是地道的中国人，比他这个在台湾生、在美国长的人更了解中国。

李开复发现自己应当到中国去看看。7 月中旬，他就出发了。“管他呢，我自己先去。”他对里克·雷斯特说。也许是他的执拗天性发生了作用，也许是一股热情和几分天真，也许什么原因都没有，但他就是不肯退缩。里克·雷斯特已经明白了他的难处，却一点也不同情，对他说：“无论在哪里找人，都是一样标准，不能妥协。”“好吧，”李开复回答，“我就不相信中国所有优秀的人都出国了，总能找到。”

平心而论，他对中国并非一无所知，不然他也不会对来中国工作抱以那么强烈的热情。自从 1990 年以来，这是他第六次来中国。过去他到过北京，也到过东部的上海和南部的珠海。但现在不同了。那时候是演讲，谁也不求谁。讲完了，和当地官员客气几句，握手，笑笑，转身就走啦。这一次，李开复既然是“追寻天才”，所以一踏上中国的土地就直奔中关村。同行的还有微软雷德蒙研究院的院长凌大任。几个月后，中国的报刊都在不遗余力地说，是清华大学的学生促使比尔·盖茨决定在中国建立研究院，根本没有提到过凌大任。实际上，要说有哪个华人对微软的这个决定发挥了影响，那就是凌大任。此人祖籍上海，出生在意大利，又在美国长大。尽管不会说中国话，但却对中国有一种天生的感悟和理解，其微软研究院院长的特殊身份，又特别适合在科研方面对公司董事会施加影响。公司中一位熟悉内情的人说，凌为研究院的成立出了大力。他多次去中国，还向公司高级主管进言，说微软既然在欧洲成立研究院，在中国也应该成立。他甚至还花了很多时间寻找去中国主持研究院的人选，直到找到李开复。

与过去五次来访不同，李开复第一次不是作为一个访问者而是作为中关村的一员来到这里。希格玛大厦那时候还没有现在这样热闹，微软中国有限公司刚刚搬进来，李开复和凌大任走到楼上来的时候，办公室还未就绪，满眼一团糟。公司原来在知春路上一个破旧房子里面，办公室像个货栈，洗手间露着缝隙。吴士宏那时是公司刚刚上任的总经理，还没有后来那些对微软的满腔恨意。她率队浩浩荡荡开进希格玛大厦，挺开心，觉得这蓝色的大厦“比起老地方像是天上”。不过，李开复和凌大任可不是因为它“像是天上”才来的，他们对楼没兴趣，对人有兴趣。

微软公司的两个院长转身就去了清华和北大——中国两所最著名的大学。他们对那个真正的“硅谷”了如指掌，所以对所谓“中国硅谷”的说法一笑置之，但却相信“人才摇篮”不是虚妄之词：中关村有58所高等院校和148所科研院所。中国每年300个计算机博士，大部分就出自这里。

北京正是盛夏，两人西装革履。中国的校长当然不是傻瓜，望着这两个和他们一样皮肤的美国人，揣摩其用意，脸色立刻就不一样，眼神也有些奇怪。这也难怪。你说是“追随人才”，中国人的说法是“抢人才”。外国公司在中国“抢人”的故事早就闹得满城风雨，何况微软还背着那么大的恶名呢！

其实所有这些争论都是表面文章，即使那些义愤填膺慷慨陈词的人，也不见得真的那样想。至少在年青一代中间，谈论这些是非的人就越来越少。这一年我们国家有300多个计算机专业博士生毕业，还有一万多人在国外学成回来。连同过去十年，回来的差不多有十万人了。多年以前，国内舆论纷纷评论“出国潮”，有些贬意，也有些羞羞答答。听说有哪位博士回国了，记者们就觉得是涌现了一个爱国志士，就像饥饿的人见到一桌丰盛的宴席，急不可耐地扑上去。那些回来的人，也就真的像“爱国志士”一样在报纸电视上频频微笑。这两年可就有些不同：回国的人越来越多，但是种种“道德的感召”却越来越少。看到报纸上说他们放弃高薪放弃工作放弃种种舒适生活，他们就会觉得好笑。他们会说：“为什么‘爱国’总是让人们放弃什么，而不是让人们得到什么呢?”这些人中的大多数并不向往政府机关，也很少到国家的企业或者国家的学校去就职，而是把自己的智慧拿去办公司，取一些不中不洋的名字：亚信集团、UT斯达康、爱特信……然后说自己是“正规军”，而那些没有出过国的人不过是“土八路”。1998年1月12日的美国《时代》周刊刊出封面文章，题为《连线中国》。文章描述了不少中国国内网络世界里的风云人物，其中不少就是从海外归来的。报刊上现在热烈欢呼“回国潮”，记者们开始从另外一个极端来理解这些归来的游子，遣词造句的时候不说什么“放弃”了，而是编出一句特别功利的话登在报纸上，说这是在国外流浪的中国学子的切身感受：

“求稳定留美国，要发财回中国。”

话虽不太高尚，但多少让人觉得可信。不过，李开复不这样想。他说，从美国回来加盟微软中国研究院的这些人，都不是为了发财。还说过，“一个人就算只为自己，也不一定就是坏事，只要他做事的客观效果对社会有利”。他生在台湾，知道台湾的科研人员也曾经历过一个外流和归来的过程。60 年代是外流，每年出走上千人。80 年代美国经济萧条，连美国人的就业都成了问题，却让台湾时来运转。那里掀起了一场“吸引人才回台运动”，回来的人越来越多。这些人后来成为台湾计算机产业的重要支柱，并且开创了赫赫有名的新竹科学工业园区。李开复现在发现，同样的情形正在大陆重演，挺受鼓舞。“就算现在还不能说‘回国潮’，在五年、十年以后，海外会有更多的人回到中国来，”他说，“我就是想要捷足先登。”

有容德乃大，无求品自高

李开复带着这样的念头回到美国。夏天还没有结束，就又到中国来了。这一次，他带着妻子和两个女儿。一家人住进了京城东郊一个叫做“香江花园”的别墅区。离开美国之前，他把带不走的家当都卖了：汽车、家具、房子，还有环绕房子的那一大片草坪。

出卖房子在这个家庭是最费踌躇的一件事。这是一栋平房，坐落在加州一片树木茂密的山坡上。李开复和先铃结婚的时候，是一个刚刚毕业的穷学生，两个人租下人家一间旧房居住。油漆斑驳，夏暖冬凉，老鼠到处横行，吱吱乱叫。1994 年他已成名，口袋里也有了些钱，于是买了一片 7000 多平方米的土地。它使他特别兴奋，不仅价格不贵，而且还因为那是一个宁静美丽的地方，从山脚一直伸向山坡，正是夫妇两人梦想中的那种乐园。绿荫之中有一座陈旧的马棚，夫妇两人自己动手刷上油漆，以两块白色的门板贴在墙上作为装饰，又挂上两盆淡绿色的盆景作为点缀，然后就带着女儿搬进去。小小的房间弥漫着油漆的芳香，不过这只是个临时居所。一个永久性住宅在旁边同时开工。这是在美国通常可见的那种木质结构的房子，有 500 平方米。新房子兴建了一年半，夫妇两人每天从他们的马棚里面走出，看着他们“未来的世界”一点点成长起来。内饰全部由李开复精心设计。他以自己擅长的多媒体技术绘图，中西合璧，并且刻意地在那巨大的西洋式客厅里面保持了一种典雅天然的中国风格。地板使用 1000 块大理石铺就。工程进行到最后阶段的时候，李开复希望客厅中心地板的大理石，能够依其表面彩纹镶接，浑然天成。但所有工人都说这要求过于苛刻，拒绝照办。于是夫妇两人俯身趴在地上，仔细寻觅石板上的花纹。一块块排列整齐。这样的努力一直持续50个小时，终于将60块大理石排列成一个正方形。石面彩纹流畅地蔓延开来，一丝不苟，每一个细节都没有走样。很显然，这中间凝聚着的不是技术，而是心血；不是智慧，而是激情。它似乎向人们展现了这个家庭生活中一幅同心协力、有条不紊的景象。1995年新房建成，从那以后，它就成为他们一同逃避外面喧嚣生活的港湾。

可是才过了两年多，李开复就要卖它了。“我真是下了很大决心。”他说。卖的时候他依依不舍，围着房子转来转去，照了很多照片，然后又希望找到一个好心的买主。“还好，新房主很照顾它，”李开复后来说，“他有时候会给我写信提到它。”先铃则以另一种方式来表达对于那所房子的怀念。有时候李开复把那房子的照片拿出来仔细端详，而她总是避开。她说：“我不忍心看照片。”

先铃并不了解中国大陆，对于带着两个孩子生活在那里没有足够的信心。李开复于是让他的妻子做出选择。他说他特别需要她同赴中国，但她也可以在美国等他。妻子不愿意离开丈夫。她说“那可不成”。她早已听说北京和上海有很多漂亮女孩子，会发出许多难以拒绝的诱惑，“MBA”绝对不能在那里久居——“MBA”本来是“工商管理硕士”的英文缩写，又同“已婚独居男人”（married but available）的英文缩写恰恰吻合，所以在微软中国研究院的那些独身男人中被普遍使用。

搬到北京的那一天是1998年8月29日。这一家人进入北京，随身带着一万磅的行李，这是他们剩下的全部家当，一点也没有留在美国，全带来了。其中精神的价值显然超过了物质的价值：镜框、书籍、照片、字画和女儿的玩具。“香江花园”是京城有名的“高尚住宅区”，里面一半房子空着，另一半住的都是外国人和有钱的中国人。院内绿草如茵，鸟语花香，警卫森严，其中一个黑衣警卫日夜站在李开复的家门口。访客进入大门，门卫随即记下汽车牌号。在京城中，只有中南海和一些高级官员的住宅，才会有诸如此类的制度。

李开复的住宅是一栋三层小楼，远不如他在美国的那所房子漂亮宽敞，月租金却要8000美元，闻者无不咋舌。房子里面挂着100多幅女儿的照片，墙上都是镜框。大女儿满口英语，却又很中国化，穿着中国皇后嫔妃的衣服照相，喜欢画中国的灯笼，还喜欢吃四川怪味肉。小女儿才三岁，却能熟练地用筷子吃中餐。另一个很显眼的位置上，悬着一副对联。那是父亲最珍爱的一幅字，是钱穆所书。父亲去世后传到李开复手上，他从台湾带到美国，又从美国带到大陆。在美国，有一次搬家时碰上下雨，雨水淋湿了字幅一角。李开复想把它弄干净，不料越弄越糟，于是在美国到处找人，终于找到一家，洗净裱好。人家报账单，要2000美元，他觉得被宰了一刀，但随后看看条幅如初，又觉得值得。对联云：

有容德乃大，无求品自高。

当年父亲的朋友看了，都说这就是父亲。现在，儿子的同事看了，又说这就是儿子。李开复自己说，第一句像他，但第二句的境界，他还差得远。也许他真的是一半像父亲，一半像自己。但是无论怎样看待这副对联的含义，都可以相信这个美国家庭仍然一脉相承地保留着华人本色。

从大历史的角度看，微软研究院里很多中国年轻人的禀性和思想虽然叫你觉得新奇，其实都是几代人延续和发展的结果。在他们的身上，有着他们父辈的深深的烙印。

李开复1961年出生于台北，成为一个大家庭里的最小的孩子。在他出生之前很多年，他的家生活在四川成都。那时父亲李天民是国民党政府在四川地区的立法委员。应当说，这在中国官场已属不得了的位置，但是他并不热衷于政治而对学问情有独钟。1949年国民党兵败如山倒，军政要员纷纷逃亡台湾，李天民分得两张机票。这意味着他可以携带他的妻子儿女当中任何一人飞往台湾。但是他却留下所有家人，带着一个昔日部下离开。母亲携带着兄姐在一年后出逃，经由广州到香港，再辗转到台湾。父亲虽然为官一场，却没有留下什么钱。一家人旅程艰难，到了台湾之后就更加艰难。父亲对政治已经彻底失望，辞官回家，拼命写作，赚锱积铢，渐有积蓄。等到李开复出生的时候，家境已是小康。

母亲是父亲的第二个妻子。这一年，父亲55岁，母亲44岁。很多人都说她的年龄不再适合生这孩子，母亲只说一句：“我要生。”分娩之前，医院的专家说：“这孩子要么是天才，要么是白痴。”看到这产妇眼睁睁地望着他，专家又说：“低能的概率更大些。”但母亲仍旧是那句话：“我要生。”后来的事实证明，这专家的话，前一半对了，后一半错了。

开复刚刚一周岁的时候，大哥便乘船渡洋往美国求学。那几年大陆上正在闹饥荒，数千万人死于饥饿以及饥饿诱发的各种疾病。在李开复幼年的记忆中，台湾的报纸上整天嚷着“反攻大陆”，吹嘘“蒋总统”多么英明，或者诅咒大陆是“共匪”，但父亲从来不说这样的话。事实上，李天民对共产党高层领导人有着很深的了解，尤对周恩来的评价极高。晚年陆续出版书籍，几乎全部牵涉共产党的领袖。比如《刘少奇传》、《林彪评传》、《邓小平传》和《周恩来评传》。他本性孤傲，从不随波逐流，人云亦云。总是说，做人应该秉持公正，每个国家每个政党每个人都有好的一面和不好的一面。正因此，他的大部分著作在台湾和大陆都不能被容纳，只有香港肯出版。但这些事情都是开复长大之后才能悟出的。至于当时，他只记得：“父亲是一个非常不爱讲话的人，尤其在家里很少说话，只是埋头写他的东西。”

到了1990年，在离开大陆40年之后，李天民终于有机会回到家乡四川。女儿说，那是“很震撼的一次旅行，回来后情绪久久不能平复”。回到台湾的那个晚上，81岁的老人把自己在大陆拍的照片取出，令家人观看，指出哪个是祖母之坟，哪个是家乡的文殊院。又交代家人，在他去世后定要将他的骨灰送回家去，葬于祖母身边。最后取出一方石印，那是四川一位金石篆刻家送他的纪念。老人默默诵吟石印上的诗文，及至念到“少小离家老大回”的时候，不禁失声。

1993年老人病逝的时候，面容安详，嘴角带着微笑，但所有家人都明白，在他的内心深处必定留下极大遗憾。因为他在弥留之际曾经告诉儿女，他做了一个梦。他在梦中来到水边，在一块石头上捡到一方白纸，上面写着：中华之恋。还说，他有一个计划竟然不能实现，那就是再写一本书，书名叫做《中国人未来的希望》。

所有这些情节，令开复震撼。父亲去世后台湾《中外杂志》刊登纪念文章，说他“与书为伴治学谨严”。但儿子心中必定知道，父亲之所以积数十年精力于大陆人情世故，乃是出于不能抑制的思乡之情，而不独是为了做学问。这也正是开复格外景仰父亲为人，并且一定要将父亲遗传的对联带在身边的最重要的缘由。

开复在11岁的时候离家赴美，完全是出于母亲的开明。

那一年大哥从美国回来，看到他整天背书，被升学的负担压得不能喘息，没有玩的时间，也没有朋友，可是学的东西全都没有用处，那情景就像现在中国大陆一样。“这样下去，考上大学也没用，”大哥说，“不如跟我到美国去吧。”母亲是开复心目中的独裁者，但却心地善良，说话做事都是直截了当。她说开复是全家最聪明的孩子，所以最为宠爱，对开复的期望也最高，管教最严。在她的管教下，开复每天按时做作业，背书写字稍有差错，便有挨打之虞。这样一个母亲，居然很容易地同意开复赴美。她说，她知道很多伟大的人出自美国。而她没有说出来的一句话是，她相信儿子也将是一个伟大的人。

到了开复离家的那天，母亲忽然担心儿子一去不返，盯着他说：“绝对不可以娶美国老婆。不然你就不是我的儿子。”11 岁的儿子根本不明白母亲在说什么。母亲只好又用另外一种方式来表达她的意思：“每个星期用中文写一封信。”这一回儿子听懂了，并且一直到今天还念念不忘。

现在，李开复不仅娶了中国老婆，而且把家也搬回中国来了。一时间，这事成了美国华人圈中议论的话题。李开复曾经依靠智慧成为美国计算机领域的传奇人物，但现在他的行动中所具有的感染力和戏剧效果，显然超出了智慧的范围，也吸引了更多优秀的人向他靠拢。李开复后来评价自己举家搬到中国的行动时说：“这个决定对后来的结果还是很重要的。”

那几天，李开复的电子邮件特别多，电话铃声也不断地响，这些人过去都曾问过他，是不是过个一年半载就回美国，现在方知，此人真是孤注一掷，至少也会比较长期地留在中国。他告诉每一个向他询问的人，他“对老板没有承诺”。意思是微软需要他干几年就是几年。不过，他对老婆有承诺。那一次先铃要他直截了当地说明，他到底打算在中国待多长时间。李开复说：“至少五年！五年之内，不提回去的事。五年之后，你要还是想回美国，我就跟你回去。”

最初的追随者

那个夏天，在人才济济的雷德蒙，只有两个人的话令李开复感到欣慰。一个是微软公司的软件检测工程师陈宏刚，另外一个是微软公司的研究员凌小宁。前者毕业于西安交大，又完成了美国华盛顿大学的博士学业。这时候西安交大的老师表示希望他回到母校效力。他对老师说，他要先在美国证明了自己的智慧和能力之后才会回国。他学的是数学而非计算机。当他到微软公司来应聘的时候，这一点让他在首轮面试中处于劣势。但接着就有一个真正识才的人出现，似乎是从天而降的“伯乐”。此人真叫厉害，知道陈宏刚对计算机并非内行，但却看出他有一种天赋的才能：对计算机软件的感悟力。于是破例聘他来完成检验之责。微软的任何一个软件产品在上市之前，都须先行在自己的阵营中超负荷运行，以发现其中弊端，也叫“臭虫”。陈的工作，就是专门寻找“臭虫”，陈对自己的第一个成功感到满意，就连微软把他列在“临时工”之列——只要对他的工作不满意就随时可以让他走人，也不在意。

学校只能培养人才，不能培养天才。这样说一定会叫学校的老师不高兴，但在陈的身上，你会发现情况真的如此。上班第二周，这个从来没有学过软件的人，居然发现检验小组所有人使用的方法并不是最好的，于是随着自己的感觉任意行事，结果找到八个“臭虫”。此后一周，30 个。又一周，40 个。而检测小组的其他人，一个星期也只能找出十来个。他的工作令所有同事惊讶不已，更令软件制作工程师汗颜。先前的“伯乐”如今是陈的老板，他走到陈的身边，问他是怎样做到的。陈支支吾吾，不敢说自己另辟蹊径，但老板对他已有充分信心，说：“不要紧，说说看。”陈于是大着胆子指出那些行家的问题。老板大悦，逢人宣告自己的英明：“你们看，我们有那么多检验员，但是我们的六分之一的臭虫都是一个人发现的。可是这个人居然还是个‘临时工’！”然后又对陈说：“我很自豪，他们都不愿意雇你，是我做了一个冒险的决定雇了你。现在我要再冒一次险，让你成为正式员工，并且来领导这个小组。”

陈宏刚开始领导这个检测小组，心里则念念不忘当初对西安交大的老师说过的话。

人人都说比尔·盖茨把世上人才尽收帐下，此话有些夸张，但的确不是空穴来风。如果说陈宏刚是寻找毛病的高手，那么凌小宁的专长就是创造新的事物。此人 70 年代是北京大学的工农兵学员，80 年代是北大的硕士研究生，等到他在美国俄勒冈州获得计算机博士学位的时候，90 年代已经开始了。凌出生在江南水乡无锡，长在北京。从根本上说，他经受的是典型的中国教育，而且是在革命年代成长起来的一代。不过，他并不喜欢政治口号而格外热衷于技术。1967 年，他随着红卫兵的潮水轰轰烈烈地在全国串联了一圈，回到北京之后，人家背了一大堆红卫兵小报回来，他却把母亲给他的零花钱买了一堆五金工具，包括一把钳子、一个锤子和一个改锥。那一年他 15 岁。他的冒险精神和创新精神，就是从那个时候开始露头的。先是热衷于化学。

他在商店里寻觅了一大堆价格低廉的试管、烧杯和酒精灯。回到家里，做出各种稀奇古怪的实验。把玻璃管在液化石油气炉上烧红，弯成各种形状，又将大大小小的试管连接起来。天平太贵，买不起，他居然能够自己制作。这一连串奇妙幻想的最后结果是做出了各种各样的火药，以及一种袖珍火箭。每当火箭在院子里面拖着火焰呼啸升空的时候，他就会欢呼雀跃。但是终于有一天，三个警察闯进他家，带着搜查证和拘捕证，对他的父母说，有人检举他们的孩子在私造军火。还说，西单商场刚刚发生了爆炸案件，导致死伤无数，警方已经查证，其爆炸物乃是民间制造。父亲惊得目瞪口呆，母亲吓得两腿发抖，他们对儿子的"罪行"一无所知，只知道儿子沉溺于"科学发明"，所以每逢儿子向他们要钱的时候，宁可省吃俭用，也不拒绝。警察听说"作案者"只有15岁，也觉得此事蹊跷，答应暂时放他一马，但还是彻底搜查了孩子的房间。警察留下了孩子，带走了孩子的"百宝箱"。那里面装着他的所有瓶瓶罐罐，也装着他的激情和幻想。

小宁只好改弦更张，学做半导体收音机。那是60年代末期，中国人还不懂得计算机是什么东西。老师在学校里对学生说，那是"帝国主义的玩意儿"，比不上我们的算盘。不过，晶体管已经有不少。小宁看到那黄豆大小的东西居然拥有庞大的电子管的效果，觉得真是神奇。这时候他已经有了工作，被分配在一个轧钢厂，每天八小时，只是重复一个动作：把沉重的钢条从一个地方搬到另一个地方。他干得挺开心，因为这能让他赚到一笔钱——每月18元。他把钱都买了晶体管，任自己的幻想和激情融在"单晶硅"中。没想到这一"融"，就融入了计算机的世界。

但他真正成为微软公司的软件工程师，是在20多年以后了。那一年他已40岁，在微软这个年轻人的世界中，未免嫌老，可他总是以20岁的激情和想象力来工作。如果不是那场所谓"革命"耽误了他十几年的时间，他不是也能像周围的伙伴一样，从20多岁就开始自己的创造历程吗？

他是"过来人"，懂得眼前的一切来之不易，所以更加珍惜。他总是问自己："当我拥有一个机会的时候，意味着什么？"当然意味着奉献，就像中国人常讲的"主人翁"，但是还有更多的东西。"你不仅拥有责任，而且拥有权力、利益、信用。你付出很多，得到也很多。"他说，"你不断地积累起来你的信用，就成为一个领域的旗帜，也许可以叫做精神领袖。"

现在他已经不是那个面对警察的孩子了。假如有人来阻止他，他也一定会做他认为应该做的事。他刚到微软公司不久，就遇到过一次这样的事。

关于这件事情的传说，已经写进微软研究院的通讯中。实际的情况则更加动人。那次微软正在准备出资 100 万美元购买一个软件。就在合同准备签订的时候，凌小宁来了。他说这笔钱不用花了，他自己就能做。老板问他有多大的成算，他说："60% 成功，40% 失败。"老板愿意看看他的方案，但却心存疑虑，所以只给他三天时间。凌小宁三天没有睡觉，写了三张纸。一大群专家聚在一起讨论，不禁大感兴趣。在经过一番认真修改之后，凌小宁对老板说："现在我有 80% 的成算。"老板说："好，我们听你的。拒绝合同。"此后的事情整个微软的人都知道了。凌小宁在三个月后拿出了他的设计，果真能够取代公司原来打算购买的那套东西，看上去更漂亮，更容易操作，所以成为专利，成为微软很多产品的一部分。不过，它的英文名称很拗口，译成中文，叫做"图形自动化显示"。直到现在，仍然没有人能做出比这个更漂亮的东西。凌小宁也就成为这一方面的权威，像他本人后来说的——"旗帜"。那些想要探索这个领域的人，大都来找他询问一些难解的问题。"如果我再多做一年，我就会成为这方面公认的专家。"凌小宁说。

诸如此类的事情在微软并不少见。从技术上看，凌小宁的"图形自动化显示"比起李开复的语音识别系统、张亚勤的多媒体压缩与传输、沈向洋的"同心拼图"、张宏江的视频检索，要简单得多，其理论的地位也会差上一个档次，所能节省的 100 多万美元，在微软每年数百亿美元的营销额当中，更属九牛一毛。就凌小宁本人来说，过去岁月中的精彩成果还有很多。不过，那些事情都是别人要他做的，这一回是他自己想要做的。所以，这件事情的意义就非同一般。退避三舍，并无任何损失。揽到手里又没有十足成算，其中失败的风险他自然知道，即如后来的结果如愿以偿，他本人也不会因此得到任何实际的利益。尽管有这些因素，他仍然非常想拥有这个项目。"说不清楚为什么，只是觉得应该做。"他后来这样说。也许，理由已经存在于多年以前那个孩子的被湮没的激情中。

尽管只是一次小小的成功，他却说，这是他迄今为止最为得意的一件事。他终于能够将自己的智慧和热情发泄出来。不过，他的等待有点长，30 年！这时间甚至比微软公司的历史还要长。今天回看这些往事，举世清明在躬的人们都不免想到，和李开复、张亚勤、张宏江、沈向洋这一代人相比，凌小宁是不幸的，他失去了最富有想象力和创造力的年龄。但是，和那些同龄人相比，他是幸运的。他在进入中年的时候终于有了一个机会，将那 15 岁孩子内心中积蕴的潜力发挥出来。

1998 年夏天，微软公司里的这两个中国人几乎同时做出结论，应当跟随李开复到中国去。先是陈宏刚，当李开复来到雷德蒙的时候，他们见了面。陈说："我就是想回中国看看，什么条件我都可以答应。"然后是凌小宁。黄学东当初把李开复介绍到里克·雷斯特面前，现在又把凌小宁介绍到李开复面前。李开复对凌小宁说："考虑一下回国去吧。"凌小宁说："不用考虑，我已经决定了。"这件事情的意义，看起来就是李开复的"人才滚动理论"发生实际效用了。

事情果然出现转机，几个月后，也即这一年秋天和冬天，知春路上的希格玛大厦第五层有了人气。雷德蒙微软总部里，不断有人来到微软中国研究院，把微软在全世界三万多员工的眼光都吸引过来了。

他们再也不用为父辈的悲剧操心感怀

现在回到本章开头，1999 年 2 月 2 日，希格玛大厦第五层终于有了第一批年轻人，大家聚集一堂，面对会议室名称这样一件本属于枯燥无味的文案，有说有笑，如此情趣盎然，又由情趣盎然而感受到一种全身心投入一个事业的激动和兴奋。这些年轻人当然不会知道，当他们点击键盘抒发想象的时候，京城深处也在经历一场激动与兴奋，只不过性质完全不同。再过 20 个小时就是文坛一代伟人老舍先生诞辰百年。所以这一日从早到晚，怀念者由京城内外赶来，络绎不绝，鱼贯进入丰富胡同老舍生前居住的"丹柿"小院。我们国家的历史一向是由伟人构成，文人的世界亦不能例外。现在，伟人身后留下无限哀荣，世人争相缅怀其"生得伟大"，只不过，没有后面那半句——"死得光荣"。然则老舍先生给予我们国家的最深的震撼却不是他的生，而是他的死。他在 1966 年 8 月 23 日只身来到京城北郊，在距离今天希格玛大厦不远的太平湖中，自沉而死，其原因乃是不堪忍受受蒙蔽的红卫兵的凌辱，对周围发生的一切，由失望而终于绝望。在他留下来的数百万字的作品中，话剧《茶馆》里面常四爷有一句话最为震撼人心："我爱咱们的国呀，可是谁爱我呢？"它更由于巴金先生在一篇短文当中连续四次呼吁国人倾听此话，终于能够广泛传播。

将这同一天里聚集在丰富胡同"丹柿"小院和希格玛大厦第五层的两群人加以对照，一边在"怀旧"，一边在"催生"；一边是一曲绵绵无尽的悲歌，一边是一套满怀激情的新词。这两群人都是智者，但一边的智慧是掌握在他人手中，一边的智慧是掌握在自己手中；一边的智慧给自己带来苦恼甚至绝望，一边的智慧给自己带来快乐和希望。可见历史已经走了多么长的一段路程。眼前这群生气勃勃的年轻人，只需把眼睛盯着现在和未来，似乎再也用不着为他们父辈的喜怒哀乐操心感怀了。

第二章

天外有天

李开复：在工业社会中，一个最好的、最有效率的工人，或许比一个一般的工人能多生产20%或30%。但是，在一个信息社会中，一个最好的软件研发人员，能够比一个一般的人员多做出500%甚至1000%的工作。

李开复的精英哲学和比尔·盖茨的“未来小屋”

1999年开始的时候，希格玛大厦第五层里有一个故事流传开来：一位不留姓名的女子打来电话，希望得到李开复的精子。她操着一口纯正的普通话对陈蕾说，她与李开复素未谋面，但她已从国内公开的出版物上知道其人其事，所以幻想着自己未来的孩子能够有一个像李开复那样聪明的大脑。她的态度如此认真，以致陈蕾不敢怠慢，当即将那女子的要求转告李开复。李开复既好笑又好气，敷衍道：“我已经结婚了，恐怕不行，请她找别人试试看。”那女子并不气馁，再接再厉：“谁的都行，反正我知道你们那里的人都是精英。”这时候陈蕾也要笑出声来。她后来在饭桌上把这件事说出来，询问希格玛大厦第五层中有谁可以满足那位女子的愿望。众人笑道：我们可以建立一个“精子库”啦！

微软中国研究院当然不会建立什么“精子库”，所以这件事听上去有点荒唐，不过，故事本身却是真的。它既然出现，就反映了21世纪即将开始时中国社会的一些情况。“望子成龙”乃是中国所有父母的通例，自从人工授精技术成功以来，在欧洲和美洲那一边，一直有很多人在谈论以最聪明最有成就的人的精子来繁衍后代的可能性。“克隆羊”的诞生，更使得这种可能性从“精子”扩展到“基因”。所以，无论从人情还是从科学的角度，这个女子的要求都不是过分之举，至少要比那种只知寻找权力或者财富做靠山的风尚更符合新世纪的潮流。但是，我们还有另外一方面的问题：希格玛大厦里这群年轻人的笑声中，的确夹杂着几分自负。

Best of Best——微软人总是这样来看待他们自己。这话译成中文，可以叫做“优中之优”，假如想象力再丰富一点，也可以叫“天外有天”。这些人志得意满，自认为是天底下最聪明的人，言谈话语中怎么也掩饰不住那种从里向外冒出来的优越感。在常人的嘴里，用“人才”来描述他们已经觉得不够分量，而是把他们叫做“人精”、“天才”、“魔鬼”、“智力超群者”、“知识英雄”，中国最新的名词是把他们叫做“知本家”。在20世纪和21世纪的交会点上，这些人的确处在“智慧宝塔”的顶端——那是一个令所有人神往的境界。

过去100年里，世界的每一个进步都使得知识和智慧的地位大大提高。人的智力战胜了大自然的力量，然后又战胜了它自己创造的资本的力量。今天，智慧的价值远远超过以往任何一个时代。对于这种情形，李开复曾说：“人的体力差别和脑力差别不是在一个数量级，这是生理决定的。一个跑得最快的人和一个只有平均速度的人相比，不会超过一倍，但是一个最聪明的人和一个有着平均智力的人相比，差别就会有十倍，甚至几十倍。”这比喻挺生动，也耐人寻味，不过，更加值得回味的还在后面呢。他说：“在越是困难的题目面前，人的智力差别就越明显。”想象一下这种情形，你就可以理解他的话中深意：让一个一流的人和三流的人一同来解决一个三流的问题，结果不会有很大差别。但我们若能提出一个一流的难题，那么一流的人仍将所向披靡，而三流的人则会一筹莫展。所以，如果我们周围有哪一个杰出的人变得平庸起来，最有可能的情形是，他没有机会面对一个杰出的问题。

李开复把他的思想写在一篇文章《我的人才观》中，此人他日若能成为世界大师，这一番话必能作为“开复定理”载入21世纪的史册。不过，这种“人才观”在微软乃是一脉相承，而非李开复独创。比尔·盖茨就曾无数次地说到这一点。他认定过去几十年社会的种种进步，乃是源于天才身上的一种无法预测的创造力。他说，他相信人的智慧和创造性在一定程度上是“天生的”，世上存在许许多多的天才，还直言不讳地说自己“更注重人的智慧或者聪明才智，而不太看重其他方面”。有一次，友人请求他回顾上一年度的重大事件，他一再提起的唯一成就，就是帮助他的管理人员雇用了一大堆“聪明人”。在关于比尔·盖茨的种种传说当中，有一个故事是这样的：

> 地球将要毁灭。
>
> 上帝对比尔说：“因为你是世界首富，所以我允许你离开地球到另一个星球去生活，但你只能带走一样东西。你想带走你的财富还是别的什么呢？”
>
> 比尔说：“不，我将带走我的公司里最优秀的20个人！”

这故事的杜撰性质是无疑的。但人们都知道它并非完全空穴来风，因为比尔·盖茨在1992年的确说过："如果把我们公司最优秀的20个人带走，那么，我告诉你，微软就会变成一个无足轻重的公司。"当然他除了注意"现实的优秀"之外，也注意"潜在的优秀"，所以他为那些每年暑期来到微软公司实习的学生制定了一项奇怪的奖励规则：可以去他的家中参观一次。

住宅在这个世界上的任何地方，都是主人身份和风格的象征，在美国也不例外。比尔·盖茨的住宅位于西雅图风光旖旎的华盛顿湖东岸。岸边是传统的富人住宅区，由一片老式的欧式建筑组成，但最近几年却雨后春笋般地崛起了一座座崭新的别墅，外观以鲜明的线条和几何图形为主要特色，造型现代，色泽耀眼。当地人都说，那是微软的暴发户建造的，他们的高收入在过去三年把周围房价抬高了至少50%。其中最大的"暴发户"，就是比尔·盖茨。这些话中充满了羡慕、讥讽和嫉妒。但比尔·盖茨不管这些，仍然肆无忌惮地在华盛顿湖畔挥霍他的财富。他的住宅造价5000万美元，濒临蔚蓝色的湖水，另外一边为重峦叠翠环抱。房子是原木结构，规模宏大，极尽奢华，里外遍布最现代的电子信息装置。车库里能够停放至少26辆轿车，楼梯是用一株生长800年以上的道格拉斯杉树制作，还刻意将一圈圈密集的年轮呈现在表面。不过，房屋外表没有任何绚丽色彩，仅仅是原木本色。冬季，这房子就和周围的枯枝败叶融为一体。有人说这是典雅之风，但也有人说这是土气。比尔·盖茨本人把它叫做"未来小屋"，名称的恬淡从容以及外观设计的不事张扬，显然符合比尔·盖茨的初衷。他也许希望将自己的财富淹没在湖光山色中，不过，一个人到了他那个地步，就再也不能隐藏自己。关于这所房子的故事流传在当地每一个角落。其中一个是，税务机关根据房屋造价要求比尔·盖茨每年缴纳50万美元的房地产税，为总价的1%。但比尔不同意，他说他花了5000万美元是不假，但这房子的市场价值没有那么高。于是双方都同意请一个中间机构来评估这房子的价值。评估结果是，"小屋"价值6000万美元，到1999年，更进一步升到1.02亿美元。这样一来，比尔·盖茨在这一年只好为他的"未来小屋"缴纳100万美元的税。

比尔·盖茨梦幻般的经历以及这些传说，让他的"未来小屋"成为华盛顿湖上一个游人观光的去处。这些游人乘坐游艇到湖上眺望那座充满神秘色彩的住宅，好奇心重的人可以一直将船驶到很近的地方，直到能够清晰地看见屋内的窗帘、灯饰和花卉，每逢这时就会有警卫人员出来，挥手示意你必须立即离开。偶然也会碰到比尔·盖茨本人在庭院散步，当他发现湖面上有人将镜头对准他的时候，就会立即掉头走进房内。

到微软来实习的学生们大都是比尔·盖茨的崇拜者，现在他们再也不用远远地眺望他的“未来小屋”，而是涉足其中，这在他们看来当然是一种难得的际遇。从微软的通例上说，连那些正式职工也不具有这样的机会。比尔·盖茨本人不会在家恭候学生，但他的“未来小屋”能够向这些学生敞开大门这件事本身就在证明，他把这些人看做是微软公司的潜在后备军，以及潜在的财富。凌小宁曾有一个偶然的机会走进比尔·盖茨的家，他说他当时的感觉是受到了尊重，这种感觉比这豪宅本身更有吸引力。“你尊重人家，人家才尊重你。”凌小宁说。

我们将这种种情节联系起来，就可以发现，微软公司不论有多少劣迹，毕竟是20世纪最后20年美国历史的一个缩影。全世界的软件业，本质上都会赞成比尔·盖茨对智力的偏爱。它走向成功之时，恰是美国经济面临困难之际，从这个方面上说，微软本身就是“杰出”的代名词。但在那些智力寻常者的内心深处，对于这样的情形难免有些不快。平心而论，20世纪留给我们的传统之一，是整个社会从最基本的心理方面对于智慧超群者的一种厌恶情绪，即便是在普通人中间，接受“等级哲学”的人也多于喜欢“精英哲学”的人，有如中国话所谓“阳春白雪，和者盖寡”，亦如美国社会广泛存在的“反唯智力论”。优秀的人之所以讨厌，并非在于他的优秀，而在于他的与众不同。渴望得到社会追捧的人必须奉行一条无形的准则：走所有人都在走的路，做所有人都在做的事。倘若你要与众人分道扬镳，另辟蹊径，我行我素，那么你的成功本身就代表了一种“罪恶”。它在你和你周围的人之间造就隔膜、嫉妒和猜忌。这情形在中国乃是成功者的孤独之源，在中国以外的地方，也难免会发生类似的感叹。叔本华早就说过：“具有高超智力的人，特别是他们是天才的话，很少能有几个朋友。”一个名叫理查德·哈福斯泰德的美国人，曾在60年代描述了他的国家的这种状况：“‘聪明’这个词令人生厌。这代表优秀，标榜与众不同和对平等主义的挑战，具有这种素质的他或她必定缺乏普通人的情感。”普通中国人不会说出这么多富有哲理的话来，但却会对他们讨厌的人说：“就你聪明?”“文化大革命”时期，冤案无数，陈钢的遭遇是其中很小却又耐人寻味的一件。他是《梁山伯与祝英台》的创作者之一。这首小提琴协奏曲是20世纪中国音乐艺术苑中最伟大的作品，但陈钢因此获罪。在他遭受的种种磨难中，只有一个时刻，历经30年之后仍刻骨铭心：一个红卫兵一边用一根拖把柄重重地敲打他的脑袋，一边狠狠地说：“你太聪明了!”到了这个世纪的最后几年，一个中国人再也不会因为“聪明”而

被拘禁围殴。

在这样的情形中看来，我们不论对微软人的傲慢自负怎样看不惯，都必须佩服那位到希格玛大厦第五层来寻找精子的普通中国女子的好眼力：这里的人，的确个个聪明绝顶。

直至今天，意识到这一点的中国人并不多。报纸编辑把微软描绘成钱的象征。年轻人在提到“微软”的时候，按照自己的想象做了改动，不是说“Microsoft”，而是在其中的“S”上加上两道杠，叫做“Micro $ oft”，这样，就用一个美元的标志把“微软”二字隔断。《南方日报》在1998年冬天发表毛骏飙的文章，其中说，微软在交足了学费后，终于学会了“一石二鸟”。不过，这家报纸把微软的“二鸟”看成是，占领中国软件市场以及改善自己在中国人心中的形象，与“智慧”二字全都不搭边。

未来的希望在今日中国的大学院墙里

我们一向不习惯把人的智慧当做一回事。这也不奇怪。过去100年，智力虽然战胜了体力，但它始终拿权力无可奈何。改革的确为亿万人提供了发财走运的好机会，追求财富的梦想成了现实。但是大多数过来人都会发现，财富对于智慧的需求，远远不及它对于权力的依赖。所以我们即使在最边远的山村也能听到这样的议论：有了权力就拥有一切，失去权力就失去一切。

不过，历史有时候会让创造历史的人落伍。没有一个青年在目睹了历史的进程之后，还能对自己的现状无动于衷，还能固守自己以往的精神世界。这一点李明镜必定会有极深的感受。1998年12月，也即希格玛大厦的招聘计划刚刚展开的时候，李明镜是汉王公司最杰出的软件设计工程师。他设计的“汉王手写识别系统”说起来挺神奇，你在一张板上随便写点什么，它都能保留在它的记忆体中，永远不忘，甚至还能明白你的意思。“汉王”在中国的市场上声名鹊起，广告铺天盖地，公司销售额也直线上升，就连微软公司也不得不对它刮目相看。他们计划出一笔钱来购买李明镜的专利。谈判进展顺利。“汉王”授权微软公司使用这个技术的签字仪式，选在北京天安门广场西侧人民大会堂辉煌的大厅里，这同微软中国研究院举行开张典礼的国际俱乐部二楼大厅同处长安大街，遥遥相对。两个新闻差不多同时出现在报纸上，在时间上纯属巧合，但记者们要的正是这种“巧合”。他们把这“巧合”炒来炒去，在初冬时节的京城掀起一阵不大不小的热潮，给世人造成一种得意洋洋的心理：“连微软都在求我们啦。”“汉王”里那些年轻人，因此成了振兴民族软件业的新一轮英雄。

不过，这些英雄中最重要的一位，李明镜，这时候并没有多少豪迈的感觉。“我想知道这套软件卖了多少钱，但老板不告诉我。”他后来说。他只知道他的发明销路很好，头一年可能卖了好几千万，利润率很高。他并没有分成的打算，只是好奇，想知道他的智慧值多少钱，但却惊讶地发现老板不愿意说，“他就含糊地告诉我一个大概”。老板希望他再接再厉，周围的同事都觉得他想做什么就能做出什么来，但是李明镜开始含糊起来了。他觉得压力很大，虽然他很努力，一天到晚拼命工作，但他深知软件世界里的一个通例：你要做出 98 分的成绩，只需要两分的努力，但你要得到最后那两分，则要花费98 分的力气。比如他已经把“汉字手写识别系统”的识别率从70%提高到90%。他说：“那很容易。但在 90% 以上，再提高一个百分点都很难很难。”那一天，人民大会堂的气氛的确让人激动，可李明镜却发现，在既成的道路上前途渺茫。“我忽然有一点想离开汉王，”他后来说，“我对微软感兴趣。”不过，李明镜的去职“汉王”和进入“微软”，还是几个月以后的事情。这一事件在中关村引发的那场不大不小的波澜，还要等到更晚的时候。

1998 年的那个秋天，研究院着手组织它的队伍。其具体计划，是在今后三年当中找到至少 100 个研究人员。这主要不是像李明镜那样已经卓有成就的人，而是国内大学的博士生。

李开复、凌小宁和陈宏刚成为第一批考官。这三个人在这个秋天到处奔波，目标就是中国各个大城市中的名牌学校。研究院名声日隆，希格玛大厦的电话铃声前所未有地频繁起来。有人想来求职，有人想要合作，有人想要赞助。当然也会有一些人说出一些耸人听闻的事情，其中最有戏剧效果的是一个女人打来的电话。她口口声声提到“盖茨”，说她是“盖茨”的情妇，还说“盖茨”已经把其财产的多少都给了她，但这个月“盖茨”忘记了给她钱。既然“盖茨”已经在中国建立了研究院，那么院长李开复就有责任给她一笔钱。说者风情万种，闻者一笑置之。因为微软上下无论亲疏，全都把他们的老板叫做“比尔”，从没有人叫“盖茨”的，所以这个故事的荒诞无稽一听便知。不过，这种荒诞的故事只是微软招聘连续剧中一个小小插曲，一闪即逝，大多数对研究院感兴趣的，都是些杰出的人。秋天结束的时候，至少有 500 人向研究院提出申请。这些人全部来自中国最有名望的大学和研究所。包括北京的清华大学和北京大学、上海的交通大学和复旦大学、安徽的中国科技大学、湖北的武汉大学和华中理工大学、浙江的浙江大学、黑龙江的哈尔滨工业大学、江苏的南京大学以及中国科学院的计算所、软件所和数学所。报纸上说，这些人全都是计算机专业的博士，这消息令读者关切，但有些言过其实。到微软来的第一批求职者中，至少还有一些计算机专业之外的学生，比如无线电系、电子系、自动化系，以及物理系和数学系的学生，而且包括了一些硕士甚至本科的毕业生。

然则舆论一律认定，微软的"猎头计划"乃是瞄准了中国名牌大学的毕业生。这有充分的根据。微软中国研究院的招聘原则是，重天赋而轻经验；注重学习的能力而轻原有知识的积累。一个初出茅庐的学生，可能会比一个老道成熟的人有更多的机会得到微软的关注。这种观念虽有它的片面性，但观察电脑世界的实际情形，年长且富有实际经验者，极少有能够适应其高速变化节奏的，在其他领域中受到尊敬的经验和稳重，在这里反而会成为前进的障碍。

1998年秋天，希格玛大厦迎来的首批面试者，全都是中国名牌大学的博士。微软把目光集中于中国的名牌大学，这在研究院成立伊始，即有明显征兆。1998年11月6日，也即研究院挂牌的第二天，天还没亮，院长李开复就起床了，洗浴，刮胡子，穿上西服，系上领带。按照惯例，他的衣着一向随意，但今天不同，他穿着笔挺地出门了。这倒不是因为他要在上午接受那些围着他转了好几天的记者们的采访，而是因为他要陪同微软副总裁里克·雷斯特去访问北京的几所大学。中午12:30，这一行人精神抖擞地走出希格玛大厦，沿知春路东去，穿过学院路，向南跨过一条小河，经过京城最后的一段古城墙，一直向西，就到了中国科学院研究生院的大楼。他们在这里会见了500个学生。又转头向西北方向，经过颐和园路，在4点钟的时候进入清华大学，360个学生正在等待他们的演讲。到了傍晚6点钟，这一行人离开清华，进入隔壁的北京大学，大约600个研究生怀揣着一大堆问题，在北大小礼堂里等待他们的回答。这一场会见结束的时候，已经是晚上8点多钟。连续八个小时马不停蹄，茶点未进，但里克·雷斯特和李开复全都兴致盎然。陈宏刚始终在一旁伴随。自从他在夏天来到北京，加盟研究院，李开复就想让他主持研究院与中国高校的关系，还负责人员招聘。他的那些中国朋友们认为这个决定太保守，一再说陈宏刚是毕业于华盛顿大学的数学博士，在微软公司有着良好的职业记录，现在拿来搞些婆婆妈妈的事情，未免大材小用。李开复不以为然。他说，正是因为他有最好的教育水平和最好的职业记录，才让他来做这件事情。还说："对于研究院来说，最重要的事情莫过于和学生见面。"朋友们觉得他有些故弄玄虚，但后来的事实证明，李开复的确是把和学生的见面看得比和官员的见面还重要——在后来的一年里，他先后与35000个大学生见面并且对他们发表演讲。新院长的这种管理特色，有他自己的信念为基础。他坚信中国存在他需要的人。

那时候，希格玛大厦里面谈论的话题还有：招聘问题，待遇问题，档案问题，社会保险问题，回国学者举家搬迁问题，外地学者进京户口问题，最优秀的人在哪里，受教育水平越高优秀人才的概率也就越大，大学生中最优秀的人是不是全都出国了，寻找并且雇用比自己更聪明更有创造能力的人，中国的信息产业部、科技部、教育部，北京计算机领域的56家媒体，人事制度，户籍制度，档案制度，怎样感谢那些支持了研究院的中国官员，该为那些介绍毕业生来应聘的学校提供多少赞助……李开复还不失时机地提出了一些挺有煽动性的说法："我的新使命是提供一个独一无二的环境，和有同样梦想的人合作，共创人类计算的未来。""基础研究的定义就是发明一些现在不可能的事情。""不容忍官僚作风，不容忍傲慢作风，更不容忍明争暗斗。""决定权在研究员手中。""我们当然鼓励成功，但我们也鼓励失败。"但大家谈论最多的还是下面这个话题：

"未来的希望在今日中国的大学院墙里！"

陈宏刚开始频繁地和那些即将毕业的博士们接触。微软在中国学生心里早就留下了傲慢无礼的名声，所以大多数学生对微软的主动行动准备不足。1998年11月5日上午，陈正走进希格玛大厦之后，方知他和另外那四个博士是第一批进入研究院来面试的人。他们是从大约500个申请者中挑选出来的，各有一段有趣的故事，共同的特征没有什么特别之处——全都是博士、全都年轻、全都聪明，不同的特征可就有点引人入胜。

1989年深秋时节，在北京火车站站前广场，20岁不到的陈正顶着秋风秋雨瑟瑟发抖。他是福建人，有着南方人的那种典型的小脸，尖下巴，戴着一副镜片又厚又大的眼镜。表面有些拘谨，脑子转得飞快，不是那种刻苦用功的学生，却有一种高效率的突击能力。读书的时候，总是在学生中间串门聊天，但却总是能在考试的时候进入前三名。当日他北上京城，是为了尽可能远地躲开父母的干预。父亲年轻时选择了自己喜欢的医学，母亲则按照自己的爱好在中学做英语教师。两个人都是大学毕业，这在那个年龄的中国人当中实属凤毛麟角。这个家庭要是放在陈正的时代，多少也算是个“人才高地”。“可惜他们的理想后来全都不能实现。”陈正后来说。陈正1972年年底出生，对父母这一代人的坎坷以及感情深处的种种伤痕并不能深知，但在他们的交谈、抱怨和相互争吵当中，渐渐明白他们的“牺牲很多”，知道了他们投身革命和自觉接受改造的一些故事，整天批判别人也被别人批判，然后是父亲下放基层医院，母亲到军垦农场劳动。陈正上小学的时候，这一切终于结束。这以后，他对父亲的印象就是，“一个很模范的人，特别热衷于工作，一定要在单位里面做到最好才满意”。但新的时代毕竟不再属于父亲那一代人，而是属于儿子的了。于是，父亲把自己没能实现的理想，寄托在儿子身上，他希望陈正学医，但儿子坚决拒绝了。

陈正看见那厚厚的医学书籍就头疼，但却格外钟情于计算机，于是自作主张报考清华大学计算机系。那一年北京开学晚了。陈正9月底从南方到北方，恰逢秋雨秋风，只穿衬衣，不免饥寒交迫。尽管北京从来没有在9月份下过雪，但陈正多年以后回忆起当日情景，一口咬定那天他见到天上飘着雪花。直到终于到了学校，走进一间八人同住的房间，打开箱子拿出最厚的衣服穿上，才觉得好一些。他对北京的第一个印象是“很冷”。然后就是第二个发现：“北方的饺子那么难吃。”不过，他很快就把目光从衣食上挪开，因为他感受到北京的政治气氛浓，学术气氛也浓。他想到父母临别时嘱咐他不要参与政治的话。他对政治本来没有兴趣，只把时间和智慧用在计算机上。即使是恋爱季节，和计算机在一起的时间也远远超过和女友待在一起的时间。女友说他和计算机结婚了，他憨笑默认。直到现在没有结婚，他也并不着急。

1989年深秋进入大学的学生中，还有一个名叫张高，湖北人。他在考高中的时候是黄石市的第三名；在大学的时候是学生会的副主席。此人只知道埋头读书，语文很差，数学极强。他在华中理工大学完成了学士和硕士的学业，同学都说他有很强的做官的能力，不过，他却羡慕那些做工程师的同学。他没有仿效姐姐去搞艺术，对母亲的裁缝技术也没有兴趣，但他却欣赏母校的传统。他说华中理工大学的毕业生是“宁做总工不做总理”。他讨厌官场上的恩怨是非。他在1996年来到北京，不是看中那些高墙后面的政府机关，而是选择了中科院的软件所。现在，他的博士学业也完成了。这一年软件所的毕业生时运不济，整个科学院都在精简，软件所原来200多人，只能留下50多人，还要那么多新人干什么？同学中想出国的不少，20来个博士走了七八个。硕士走得更多，十个中有九个出国了。剩下的不是进了国家机关，就是在北京寻找外企。张高仍然信守多年前的原则：讨厌曾经讨厌的，喜欢曾经喜欢的。他想做一件自己喜欢的事情，还希望在自己背后有很大的支持。张高不想到企业去。他说，那里总有人在屁股后面追着你要产品。但他终于意识到，继续留在中科院，就连科研的经费都会成为问题。这时候他从导师那里知道李开复的名字，于是，像陈正一样，抱着试试看的念头，发出了电子邮件。李开复当日复信，邀请他到研究院来看一看。他怎么也没有料到，这电子邮件竟成了他个人历史上的一个转折点。

东京大学一位教授在日本计算机领域享有极高声誉，但是多年以来却从来没有带过中国学生。90年代，蔡东风成为他的第一个中国学生。日本教授以中国学生为自豪，但中国学生却对日本不感兴趣。蔡东风是辽宁人。他是日本东京大学的博士，他有很长一段时间没有回国，但后来他还是回来了。他不像他在国内的那些同胞，不是对老一辈日本人的侵华耿耿于怀，就是对今天日本人的排外抱有很强的反感。他是搞研究的，只关心学术的顺逆，他说日本人的软件开发思想不如美国。他念念不忘自己在国内的大学经历，一定要生活在这样的环境中才觉得心里踏实。这也难怪，他是“文化大革命”结束以后恢复高考的第一届大学生，经历过那个时代的人，有谁没有一肚子的回忆呢？他说他的大学生活是一个很有戏剧性的故事。整个国家12年的中学毕业生在同一个时间考大学和读大学，这本身就是世界教育史上的一个奇观。当年他的“老班长”比他大十岁。而今天，当他1998年11月走进微软的时候，恰在“不惑之年”，比他周围的那些应试者也要大十岁。

祖籍江南却在河北省张家口市长大的童欣，1989年终于熬到了上大学的年龄。那时候他唯一的愿望就是去一个离家很远的地方。父亲是北京人而母亲是苏州人，当年两人一个学采煤一个学地质，毕业后响应党的号召一同来到张家口——长城以北一个荒凉闭塞的地方。那是一个“将革命进行到底”的时代，“荒凉闭塞”正是年轻人远大理想的一部分。但现在不同了，电视上播的是《将爱情进行到底》，广告上说的是“将减肥进行到底”。父亲和母亲并不完全赞同这种变化，但却很坚决地要求儿子“将来不要留在这个城市”。

此种“摆脱闭塞摆脱贫穷”的愿望虽然简单而且原始，但它给予一个人的内在冲动之强烈，不身临其境是难能体会的。童欣就是这样考进了江南西子湖畔的浙江大学计算机系。在杭州一待六年，由本科而硕士，一直在实验室里研究计算机图形学。最初的兴奋过去之后，他又开始思念北方。“在一个实验室待久了，想出去。”他后来说。住在北京的奶奶爷爷，也整天写信要他回到北京去。他就抱着这样简单的念头考取了清华大学计算机系，读博士。他想继续他的计算机图形学研究。“研究最纯粹的图形学，比如计算机绘画，还比如动画。”他对导师这样说。导师是国内“可视化”领域的权威，有60多岁。他说他从来没做过童欣说的这个东西。不仅如此，整个清华也没有人做这个东西。既无前人研究的基础，也没有人能够指导，童欣只好放弃自己的想法，好在他已长大成人，知道中国导师和外国导师不一样：“在外国，导师最怕你做不出新鲜的东西；在中国，老师最怕学生的论文不能通过。”日子稍久，他又发现，“中国的研究者中，绝大多数人都清楚，他们做的研究不是世界一流的。但他们没有办法，没有资金支持，成功之后很少有使用的前景”。看来他的脑袋里面不再只有一些简单的念头，而是在设想自己的将来。周围一派“出国气氛”，一个在加拿大的朋友说，那里需要一个做图形学的学生，可以接受他去读博士后。但童欣并不是那种义无返顾的人，他对周围的一切又恨又爱，虽然不满却又舍不得离去。1998年的秋天，他是在“出国”还是“留下”的犹豫中度过的。就在这时候，他的一个同学告诉他，微软在中国成立了研究院，要招聘专做图形学的研究员。童欣知道微软的图形组是世界上最强大的，还听说全世界这个领域中最优秀的人在过去几年里几乎全都去了微软。他不禁心驰神往。当天就向研究院发出一个电子邮件，送去自己的简历。

越是优秀的人，越往外跑吗？

这些年，出国潮流一点也没有减退的迹象。名牌大学里的毕业生——学士、硕士和博士，谈论最多的话题就是“出国”。清华大学的老师们感叹：最好的学生都出国了！你如果到美国的硅谷和微软总部看一看，就会发现那里的确有一堆又一堆的清华大学毕业生，那里的人们都说：“清华是硅谷的预科班”、“清华是微软的预科班”。不过，还是有很多人坚持说，留下来的也有优秀的，出去的也有不优秀的。在北京兴思维文化传播有限公司从事的一项调查中，有86%的大学生反对“最好的学生全都出国”的说法。微软公司的研究员芮勇有一次谈到这个问题，觉得这两方面的看法似乎都有道理，但却不能说明何以会存在那么多相反的证据。还说，国内就这个问题发布的那些统计数字，并不能平息人们的忧虑。芮勇毕业于清华大学，现在则在微软公司雷德蒙总部供职。他认为，把两个方面的结论综合在一起，就有可能更加符合事实：首先我们有足够的事实证明，从大学中出来的学生的确有优劣之分；其次我们也有事实说明，优秀的人当中，出国的比例较大，留下来的比例较小。将芮勇的“一家之言”以一个简单化的图来表示，如下图。

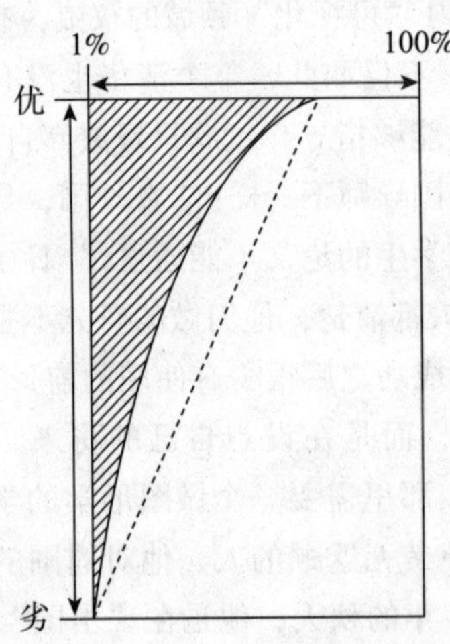

纵坐标为学生的优秀程度，越往上就越优秀。横坐标为出国者的百分比，越向右比例越高。阴面部分为出国者。阳面部分为留下来的人。

芮勇属于“阴面”中人，而现在我们所叙述的这几位却在尝试留在“阳面”。这里所谓“阴”和“阳”，完全是为了理解问题的方便，一点也没有褒贬之意。事实上，人才去留的原因极为复杂多样，完全不是我们通常所理解的那种道德界限所能划分。1998年冬天，这几个人没有像他们的同学那样首选出国之旅，而宁愿留下来，说起原因，也不是记者们习惯于要发掘的那一类爱国主义的主题。陈正说：“我不想出国，因为我比较懒，这和性格有关。”张高说：“我只是想做自己喜欢的事，也想过出国。不过，还没有联系好。”蔡东风是一个已经出国却又回来的人。他说：“日本不像美国那样开放。”况且他的妻子在沈阳航空工业学院有一个很不错的研究室，所以他和妻子回来了。

最优秀的人永远不会恳求你

11月5日上午，这几个人走进希格玛大厦来应聘的时候，研究院还没有正式成立呢。挂牌仪式要等到几个小时以后，办公室内装饰正在收尾，满地乱七八糟，空气中飘散着强烈的油漆味。面试的地点选在六层，那里是微软中国公司的办公地点，研究院最初的招聘，也是借助于公司的人力资源部。

从表面上看，微软公司人力资源部与我们国家的人事机关相比较，仅仅是称谓上的不同，然则称谓本身也在相当程度上反映了实质。“人事”，也即关于人的事。“文化大革命”结束已经多年，调查祖宗三代的来龙去脉不再时兴，但人事部门仍要花费很多时间考核政治表现，处理人的纠纷，调和山头冲突，其着重点在于人际关系和人的表现。微软的人力资源部则是将人作为“资源”来对待。其管理原则，只在于聘用员工，确定既不太高又有竞争力的薪酬水平，以及培训。当日微软中国公司的人力资源部经理名叫王瑾。按照她的解释，微软公司的人力资源宗旨是三个字母——“ADK”：

A——Attract　吸引最好的人。
D——Develop 发展最好的人。
K——Keep　保留最好的人。

三个词中，每一个都不离“最好的人”，所以王瑾说她唯一的目标就是“Best of Best”——“优中之优”。

那时候，在大学里的大多数学生心目里，还无法区分微软中国研究院和微软公司的差别。陈正在成为微软研究院的雇员之后，有一次很坦率地说：“微软在大学生中的形象不是很好。”另外一位还没有毕业的硕士潘锦辉说，微软在大学生中，“老实说，总体上是一个负面形象。毕竟，它比较霸道”。还有一位名叫谢旭东，清华大学电子系的团委书记，在学生中间颇有号召力，按照他的说法，“大学生中有人认为，微软公司是想垄断中国市场”。当他率领400位清华大学的学生到希格玛大厦参观的时候，就有学生对他说，“研究院请我们来是为微软做宣传”。

对李开复来说，更加要紧的是，无论诅咒微软的人还是崇拜微软的人，大多数并不真的了解微软。当然学校里已经很难再构筑政治斗争的舞台，学生们也不再热衷于口诛笔伐。他们不会像某些媒体，看到微软就说是“狼来了”。比如他们从来不说“振兴民族软件”，也不会大骂微软“霸权”。他们只是觉得微软在中国没有做出什么了不起的事情。“说来说去，也就是把他们的产品汉化一下。”陈正那个时候就是这样想的。他的一位同学在微软中国公司干过，就是在他现在等待面试的希格玛大厦第六层。“咳，不过如此”，同学以亲身经历告诉他，微软的待遇、技术、环境，还有将来的发展，都没有什么了不起。这时候陈正恰在选择职业的关键时刻。他是外地人，按照北京市新公布的“广开门路吸引人才”的政策，他这样的博士是可以得到户口的，但必须提前找到工作。学校交给他一张招聘单位的名单，大部分是外企。至于国内企业，就连联想这样赫赫有名的，也不在这些清华博士的眼里。微软倒是挺出名的。但这种来自同学的“反馈”具有一传十、十传百的功效，有如水面泛起的涟漪，一圈比一圈更大地扩张开来。不少同学听了都说，宁可去惠普或者国际商用机器公司。这几个博士走进希格玛大厦之前的几个星期，听到的就是这些。按照这样的解释，微软非但不是“狼”，就连“羊”也算不上良种的。

然而那些真正了解一些真实情况的人，就不会这样简单地说什么“狼”或者“羊”。陈正的导师是张钹，“钹”字音“伯”，几乎所有的人都念做“拔”，但这并不影响他在中国计算机业的成就和名望。张钹了解李开复的学识，对李开复的品格也能洞悉。他把李开复的电子邮件地址给了自己的学生，鼓励他去找李开复。那时候，陈正已自购一台电脑，并且把自己和电脑一起放在校园外面租来的一间房子里。当天晚上 9 点钟，陈正就给李开复发出一个电子邮件提出求职申请。按照以往的经验，他对这一类申请总是抱着“随它去吧”的念头。况且李开复是一院之长，日理万机，对于像他这种刚刚毕业的求职者，也许根本无暇顾及。

第二天早上，陈照例来到清华园，心里惦记着向什么地方继续提出求职申请。这时候手机忽然响起。他看看来电号码，从未见过，所以不予理睬。但那个号码却百折不挠地拨进来，令陈正心烦不已，终于强忍心头愤怒询问对方姓名，这一来，电话那一头的声音就令他惊讶不已，以致一年之后还能念念不忘：那是陈宏刚，微软中国研究院的高校关系及营运部经理。他问陈正是否接到李开复的电子邮件。陈正转身冲出校门，回到自己的房间，打开电脑的时候还不能相信李开复的回复已在他的信箱中。一分钟后，他看到了李开复的信。

“欢迎你来微软，”李开复说，“也许我们可以见面聊聊。”

仅仅这么一行字，便扭转了陈正心里积累起来的所有对微软的不快。“我觉得真是快捷无比。”他后来这样说。

但还有更加令他料想不到的事呢。

陈正当天来到希格玛大厦，很快见到李开复，以为要面对一场严厉的审视，但李开复谈得很随意，他说已经看了陈的简历，还格外仔细地询问陈的想法。谈话结束时已是正午，李开复说要请陈正和他一起吃饭。

这是陈正迄今为止最难忘的一顿饭。他表面故作镇静，内心惊讶不已。按照中国人的思维习惯，他怎么也想不到，李开复这个“既是大名鼎鼎的计算机科学家，又是老板”的人，会这样善待他这个还未出茅庐也从未显露才能的学生。

其实这在李开复说来，并不是一种礼贤下士的特殊举动。他这人喜欢美味佳肴，信奉“食不厌精”，尤其喜欢中国餐，但他的午餐和工作之间从来没有一个明显界限。然而更加重要的是，他从来不把向他提交简历的学生看做是来恳求他的，事实正相反，他来到中国就是为了寻找他们，追随他们。所以严格地说，是他在求他们，而不是他们在求他。

老板是由于拥有好雇员才有价值，有如老师是由于拥有好学生才有成就。这一点在李开复刚刚进入卡内基梅隆大学读书的时候，便有过一次刻骨铭心的感受。那时候这所大学的教授对待新学生的态度既友善又尊重，这完全不是出于礼节和客套，而是出于某种真诚。这令李开复惊讶不已。他后来无数次地向中国学生们讲起，他在进入卡内基梅隆后做的第一件事情，是选择老师。那一个月中，学校里 100 多个教授轮流登台演讲，向新学生展示自己以往的成就和将要做的事情。学生们凭着自己的兴趣选择教授，教授们则煞费苦心地寻找最好的学生，请学生吃饭，说服其归入自己门下。选择的权利在学生一边，如果学生拒绝，教授就没有办法。一个教授，如果连续多年没有成就，就不会具有吸引学生的力量；如果连续几年没有好的学生，其声望甚至饭碗都会受到影响。李开复在那个月里找到了他的导师罗杰·瑞迪，这成为他日后成功道路上的最重要的起点。当然他的收获还不仅仅如此，他在那个月里还尽情地享受了一次自由选择的权利，第一次体会到师生之间、老板与雇员之间的一种美国式的关系。

这种情形在中国人看来十之八九会不以为然。通常的情形是，越大的机构就越是傲慢。他们在嘴上说着“筑巢引凤”，其实还是等待人家上门恳求，碰到不愿意求他们的人，就会在心里说：“想来我这里的人多了，你不愿意干可以走。”这种说法看上去不无道理，但微软却是从另外一个方面来解释同样的事情：问题在于，最优秀的人永远不会恳求你。他们可以去任何地方，也只会直截了当地问两个问题：

你能让我做什么？

你能给我什么？

招聘规则：N－1

这五个“考生”是从500个求职者当中挑选出来的，概率之低令人惊讶。但是坐在那里等候他们的“考官”之多，更加出乎这些“考生”的意料：竟然也是五个。陈正只是在电话里和陈宏刚打过交道。此外还有凌小宁，他现在是微软中国研究院总工程师和软件开发部经理；有沈向洋，他在两个月后成为研究院的主任研究员和形象计算组经理，但在当时还没有做出回国的决定。还有从美国研究院来的高级研究员黄学东和洪小文。他们本是李开复请来为研究院的挂牌仪式助阵的，但现在仪式未开，却被请来参加招聘的面试。

微软公司25年的历史上，从最初的两个人到现在的3万多人，人员招聘制度乃是其中最为重要的环节。公司每年接到12万人的求职申请。这些申请者来自全世界，若非拥有足够自信，不会找到微软的门上来，但比尔·盖茨仍然认为，许多令人满意的人才没有注意到微软，因而会使微软漏掉一些最优秀的人。在有关比尔·盖茨的诸多传说中，寻找人才的故事，比他的财产增长更加激动人心。据说这个世界上不论任何角落，只要有哪个人才被他发现，他便不惜任何代价，必欲弄到身边而后快。他安排的很多“面试”，不是在考人家，而是在求人家。用微软研究院的副院长杰克·巴利斯的话说，这是“推销式面试”。有趣的是，微软这些心高气傲的“考官”们，“求人家”的时候所迸发出来的那种兴奋感，甚至还要超过“考人家”。他们知道谁是值得他们“恳求”的人，其“恳求”的方式常常会出人意料。在西方记者撰写的关于微软的书籍中，多次提到一件事情：加州“硅谷”的两位计算机奇才——吉姆·格雷和戈登·贝尔，在微软千方百计的说服下终于同意为微软工作，但他们不喜欢雷德蒙冬季的霏霏阴雨。比尔·盖茨说，这好办，就在“硅谷”为他们建立一个研究院。

不过，大多数求职者可没有这样幸运。微软人事制度中的一个原则是，永远只聘用比实际所需更少的人。某些人用一个公式来概括这个原则：

N（实际需要人数）－1＝招聘人数

一般说来，招聘考试是面对面地实行，所以也叫做“面试”。但有时候也会有长途电话跨过千山万水甚至跨过太平洋，考官和应试者只是坐在电话线的两端。每一个面试者，要同微软公司的五个人到八个人面谈，有时候可以达到十个人。每一个考官的面试都是一个小时，以“一对一”的方式提问。他们说，微软文化中讲究公平和对等，所以不会让一个应试者同时面对一大堆考官，因为那样对应试者来说不公平。不过，应试者是否能够感受到这种公平，还很难说，当他们从研究院的行政助理郑薇手中接到那一长串“考官”的名单和时间表时，没有见过世面的人已经额头出汗。此后是一个小时接着一个小时持续处在高度的紧张之中，甚至在中午吃饭时也不会停下。

主考官全是各个方面的专家，每个人都有一套问题，各自具有不同的侧重，问题的清单通常并未经过集体商量，但有四个问题是考官们共同关心的：

是否足够聪明？
是否有创新的激情？
是否有团队精神？
专业基础怎样？

按照这一原则，学校考试成绩并不是衡量一个人的最重要的标准，一个人的成绩只要没有差到“平均线”以下，就有足够资本走进希格玛大厦第五层。一些在大学里面分数第一的人，在这里却不能通过面试的审核。1999 年 1 月，研究院组织了他们的第一次书面招聘考试，应聘者以笔作答，得分最高者为西安交大的一位博士，但后来他却没有能够通过研究院的面试。学校通常使用的考卷，只能涉及人的全部能力中的很小部分（有一种说法是1/400），不仅无法全面衡量一个人的素质，而且还有极大可能导致相反的结论。与此相应的另外一种情况是，学校导师拼命推荐的学生不一定能为微软接受，导师竭力说“不”的学生，也不一定会被微软拒绝。面试的目的，正在于检验应试者的书本之外的能力。这和我们国家的教育标准有着完全不同的趋势。你如果作为一个应试者进入微软，就会觉得以往的书本知识全都用不上，不得不调动自己的机变能力加以应对。

当你起身离去之后，每一个考官都会立即给其他考官发出电子邮件，说明他对你的赞赏、批评、疑问以及评估。评估均以五等列出：

强烈赞成聘用。

赞成聘用。

可以聘用但有些勉强。

不能聘用。

绝对不能聘用。

你在几分钟后走进下一个考官的办公室，根本不知道他对你先前的表现已经了如指掌，他在嘴上说“接着谈谈”，其实是瞄准了“哪壶不开提哪壶”。所以一个进入微软研究院的应试者会觉得是在攀登险峰，越到后面难关越多。当然也会有些人只经历了两三个考官就宣布结束，并未见到后面的“险峰”，但那并非吉兆。因为这三两个考官们也许正在网络上传递着同一句话：“此人没戏，别再耽误工夫了。”

一般说来，你见到的考官越多，考官们在你身上花的时间越多，你的希望也就越大。有些人在完成了既定程序之后又有附加程序，这时候必定是考官们的意见不能一致，因而觉得有必要没完没了。也许分歧持续到最后仍然不相上下，这种情况并不多见，但的确出现过，这时候，决定权属于应试者将要进入的研究小组的经理，人力资源部完全不加干预。李开复虽有最后的决定权，但他从未使用这种权力，去要求他的经理接受谁或者拒绝谁。然则鉴于微软公司的招聘方针是“宁缺勿滥”，所以，如果发生“赞成”和“反对”各占一半的情况，几乎可以肯定会做出放弃的结论。因为考官们在另外一个层次上达成了一致：分歧久拖不决，至少说明我们不能100%地肯定这个人足够优秀。

面试的问答一般使用中文，有时候也用英文。即使是使用中文的时候，也必须夹杂着很多英文的词汇。这倒不是故作高深，而是因为很多话牵涉专业领域，根本没有一个相应的中文予以表达。但谈话有时候只涉及常识性的问题，与专业没有关系。有些问题的焦点在于求得正确的答案，也有相当多的问题并不在于寻找答案，而是检验应试者的思维能力、判断能力和解决问题的方法。有些甚至根本就是无解之题，这时候检验的焦点就不是专业领域，甚至也不是“智商”，而是一个人的“情商”。

以下是研究院面试中的一些经典问题：

为什么下水道的盖子是圆形的？

请估计北京共有多少加油站?

你和你的导师发生分歧怎么办?

给你一个非常困难的问题，你将怎样去解决它?

两条不规则的绳子，每条绳子的燃烧时间一小时，请在45分钟烧完两条绳子。

前两个问题虽有准确答案，但考官的目的却是在答案之外，也即判断应试者分析问题的能力。第三个问题的要点不是纠缠是非，而是看你能不能和意见不同者合作共事。有一个应试者非常聪明地解决了每一个难题，但因这个问题导致失败。他把他的导师一通大骂，还说他今生最后悔的一件事情是选择这个人做他的导师。接着就向考官陈述导师如何不对，而他受了多少委屈以至怀才不遇。这位考官不仅没有同情此人，还立刻做出“此人不能要”的结论。其理由得到所有考官的理解和赞同：问题不在于导师是否有缺点，而是这个学生能不能自己处理不同意见，以及是否具有合作精神。有一种人虽然聪明，但眼神轻灵，心有旁骛，嘴快手慢，动辄埋怨时运不济，一有机会就在背后把老师同学同事朋友说得一钱不值。这样的人如若不能摈诸门外，那就不是引进人才，而是引进是非。至于第四个问题，你很容易说出至少十种答案，比如你可以连续三天三夜不睡觉，但微软并不喜欢诸如此类的回答，而是更加喜欢以如下方式处理难题的人：他首先去寻找那些熟悉这个领域的专家，寻找有关的论文。如果这难题竟是开辟了一个全新的领域，从来无人解答，那么他就要寻找相关领域中的最有权威的专家。总之他要尽量寻找捷径，在前人的基础上继续前进，又能够超越前人，而不是从头做起。最后一个问题是陈宏刚的得意之作，又被一些应试者带到清华大学的网站上，作为微软的经典考题广泛传播。但传播者不能洞悉的是，这个问题的焦点不在于逻辑而在于机敏，所以应试者能在多长时间内找到答案才是问题的关键。一个寻常的应试者，往往越是想要快些做出来，脑袋里面也就越是混乱。所以，即使有人事先告诉你这个诀窍，那也无济于事，甚至适得其反。

这种严格的面试程序和琢磨不定的考题目标，固然能够确保微软中国研究院的员工如所期待的“优中之优”，但是它对于应试者的苛刻也实在使人为之心惊，即令对于“考官”的能力和品格，也是一场最严格的检验。不能了解其中关节的人，总会低估这种考核的严格程度。一位中国记者在研究了这一面试程序后，私下里同一位考官讨论他的结论。他说：“这种办法，不会遗漏那些足够优秀的人，但不够优秀的人也有可能会进来。”但那考官说他的感觉正好相反，因为少数人的否定意见常常具有决定性的作用，所以“不优秀的人不容易进来，而优秀的人有时候会被漏掉”。尽管如此，这些考官面对应试者的时候依然一丝不苟，咄咄逼人，不能容忍稍有懈怠。每日少则四五人，多则八九人，最多的时候十个人。从早到晚，全神贯注。应试者嘴里说出的话自然不容遗漏，即使是表情、行止和种种身体语言，也必须作为判断的根据。这些考官并非全才，所以总是碰到自己不能了解的领域。可是即便不懂也还要装作听懂，直到真的听懂。“一天下来，人都要晕了。”沈向洋这样说。他还没有来北京赴任，即在美国通过电话面试了李江和刘文印，等到真的到了北京之后，立即感觉到谈话也是一种前所未有的消耗。另有发生在洪小文身上的一件事情为证。洪小文11月初和黄学东来到北京，刚刚走下飞机便扭伤了腰，以致不能行走。但他已经接受任务需要面试几个中国的博士。他深知找到真正优秀的人是研究院的生命线，所以不肯推辞责任。他以电话接通五个应试者，连续发问五个小时，根据应试者后来的回忆，其声音并无异样，逻辑也无一丝松懈，所以他们全都不知道这严格的考官其实是躺在床上。实则洪小文不过是嘴上逞强，腰间伤痛不已，兀自强忍，等到终于放下电话听筒，立时大叫“好痛”。

当然面试的过程并不全是单向的问与答。应试者有足够的时间向微软提问。大多数人都会利用这个机会更多地了解研究院，但是最为主要的还是“我来了以后干什么”和“我来了将来的发展是怎么样的”一类的问题。倘若是一个家在外地的人，必会询问他的户口如何落在京城。考官也会非常认真地回答你的任何问题。这在微软的文化上属于一种平等的默契，没有人因为你是后来者便会歧视你。但事情除了包含平等的观念之外，还有别的含义。微软的人事变动极为频繁，升迁的依据全在于一个人的能力以及是否适合，资历在任何时候都不会成为一个因素。所以你现在虽是一个资深“考官”，但你对面的这个年轻的面试者，有极大可能在不远的将来成为你的上级。我们国家的官员，大都不喜欢那些比他们更聪明能干的下级。一个老资格的人成为一个年轻人的部下，则会让双方都觉得别扭。但希格玛大厦里的这些人，却在心里不断询问：“谁比我更聪明？”能够为自己找到一个好老板这件事情本身，就是一个了不起的贡献。这一点，在微软公司多年的陈宏刚和凌小宁均有极深体会。凌小宁说：“一个经理的成功之处，就是找到比你更聪明的人。”陈宏刚说：“今日下级而明日上级的事情实在是太平常了。”当年陈进入微软时面试他的那位“考官”，日后便成了他的下属。这两个人的年龄都比他们的老板李开复要大，但他们从来没有认为这会成为一个问题。当一位记者向凌小宁询问，他为比他年轻的老板工作是什么感觉的时候，凌小宁说他从来没有想过这个问题。他说：“我是在和人的智慧一同工作，而不是和人的年龄一同工作。”

不消说，这种情形令年轻人激动。研究院成立以后的第一个星期，面试者已经达到40人。这些学生还没有离开希格玛大厦，已经议论纷纷。蔡东风说：“我觉得这是一个理想的地方。我看到了一些真正搞学问的人。”他一天前从沈阳坐火车进京的时候，一路上还抱着试探的念头，现在一出门就给妻子打电话，提出举家搬到北京的理由。张高在那个上午花了五分钟的时间解决了“烧绳子”的问题，接着就发现“这里有我喜欢的事情”。他说：“一个星期以前我还想着出国呢。”而现在，他在突然之间便做出决定：把出国的念头暂时放一放。陈正说：“那天我对这些从美国回来的人感觉很好，我觉得他们真的是很正式的面试。”他在以前也曾去过其他几家公司，经历过多次面试，既有中国的，也有外国的，面试顶多一个小时就完了，让人感觉到草率和随意。那时候他想想都觉得奇怪：一个小时，他们怎么能看清楚我？我又怎么能看清楚他们？现在，他望着微软研究院里那些严厉的考官，心里挺感激地想：

“看来他们真的很看重我。”

聪明人的“磁场”

1998年的最后一周，寒流袭击中国北方的大部地区，南方的暖流到了江淮一线，就再也无力北上，但是求职者依然纷纷北上。向微软中国研究院提出申请的，已经超过1000人。除了那些刚刚毕业和即将在来年夏季毕业的博士硕士之外，另外一些具有工作经历的人也来了。在研究院的内部刊物《通讯》的创刊号上，李开复为第一批加盟微软的激情满怀的中国青年写道：

> 多少年后，当微软中国研究院出现了许多闻名世界的大学者，出现许多一流的研究成果时，我们再回过头看一看这份小小的刊物，您会知道，微软中国研究院是如何一步一个脚印走过来的。

看上去，李开复比他招聘来的那些初出茅庐的年轻人还要踌躇满志。他似乎认定希格玛大厦第五层将会涌现大学者。他在他的道路的起点上，就想到“再回过头看一看”。这一点，多少露出了他的华人血统的本色，也与他的老板比尔·盖茨明显不同。人人皆知比尔·盖茨讨厌回顾过去而喜欢“展望未来”。他虽然还不至像亨利·福特那样，认为“历史只不过是一堆废话”，但无论谁提到“看一看后视镜”，他就会显得极不耐烦。他还对他的雇员说过：“今天我们这里再也没有任何可以持续四五年的有价值的东西了。”

然而报刊记者既不管过去也不管未来，他们只关注现在。看到大学里的年轻人纷纷进入希格玛大厦，他们便跳起来。《电脑生活》上刊登文章，大声质问：“微软要在中国干什么?”一位名叫李学凌的记者现在再次注意到李开复的那句话：“微软在想，为什么不到这些人才的源头，到中国来寻找这些人呢?”《北京经济报》为微软说了一句好话：他们正在帮助中国“防止人才外流”。但《中国青年报》在进出希格玛大厦的那些人的脚步声中听到的是“警钟响了”。它宣布：“国内计算机企业与国外‘巨无霸’争夺人才的商战将旷日持久地展开，急需人才的民族产业也将面临更为严峻的挑战。”中国科学院计算所人事教育处副处长赵雅玲告诉记者，在过去几年中，计算所有80多人离职出走。这也就是中国人所谓的“人才流失”。“最近三年，情况更加突出，”赵说，“要不是国家规定最低三年的服务期限，计算所人才流失将更加严重。”这话属实，问题是，在1998年年末把这些事情汇入质疑微软的浪潮中，给人的感觉是将中国的“人才流失”统统归咎于微软了。《中华工商时报》的栏目主持人程武大概是总结了这些故事，所以在他的专栏寄语中断言：外企伸手“抢”人。北大方正的王选教授也许是感觉到危机迫近，所以赶紧宣布：“要让在方正工作的年轻人能够有其钱，有其车，有其房。”联想集团公关部经理李文广，告诫那些一心向往外国企业的中国青年，在那里工作永远进不了人家的技术或者管理的“核心”，而在民族企业中，却能“有推动民族计算机产业发展的自豪感”。不过，他还是承认，“我们无法与微软、英特尔这样的国外大公司抗衡”。

现在，微软研究院开进希格玛大厦才20天，居然就抢了先机。

1999年2月，微软中国研究院从希格玛大厦六楼搬进五楼。会议室的名称标牌也挂上了。办公室里设施全都就绪，一切都是崭新的，光亮耀眼。李开复已经有了第一批生力军——还不到十个人，办公室里大部分座位还是空的，显得有些冷清，远不如六楼那样热闹，那里有吴士宏领导的微软中国有限公司和张湘辉领导的微软中国公司研发中心。不过，全国人大常委会副委员长、中国科协主席周光召来到五楼，访问了这个名字很大人员很少的地方。另一方面，求职申请继续涌向希格玛大厦，四个星期里，又来了至少 500 份个人简历。研究院小心地避开记者的纠缠，只把眼睛盯在大学校园里的那些聪明学生身上。

我们有时候会强烈地感觉到，和聪明人待在一起是一件令人愉快的事，但这需要有一个前提，那就是我们自己必须足够聪明。“当一个青年人到一个公司的时候，很快另外一个青年人也会去。”比尔·盖茨曾经说，“因为，有才华的人喜欢一起工作。这种工作环境容易制造一种兴奋感。”高手们喜欢聚集在一起，其工作效率又吸引更多的高手加入进来。这种良性循环是微软公司过去多年以来管理员工的基本逻辑。这样看来，比尔·盖茨那段关于市场世界的“反馈理论”，也许同样适用于人的世界——人才的“正反馈”和“负反馈”。我们将其稍微修改一下，就可以得到如下一条规律：

> 一个人的创造性被社会承认得越多，整个社会的创造力就越高，个人的创造性也就越大。
>
> 一个人的创造性被社会抹杀得越多，整个社会的创造性就越低，个人的创造性也就越小。

至少我们在微软中国研究院里，有可能对所谓“人才反馈论”进行考证。

1999 年 1 月 15 日，星期五，本书另外一个重要人物，张亚勤，由美国新泽西州搭乘西北航空公司的班机，降落在日本东京机场，准备在飞机加过油之后继续西向北京，就任微软中国研究院的首席科学家和副院长之职。飞机比预定的时间晚了许多，这使他与沈向洋不期而遇。沈向洋的英文名字叫哈利，原来是雷德蒙微软总部的研究员，现在则在这里候机飞往北京，就任微软中国研究院的主任研究员和形象计算组经理。二人殊途同归，兴奋异常，当天傍晚登上同一架飞机，一边喝着清酒，一边高谈阔论，在浩瀚的空中迎着天际的夕阳和彩霞，奔向希格玛大厦第五层。

在某种程度上说，这两个人也是冲着李开复来的。

沈向洋生在上海，长着一副江南才子的模样。此人既聪明又勤奋，从里到外涌动着一种激情。眼镜后面的一对眼睛不大，但却灵活而又专注。在他来到微软中国研究院之前，已是计算机视觉计算领域中的成名人物。老实说，这样的人全都有一副傲骨，眼睛里面是很难揉进几个人的。在他看得起的少数几个人中，李开复是最重要的一个。他十年以前进入卡内基梅隆大学计算机学院读博士的时候，就知道这个学校曾出过两个了不起的中国学者，都是来自台湾。一个是许峰雄，此人后来主持完成的“深蓝”，战胜了国际象棋世界冠军卡斯帕罗夫，由此轰动世界。另外一个人就是李开复，那时候他在学校里的名声甚至还在许峰雄之上。“我进学校的时候，大家都讲他们的故事。我就想，努力十年吧，也会做得那么好。”沈向洋后来说。不过，他真正了解李开复，却不是因为李开复是他在卡内基梅隆大学的师兄，甚至也不是因为李开复以往的学术成就，而是几年以后一个转瞬即逝的场面。那时李开复是苹果公司的副总裁，沈向洋则以学生身份在苹果公司实习。有一天李开复召集下属开会，大约是说到了不得不裁员的事情，正说着，一个雇员就冲着李开复大骂起来，其用语即使在最粗鲁的美国人中也极为罕有：“×你妈，别跟我来这一套。”沈向洋不由大惊，以为李开复会动用老板的权威压制属下。却不料李开复的语调平静得出奇：“你这样讲是没有意义的。你如果不同意的话，可以给我一个建议。你认为应该怎样去做?”沈向洋多年以后还能清晰地记得，那个人的脸立刻就红了。“我当时觉得李开复这个人真了不起，”沈向洋说，“风度，胸怀，全都没得说!”

张亚勤是计算机领域当之无愧的“世界级科学家”，其成就覆盖在数字影像、视频技术、多媒体通信和互联网诸多领域。他是电气电子工程师协会院士（IEEE Fellow），还获得了美国1998年杰出青年电子工程师奖。这一奖项已有近70年的历史，在美国电子工程界颇负盛名，以致克林顿总统特意给张亚勤写来贺信：

亲爱的张亚勤博士：

我非常高兴地祝贺你荣获1998年杰出青年电子工程师奖。

你真正地理解了努力工作和责任感的价值。任何人都必须付出巨大努力方能获得成功，相信你所取得的特殊成就更需汗水与智慧。对于其他所有人来说，你是一个灵感的启示。

最衷心地祝愿你获得新的成功。

比尔·克林顿

自从1999年1月起，张亚勤就成为中国报纸上一个时髦人物。他在世界计算机多媒体领域的成就，甚至还在李开复之上，但两人性格迥然不同。李从外表到思维全都属于文质彬彬、严谨细腻的一类。作为一个领导者，有的人小事精明，大事糊涂，这是最糟糕的。有的人大事精明，小事糊涂，已属难得。李开复则是大事清醒，小事周全，能用简单的话将极抽象的问题条分缕析，即令事物的细节也能想得清清楚楚；张的外表圆浑忠厚，憨态可掬，开口的时候轻声慢语，举大体不论细节，无论多么复杂的问题，总是能够一语中的。李在意自己外在的形象，擅长公关，对记者说话的时候总是能把分寸拿捏得恰到好处；张似乎从来不在乎公众对他的看法。他在过去几年获奖无数，但却从来不肯把他的奖状奖杯放在办公室里。有一次同事把他接受"杰出青年电子工程师奖"的照片挂在走廊上，他看了，当场摘下。他不喜欢把时间花在记者身上，甚至还会对那种虚浮轻狂的记者抱有几分蔑视。李开复或许也有大致类似的想法，但他绝对不会像张亚勤那样流露出来。

1998年秋天，当李开复为研究院到处物色首席科学家的时候，计算机界的同行纷纷推荐张亚勤。经过一番周折，两个人终于在电话中相识，然后相约见面，一见如故。"我和开复聊了两次，感觉很好，"张亚勤这样评价他对李开复的最初印象，"说实话，他的能力远远超过了现在的职责，当这个院长是屈才了。"李开复则使尽浑身解数游说张亚勤到中国来，他认定张亚勤是计算机领域里的"一面旗帜"，此人若能来到北京的研究院，必可带来一大堆才华出众的人。

事情的发展果如李开复所料，张亚勤决定加盟微软中国研究院之后，消息立即在美国同行圈中蔓延开来，一时间，到处都在半信半疑地相互询问：

"怎么，连张亚勤也去啦?"

"一点不错，是张亚勤。"

越来越多的人开始用一种新的眼光打量微软中国研究院。一个月后，李世鹏回来了；两个月后，李劲回来了；又过了六个月，朱文武回来了。在希格玛大厦，至少有三个人直截了当地说，如果不是看到张亚勤回来，他们不会想到要回中国来。

张亚勤——属于全世界的财富

在美国计算机领域中，张亚勤的确被认为是华人的骄傲。“在美国工程界的所有来自大陆的中国人中，无人能出其右。”芮勇坐在雷德蒙市最豪华的中国餐馆“豪苑”中，一边喝着中国茶一边表达他对张亚勤的敬佩。张亚勤的经历在美国计算机业的华人圈中，的确被描述成一个传奇故事。当然对他的钦佩不仅仅来自华人，也来自一些最有智慧和成就的美国人。“和他相处不到一星期，我就意识到他非常特殊。”瑞曼德·比克赫尔茨教授说。瑞曼德是乔治·华盛顿大学电气工程与计算机科学系主任，还拥有电气电子工程师协会院士、通讯学会主席、美国科学院院士等等头衔，在世界电气电子工程界享有很高声誉，也是张亚勤读博士期间的导师。谈到自己当年的学生时，瑞曼德有些“青出于蓝而胜于蓝”的感慨：

“他真的是全世界的财富！”

但是张亚勤本人不同意这些说法。“咳！总有几成水分。”他这样说。按照张勤本人的说法，记者们在介绍他的时候，多有不实之处。比如说他在美国领导着几百个美国人从事科研，就有极大水分。但他的确在新泽西州的桑纳福实验室领导过一个40多人的多媒体实验室，还创办过两家公司。有一个时期，国内的报纸上把他们这些人说成是“世界级科学家”，当他在中国南北行走的时候，这几乎成了他的一个“头衔”。同样的头衔还用在李开复、沈向洋和张宏江这三个人身上。一位中国记者拿这个问题去询问图灵奖得主、卡内基梅隆大学计算机学院院长罗杰·瑞迪：“我想知道，这种说法是不是夸张?”

“绝对是事实。”罗杰·瑞迪回答。

但张亚勤却有一番更加苛刻的评价。他认为这种说法本身并非夸张之词，但正在引起误解。他说：“‘世界级’在国外是一个常用的词，不是国内理解的那种世界名人或者大师，只能说是一流的。一流的人不止一打两打三打，所以这个称谓不是很了不起的事情。只能说，我们这些人在多媒体方面是受人尊重的，做得比别人好一些，别人知道你的名字。计算机的世界浩瀚无比，大的方向就有无数，把一个大的方向分割成许多许多领域，把一个领域分割成许多许多方面，把一个方面分割成许多许多题目，我们的成就，只能说在某个题目，充其量是某个方面——比如我在多媒体视频方面，开复在语音识别方面，沈向洋在视觉方面，张宏江在视频搜索方面。说得更多，就是水分。”

然而张亚勤极为看重“电气电子工程师协会院士”的荣誉，不仅因为这是一项难得的殊荣，还因为他在这个协会110年的历史上开创了一项新的纪录——最年轻的院士。他获得这个荣誉的时候刚刚31岁，直到今天，他对这一点仍感意外。这个协会产生于美国，但却是一个世界性的组织，其规模也是世界最大，举凡电脑、电子、能源等等电气电子工程领域，都包括了。有40多个分会，30万会员。不过，院士只有几百个。这些人在全世界都受到尊重，有如我们国家的两院院士。张亚勤说：“能够成为这个协会的院士确实不容易，只要想想中国人中寥寥无几，就知道有多困难。”

张亚勤是山西太原人，但他的童年时代几乎都是在晋南运城的外婆家里度过的。由太原而运城的转移，在他来说是一段虽然惨烈但却被轻描淡写的经历。“文化大革命”开始的那一年，他才两岁，父亲莫名其妙地不见了。亚勤过了几年没有父亲又渴望父亲的日子。有一天，家里忽然一团糟，在一片悲怆的气氛中，他知道父亲死了。那一年他五岁，以这样的年龄，还不能完全洞悉死的含义，但他知道父亲从此再也不会回来了。母亲在父亲去世之后重新结婚，也许是不希望将往日的阴影带进这个新的家庭，所以很少对他说到父亲。

“我是外婆带大的，”他有一次说，“我的初级教育是外婆给的。她经常给我讲一些故事，告诉我要独立，不要依赖别人。”外婆有些文化，不太多，认识字，会算账，这在那一代中国妇女中已经少有。亚勤在六岁那年被送到外婆手上，也许是因为他的记忆中从来就没有过父爱，所以也没有一点失去父爱的阴影。“从来没有过，因为没有对比。”他说。多年以后，他自己也有了一个女儿。看着女儿在新泽西温暖的阳光下欢呼雀跃的样子，张亚勤终于意识到久久积蕴在心中的那种“父亲情怀”。“我的女儿如果没有我，肯定不行。”他说，“直到那时我才想到，假如当初父亲在的话，我的童年可能会不一样。”

以上种种情节，在迄今为止描述张亚勤的那些文章中全都没有提及，他本人也极少向别人提起。在旁人的印象里，他是一个一帆风顺、平步青云的幸运儿。他在成名之后，只有一次对记者说起这些往事，语气平淡从容，心绪也无一丝波澜，让人觉得他要么城府极深，要么就是健忘。记者不禁问道：

"你是不是一个不太喜欢回忆过去的人?"他笑了，说:"也不能那么讲，应该说没有时间。有时候想起来，也是比较近的过去。没有时间想那么久远的事。"

张的兴趣广泛，但却具有将精力长时间专注于一件事情的能力。他常常一连数日闭门不出，沉浸在他的多媒体世界，但他也喜欢做生意，对风险投资和股票买卖都有兴趣，还喜欢下围棋，打球，玩扑克牌。他的言谈平稳，节奏缓慢。每逢这种时候，让人觉得他要比他的实际年龄大一些。但他也喜欢不动声色地开玩笑，常会把一些笑话说得像真的似的，有时候还会情不自禁地表现出一种顽童的秉性。比如他会在电梯门打开的一瞬间突然转身跑开，从楼梯飞快地拾阶而上，然后在三楼的电梯口笑容可掬地等着你出来。清华大学的硕士生潘锦辉在跟随他工作了几个月后说:"他是那种又能做事又能玩的人。"的确是的，他无论是玩还是做事，都喜欢赢。他信奉"要么世界第一，要么就不做"。下围棋的时候如果输了，他会心急火燎地拉着人家再来一盘。"制胜"与其说是他的性格，不如说是他的天资。但在他的兴趣世界中，有两样东西是被排除在外的:一个是"政治"，只是在极为罕见的情形中，他才会对政治倾注内心的激情;一个是"小事"。"从小就看穿了一些事情，用时髦的话讲是超越。不太在乎小事了。"他这样说。

他的所谓"小事"，有时候包括了一些在旁人看来很了不起的事情。1978年，张亚勤12岁的时候进了中国科技大学的少年班。经过那个时代的人，都会记得这"少年班"在当时的轰动。"文化大革命"之后，百废待兴，我们的国家一时间出现了"渴望人才"的气息。于是大家拼命寻找"天才儿童"，希望他们能够在转瞬间成为振兴中华的栋梁。第一个入学的孩子叫宁铂。他立即就成为世人谈论的话题，有的说是"神童"，有的说是"少年奇才"。实际上少年班中大部分孩子那时候都成为舆论追逐的对象，但张亚勤是个例外。母亲不许他接受记者的采访，还告诉他名声不是什么了不起的东西。在那个火红的年代，这孩子只是默默地读他喜欢的书，默默地玩他喜欢的游戏，不同所谓"神童"的舆论发生任何瓜葛。20年后，情形居然发生戏剧性的变化，"神童"宁铂归于平淡。这时候世事再次显示出它的冷暖无常的本色。报纸上开始拿宁铂作为不成功的代表，诉说"拔苗助长"的种种坏处，其情绪激昂和理直气壮，有如当年诉说"早出人才，快出人才"的种种好处。张亚勤却开始成为记者们新一轮追逐的对象。这情形让人想到中国古代"塞翁失马，焉知非福"的故事，沉浮逆转之势，既有喜剧效果，又有悲剧味道。不过，张依然保留着20年前的信念。“宁铂那时候很出名，这和他是第一个‘神童’有关。但他的确很聪明，才气很高。”张这样评价自己当年的朋友，“虽然他后来有些挫折，但少年班到底怎么样，我觉得评价还早。什么叫成功？什么叫失败？标准不一样。我们都是三十出头。这个年龄的人很难讲是成功还是失败。”

但张亚勤本人的成功却是大家公认的事。当他回到国内，在微软中国研究院担任首席科学家的时候，无论走到什么地方都会受到“英雄凯旋”般的欢迎。他在中国科技大学八年，完成本科和硕士课程，又在1986年离开科大赴美，在乔治·华盛顿大学获得电气工程博士。然后成为普林斯顿的桑纳福多媒体实验室的总监。桑纳福是美国四大研究中心之一，其历史上最辉煌的记录是发明了电视，所以被誉为世界“电子技术的摇篮”。张亚勤的研究室总监之职，是中国人在这个研究领域中所担任的最高位置。13年后也即1999年3月，他回到合肥作学术报告那天，母校把欢迎他的活动搞成了一个盛大的节日庆典。无论老师还是学生都向他涌来，希望一睹他的风采。报纸上说，人流挤破了门。张亚勤这一回终于承认记者的描述不是夸张。他说：“那情景让我很受感动。”学生把演讲大厅挤得满满的，从座位到讲台，一直排列到距离他不到一米的地方。而外面的学生还在不断地涌动着想要进来，终于挤破了门上的玻璃。他所尊敬的老师们都已两鬓苍苍，现在也淹没在年轻人的海洋中，不无感慨地望着他们今生今世最大的“骄傲”。

张亚勤早就听说宁铂毕业后留校任教，眼下却说不清楚是不是希望在这种场合看到他。会场上不少经历了这20年世事变迁的人，这时候难免在心里升起一个莫名的问号：假如当年出走美国的是宁铂，而张亚勤留在宁铂后来的位置上，那么今天两人的情形是否也会发生逆转？事实上，张亚勤不喜欢人家拿他和宁铂作比较，尤其不喜欢自己成为公众人物，他讨厌成为明星的那种感觉。

尽管大多数明星都有过一个艰苦奋斗的历程，但做明星和做事情终究不是一回事。一个人一旦成为明星，也就失去了做事情的本色。张亚勤以往做出来的事情，主要是在两个方面：一个是视频传输；一个是数字电视。他是这两个领域中的佼佼者。90年代初期，美国人认定数字电视是未来的方向，于是集中了一大批最聪明的人来攻克这个全新的领域，张亚勤是最早介入的人之一。他的贡献在于开创了一系列数据压缩的新算法，使得图像数据能够压缩得更小，传输更快，质量也更好。他的发明后来成为一整套最新国际标准中的重要部分，为全世界所有进入这个领域的人共同遵循。在计算机的领域里，创立一种能够影响世界标准的技术并非易事，有些人毕生奋斗未必能有所成，而张亚勤居然能在 31 岁以前就创立出 50 多项技术。若非天赐良才厚遇，实难想象。然则张亚勤的幸运更在于，他在世界第一流杂志上连续发表的上百篇论文，以及 11 种专著，具有巨大的商业价值。他后来获得的一系列荣誉，与他在这些领域里的贡献有着直接的关联。他是美国这个领域中拥有最多论文和最多专利的中国人。1999 年 3 月，当这个圆脸浓眉的东方人接受美国“杰出青年电子工程师奖”的时候，一份描述他的杰出贡献的清单，在同行中间流传。对于那些外行人来说，清单上的专用名词不免枯燥难懂。所以我们不妨设想一下自己手上拿着的和家里摆着的东西，就可以感觉到，张亚勤和他领导的桑纳福多媒体实验室对于人类进步发生了多么重大的影响：互联网、数字电视、电视上网、手机上的视频、可视电话、电视台节目制作、掌上电脑、DVD……都包含着“数字视频”的应用。

荣誉这东西，有点像是一副反方向运动的“多米诺骨牌”。一旦你的面前树立起第一个，后面的就会接踵而来。自从成为电气电子工程师协会的院士之后，张亚勤面前的荣誉一个接着一个，挡都挡不住。人类有些毛病会因地因时而异，但另外一些毛病却有可能是共同的。比如中国人喜欢为强者助威或者贬损弱者，“追星”或者“墙倒众人推”，美国人也难免会有这样的毛病。张亚勤觉得自己要成“明星”了，不免心中不安，逢人就说：“事情不是我一个人做的，我只是做得比较早。”有人以为是他发明了数字电视，他赶忙纠正：“任何人都不能说自己发明了数字电视。”他不谈自己的成就而去谈论宗教，说他在美国的时候对宗教特别有兴趣。虽然还谈不上信教，但他常常在周日带着家人一同去教堂。又说他到台湾访问的时候去了台北故宫，看到王羲之书法和清明上河图，为中华文化的永恒和历史的博大所震撼，不禁觉得计算机技术真是渺小，而且转瞬即逝。

“因特网也没有什么了不起的。”他对一个朋友说。

朋友说：“因特网统一了全世界。王羲之的字现在有几个人看呢？”

“为什么要统一全世界呢？”他反问。

此人少年得志，大器早成。现在他觉得自己应该更加潇洒一些。“喝茶，吟诗，下围棋（据说他是围棋业余五段），像古时的文人那样，与世无争，多好啊。”他有一次这样说，“像现在这样搞技术，最要紧的就是争胜。一天不胜就会被淘汰……”说话间忽然长叹一声，“为什么一定要战胜别人呢？”言谈中居然有一些“求败不成”的孤独，但他也许是在故意淡化自己昔日的荣誉。倘若如此，则证明对自己的未来仍有足够信心。

1998 年 12 月，张亚勤终于接受了李开复的邀请，加盟微软中国研究院。微软人说他选择了微软，中国人说他选择了中国，其实都只是说对了一半。他这样来解释自己的动机：“如果是到微软在美国的研究院，我可能不会考虑。我想回中国，但如果中国没有这样一个微软研究院，我也不会回去。因为中国和美国的差异太大，我一下子接受不了。现在是中国的微软，正好。”

现在，他必须像李开复一样设想搬家的问题了。他在新泽西州普林斯顿有一个很好的家。妻子汪健是《华尔街日报》电子版的资深分析师。她是安徽马鞍山人，也是张亚勤在科大的同学。“我们的感情很好。”张亚勤提到妻子的时候总是这样说，“我觉得她很不简单。有见识。很多事情，她看得比我更加清楚。”当微软面临难缠的官司，导致股票大幅度下跌的时候，妻子的“很不简单”的见识再一次得到证明。那个“黑色的星期五”，汪健把电话从美国打到北京，告诉张亚勤，她对微软仍然信心十足，尽管现在公司的麻烦一大堆，但那些最基本的东西没有改变，眼前的动荡只是暂时的。还笑说：“如果没有这个动荡，你就没有那么多新股票啦。”以后事态的发展证明，她是对的。现在，她觉得张亚勤的选择是对的。夫妻两人着手搬家，女儿六岁了，自从知道了要回到中国，就不住地问爸爸：

“我们要把东西都搬回去吗?”

“都搬回去。桌了、椅子，还有你的玩具。”

“那我们家的墙能搬走吗?”

女儿找工作竟是这样的局面

1999 年 1 月 15 日晚上 8 点钟，飞机降落在首都机场。北京已是漆黑一片。张亚勤和沈向洋住进香江花园距李开复别墅不远的一座公寓。“生物钟”还没有倒过来，两个人一半清醒一半昏沉地过了夜。第二天一早，李开复进来。为了说服这两个人加盟研究院，他花费了不少心血，现在终于聚首香江，不禁长出一口气，“你们的头发太长，先去修一修。”他说。

1 月的北京干燥寒冷，不像雷德蒙的冬天多雨湿润，温暖如春。“不下雨的时候，雷德蒙几乎是天堂。啊，蓝色的天，绿色的树！”沈向洋后来无数次地这样念叨。北京没有茂密的红杉和如茵的绿草，倒是不下雨，不过，天上总是白色的，空气质量也差，让沈向洋觉得眼睛难受。

三人驱车驶出香江花园，沿京顺公路西行，折向北四环路，20 多分钟以后，希格玛大厦就在眼前了。

五层楼的气氛不像想象中的那样热烈。没有欢迎仪式，甚至连寒暄也没有，只有一群求职的博士在等待着他们面试。其冷清的气氛，与 1995 年 8 月 24 日微软公司发布“Windows 95”时轰轰烈烈的场面形成对照。后者被舆论广泛张扬，成为世人心中微软的形象，实则微软人在每年 365 天中，有 364 天都是在这样冷清的气氛中度过的。瞬间的辉煌，不过是长久寂寞的一个句号和一个起点。

这是张亚勤和沈向洋第一天以微软中国研究院员工的身份来上班。对这两个人来说，眼前来求职的博士们并不生疏。沈向洋一看到他们就会想到他在美国带过的几个中国学生。那时候他觉得中国学生非常优秀，常常禁不住赞叹他们的聪明。其中一个学生对他说：“像我这样的在国内很多。”这话令他经久不忘。在 1998 年秋天研究院成立的那天，他虽然还没有答应李开复回来，但却已在心里打算去国内的大学寻找那些聪明人。此后一周他走了不少地方，演讲、交流，结识的人不是教授就是博士。谈到那次旅行，他说他最大的感受是“中间少了一代人”。和他一起坐在台上的国内的研究者，都是老一代人。唐荣锡 70 多岁了。他的学生彭群生也有 50 多岁，算是年轻的了。“我才三十多岁，和他们坐在一起，真是不好意思。”

但他终于发现他的学生所言不虚。他惊叹国内学生的聪明，可却奇怪这些聪明人的研究为什么那么不聪明。想到自己在出国之前和他们都是差不多的人，这才忽然意识到，这十多年国外的经历令他走了多大的一步。当然他在国内也看到一些值得敬佩的人。他说，这样的人在他的专业领域里至少有三个：浙江大学的彭群生，西安交大的郑南宁，还有马颂德。三个人各有专长，共同之处是，全都是从国外学成回来的博士。“完全是环境造就人。”他后来对朋友感叹道。尽管如此，他总是不相信这么聪明的中国人会一事无成。他还记得清华大学计算机系的博士生韩玫，还有自动化所的柯启发。“他们的天赋在我之上，”他说，“带这种学生，当老师的感觉非常舒服。我为什么到中国来，也是为了这个。”

新年到来之前，沈向洋带着这个念头回到美国去了，试图说服妻子跟他一同到中国来。可在这一边，批评研究院伸手“抢人才”的消息不断传到希格玛大厦，也在相当大的程度上影响着高校的校园。这情形令陈宏刚担心。他向李开复建议，加强研究院与高校之间的联络，请十所最著名的大学推荐自己最好的学生。但是，国内很多大学负责分配的老师却说研究院的招聘开展得太晚，学生们虽然在夏天毕业，却是在头一年秋天已经开始纷纷求职。还说，最好的学生都出国了。清华大学说，他们首先要考虑中国自己的企业，给外企的招聘名额是有限的，不能超过三个。陈宏刚苦口婆心，终于被允许可以选择七人，但却必须另外交给学校一笔钱。陈宏刚有点奇怪，但学校分配办公室的人告诉他，这在中国为政府公文允许，叫做“培养费”或者其他什么名目。既然如此，微软只好照“章”给钱。不过，这样一来，看上去就真的成了报纸上说的，微软“出巨资抢人才”。

尽管如此，在第一批招聘结束之后，来申请职务的人更多了。一下子来了这么多人，这叫陈宏刚很惊讶。“中国怎么会有这么多人才。”他说。计划中的招聘人数虽无定额，但算下来不过1%的录取概率。他建议增加笔试一道关卡。李开复同意了。于是，凌小宁设计出一套题目特别的考卷。1月中旬，希格玛大厦设立了中心考场，数百人先后应试，仍然不能覆盖所有提出申请的人。陈宏刚在那些天基本上是在天上度过的。他带着考卷，从北京到哈尔滨，从哈尔滨到西安，从西安到上海，从上海到武汉。他不停地飞来飞去，但飞机的速度毕竟赶不上网络上电子数据的传输。他发现大学生们正在使用电子邮件传递他的考卷，所以他在一个城市里考完之后，另外一个城市的学生立刻就知道了，然而陈宏刚仍然锲而不舍地继续他的“飞行考试”。

最后一站是武汉，那里只有武汉大学计算机系的一个女学生报了名，名叫张黔。按照1%的概率来计算，此人的机会极少，但陈宏刚不愿意放弃这个机会。他在当晚抵达，住进武昌最好的酒店湖滨花园，立即打电话给张黔，说是请她来考试。张黔来了，一进门便看到自己的简历放在桌上。她七岁上学，从小学到博士，读书20年来经历考试无数，但眼前这样的考试竟是从未见过：考场设在酒店客房，没有监考老师，考生只有她一个人。陈宏刚把卷子递给她，只说了一句“考一个小时”，就出去逛街了。

张黔从小到大都是那种让父母包办一切的女孩子，就连对计算机的兴趣，也是父母包办出来的。她不像那些“电脑神童”，不是那种伴随奥林匹克竞赛长大的孩子，家里没有计算机，上计算机课的时候，顶多觉得还不算枯燥。到了考大学的那一年，她左思右想，拿不定主意报考哪个专业。父母对计算机一窍不通，只是凭着直觉，认定这东西有前途，就替女儿选择了计算机专业。没有想到张黔一上手就有了兴趣，而且她对那种把计算机世界划给男人的说法特别不服气。“很多人说这是男人的世界，其实只是男人能在这里泡的时间多一些，”她说，“男人女人在思维方面没有不同。”

1998 年暑假刚过，张黔开始找工作。贝尔实验室到武汉来，为它们设在北京的研究机构招揽博士，张黔去应聘，贝尔一见倾心，立即给了她聘书。就在她要和贝尔签合同的时候，忽然在互联网上看到微软中国研究院成立的消息，不禁叫道：“发生了这样的事情，怎么没有我的份呢?”

她立刻放下贝尔的合同，将简历送到微软的网站上，然后忐忑不安地在家里等待微软的回音。根据她对微软非常有限的了解，她知道微软是“男人的世界”，而自己毕竟是个女的。现在，经过和陈宏刚第一回合的接触，她觉得微软的考试真是轻松随意。考官和她一对一。随便聊了几句家长里短，就结束了。她那时并不知道，这是一次覆盖全国的考试，更不会想到，严厉的事情在后面呢。

陈宏刚回到北京之后，第一件事就是告诉李开复，他在武汉发现一个学生，人很聪明，是个女的。微软公司的招聘制度一向不论性别和年龄，这倒不是微软格外大度开明，而是美国社会的通例。说它“男女平等”、“老少皆宜”，那是夸张之词，但若有人拿到哪个公司仅仅因为性别或者年龄就拒绝聘用的证据到法院去告状，就有极大可能胜诉并且让它难堪。事实上，张黔很快就感觉到微软对她的重视，因为另外一次更加严格的考验在一个星期之后来到。那一天她再次接到微软的电话，说要为她安排正式的面试，但在此之前，将由凌小宁博士通过电话向她询问一些情况。

对于这种方式的考察，不要说张黔，就连她的饱经世事的爸爸和妈妈也是闻所未闻。爸爸妈妈都是学采矿的，大学毕业后在湖北省煤矿厅工作。他们那一代毕业生都是政府分配工作，现在看到女儿找工作竟是这样的局面，觉得既意外又紧张。当天晚上，张黔在一个小屋里静静等候。电话果然从北京打过来。她原以为又是一次“湖滨花园式”的轻松闲聊，可马上就意识到“这一次是来真的了”。对方的问题一个追着一个，全都围着一个主题，层层逼进，特别紧迫。一个小时不一会儿就过去了，那边终于宣布结束，张黔感觉到自己长长吐出一口气，身心疲惫，同时感觉到电话那边的人也松了一口气。她走出小屋，望着张口结舌等在外屋的爸爸妈妈说，这在她是“前所未有的一个小时”。但她觉得电话那边的“考官”对她是满意的，所以又感到前所未有的轻松。

可是这还不是真正的面试！凌小宁只是在决定要不要给她正式面试的机会。张黔远在武汉，要她来京面试，微软要提供来回飞机票，提供食宿。可她的简历表明，她的专业并非微软所需，户口又是外地的。所以，张黔知道，微软对她的认真程度，一点也不亚于她对微软。当她接到微软的电话要她登上飞机北上京城的时候，自信成功已经伸手可及。

现在到了1月15日下午，也即张亚勤和沈向洋的飞机即将飞向北京的时候，张黔也登上南方航空公司的飞机向北京飞来。当晚下榻燕山大酒店。次日上午9时，她在希格玛大厦第五层见到未来的老板张亚勤。在张黔眼里，张亚勤的样子挺随和。他告诉她，他是第一天来上班。她则告诉他，她整天听到微软这名字，使用微软的软件，但却是第一次和微软的人面对面。

这一天有两批人来面试，张黔这一批有七个人。每个人拿着一张单子，上面的时间表告诉他们，将在哪一个小时与哪一位"考官"见面。考官坐在一个一个小房间里。张黔和其他应试者一样坐在休息厅中，一边喝着免费的可口可乐一边等候。看前面一个人走出来，后面一个便走进去。到了中午吃饭的时候，有人搬来一大箱子"肯德基炸鸡"，应试者坐在"火药库"，考官坐在"造纸坊"，各自大嚼同样的食物。张黔在这一天连续见了五个"考官"。这个细心的女孩子走进走出，发现考官们不断地发出电子邮件，和另外的人说些什么，心里难免紧张。不过，张亚勤的憨厚模样令她轻松。张的问题更像陈宏刚的海阔天空而不像凌小宁那样咄咄逼人。张黔说自己喜欢做研究，在和陈宏刚谈过以后，就不再想到贝尔而想来微软工作。还说，她总想提出自己的想法并且把这种想法变成现实，但她发现贝尔重在做产品，"更多的工作可能是去完成别人的想法"。她提到，陈宏刚告诉她在微软研究院可以更多地表达自己的想法，也提到凌小宁那个电话令她紧张。但直到这时，她对面前的张亚勤还一无所知。

完成面试走出希格玛大厦的时候，她打开手上的那本微软中国研究院《通讯》的创刊号，随手一翻，就看到《我们的大家庭》这一页，张亚勤的照片和简历赫然在目。张黔只读了第一段文字，便一声惊呼："原来他是这么一个大人物！"接着又在心里埋怨自己的孤陋寡闻：怎么过去对此人竟是从未听说？"我还从来没有跟过世界级的专家，"她说，"从来没有体会过和世界级专家谈话是什么感觉。"她后来承认，正是这个瞬间对她发生了重大影响，因为她就是在那个时候决定：非微软不"嫁"。

人生最简单也最难实现的两个理想

20 世纪将要结束的时候，中国的年轻人中正在兴起一股力量：相信才能，相信智慧。他们眼睛里面的“伟人”和他们的父辈眼睛里的“伟人”是完全不同的。在他们父辈活跃的那个时代，权威和政治表现被看得高于一切，这与他们的想法几乎背道而驰。即使在最和谐的家庭中，儿女还是会对上一代的意识形态情结不屑一顾。所以我们可以相信，“人才反馈理论”，在越是年轻的人身上，就越是可能得到验证。

1999 年 1 月底，张亚勤到美国出席一个多媒体技术大会。这样的会议每年一次，会场集中了全世界多媒体领域的精英人物。熟人相见，彼此问候。张亚勤再次成为人们包围的中心。这倒不是因为他是大会主席，而是因为他回到中国的消息传了出来。过去一年里，张亚勤一直都是多媒体世界“小人物”心目中的英雄。有如李劲所说，大家“与其说是相信中国，不如说是相信张亚勤的选择”。那时候李劲是日本夏普公司美国分公司的研究员，同样对“张亚勤的选择”感到惊讶。五年以前，他在一次学术会议上认识了张亚勤，从此便在心里把这个人当做榜样，现在听说张亚勤去了微软，去了中国，脑子里面第一个反应就是：“哟，张亚勤去了！”然后是第二个念头：“他为什么想要回国呢?”

他说他之所以对回国的念头感到惊讶，是因为国内的研究水平太低，在任何一个国际会议上，没有什么高水平的国内的论文：“咳！也别客气了。不是‘没有什么’，根本就没有。”他说。这是他当初想要出国的“最重要的原因”。他始终认为国内并不具有激励他向上的环境。不过，就从这一天起，李劲的想法变了。他说：“我并不了解微软中国研究院，但我了解张亚勤。我相信他的选择总有道理。”

李劲在清华大学好几届学生当中享有盛誉，还是上海中学生们崇拜的偶像。他出生在上海，但却没有江南人那种纤弱的样子，身高体胖，宽肩膀上顶着一个硕大的脑袋，脑袋里面汇聚着各种新奇的念头。当他把两只手伸到后面抱住头仰面朝向天花板的时候，也就是他的新思想不断涌动的时候。他喜欢在说话的时候伸展四肢仰在靠背椅子上，还喜欢把他的各种成就挂在办公室的墙上。当他在 1999 年 6 月回到阔别多年的上海时，报纸上出现了一个让整座城市的孩子为之着迷的题目："电脑娃娃回来了！"

他的"电脑娃娃"的称誉，与邓小平有直接关联。那是在1984年，邓小平到了上海，李劲在电脑上展示了他的编程技巧。邓小平摸着这孩子的头说了那句著名的话："计算机要从娃娃抓起。"

那时候李劲才13岁，已经是上海少年宫里一个挺出名的电脑迷。那时候少年宫的计算机都是人家捐赠的，用金星彩电做显示器，分辨率很低。不过，李劲第一次看见它的时候，特别兴奋。"做一个航模要好几天，还要花很多钱。但在计算机前你不用花什么钱，只要动脑子，立刻就看到你的想法实现了。"李劲后来回忆道。他在12岁那一年编出了他的第一个程序。那是一个高射炮打飞机的游戏，大约100行。他聚精会神地写了两天，然后叫来很多孩子，得意地在电脑上显示自己的创造。

那时候大多数孩子都把时间用在考试上。智力过人的孩子去参加课外的竞赛，但也都是物理化学数学之类，他们要依靠这个上大学。计算机不仅不是什么主流，而且大多数人根本不知道计算机是什么东西。李劲的父亲也不知道。不过，当李劲第一次给他描述计算机的时候，他也着了迷，从此便鼓励和支持李劲在计算机领域中的一切热情和希望。

第一次参加全市的计算机程序设计竞赛，李劲获得第一名。于是他和另外几个孩子一起组成一个更高级的培训班。他在这里遇到了他的第一个计算机老师王松赞。他是上海一个工厂的技术员，也是少年宫里的职业指导，上海市80年代涌现的无数"计算机娃娃"几乎都和他有缘。

邓小平来少年宫参观的那天，李劲演示了他做的程序。他只记得那是一个火箭，对于其他的事情就全都不记得了。他后来看到一段录像，证明邓小平当时的确和他在一起。邓小平看完他的表演，站起来和他握手，问他几岁，他说13岁。录像到此为止，至于邓小平摸着他的头说出的那句话，录像上竟是没有。李劲说，那是他的老师王松赞后来转述的，"所以我就认为这是真的"。记者们也相信这是真的，在报纸上广泛传播。后来的事实证明，这句话为李劲所在的少年宫和上海中小学带来极大好处。李劲发现，他周围的电脑设备一下子多了起来，孩子们学习电脑的热情暴涨，他不知道的是，全国都在流传邓小平的那句话，上海以外的孩子们，也在纷纷奔向电脑。

李劲出名了，当然这不仅仅是由于邓小平摸了他的头，还因为他的确具有"神童"的天赋。他参加了无数竞赛，拿到很多奖。但是他说他从来不为这些赛事做任何准备。"竞赛的准备是零，"他说，"不做什么题。竞赛就是反应快。不是靠做题，是靠天赋，靠心情平静。心态比你做一千道题还重要。”

他讨厌学校里没完没了地讲同一个东西。他的体育很差，跑不动，跳不高，但对知识的悟性极高。他看出课堂上的新知识其实不多，老师嘴里说的很多东西，不过是同一个知识点在不同场合的应用。你灵活的话，就能举一反三；不灵活的，就只好不断做题。他说：“掌握了这个窍门，一个‘笨孩子’就能变聪明。一个聪明孩子就能成‘神童’。”他在初中的时候学了高中的课程，在高中学了很多大学的课程。16 岁那年，他就免试进了清华大学。

然而这个天赋极高的年轻人终于遇到了难以排解的烦恼。

他选择了电子系的图像专业，仍然是他那个圈子里面最优秀的学生，他用三年半时间学完了本科和硕士七年的课程，又用三年半获得了博士学位，像他的同学说的，也像报刊上广为传扬的，他是“清华园里的神奇小子”。可是他却发现，他的一连串“优秀业绩”，不过是关起门来自说自话。

严格说来，让李劲烦恼的，不是有了什么麻烦，而是没有什么麻烦。直到大学毕业的时候，他还没有看到一篇像样的关于图像的论文。“大学毕业了，可是如果有人要问我：图像编码是什么东西？你在研究的是什么？我会说，我不清楚。”到了做博士论文的时候，他决定遍寻清华大学里保存的所有关于这个领域的论文，他做到了，看了 1000 多篇。他认为他的论文不比别人的差，应该满意。但他又说：“我知道我的论文不是世界一流的。最要紧的问题是，清华不是站在世界前沿，只不过是我们国家的前沿。所以我在这里永远只是国家级的，不是世界级的。”这种烦恼在他看到一个了不起的成就时，终于达到了顶点。那是学校图像组的很多精英以多年心血研制出的一个图像处理系统，获得国家科技发明二等奖，成为整个图像组 90 年代一个最大的成就，但却只卖出五台。

但报刊上依然在宣传李劲的辉煌，他把自己的苦恼藏在心里，也没有引起任何人的注意。多年以后，他成为微软中国研究院的研究员，也有了更多的阅历，终于和一位记者谈到了这个话题：

问：你在大学是一个最优秀的学生，但你在毕业的时候，还不知道你的专业做的是什么？我不懂这是为什么？一个不知道自己做什么的学生却是一个优秀的学生。这是正常的吗？

答：又正常又不正常。要做研究，本应掌握大背景：别人都在做什么？没有做什么？做到什么程度了？将来可能是什么？可是我们的学校很少让学生知道这些更广阔的东西。我们很多教授，也没有了解这些东西。老师喜欢听话的学生，学生喜欢能让自己毕业的老师。老师的东西学生很快做出来，老师就满意。但这个东西人家是不是做了，来龙去脉是什么，全都不知道。老师是糊涂的，学生是模仿的。所以，一个学生可以把自己的事情做得完全符合老师的"优秀"标准，但也可能根本不知道自己做的是什么，也不知道自己做的东西有没有用处。

问：这些问题是你在做博士的时候感受到的？

答：是的，所以我拼命撒下大网读论文。我几乎完全是靠自己摸索。论文阅读得很慢，浪费了很多时间。有时候，费了很多时间找到的文章，发现是很糟糕的文章。

问：你当时就发现还是不行？

答：对，效果不是很好。

问：你的意思是不是，在国内做研究，由于环境的问题，你个人的努力无法弥补这种差距？

答：一个是环境的问题，还有一个是缺少领头人。我们国内的教授跟踪世界的潮流是不紧的，谈的都是老一代的东西。

问："老一代"是指什么？

答："老一代"的意思是十年。国外的热点起来的时候，大家不知道，等到国外高潮过去了，国内才热起来。

问：你是不是由于这些原因才出国？

答：是的。尤其是做博士论文的时候，我已经感觉到，我做的东西和国际的先进水平还是有一段距离。

问：你为什么没有尝试把你的论文提高？

答：很想，但做不到，我没有样本，没有见过人家怎么做的，把自己的论文提上来，太难了。有时候，不是你不会做，而是那一层纸没有人给你捅破，告诉你怎么样做上去。

问：仅仅是一层纸？

答：我觉得是。有时候，导师只要在小的问题上轻轻推动一下，告诉你这个方向是对的，那个方向是不对的，什么样的东西是一流的，什么样的东西不是一流的，学生就会明白了，并不需要手把手地教给学生怎样做。

问：你说的这个情况，对越是有才能的学生，损失就会越大。因为只有最难的问题，才能把一流和二流的学生区别开。

答：对。但我不相信学校的教授不知道这些问题。中国有很多问题，大家都可以说出来。我可以说出清华的一百个问题，但是你让我当清华校长，我也没有办法解决。很困难，超过我的能力。报纸上都能一针见血地告诉你问题在哪里，但不能告诉我们怎样解决。

问：因为很多问题虽然发生在校园里面，但原因在……

答：校园外面。

现在，李劲发现，他崇拜的张亚勤居然要回到中国去，不免好奇地向张亚勤问这问那，还想到自己要不要考虑一下这个机会。一年以后，李劲已经是微软中国研究院的一位研究员，回想起当日情景还能记忆犹新："要说亚勤的回国造成'特大震动'，那是报纸的说法。其实美国这个社会不会有什么特大震动。但当时的确对我们冲击很大。"

对微软中国研究院来说，张亚勤的出现是一个重要标志。"提起张亚勤，没有人不知道。"李世鹏这样说。无论他到什么国家去开学术会，说起"微软中国研究院"，很多人会摇头说"不知道"，但他一说"张亚勤在那里"，人家就会露出惊讶的表情说："啊！张亚勤！"李世鹏在 1998 年 12 月提出来研究院工作的申请，那时候他是张亚勤领导下的美国桑纳福实验室的一个研究员。他性格内敛，说话不多，但却总是能够在关键时刻解决别人不能解决的难题。自从听说张亚勤回国的新动向，他就决定尾随其后。他说："张亚勤回国对我绝对有影响。他要是不过来，我们这里很多人都不会过来。李劲、朱文武都不会来。可能张宏江也不会回来。"不过，张亚勤本人认定，这么多有才华的人能够来到希格玛大厦，乃是被这里的环境所吸引。"我要是跑到一个乱七八糟的地方，他们也不会来。"他说。

李世鹏在 1998 年 12 月专程回到中国来参加面试。这样的面试与其说是让研究院挑选他，不如说是他来挑选研究院。他是山东威海人。那是一座漂亮、宁静的小城。不过，在李世鹏刚刚出生的那些年，这座城市像全中国一样，既不漂亮也不宁静。爸爸是小学教师，妈妈原来也是教师，"文化大革命"的时候下放到服装厂当了工人。李世鹏 15 岁离开威海到合肥，在中国科大读无线电系，然后离开中国到美国读书。直到今天，嘴里已经没有乡音，心里对于家乡的印象也只有两个：一个是"特别穷"；一个是"特别红"。还记得，小的时候"有很多书不让看"，幸而爸爸开明，"总是有办法弄到一些书让我看，而且什么书都可以看”。妈妈这辈子没有什么大志，只是想继续做教师，常常说，如果她能继续当教师，感觉会好得多。可惜那一代人的理想十之八九不能实现。人到中年以后，理想已经灰飞烟灭，所有希望都寄托在四个孩子身上。李世鹏觉得自己“很幸运”。因为他总是能做自己感兴趣的事情。在爸爸拿来的所有图书里，他对《无线电》杂志的兴趣经久不息。这兴趣在大学期间变成了做“信号处理”，到美国又是“数据压缩”和“数据传输”。他设计的一种算法，能把任意形状的物体更好地压缩，所以成为整个视频图像编码的基础。外行的读者可以把这个“基础”想象成一个巨大的工具箱，李世鹏发明的是其中一个工具，犹如一个巨大车间中的一个精密车床。这“车床”一旦旋转起来，能把高清晰度电视中原来必备的16兆的内存，下降到4兆，以致每台电视的成本降低10美元。技术突破带来的刺激在李世鹏是刻骨铭心的，直到多年以后还不能忘记。他说他在张亚勤的领导下度过的那些时间都没有浪费。“现在有了这个机会，我就要来。”他说，“我不是为了微软在中国，才一定要来的。而是因为，我喜欢和张亚勤共事，喜欢多媒体技术的研究。”

和自己喜欢的人待在一起，做自己喜欢的事情，说起来真是人生两大乐事，但对大多数人来说，这却是两个最简单又最难实现的理想。我们常常不得不和自己不喜欢的人打交道，一辈子都在做自己不喜欢的事情。现在，有了这样两个条件，李世鹏说：“人这一辈子，还求什么呢？”他的回归中国，还有什么不能理解呢？1999年旧历新年，他回到新泽西州，在张亚勤家里小聚，席间还有朱文武。李世鹏告诉这两个人，他对研究院的感觉很好，还说他已经“心动了”。朱文武说他不会“心动”，因为他没有那么大的决心把全家都搬到中国去。不过，要不了多久，朱文武也会“心动”。

1999年3月1日，李劲也回到国内来面试了。“当时我有三个选择：留在夏普，到惠普，到微软。”他首先去尝试惠普公司。那是在2月份，他到硅谷的惠普公司面试，却听说在惠普做视频研究主任的张宏江正在考虑到微软中国研究院去，这让李劲更加惊讶。在美国计算机数据检索领域里，张宏江享有“开山鼻祖”的声誉。一个张亚勤已经让人震动，现在又加上了张宏江。李劲不得不认真地对待这件事了。他和张宏江频繁交换电子邮件，张要到微软中国研究院的种种理由，也渐渐为李劲所理解。李劲想：“至少对宏江来说，微软比惠普有吸引力。他都离开惠普了，难道我还要去吗？”就这样，两个人的倾向渐渐偏向微软一边。

像李世鹏一样，李劲一来到北京，就觉得非选择微软不可了。他把惠普给他的聘任合同放在一边，专心等待微软的聘任。这时已是春暖花开时节，李开复到清华大学去演讲。这种演讲对清华学生来说，是大开眼界；在李开复来说，则是紧盯着有没有自己需要的人才。演讲完毕，他和清华的老师聊天，人家告诉他，清华有一个学生，16 岁就进了清华，只用三年多就修完了人家七年的课程，成绩列在当年毕业生的第一名，所以号称“清华园的神奇小子”。李开复听得两眼放光，赶忙询问陈宏刚，此人现在哪里，陈说，在美国，不过已经申请到我们这里来了。李开复大喜道：“这样的人来面试，不是我们挑选人家，而是向人家推销我们自己。”

看来研究院的“自我推销”挺成功。4 月 10 日，李劲来到希格玛大厦上班了。他说：“我终于选择了这里，很高兴。”一个月后，张宏江回来了。又半个月后，李世鹏回来了。又五个月后，朱文武和郭百宁也回来了。这样，到了 1999 年结束的时候，从国外回来的研究人员已经有 11 名。

令竞争者色变的“豪华阵容”

1999 年 1 月 16 日，也即张亚勤上班的第一天，研究院的招聘达到高潮。此后两个星期，走进希格玛大厦第五层的博士超过了 100 人。

如前所述，微软在选择人的时候有一些与众不同的原则，他们相信自己眼睛的观察和大脑的判断，不看重考试分数却看重无法用数字衡量的想象力和创造力，对于学校的评语、导师的推荐等等，并不十分在意。甚至有些导师持有强烈批评态度的学生，他们也愿意一试。他们尤其不肯拘泥于大多数中国人信守不渝的“专业对口”的观念，不看重原来的专业却看重学习新东西的能力。不过，尽管有这些独具一格的东西，当招聘全面展开的时候，我们还是渐渐看到一些通行全世界的古老规则，仍然在这里发生作用。比如他们认定，学历越高，优秀的人就越多，因而对名牌大学的博士特别偏爱。李开复本人就认定清华大学的学生最好，在那里特别下工夫。研究院的经理们大都出自美国的名牌大学，都有着博士的头衔。依据自己以往的经验，他们认定中国的情况也必定如此，有时候还会把自己说过的“寻找潜力”的名言忘得一干二净。后来的事实证明，名牌大学中优秀学生虽然多些，但中国还有很多复杂的情形。直到一年以后，也即 1999 年冬天的招聘中，他们才重新想起李开复的那句关于“潜力”的名言，大幅度降低了对于学历的要求，博士不再是唯一的选择，硕士和学士常常会得到更好的评价。

随着1999年春节的临近，希格玛大厦第五层里人气更旺。微软中国研究院《通讯》的创刊号上，刊登出“大家庭”第一批成员的简历和照片，印制精良，色彩明快，两个月前在成立仪式上露面的，只有势单力孤的六个人——李开复、凌小宁、陈宏刚、陈蕾、杨飞和郑薇，现在多了张亚勤和沈向洋，还有几位新伙伴。有徐迎庆博士，他来自中国科学院计算技术研究所；有李江博士，他曾是浙江大学的副教授；有刘文印博士，他原来是清华大学的讲师；有蔡东风博士，他原来是沈阳航空工业学院计算机教研室主任；还有孙宏晖，他是毕业于北京大学的硕士，又具有五年的软件开发经验；还有陈通贤，一个软件开发工程师。这些人原本寂寂无名，现在，他们的简历和照片同世界最著名的科学家放在一起，拥有一样的篇幅和一样的尺寸，真是前所未有。

国内的新闻媒体，再次掀起了报道研究院招聘进展的浪潮。看上去像是不约而同，但内行的人都能看出其中有着组织的痕迹。了解内情的人都知道，这是一个名叫尚笑莉的女孩子的杰作。这时候研究院还没有建立起它的公关体系，成立庆典上的轰轰烈烈和100多个记者的造访，都是微软中国公司的公关经理尚笑莉和她聘请的西岸公司组织起来的。尚笑莉喜欢闲散恬淡的生活，工作起来却非常投入，表面上笑语盈盈，心里却有一片乌云。她不明白，为什么她的努力总是不能让总经理吴士宏满意。几个月后，她终于和吴总爆发了正面冲突，只好离开六楼的公司来到五楼的研究院，此是后话。现在，在1999年1月21日，她将京城计算机圈子的记者们再次请到希格玛大厦来。不过，不是在第六层，而是在第五层。微软中国研究院正在这里举办一个新年谈“新”会。

李开复在会上神采飞扬地宣布了张亚勤和沈向洋加盟研究院的消息。台下记者闻声交头接耳。李开复一向讨厌会场上的混乱秩序，有一次，一大堆电影制片厂的人在研究院的会场上摄像，乱哄哄的，他当场大声呵斥那些人出去。研究员们后来都说，那是他们第一次也是唯一一次看到他们的院长发火。但现在，他任由记者席上乱哄哄，不仅不发火，还有些得意。

这是李开复几个月来心情最好的时刻。这一天，他要告诉中国人的好消息实在不少。他将《通讯》上面“我们的大家庭”的第一批成员一一介绍，又宣布，微软中国研究院的专家顾问委员会也已正式成立，第一批顾问都是国内计算机领域最著名的专家，包括中国工程院院士、浙江大学校长潘云鹤，北京大学副校长迟惠生和中国科学院院士、清华大学教授张钹。最后说："微软中国研究院在成立之初就已经提出，我们的目标是在吸引国内优秀人才加盟的同时，吸引更多的留学人员回国参加工作，我们是这样说的，也是这样做的。"

记者的高昂情绪不断掀起新的浪潮。那些外行倒还没有听出什么，但内行的记者可就大不一样，他们全都听说过张亚勤和沈向洋，没有想到这两个人今天就在当场，不免惊讶。沈向洋在掌声中演示他的一个最新研究成果：电脑屏幕上面显示出一株鲜花，在人为的操纵下转来转去，从每一个角度呈现出它的颜色和形状。

"瞧，这种技术五年后将会得到广泛应用。"李开复对记者说，"我们的三位顾问在上午第一批看到，各位是第二批看到，晚上是国内计算机界的专家和学生，国外要几个星期后才能看到。"

但记者们似乎对沈向洋的技术没有兴趣。他们更加注意的是，中国的人才一下子都跑到希格玛大厦来啦。他们不断追问有多少人到研究院来求职。李开复请记者原谅，他"现在只能提供这样一个模糊的数字，因为每个星期要面试大约 40 名申请人"。口气虽谨慎，得意之情却溢于言表。

记者们走出希格玛大厦，报纸上便纷纷出现了一些大同小异的话："微软中国研究院群星灿烂"、"微软中国研究院加紧整合人才"、"微软中国研究院兵强马壮"、"清一色全是博士，却皆为华夏之子"。《中国计算机报》上这样写道："微软中国研究院的研究阵容，可能用奢侈来形容更为贴切，豪华研究阵容则以首席科学家张亚勤博士领衔。"尽管李开复在 1 月 21 日说的是，"最后，我们将挑选十五到二十名博士或准博士加盟研究院"，陈宏刚还补充说明，"微软才录取了十人左右"。但《国际商报》不知道从哪里得来新消息，说"已经或即将加盟微软中国研究院的国内计算机专业博士有 40 人之多"。

那个星期的情形，确实有点像苏贵友在《科技日报》上说的："一石激起千层浪。"《经济日报》记者蒋峥也写了一篇文章，题目叫做《感受微软冲击波》，说微软中国研究院"一网"就"网"了十几位拔尖人才，该院还计划六年内在中国物色近百名研究人员，国内专家为之色变。还说，这情形真像是一支中国儿歌里面唱的：

一网不捞鱼，

二网不捞鱼，

三网捞个小尾巴尾巴尾巴鱼……

那些日子，中科院和中国农科院在北京召开1999年工作会议。这种会议差不多年年都开，年年免不了议论“人才问题”，但这一年似乎有了新的话题。有人觉得报纸在庸人自扰，说“尽管微软有雄厚的实力，也不能包打天下”。有人却觉得报纸敲响了警钟，惊叹：“人才问题太突出了。科技体制改革到了攻坚阶段，必须动真格的了！”另外的人似乎有些超然物外，不置可否：“究竟是利是弊，我们只能随着时间的推移去寻找答案。”

中国新闻社的记者大约是想得到一些“人才危机”之类的启示，跑去询问联想集团总裁柳传志，柳传志兜着圈子说，中国企业第一需要的是管理人才，他们好比数字“一”，而软件人才好比是“一”后面的“零”。软件人才可以造就一个很大的数字，但没有“一”在前边支撑，它根本成不了一个完整的数字。外国缺少搞技术开发的“兵”，中国缺少的是“将”，大家对人才需求的层次不同，暂时不会存在争夺人才的矛盾。柳传志说了这么多，就是不肯跟着记者骂微软。又有记者跑去追问浙江大学校长潘云鹤，对自己的弟子李江到微软工作感觉如何。潘云鹤尽管已经成为微软中国研究院的顾问，还在两个月前给研究院题词“桥架中美”，但他毕竟是中国计算机界的成名人物，不少人一见他就说，“你老兄的身上肩负着振兴民族信息产业的希望”，所以潘出言谨慎，不偏不倚。他说：“学校鼓励学生到最能发挥才能的地方，而不是最能挣钱的地方。”但记者的目标在于微软，不能容许他兜圈子，仍然不依不饶地追问。潘云鹤只好说：“浙江大学支持学生到微软研究院工作。”他认为学生应到“最高层次”去，而微软中国研究院正是这样的地方。他口口声声，只说“学生”，就是不说“老师”。这在当时并没有引起人们太多的注意，不过，用不了多久，人们就会发现，他其实在心里有着不得已的苦衷，说了上句留着下句。因为他知道，事情如果不加控制，那么涌进希格玛大厦的就不再仅仅是刚刚毕业的学生，而且也会波及大学校园和研究机构中最能干的那些老师和研究员。只要举出一件事情，就可以证明他的担心不是没有理由：李开复正在向他手下最得力的干将王坚频频招手，而王坚也大有见异思迁的迹象。这故事发展到后来，确有可能让潘云鹤心里五味俱全。

士为知己者死

王坚不是潘云鹤校长嘴里说的那种“学生”，那时候他是浙江大学心理学系教授、博士生导师和系主任。他和李开复的第一次见面是在 1999 年 1 月 10 日。此前两人心仪已久。当研究院在 1998 年秋天成立的时候，李开复便给王坚发出电子邮件，邀请他参加研究院的成立庆典。王坚没有来，但却和李开复在网络上面有了往来。根据王坚的回忆，李开复至少写了五封电子邮件，每一次都约他见面。几个星期后，李开复到沪杭一带演讲，专程来到浙江大学，学校热情相待。不过，等到李开复想见王坚的时候，接待者却告诉他王坚不在。李开复怏然而去。“其实当时我就在学校里，”王坚后来说，“我知道他要到杭州来，提前一天回到杭州等他。”这以后，沈向洋到浙江大学来演讲，李开复嘱咐他去找王坚，仍然未果。这使得李开复意识到不可能在学校里找到王坚了。他只好在电子邮件里面邀请王坚北上，“看看研究院”。一个素不相识的人如此执著地想要见面，这令王坚既惊讶又感动。他回信说：“我来北京看你。”

王坚生长在西子湖畔，却有北方人的脸盘和身材。总是顶着一头乱发，衣服皱皱巴巴，脖子前伸，走路一颠一颠的，全然一副只懂做学问而不懂做官的样子。在他的正式简历中，除了说他是“教授”、“主任”和“导师”以外，还说他是“中国人类工效学会理事、浙江大学工业心理学国家专业实验室主任。他曾经主持完成了数十项国家自然科学基金、国家‘八六三’计划、国家各部委以及与摩托罗拉和英特尔合作的项目”。不过，李开复一门心思要找到他，却不是因为这一连串辉煌的头衔，而是另有缘由。

几个月前，李开复一到北京，就到处寻找计算机用户界面领域的优秀人才，跑遍清华北大，居然没有！他很奇怪地问北大计算机系老师董士海，董说：“有一个，在杭州！”此人正是王坚。李开复多方打听，大家都说王坚是国内研究“人机界面”最优秀的一位。

专家们所说的“人机界面”，就是人与机器连接的种种环节、人与机器交流的渠道和交流的办法。比如键盘、鼠标、屏幕、屏幕显示的画面，都是人机界面。通过这些渠道，人知道怎样把自己的意图表达给计算机，计算机懂得怎样把自己的意图表达给人。全世界许多计算机科学家在不断研究这些问题。在大多数情况下，计算机科学是一个“大同世界”，不分国家不分语言不分种族不分文化背景。但也有些领域可能被不同的文化背景所左右，“人机界面”即属其中之一：中国人喜欢的界面，也许与美国人有很大不同。这个道理，李开复自然能够洞悉，所以他在来到中国后所能想到的一个重要的研究领域，就是“人机界面”。这就难怪他要执著地寻找王坚了。

见面的地点是希格玛大厦。研究院的办公室刚刚启用，就成了聪明人频繁相聚的场所。但这一次似乎有点特别，这是研究院中从国外回来的学者和一个国内学者的首次聚首。王坚走进门厅，来到前台，说是找李开复。一个秘书模样的女孩子问他是哪里的，他说从杭州来。

女孩子显然是新来的，她说：“让我查查电话号码。”

王坚说：“我有。”

她很奇怪地问：“你怎么会有他的电话？”

王坚说：“怎么不能有？是他自己给我的。”

她更加奇怪，不禁和左右交头接耳：“我从来没有告诉别人李院长的电话是多少啊。”

李开复给王坚写信，从来都是落款“开复”，所以王坚也从未觉得他的身份有什么特别，心想他也就是和其他人一样的一个研究员吧。现在，他忽然从对方的话中听到什么“李院长”，方知他要见的人竟是院长。

这时，李开复从里面跑出来。生人见面，难免都有寒暄时刻，但这两个人却是开门见山。王坚原以为李开复只是一个语音方面的专家，对人机界面并不在行，现在发现不论他说什么，李开复必能听出其中要害，扼要分析的时候也是一语中的，心里暗自叹服。他告诉李开复，在中国，有人认为界面就是语音识别。李开复说，语音识别只是界面的一部分，其他还有很多，“最重要的是，要有让人感觉不到互相切换的界面”。这话令王坚大为欣赏，他早就讨厌在使用计算机的时候必须做出很多繁杂动作。他说他不喜欢现在苹果公司做的那些界面，“Windows”就更加糟糕。后来他才知道，“苹果”的界面正是李开复在那里参与制作的。不过，当时他却一点也没有发现李开复对他的批评有任何不悦。正相反，李开复立刻高兴起来，问他有何高见。王说，有两部分可以做：一个是改进现在的界面，但没有什么意思；一个是做人家完全没有想过的事情。李开复更加兴奋起来，竖着耳朵继续听。就听王坚说道：“如果今后人工智能技术发展得好一些的话，可能会帮助我们做好界面。”李开复摇头道：“没有什么人工智能的东西，只是统计的问题，”这最后一句话给王坚留下极深的印象。一年之后，他在回忆起这次见面的时候说：“现在我知道，我当时的想法是错的，他是对的。”

谈话虽然只有半个小时，但对聪明人来说已经足够。王坚发现他遇到了真正的知音。“我从没有见到一个人对人机界面的理解像他这样深的，”王坚后来对他的朋友这样说，“他本身不是搞人机界面的。但他很理解这个东西，理解这个东西的价值在哪里，困难又在哪里。真不容易。”

当王坚怀着这样的念头回到杭州的时候，有一个电子邮件已经在那里等他。那是李开复发出的，尽管李开复很希望王坚能够加盟研究院，但他明白这会触动中国人的“抢人才”的神经。更何况浙江大学校长潘云鹤还是研究院的顾问，难道还能去他那里“挖墙脚”吗？所以李开复在信里并没有奢望把王坚弄到研究院里来，只是提出，研究院可以和王坚的实验室合作研究人机界面。这让王坚非常开心，觉得他的实验室大展宏图的机会来了。但只不过几天之后，他的主意变了。他给李开复回信说，他要到微软中国研究院来做访问学者。王坚后来说：“那是一封牛头不对马嘴的信。他说的是双方合作，我却说来做访问学者。”

导致王坚改变主意的原因说来挺奇怪，一个是学校让他“当官”，一个是学校让他“开会”。会议内容涉及“学科建设”一类话题。在学校的不少人看来，这是一个探讨学校大政方针的会议，因而异常重要，但在王坚看来，只不过“说了很多没有用的话，真没有意思”。他实在不愿意把自己的时间用在开这种会上。过去但逢开会，他就要别人代替他去，但自从这个学期开学之后，事无巨细都要开会，并且都要系主任去参加。他发现他正在为这顶“乌纱帽”付出代价：一坐又是一个下午！

大家轮流发言，慷慨陈词，不是说“为科研服务”，就是说“替科研人员解忧排难”。王坚却在心里盘算：“美其名曰他们替我们做事情，其实是我们替他们做事情。我们有什么需要开这个会呢？是他们需要做某一件事情，却要我们来捧场，好像是为我们做的。我们不要他们管的事情，他们要来管，我们需要他们管的事情，他们管不了……”几个星期后，学校又让他当理学院的副院长。这叫他更不满意：“我已经说了不愿意，他们就是不信，居然就宣布了任命。怎么这样不尊重我的意见呢？”

他心里这样想着，不禁愈加失望，当场决定“找个地方躲一躲”。他对人事处处长说，他要出去做访问学者。处长问为什么。他说：“就是为了做一些事情。”处长说，只要系里没有意见就行。王坚心里说：“我自己就是系主任。当然不会有意见。”他连个报告也没有写，就给自己“休了长假”。

李开复见到王坚的信，当然高兴，事情一拍即合。春天刚刚开始的时候，王坚来到研究院。不过，当时这两个人心里想的都是“访问学者”，谁也没敢想别的。那时候，希格玛大厦第五层还是空空荡荡的，李开复给王坚选了一个离他最近的办公室。

中国的知识分子真是奇怪，他们最看中的事情，就是人家对他们的理解和尊重，也即所谓“士为知己者死”。逃避了“乌纱帽”和“会议”的王坚，在希格玛大厦找到了“知己”。他不喜欢自己大学里的会议，却喜欢希格玛大厦的会议。平心而论，希格玛大厦里的会议比浙江大学多。但王坚说，在杭州开会，说的都是没用的话，在这里开会，全是学术讨论，开门见山，谁也不会拿废话来浪费时间，“这才是真正的讨论”。他还发现，希格玛大厦第五层的这些人，个个绝顶聪明，天天和这样的人一起，感觉就是不一样。“在学校，也有很好的人，但你一年不一定见上一次。”

李开复感觉到王坚对研究院的兴趣与日俱增，王坚也感觉到李开复希望他把“访问”变成“加盟”。这种心照不宣的情形，有些像初恋的情人，频频传出信息却不肯言明内心的激情。不过，我们细查研究院的资料可知，直到 1999 年 6 月，研究院还将王坚列在访问学者名单中。根据王坚本人的陈述，双方把这层纸捅破的时候，已是盛夏时节。他清楚地记得，他向李开复明确表示要到微软来工作的那一天，内心的烦躁情绪烟消云散。校长潘云鹤却要烦躁了，以他的学养、见识和研究院顾问的身份，自然不能阻拦，但他却责怪王坚没有报告就一走了之。这看来并非完全没有根据。不过，潘校长还是没有想到，王坚的离开浙江大学，原因只不过是因为那里没有李开复。

李开复在掀起一场“人才大战”吗？

那个春天，和潘云鹤具有同样感受的人至少还有哈尔滨工业大学的党委书记李生。有一天李生接到李开复的信，一看之下便百感交集。李开复说：“你手下有三个人，我们希望招聘到研究院来工作。”李开复说的是荀恩东、王海峰和刘挺。荀恩东和王海峰都是哈尔滨工业大学的博士生，仅仅是个毕业分配的问题，这在制度上属于正常之列。但刘挺不同，他是教师，教师的离开虽然并不罕见，可对学校来说却有些尴尬。

刘挺这个人，李生是知道的。他从学士到硕士再到博士，都在哈工大，始终是学校最好的学生之一，其间有好几次差一点就走了。本科毕业读硕士时，他想报考清华，学校千方百计留他，他答应了。到了硕士毕业开始读博士的时候，又有北大的王选教授要他去，还寄来了上年的博士考题。学校又千方百计地说服他不要走，直到许诺他提前一年拿到博士学位，刘挺才终于答应留下。但是几个月后，刘挺发现："那一次没有出来是犯了一个错误。"

他的专业是"中文信息处理"。1998 年 7 月，他真的比同班同学荀恩东和王海峰提前一年毕业了，他觉得挺得意。周围的人又开始动员他留在学校。有人说："你要是留校，这个系的主任将来没准就是你的。"刘挺在中学演讲竞赛就是第一名，在哈工大一直是学生干部，有组织才能，知道怎样煽情。但他对教书没有兴趣。于是，学校试图说服他到哈工大的"八达集团"去，领导一个专做软件的研究室。刘挺很希望他的研究能够成为产品，他去找"八达集团"，但他立即就发现选错了地方。集团的经理们想的是让刘挺给他们带来滚滚财源。当他们发现刘挺做的所有项目都不能立即变成产品——比如"自动校对"只能识别 60% 的错误，就抱怨刘挺的软件风险太大，他们不敢做。这时候刘挺发现，他要是在哈工大继续做下去，就没有办法扬其所长。他掰着手指细数从哈工大出去的前辈兄长：北大计算机系主任、中科院计算所的所长、中科院软件所的副所长、北航计算机系主任，还有北工大的一个副院长，都是哈工大的，不免又在心里盘算另谋高就。他想过"北大方正"，那里有闻名全国的王选教授。也想过"东大阿尔派"，那是中国最大的软件基地，隶属东北大学，覆盖 100 亩地，股票牛气冲天，经理们住的都是小楼，老总姓刘，是个很了不起的人，当员工抱怨挣钱太少的时候，他赞道："想多挣钱，那是好想法。"仅仅这句话，就让刘挺觉得此人非同寻常。不过，他还是觉得："无论'北大方正'还是'东大阿尔派'，都不足以让我不顾一切地想去。"

恰在这时候，李开复来到哈工大演讲。刘挺坐在第一排，目不转睛地盯了李开复两个小时，觉得此人魅力无穷：一副中国人的面孔，一口流利的普通话，演说精彩异常，要说"句句是真理"，恐怕不恰当，但若说他就像学校里的一个才高学富的师长，是一点也没有夸张的。只不过，在这个完全中国式的面孔后面，是一个完全美国式的文化体系、道德标准和工作方法。刘挺后来说，他当时对这一点"根本没有想到"。正是这个"没有想到"，在日后酿成了他和李开复之间的冲突。

刘挺认识到这一点已是一年之后的事了。当日李开复演说结束的时候，他可没有这样想。那时候他的脑子里只有一个念头："这就是我要去的地方，我将不顾一切地去。"但他没有忘记自己的教师身份，不好意思在李开复和学生的座谈会上露面，只是在一边小心翼翼地问陈宏刚，教师可以不可以提出申请。陈宏刚说当然可以。但李开复很谨慎地告诉他，为了避免给人留下"抢人才"的印象，研究院在大学里主要是招聘毕业的学生。刘挺后悔自己的提前毕业留校，但他已经打定"不顾一切"的主意，所以还是偷偷把自己的简历交了出去。

现在，李生读罢李开复的信，既难受又兴奋。他是哈工大的最高领导，也是刘挺、荀恩东和王海峰三人所在实验室的主持者。他原本打算要刘挺来实际负责这个实验室，现在眼看就要"折将损兵"，焉能不难受。可是，自己门下三弟子同时被微软看中，他连称这"命中率太高了"，又挺得意。他试图说服刘挺改变主意，还许诺给予种种特殊的待遇。刘挺心里一边感动，一边回想"读博士时没有出来的教训"，所以去意坚决。

"微软能够让我挣到足够的钱，又能让我做我愿意做的事情，还有最优秀的人带着我做。"他老实地向老师陈述理由，"我要是仅仅求待遇，'八达集团'的待遇就很好，有个'三室一厅'，钱也够花。但我不能做我想做的事情，只能做人家要我做的事情。在学校，倒是想做什么就能做什么，但我的研究经费总是不够。"

看看没有希望了，党委书记最后叹口气说："换一个角度看，这也是好事。"是啊。微软在全国1000多个申请者中只招二三十人，李生实验室就占了三个，这也是他的欣慰。人事部门的干部最后给了他一个忠告：把档案留在学校，"给自己留一条退路，要是觉得微软不好，随时可以回来"。因为他是老师，不是毕业分配的学生，北京不会接收他的户口和档案，所以，这是一个让刘挺和学校"两全其美"的建议。但刘挺说："我不要退路。"

刘挺把档案拿出来，放在黑龙江省的人才交流中心，只身来到北京。没有档案，没有住房，最糟糕的是连户口也没有。幸而北京市不久之后有了一个新政策，可以给来北京高新技术企业工作的外地人才一个寄住证，让你有一个暂时合法的身份。至于户口，要等三年之后。于是，刘挺借居在北京的一个亲戚家，肩挑巨大的风险和希望，义无反顾，勇往直前，就像所有进京打工的民工一样。

然则对于哈工大来说，事情刚刚是个开头。后面还有两个人，晏洁和吴枫，也都是哈工大的博士生，也随着刘挺、王海峰和荀恩东，来到希格玛大厦。还有周明，他像刘挺一样，原来也是哈工大的博士，又到清华任教，资历更深。这样，李开复的手下一下子有了六个来自哈工大的人。哈工大计算机系是全国第一流的，中国人都说它是“工程师的摇篮”，看来真是名不虚传，从这里出来的学生虽然不如清华的学生那样敏捷趋时，但若说到“扎实严谨之风”，国内大学无出其右者。

微软递出橄榄枝

那段时间，清华大学计算机系主任周立柱也发现自己麾下的人才正在离开，比如计算机系的教师刘文印就提出了到微软去的要求。

刘文印在清华读书的时候就是个挺好的学生，身后有一大堆奖状。在以色列留学，获得了优秀学生特等奖和博士学位，是国际图形识别研讨会举办的“虚拟识别竞赛”的第一名，还获得了清华大学优秀青年教师特等奖。1998年夏天他从以色列回来的时候，待遇没有改变，一切都和出去读书之前一样。后来他提出要到微软的时候，人们普遍认定这是一个重要原因。有人说清华大学不重视他，连他申报的项目也没有批准。也有人说，还是那么几个钱，还是讲师，连个“副教授”也没有弄上，怎么留得住人？刘文印说那是“误解”，项目的确未获批准，不过，和学校无关。那是因为“八六三”计划的截止期是20世纪末，转眼就到了，所以上面不再想开新科目。至于待遇，的确不能让他满意，但大家都是这样，清华大学并没有特别亏待他，人家只是在执行既定的规则。

尽管如此，人事部门还是在用“破格”的办法挽留他。他们告诉刘文印，他的副教授的评审已经通过了，就等着校长签字了，请他耐心等候。这的确已经够优待的了，清华大学无数教师熬到快退休时才弄个“副教授”，他年纪轻轻，却已经伸手可及。

但刘文印还是要走，他离开清华的理由说来和刘挺离开哈工大的理由如出一辙。“你能给我什么，这当然重要，但更重要的是，你能让我做什么。”他说。他从国外回来已经好几个月了，借了一万块钱买了个电脑。想上互联网，传输一兆字节十块钱；想传真，一张三块钱；想复印，一张三毛钱……全都要钱，而他手边就连一分钱也没有，不得不把自己的账记到唐老师的研究经费上。尽管都是为了研究，但他不想占人家的，没有谁的口袋是宽裕的。当时他想，一旦自己的项目资金批下来，就会还上这笔债。1998年冬天，他知道项目未获批准的那一天，特别失望，这意味着他的“一分钱都没有”的日子还将遥遥无期。“如果有经费，我就不会想到离开清华。”他后来这样说。那一天，他对唐老师说“我想走”。他还没有说出微软这个名字，唐就接口说：“你要是到别的地方，我不会放你走。除非是微软研究院要你。”真正做学问的人似乎总能心心相印，这种不谋而合令刘文印走进希格玛大厦。离开清华之前，人事部门告诉他，既然你决意要走，你的“副教授的报告”就不再有效了。刘挥挥手就走了，朋友们觉得他的样子挺潇洒。其实他比谁都明白：要是到其他单位去，一定要把“教授”和“副教授”之类的东西揣在兜里，它虽然并不能真正代表学养和品格的高下，但却意味着位子、房子、票子，也许还有车子。但在微软中国研究院，这东西根本没有用。人家不看这个，安身立命的关键是真本事！

现在我们回过头来，看看“汉王”公司里发生的那场风波。前文所述“汉王”的主要发明者李明镜，在 1999 年 1 月份向微软递交了他的申请。李开复非常想要这个人，但却怀着深深的顾虑。所谓“抢人才”这样一片阴云，仍在他的头上徘徊，令他不敢理直气壮。想来想去，他只好去找微软中国研发中心总经理张湘辉。张是李开复的朋友，同时也是“汉王”的朋友。他找到“汉王”的老板刘迎建说，这一次微软不是要他的产品，而是对他的人感兴趣。

“汉王”距离希格玛大厦很近，那块“汉王科技”的大字招牌就矗立在“微软中国”的西边，遥遥相望。对于微软到处招揽人才的事情，“汉王”听得多了，可从来没有想到这种事情会蔓延到自己的领地上来。

震惊不已的刘迎建后来告诉李明镜，这消息让他“一个晚上都没有睡觉”。李明镜毕竟是他的公司中最重要的技术骨干，所以他迫不及待地请李明镜吃饭，问李为什么要走：是他这个老板不够好？还是待遇不够好？还说，不论李明镜有什么要求，都好商量。李坦率地说，“都不是”。他只是觉得，对“汉王”来说，自己的价值已经贡献得差不多了，就算不走，也不会再有大的作为。刘说：“你即使什么都不做，只要人在这里，就可以稳定军心。”这话不能说没有根据，那时候李明镜在国内很多人的心目中是“民族软件”的旗帜，就在不久以前人民大会堂那个会议上，大家不是还在说，连微软也在求我们吗？但李明镜却不以为然。他说，正是这个让他觉得“压力特别大”。他不愿意成为“民族大义”的象征，觉得做点实实在在的事情比什么都重要。他说："如果我的作用仅仅是稳定军心，对我个人来说，太悲哀了。"刘比他大不了几岁，又是他的技术上的合作者，是个明白人，想想他的话，也觉得有道理。又想想，这样一个人走了，实在是"汉王"的重大损失，还是不松口。就这样，从春天到夏天，一个心里想："他要是真的不同意，我就不走。"另一个心里想："他要是铁了心要走，我也留不住。"7月，李明镜的合同期满，这对"鸳鸯"终于分开了。

看来事情的发展的确有些像《市场报》所说："这个研究院将引发国内人才争夺大战，这已成为不争的事实。"

1999年3月，微软中国研究院加快了向国内高等院校渗透的步伐。此前他们已经实施一项计划：微软将每年从中国各大学计算机专业最优秀的博士生中挑选十人，授予"微软学者"名誉称号，所以这个计划也就叫做"微软学者计划"。对于全国每年300多位从计算机专业毕业的博士来说，如果这个机会仅仅限于"名誉"，也就不会具有那么大的吸引力。事实上，"名誉"之外还有不少诱人之处：

> 每月一千二百元；
> 每年由微软资助出国一次，参加学术会议或者访问微软总部；
> 免费获得微软软件；
> 暑假可在微软中国研究院工作并获得另外的报酬；
> 有资格参加微软举办的学术会议和活动；
> 学习期间的研究成果完全属于个人，而研究院不加干预；
> 毕业之后也完全拥有自己择业的自由。

这消息在学生当中引起的波澜尚未退去，微软又在向教师们摇橄榄枝了。1999年春天，研究院向中国媒体发布了新的计划：每年向国内十所大学捐赠总价值为1000万元人民币的正版微软软件。首批软件将向清华大学、北京大学、浙江大学、哈尔滨工业大学、南京大学、中国科技大学、北京航空航天大学、上海交通大学、西安交通大学和复旦大学等十所学校的每一位计算机专业教授捐赠。

一时间，包装精美、五颜六色的微软版软件，在十所名牌大学里面弥漫开来。过去，这些东西在"民族软件捍卫者"眼中，就像是"八国联军的毛瑟枪”，现在却成了“友好的使者”。研究院开始把它当做一种“名片”来使用，送给大学计算机专业的教授和“微软学者”，希望能在树立微软形象的同时，也减少“盗版”软件对大学校园的诱惑。如果这些教授能够发现微软软件的种种优越，那就更好了，须知他们有足够力量影响一代又一代的学生。实际上这种影响力几乎立即就发生了。京城各大学校园，学生们均对“微软学者计划”表示向往。有个学者说：“微软中国研究院的人才战略无论其主观意向如何，客观上将会成为未来国内优秀学子的风向标。”《微电脑世界》的记者黄盛萍写了一篇文章，抒发对“微软学者计划”的感慨。说这“无疑又将在数字中国的大专院校和科研机构中刮起一阵强劲的飓风”。这篇题目叫做《研究的快乐还是捆绑的快乐?》的文章说：“在微软学者计划中，一再提到这些学者在培养结束后可以自由选择去留研究院工作，但实际上，这真的有点像往‘视窗’上捆绑‘浏览器’。”

然而至少有一个人对“捆绑”不“捆绑”的问题并不在意。他是一个上海的小学生。1999 年春夏之交的某一天，他在电脑上给远在北京的李开复发出一封信：“李叔叔：我想参加你的研究院，从你那里学习电脑，最终变成第二个比尔·盖茨。可以吗?”

李开复当即很认真地回信道：“欢迎你。好好学习！等你长大了，就来加入我们的行列。”

这一情节在当日被国内外报刊广为使用，显然只具宣传效果，少有实际价值。那时候北约轰炸中国驻南斯拉夫大使馆的事件刚刚过去，北京卷起强烈的“反美”浪潮。然而，李开复内心的轻松仍然是确定的。希格玛大厦第五层里已经拥有 60 个员工，另外还有至少 1000 份申请简历放在他的面前，厚厚的一摞，同窗外一片“打倒美帝”的呼喊形成对照：这真是一个令人捉摸不透的国家。

无论出现怎样的隔绝、猜疑和对抗，事情的发展确已证实，微软公司的“人才逻辑”在中国这块土地上依然能够通行。高手们喜欢在一起工作，在这一点上，中国和美国没有什么区别。希格玛大厦第五层里这场人才的戏剧，看上去只是整个中国 20 世纪末的一场更大戏剧的一幕。此前虽有“筑巢引凤”、“优胜劣汰”之说流行，但却多有“怀才不遇”、“劣胜优汰”的故事发生在我们周围。此后计算机业人才争夺日趋紧迫，也属于当然的局面。诸如“联想”这样的企业迅速展开其“寻人计划”，大学纷纷开出高价聘请教师，政府也在想方设法构筑“人才高地”，这些都是例证。所以，真正有眼光的人不是一味追究“微软要在中国干什么”，而是回看自己为何没有干什么。一位年轻的软件工程师在《电脑生活》上说：

“我很悲哀看到这一点，中国的企业一定要在外来竞争逼迫的情况下，才能重视人才吗?”

第三章

脑力激荡

奈森·梅尔沃德：我们这里唯一的原材料就是人的脑力，它是唯一重要的原材料。

白板文化：自由平等地表达思想

世上唯有一种资源，你用得越多它便越是源源而来。你若不肯使用，甚至像美国人保护他们的油田、中国人保护他们的森林那样把它封闭起来，它必会日益枯竭。这种资源就是智慧。每个人都拥有智慧，但只有很少的人懂得怎样使用它。

我们此前谈到李开复和张亚勤的“香江聚首”，忽略了其中一个重要情节：张亚勤在辞去桑纳福公司多媒体实验室总监之职来到微软中国研究院以前，向李开复提出的最后一个要求，并非一般人能够想象到的职务、薪金、住宅之类，而是在办公室里安装一块大一些的“白板”。李开复知道这个要求之后一点也不惊奇，并且一丝不苟照办无误。根据其私人档案中1998年最后两个月的记录，当日这两人就张亚勤来华一事相互交往电子邮件约30件，其中专论“白板”者有5件。我们细检其中内容，可以看出，这块“白板”正是张亚勤回国加盟研究院的最后成因：

张亚勤致电李开复：

我习惯于有一个能够和几个人在一起讨论的办公室。那里需要一个大一些的白板，以便每个人都能表达自己的思想。我注意到希格玛大厦第五层办公室墙上的白板都比较小，我们还有机会把它变得大一些吗？

李开复复电张亚勤：

我们将打掉一面间隔墙以便为你创造一个更大的办公室。它大约20平方米（标准的办公室是13平方米）。你的办公室和我的办公室紧挨着。明天家具公司有人来，为你的办公室装配一个会议桌子和白板——大约宽14米。

张亚勤复电李开复：

真感谢你为我准备了那么大的一个白板。14米宽的白板一定是一个新纪录。它能伸到长安街上啦！就是再大些也没有问题。我保证，它的上面将充满了我们的思想——既有精彩的，也有愚蠢的。

李开复复电张亚勤：

白板没有14米宽——那是我的一个错误。它大约3米宽、1.5米高。你会不会因此不高兴，以致不想回来了——一个玩笑！急切地等待着你的决定。

张亚勤复电李开复：

感谢你为我做了这么多工作。我很高兴你做出的所有安排。我将接受你的聘请，并且期待着回国参加研究院的工作。

换了别人，一定不会以这样一种方式相互交往——计算机领域两位“世界级”的科学家，如此没完没了地在互联网上频繁往来，居然仅仅只为办公室里一块“白板”的尺寸！在以后的日子里，这块白板的确成为张亚勤办公室里最突出的特征。它占据了整整一面墙壁，上面总是写满密密麻麻的文字、符号、公式和图形，外行人看了如坠云里雾中，内行人看了就会怦然心动。

事实上，在希格玛大厦第五层，白板不是仅此一处，它是研究院里每个成员都喜欢的东西。他们的办公室里通常会摆放一些各自特别喜爱的物品，比如家庭成员的照片以及获奖证书，办公室里的家具设备也可以按照各自喜好随意摆放。但“白板”却是每人必备，甚至休息大厅的墙壁和桌面，亦为“白板”制作。这构成研究院特有的“白板文化”。在这里，无论你是主人还是访客，也无论你走进任何一间办公室，坐在任何一个地方，都可以在伸手可及的“白板”上表述你的思想和理解别人的陈述。

“我在桑纳福的时候用的‘白板’特别大。现在的更大了，大得有些夸张。不过，开复当初告诉我有14米，我来了一看，只有3米多，他还欠我10米呢。”张亚勤有一次用一种开玩笑的口气说。不过，你也可以从这话音中听出，他对“白板”的确有着非同寻常的关注。他是这样来解释“白板文化”的：“这是大家讨论问题的一种方式。在这上面显示了一种‘交流’的概念和一种‘表达’的概念。它鼓励你去解释自己的想法和理解别人的想法。”

“白板”通常为复合木料制成，表面覆盖一层白色硬塑，可用水彩笔在上面任意书写，也可用板擦抹去任何痕迹。说来真是奇怪，这东西似有一种神奇的功效：吸引人的注意力和激发人的想象力。微软信奉“智慧支配一切”的逻辑。比尔·盖茨以他特有的语言，将员工中那些闲置的脑力称做“未经使用的带宽”，还说“这是一种浪费”。“白板”的存在，也许在相当大的程度上减少了这种浪费。研究人员站在“白板”前边，可以一连几个小时沉浸在某种思想中，无论是解释自己的还是聆听别人的，全都聚精会神，旁若无人，茶饭不思。有一次几位电影制片厂的摄影师来到希格玛大厦拍片子，请公关经理尚笑莉去搬动几位研究员来做临时“演员”，摆出一个“讨论”的场面。这些人走进“火药库”的时候全是一副很不情愿的样子，导演就像以往在摄影棚摆布演员一样，希望他们做出一些适合“上镜”的姿势。他们却在嘴里嘟囔：这种事除了浪费时间以外毫无意义。可就在这时，有人在“白板”上写了一行稀奇古怪的符号，导演完全看不懂，而“演员”却立刻条件反射般地兴奋起来。他们自顾自地争论不已，全然忘记了旁边的导演、摄影师和那个赫然面对的镜头。等到片子拍完，一群电影制作者扛着他们的设备出去之后，这几位“演员”还围着“白板”写写画画，吵个不休。导演惊叹这些人的表现“比真演员还要真”。

但“白板”不是一个讨论个人恩怨或者利害冲突的地方。任何人都会遇到一些烦心的琐事，比如房子太小，工资太少，或者有什么人做了对不起你的事，但没有人会把这些东西写在白板上面向他人陈述。那上面弯弯曲曲的字母和符号，要么是某项创新的想法，要么是解决某个技术困难的途径，要么就是研究的方向，甚至还有可能是在谈论“人类未来将会怎样”一类大而化之的问题。你面对这些话题，自会感觉人在天地之间，心底种种小恩小怨于无形之中云散烟消，不值一提。取而代之的是一些更大的烦恼：为什么我没有更大的本事克服这个技术难题？有什么办法能够实现这个必将影响人类未来生活的绝妙想法？等等。这样看来，“白板”就完全不同于我们国家曾经广泛使用的那种大字报和小字报，它鼓励人积极向上，任何人都可以在上面写出自己的想法，无论聪明的还是愚蠢的，都无关紧要，也可以不同意或者批评别人的想法，但那绝非消极抱怨或者恶意攻讦。

然而“白板”并非希格玛大厦所独有。如前所述，美国雷德蒙微软公司总部的办公室，一向以张扬个性而闻名，任何人都可以在他的办公室里放置任何东西，但你仍然能在那里看到千篇一律的标志，那就是“白板”。和每个办公室里必备的桌面电脑一样，它在过去的25年里看着微软公司成长起来，成为全世界市值最高的公司，看着他们的老板比尔·盖茨从一个满脸雀斑的毛头小伙子成为“世界首富”。“白板”在中国也属常见之物，在大多数情况下，它是被挂在学校的教室里，这意味着它的作用在于教育——少数人教育多数人，其信息传递的方式乃是属于单方向的流动。这同微软所谓“白板文化”有着完全不同的功效。事实上，“白板文化”也不是微软独有的。在美国大多数公司和研究机构中，“白板”随处可见，每个人在白板面前都有同等机会“教育”别人，或者聆听别人的“教育”。

不过，张亚勤说，他在美国“从来没有见过把茶几桌面也装上‘白板’，那是开复设计的”。

李开复对于“白板”的热情，一点也不少于张亚勤。有证据表明，用“白板”制作茶几面的想法，并非由他首创，但他是将这个想法引入中国并且成为现实的第一个人。李开复在美国的时候，就曾看见某家公司有一个类似的装置。他一见倾心，立刻设想为自己制作一个大体同样的茶几，询问价格，居然要上千美元，只好作罢。当希格玛大厦第五层的装修设计开始时，他说，其他家具都可以去买现成的，但茶几一定要专门请人来做，依照他的“白板之梦”来设计。

如今你走进希格玛大厦第五层的时候，可以看到这里的计算机以及各种辅助设备，全部为世界最新产品，外观精美自不必说，性能以及功能亦属于第一流。其中一些专用设备，中国不仅不能制造而且也没有进口，乃是由技术支持工程师杨飞专门负责到美国购买。杨飞用“恐怖”二字来形容到国外购买东西的感觉，这包括种种辗转曲折的麻烦，也包括他遇到的一些价格“歧视”。他说，世界最新的东西在中国市场出现，至少要晚三个月。所以微软中国研究院总是要在美国购买设备，尽管可以享受种种免税的好处，但实际支付的货款仍然超过市场价格的5%。至于一些高技术的东西，就要花费至少两倍的钱去购买。但李开复并不在乎这些，他手上的投资预算是“六年8000万美元”，所以他的原则是，只要确属研究所需，就不惜代价去买。研究院成立后的一年中，他为60位研究人员花了大约1240万元购置设备，人均超过20万元，大约十倍于中国科研人员的年均经费——包括设备、基建、日常消耗、工资、福利和奖金。相形之下，那些大大小小的“白板”所费，不过是九牛一毛，但我们仍然可以把这看做是最激动人心的一笔投资。把希格玛大厦第五层和我们国家研究机构区别开来的最重要的标志，不是那些闪闪发光的计算机设备，而是这些平淡无奇的“白板”。张亚勤在给李开复的电子邮件中说它可以“伸到长安街”，显然是一句玩笑，但若把他们一年多来写在白板上的那些奇形怪状的符号连接起来，必可在长安街上拉出好几个来回。

“白板文化”的精义，是开创了一个自由平等的环境。研究院里的人们在使用“白板”的时候从来没有认真想过，他们在不经意间拥有了表达自己和了解别人的权利。我们可以想象，如果全中国每一个人都能表达自己的思想，并且有足够的机会在彼此交流中理解别人的思想，我们的国家又将会是什么样子！从这个角度来讲，我们正在注视的变化就包含了某种历史的意义：表达和选择的权利。这对我们国家的价值之大，远远超过8000万美元。

然则如果没有一个自由平等的环境为依托，即使有了“白板”就真的能够实现“表达”和“交流”的目的么？这样看来，“白板文化”与自由平等的环境，究竟孰为因果还很难说。李开复曾在微软中国研究院《通讯》创刊号上撰写了一篇文章，其中说到，他的“新使命是提供一个独一无二的环境”。他的所谓“独一无二的环境”，就是“一个平等的、真诚的、自由的文化”。这样的文章，他在日后每两个月出版一期的《通讯》中通常有一篇，叫做《开复话题》。每篇均以中文写成，其文字水平，足以将一些既朴实又华丽的思想以格言的方式描绘出来。

中国化的美国人和美国化的中国人

谈到李开复的“新使命”，有个词义问题，不容易弄明白。但要理解过去20年里微软的崛起，对于这个词义就必须有一定的了解。微软之所谓“自由”与“平等”，通常并不包含我们中国人时刻警惕的那种政治含义。事实上美国人虽然什么都可以说什么都可以想，但在行动方面处处不能逾越法律的规范，根本比不上中国人那么“自由”，可以随地吐痰随手扔垃圾胡乱穿马路，老百姓可以随地摆摊，官员可以到处设卡，警察罚钱可以随口开价，炒股大户可以套问内线消息……在美国那一边，你就是横穿马路还要按下街头按钮耐心等着对面的指示灯。我们从这种情形下看来，也许可以说，中国是一个“行动自由而思想不自由”的国家，美国是一个“思想自由而行动不自由”的国家。这个国家之所以发展壮大，不仅仅因为善于发现，而且因为勇于探索、敢于涉险和大胆创新。它的力量不是理想主义，而是一种自由主义的平实功利的态度。美国西部的开发自始至终贯穿了这种精神。而在西部后起的微软，更将此种精神发扬得淋漓尽致。

任何走进雷德蒙微软公司总部的人都难免惊异，这里18000多名员工办公室里的陈设和住宅房子的款式，居然没有重样。尽管“穿着自由”已是微软人的举世闻名的特征，但第一次来到这里的人仍会有出乎意料的感觉：一个地道的微软人，看上去活像一个邋邋遢遢的嬉皮士，用形形色色的服装把自己包裹起来。牛仔裤、T恤衫、毛衣、衬衣、羽绒衣。尺寸不合身材，衣料不合季节。夏天可能穿棉袄，冬天可能穿短裤，五颜六色，形态各异，质地精良但却皱皱巴巴，价格昂贵但却绝不显山露水。他们好像什么都可以穿，就是不肯穿西服打领带，这叫不少身着西服革履的来访者不免觉得自己“很傻”。尽管人们全都知道这是一个造就成千上万科学家和百万富翁的地方，但在一群微软人中间，没有人能分辨出，哪个人的口袋里装着多少世界级的荣誉，哪个人的口袋里装着多少钱。

服装的选择与人的智力并无直接关联，但智慧的弘扬必定要求个性的发展。举出两件小事就可以明白，穿着方面的任性放纵或者形格势禁，乃是一种大文化的反衬。作为一个访问学者，美国威斯康星大学的胡玉衡教授在来到研究院的第一天曾经“西装笔挺”，但他立即就发现这是属于“过度着装”。他说他由此了解到，“开放、自由和不拘泥于形式是微软研究院文化的一个重要特征”。另外一件事情发生在凌小宁身上。80年代中期他到美国留学的时候，在北京跑遍一条王府井大街终于买到一身西服。那时候我们国家卖西服的和穿西服的都很少，但他认定在美国是一定要穿西服的。不料后来他在俄勒冈州求学五年，又在微软工作七年，居然一次西服也没有穿过。到了1998年夏天他要回到中国来工作的时候，李开复告诉他，一定要在美国买套西服带回国内，必定有用。凌小宁回到国内，但见西服遍及街头巷尾，甚至一老农开着拖拉机行走田间也身着西服，不禁感叹：太平洋两岸孰东孰西？

说到“孰东孰西”，其实希格玛大厦第五层也有这个问题。

1999年春天到夏天的几个月里，这地方真叫热闹。免费饮料室里，各种饮料的消耗量日益增加。这些人什么都爱喝，既喝咖啡、可口可乐、立顿红茶或者加了冰块的矿泉水，也喝中国绿茶和各种果汁。事实上，聚集在这里的人无论是中国国籍还是美国国籍，都是华人，就像侯德健的歌中所唱：黑头发，黑眼睛，黄皮肤。你就算走到他们中间，也无法分清谁是美国化的中国人，谁又是有着中国背景的美国人。你会发现他们身上的种种性格和风尚，只能使用“亦中亦洋，亦东亦西”来描述。这是一大群绝顶聪明的人，都是博士，都是教授，都是腰缠万贯的“暴发户”。散漫，独立，傲慢，但也懂得不失时机地对他人表示尊重和理解。说话直截了当，伶牙俐齿，脑子快，嘴更快，中文夹着英文，来回穿插跳跃自如，听者也不会有勉强的感觉。你从他们的言谈中，可以很容易地了解他们想什么，但却永远不会知道他们的财产有多少。不像我们这些纯粹的中国人，可以很容易地了解人家口袋里有多少钱，但很难知道人家心里想什么，也即所谓“人心隔肚皮”。他们既吃西餐也吃中餐，既吃三明治也吃方便面，吃饭的时候仍然在使用筷子，但却已经不肯像中国人那样伸长胳膊去夹菜，而是像西方人那样，把盘子端过来，一边转来转去，一边说着“turn around”——“转一圈”。在大庭广众之中，他们常常像美国人一样低声说话，也会像中国人一样高声喧哗，讲“荤笑话”并且哈哈大笑。他们喜欢穿没有商标的衣服，没有裤线的裤子。款式简练，质地精良，价格昂贵，但旁人却看不出贵在何处。尽管衣着随便，但每天早上必会一丝不苟地洗澡刮脸，并且嘲笑那些没有天天洗澡的中国人身上有一股异味。他们在北京的卡拉 OK 歌厅里面，很地道地唱外国歌曲，但也唱《游击队之歌》、《社员都是向阳花》和《洪湖水浪打浪》。他们喜欢在美国的高速公路上开快车，又像美国人那样惊叹中国的交通拥挤，身揣驾驶执照，家藏高级轿车，但却永远不敢在中国的城市里面开车。与外国人在一起的时候，他们没有中国人常会有的拘谨和尴尬。在中国人群中沉默不语的时候，你闻不到他们身上的“洋味道”。他们疯狂地工作，也疯狂地玩。关注技术的最新进展，也关注股市每天的行情。在研究院里，他们彼此之间从来不肯称呼职务——比如什么“李院长”、“张首席”、“沈主任”、“凌总工”之类，而是叫“开复”、“亚勤”、“哈利”、“小宁”。从美国来的访问学者胡玉衡说，他发现“这里有一种只叫姓名后两个字的文化”。不过，这些人一旦走进中国任何一所学校，也会不住口地叫人家“某院长”、“某教授”。

事实上，职位在这些人的心目中的确是很轻的。没有人会因为一个人拥有权力才尊重他，更没有人会仰仗自己的权力对旁人颐指气使。比如张亚勤就更加在意他的“首席科学家”的头衔，并且在名片上把它排列在“副院长”之前。他说：“在美国，首席科学家是在科学研究领域中比较权威的一个职务。”当一位记者用中国人的思维方式来询问他，“首席科学家”和“院长”两个人究竟谁领导谁的时候，他说：“开复既是院长也是科学家，而且是世界级多媒体权威。”听上去他更加尊重李开复的学养而不是李开复的权力。不过，记者还在刨根问底地追究，如果“院长”和“首席”的意见不同，谁听谁的呢？“他是个思想非常开放，能够听取不同意见的人。”张亚勤继续说，“我们是一起讨论，达成共识。如果有不同看法，那他会做他的事，我去做我的事，过一段时间再看看，谁错了谁就改。这是科学研究的做法。”停了一会儿，他又说：“作为科研机构的管理者，只把握方向，其余方面让别人去做，任何想法都可以去试。重要的是什么时候知道错了，就什么时候停下来。因为与自己观点不同，就用职权来限制他人，这不是做科研的态度。”记者显然不能满意，因为他从张亚勤的话里还是听不出李院长的权力究竟在哪里，其实他只要回去看看李开复写的《从基础研究谈起》，就全都明白了。李开复在那里写的，比张亚勤说的更加彻底：

> 引导，但不控制——除了由我负责研究院的使命和大方向外，研究的项目、细节、方法、成败，都由研究员自己来决定。我们聘用的人都是世界级的专家，对于细节，我可以提出我的意见，但是决定权在研究员手中，因为他们懂的远远超过我。我会全力地支持他们，就算我不认同他们的决定。
>
> 自由、真诚、平等——这是我多年来所负责的每一个机构的共同特点，在一个自由、真诚、平等的机构里，每一个人深深地互信、互助、互重，无论资格、级别，每一个人都能够直接对任何人提出他的想法。就算是批评、争论，也是在互信、互助、建设性的前提下做的。在我的机构里，我不容忍官僚作风，不容忍傲慢作风，更不容忍明争暗斗。

我不赞成你，但我支持你

从客观的情况看，李开复的这种表现是很自然的。他的经历如他自己所说，有着“自由、真诚、平等”的共同特征。这一点当他还是一个学生的时候，他的导师罗杰·瑞迪便给了他多次铭心刻骨的体会。那时候李开复追随他的导师研究计算机语音识别系统。作为导师，罗杰·瑞迪的最杰出的所在，与其说是他的学问，倒不如说是他的眼光和品格。他似乎有一种天助神佑般的感悟力，知道通向未来的道路在哪里。作为科学家，他并非全知全能，即使在他熟悉的领域中，情况也在迅速变化，为他所不能掌握，但他知道怎样去看待一个自己不懂的领域，知道怎样用一些最困难的问题去激励一些年轻人的热情和想象力。如果他的学生李开复向他说出三个研究题目，他能够十分肯定地回答，其中一个问题根本无用，不能做；另外一个虽然有用但价值太小，不值得做；第三个才是精彩的想法，但若实现这想法至少需要十年。

罗杰·瑞迪是美国一个总统特别委员会的成员。他因自己的远见卓识受到政府尊重。但他不喜欢任何社会活动，只一心沉浸在计算机的世界中，中午也不正经吃饭，通常是叫人家送一个比萨饼来，一边吃一边和大家讨论。李开复入学伊始，问他应该做些什么课题。他说："这样吧，你做一个不特定语者的语音识别系统。"这话现在已经没有什么新鲜含义，但在80年代初期，这还是一个无解之题。那时候人们所研究的语音识别系统，只能识别一个人的声音，所以也叫做"特定语者"。没有一个人能够想象让机器听懂所有人的话。所以，罗杰·瑞迪的这句话，可以说是开创了语音识别研究的新纪元。事实上，语音识别的研究在当时正在山穷水尽的窘境中，有人撰文说它即将衰落，美国国防部在收缩投资。罗杰·瑞迪自己也不知道答案在哪里，但他的直觉告诉他，这个问题是有解的。

这次谈话之后不久，罗杰·瑞迪把一个15—20年的研究计划交给李开复，还告诉他研究经费没有问题。李开复很快发现，罗杰·瑞迪给予他的支持远不止这些。那个暑假，李开复对罗杰·瑞迪说，他觉得用人工智能的办法研究语音识别没有前途。李开复的这个想法不仅不合适宜，而且也和罗杰·瑞迪的想法相悖。那时候"人工智能"为所有专家信奉，所以又称"专家系统"，其要旨是用机器来模拟人的语言能力。就像是教给一个婴儿识别"爸爸"、"妈妈"的含义，再让他学会说出口来。直到17年以后，李开复还记得当年研究的若干情形。整个过程很像是一个婴儿在学习语言，区别只在于这"婴儿"是一台机器。专家们以20个人的声音反复训练，结果发现这"婴儿"居然能听懂也能说出话来，就像是一个真的婴儿在讲话。这一成果令全美轰动，人们把它作为一个重大发明，罗杰·瑞迪信心十足地计划着在这条道路上继续走下去，李开复也跟着写了一篇论文，文字优美，结论精致，说语音识别率已经达到95%。但李开复很快就发现，"专家系统"其实没有用。道理很简单，"婴儿能够长大成人，机器却不能成长"。所以当他用另外100人的声音重新检验原来20种声音的实验成果时，立刻发现这机器不灵了。

李开复准备另辟蹊径。他告诉罗杰·瑞迪，他对"专家系统"失去了信心，要使用统计的方法。他坚信，导师的方向正确但方法错了：对于"不特定语者"的研究来说，一个太小的数据库——20个人，所产生的结果，无论多么精彩也没有意义，而大数据库则不能避免统计的方法。罗杰·瑞迪听了这些，并没有信服，但他却被眼前这个年轻人的锐利和激情所感染。他说：

"你对人工智能没有兴趣，我不同意你的看法，但我可以支持你用统计的方法。不过，我提醒你，过去有人用统计方法做过类似的工作，都没有成功。"

李开复说："那是因为他们的语料数据不足。"

罗杰·瑞迪说："你喜欢大语料，我可以去找国防部，让他们出钱建立一个很大的语料库。"

这时候是1984年的春天，罗杰·瑞迪麾下15位专家坚持使用"专家系统"，只有李开复走上了另外一条道路。周围的人从根本上不同意他的方法，自然不能给他帮助。只有一个师兄例外。师兄正在国际商用机器公司做他的论文，他赞赏李开复的想法，还很慷慨地把自己的语音知识倾囊相授。

这样的局面维持了一年，罗杰·瑞迪许诺的大语料库真的建起来了，但李开复一无所获。次年暑假，他给一个"天才班"的孩子们开设计算机课。课程是为一种很流行的棋编制程序，叫做"奥赛罗"。他带着一群孩子，一边玩一边学，还参加了全美的竞赛，所向披靡。州长来参观，很高兴地说："真是天才。"其实李开复心里明白，这个棋的特点决定了，一个二流棋手编的程序，就可以打败一个一流棋手。

但他依然发现了自己梦寐以求的东西。暑假快结束的时候，他对罗杰·瑞迪说，他要暂时放下"语音"，继续他的"奥赛罗"。瑞迪问需要多长时间。他说："一个月就可以打败世界冠军。"瑞迪不能完全明白这年轻人想要干什么，但他没有犹豫就再次支持了他。

李开复心里已有主张。他是想在"奥赛罗"上彻底检验统计的方法。他带着一个名叫萨卓依·玛哈俊的高中学生，设计了很多算法，把原来只有400行的程序增加到2万行。大约花了一个月做系统，又用了两个月把统计方法做进去。困难超过了他的想象，但成功也超过了他的想象："奥赛罗"的运算快了1000倍。

李开复独自一人享受他的艰辛和成功。这一年，他23岁，已经感觉到思想者的孤独。不过，并不寂寞，他有"奥赛罗"为伴。

那几个月，李开复和萨卓依足不出户，不分昼夜驱动电脑下棋。由于机器运算速度提高了1000倍，棋下得很快，总共下出4万盘完全不同的棋谱，每一谱走60步。这样，他们得到了240万（40000×60）种不同的走法。依据最后结果，将每一步都定义成最终“黑赢”或者“白赢”，还精确统计出赢的概率。你每下一步棋，电脑就会告诉你：赢的概率是0.5。再下一步，可能就成了0.49。你若犯了一个大错误，它会告诉你，赢的概率是零点零零零……一旦出现这个概率，你就不用再下了。

现在，两个年轻人要发表论文了，还要带着他们的“奥赛罗”参加世界计算机比赛。但这需要钱。他们忐忑不安地找罗杰·瑞迪。瑞迪说，没有问题。他们发表了一些论文，花了瑞迪3000美元；通过电话参加比赛，又花了瑞迪1000美元。那次比赛的情景，至今想来令人激动。李开复的电脑和一个世界冠军棋手对阵，约定两盘，但第一盘，冠军以8:56败阵。第二盘，干脆弃权了。冠军说，他根本就没有办法走下去。这样看来，李开复真的制造出一个“无敌棋手”。经此一役，“无敌棋手”再也找不到对手，只好回家歇着去了。然而李开复却不会歇着。他说：“最重要的是让我对统计概念有了信心。对大数据库的概念有了信心。”他在几年以后实现的语音识别技术的重大突破，恰与现在这个“无敌棋手”一脉相承。

这年秋天，李开复终于有了一个同盟者。那是从台湾来的一个学生，名叫洪小文，比李开复还年轻。就从这时起，两个年轻的中国学生相互鼓励，坚定不移地标新立异，真有“疏枝立寒窗”的感慨。多年以后，洪小文回忆起这段经历，以“良师益友”来描述李开复，又以“共渡难关”来描述当日情景。

说是“难关”，一点不假。专家们全都不赞成两个青年的“胡闹”，罗杰·瑞迪也不能认可，但他与别人不同，他始终告诫自己的学生：“你如果有信心，就坚持做下去。”他为两个学生提供最好的机器，寻找最新的资料。到了暑假，两个学生要到公司去打工挣钱，罗杰·瑞迪说：“你们到外面打工，不如在这里继续你们的研究。人家给你们多少钱，我也可以给你们。”

年轻人回到了语音的领域。李开复每天工作大约17个小时：上午9点起床，到学校完成自己必须做的事情，中午回家，从下午1点钟工作到凌晨2点。每天如此，一直持续了大约三年半。他和洪小文写了很多论文，还写了至少10万行程序。

1987年5月，年轻人的世界出现曙光。李开复把语音系统的识别率，从原来的41%一下子提到80%。罗杰·瑞迪惊喜万分，立即决定把这个结果带到国际会议上。李开复大着胆子说：“这是我做的结果，我自己去讲好不好？”瑞迪说：“当然可以，我让秘书给你订机票。”出发的那天，李开复开着他的已有15年车龄的轿车来接导师，走到一半路程，车子冒烟，汽缸爆了。师生二人只好转乘出租车，学生很沮丧，老师嘴上说没有关系，心里却说："这辈子再也不坐开复的车子了。"

导师依旧满怀激情地把学生介绍给全世界。不消说，李开复的成果在会上引起轰动。他的工作不仅具有技术的价值，而且将全世界语音研究领上一条新的道路。

不过，在1987年初夏的会议上，李开复对这一切还不能满意。"我还有一个重要想法没有实现呢。"他说。他回到自己那个寂寞的小屋，继续每天17个小时的工作。

真正激动人心的时刻，发生在1987年圣诞节前的那个早晨。李开复起床，照例去看电脑，语音识别率居然达到96%。他不信，以为是计算机搞错了。再做一次，还是96%。他飞快地跑出去告诉洪小文，又飞快地跑回来告诉妻子。直到十几年后，回忆起那个早晨，李开复还是抑制不住地兴奋："这是我从事研究以来最高兴的一天。"妻子为他高兴，提议中午到饭馆去祝贺。那时候他是个穷学生，夫妻俩很少出去吃饭，可这顿饭，两人花了20多美元。

这个早晨的确具有划时代的意义——不仅是对这个家庭，也是对整个计算机语音研究世界。直到今天，全世界研究语音识别的专家们，仍在使用李开复和他的搭档洪小文当年开创的方法。90年代结束之后，罗杰·瑞迪回忆起这一事件，赞叹他的学生当初的睿智以及敢于反对他的勇气，还说："在科研的领域中，自由和平等绝对必要。"李开复在自己的道路上历经无数起伏跌宕，1984年他和导师的那场对话令他始终不能忘怀。其刻骨铭心的程度，甚至超过了那个激动人心的早晨。"我不同意你，但支持你"这样一个理念，也就永远地留在他的内心深处。他由苹果公司副总裁而至SGI副总裁，进而成为微软中国研究院院长的岁月中，始终信守不渝。

不是要你做什么，而是你要做什么

与雷德蒙112号楼比起来，李开复在希格玛大厦第五层的办公室的确算得上庞大华丽。1999年的春天，李开复正在他的办公室里构思到中国来的第三篇文章，题目已经写出来了，叫做《科研的方向》。是啊，大家都说研究院"精英荟萃"，"豪华阵容"，就连研究院的人也当仁不让地这样说。可是你拿什么来证明呢？从国内来的这些博士，把他们在学校里获奖的那些题目重新捡起来，希望能够百尺竿头，再进一步。但是从国外回来的那些人，手上拿的全是世界上最新发表且最具水平的论文。他们告诉那些副研究员：我们不做“中国第一流”，要做就做“世界第一流”。

“世界一流”这个词，过去听上去就像水中月，镜中花，让人看得见，摸不着。现在好了，身边有一个张亚勤为证。3月18日，整个研究院都知道美国总统克林顿写信来了。总统祝贺张亚勤以往取得的成就，还说了“最衷心地祝愿你获得新的成功”。这话让中国研究院那些初来乍到的人听起来，觉得真叫刺激。大家纷纷去找张亚勤，询问他怎样才能出人头地，他一边说着“为什么要出人头地”之类半真半假的话，一边介绍他的经验。他说：“第一，要做一个现在人们不太关注，但将来会成为主流的东西。”大家说，这话很明白，请说下一个。张亚勤又说：“不要在一个领域当中停留太久。”这话不免让大家有些糊涂了。就听张亚勤继续说：“你用20%的精力往往可以完成一项工作的80%。但要完成最后的20%，你却要付出80%的精力。”大家面面相觑，若有所思：读了20多年书，怎么老师在课堂上从来没有对我们讲过这些呢？

那两个月，希格玛大厦第五层里，所有的人都在问同一个问题：你到底想做什么？这问题当然也会出现在地下室的餐厅或者健身房中。陈正和邸烁已经进入李开复领导的音字技术组，正在集中全力研究李开复的关于语音识别的两篇论文。60多岁的黄昌宁开始建立他的汉语语料库，他从清华大学教授的位置上退休，现在的目标是，在一年后拥有一个全世界最大的汉语语料库——50亿字。王坚和张高、韩坚讨论“用户界面”的种种弊端。沈向洋的一句口头禅现在成了整个研究院的口头禅：

What’s New？——新的东西是什么？

张黔说她原本是做“传输”的，现在仍想重操旧业。张亚勤说：“当然可以。”这简单的一句话让张黔一年以后想起来还觉得痛快：“他不是要你做什么，总是在问你要做什么。真是一个好老板。”

士气已经到了研究院成立以来的最高点。所有的研究员、副研究员和工程师，都在心急如焚地等待大展宏图的良机。一般的研究员都认为，自己理应解决最新颖最困难的问题。有人为自己收集资料，有人为自己寻找参考论文，有人为自己编写程序。锋芒毕露的人振臂高呼：“没有什么事情是我们做不成的。”谦恭内敛的人也在心里暗自认定自己无所不能。但李开复可不这样认为，他心里着急的是，不要把这些年轻人的激情煽动起来就认为万事大吉。以往的经历告诉他：计算机软件世界中从不缺少激情，但决定最后胜负的力量却在于对未来的判断。他指出："科研的方向就如同行路的方向，走对了，可以最短的时间到达我们的目的地，走反了会事与愿违，徒劳无功。那么，微软中国研究院的研究究竟应该往哪里走呢?"也正是因为这样的理由，他才会在这么紧张的日子里，安静地坐下来写他的《科研的方向》。

李开复用这样紧迫的言辞提出问题，应该说不是无病呻吟。我们来看信息产业的历史，似乎很少有人能够准确地预见未来。错误常常发生在一些最具智慧的人身上，包括一些著名大公司的领导者、"诺贝尔奖"的获得者，以及像日本这样精明的国家（它在70年代预言"人工智能"将会主宰天下，并且倾举国之力于这个领域，结果证明这个预言过高地估计了机器的能力）。这也正是很多人蜂拥在这条道路上左冲右突而只有很少人能够成功的原因。

用这样的精神来指导科研，确实与微软公司乃至所有成功者的起点相吻合。在美国西雅图地区过去100年的历史上，曾经有两个拥有同样名字的人，创造了两个完全不同的奇迹，成为两个不同时代人类智慧所能达到的最高峰。一个是比尔·波音，他在1916年开创了波音飞机公司，如今它的一个"波音747"车间有500多米宽，40多米高，96公顷的面积，1300万立方米的空间，由数千万吨钢铁和水泥所构筑，可供七架"747"同时组装，而这一切还只是一个巨大车间的1/6。另一个就是比尔·盖茨，他把他的微软公司建设在西雅图南边雷德蒙的茂密树林中，环境典雅，绿草如茵，没有巨大的钢筋水泥构架，没有高耸的车间，也没有机声隆隆，只有一台台的电脑加上一块块白板。这样两个公司，一个崛起在20世纪的最初20年，成为全世界工业时代的经典之作；一个崛起在20世纪的最后20年，成为信息时代的经典之作。到如今，每天全世界有至少300万人乘坐波音飞机，有3亿人在使用微软操作系统。两个"经典之作"合而为一，成为20世纪人类生活的一部分。两个比尔和他们的公司有着无数的不同之处，但是有一点是同样的，那就是对于未来的预见。第一个比尔在他的造船业如火如荼的时候，就坚信未来普通人最常用的旅行工具将在天空；第二个比尔在大型计算机垄断市场的时候，就说出了那句在多年以后让全世界说起来都赞叹不已的名言："我们的目标是让每一个办公桌上以及每一个家庭都拥有计算机。"

1997年12月12日，比尔·盖茨来到北京清华大学，和几千名学生一同分享迄今为止他所经历的那些"激动人心的事情"。他所讲述的第一件事，就是他在 19 岁那年的“远见”。实际上他就算根本不提这件事情，在场的中国大学生也已耳熟能详。因为他的《未来之路》早在两年以前已经出版，并且成为大学生中最畅销的书之一。“20 年后的今天，对于正在发生的事情我又有了同样的感觉。”比尔·盖茨说，“那时，我担心其他人与我们有同样的预见力，今天，我知道成千上万的人都有这种预见力。变化才初露端倪之时，许多公司就迫不及待地涉足其中，而机会是无穷的。”

机会的确无穷多，但其中绝大多数都具有欺骗性。在相当多的情况下，多数人都会成为受骗者，而只有少数人显露出驱散乌云复见天的智慧。开创 DOS 是一个例证。否定 DOS 开创“Windows”又是一个例证。“Windows 1. 0”失败了，做“Windows 2. 0”，“Windows 2. 0”失败了，做“Windows 3. 0”。始终不渝，锲而不舍。这是第三个例证。当“Windows 95”大行其道、大发其财的时候，却来开发“Windows NT”，是第四个例证。普通人永远只能看到眼前而看不到未来。一个公司的领导应该对将来的用户有一个很好的把握，比尔·盖茨总是能够在大多数人动摇的时候执著地坚持，事实证明，他通常都是对的。当然他并非“万能的主”。有些时候，芸芸众生全都看明白的事情，睿智者却被蒙在鼓中。也许是他在“个人计算机”时代的预见太精彩，造成了他对以往成功的过分偏爱，所以当大多数人都在谈论“网络时代”的时候，他却在相当长的一段时间里对此嗤之以鼻。直到 1995 年的某一个时间，他才忽然意识到自己的迟钝。他的与众不同不在于不犯错误，而是绝不打肿了脸充胖子。他不认为自己永远“英明”，当他发现自己错了的时候，立即写了一个电子邮件给麾下 3 万多名员工。信的题目是《因特网大冲浪》，看上去是一个新时代的宣言。李开复当时远在硅谷，也有所闻。比尔·盖茨在那里面说，网络将要彻底改变我们的产品。还命令他的员工，从明天早上开始，把你们计算机硬盘上的所有软件都删掉，以便重新开始。那个早上微软公司乱作一团，很多人都不高兴，因为有很多非常赚钱的产品小组，就这样解散了。成百上千个工程师不得不跑到新的办公室去上班。但是要不了多久，所有人都承认他是对的。

比尔·盖茨今天的财富纪录无人能比。但作为一个大公司的领导者，他同时兼有的两种品格，比他的财富更加珍贵：其一，大家都错了，只有他是对的，他执著地坚持着自己的判断而不肯人云亦云，因为他知道只有他认定的东西才是未来社会的主流；其二，大家都对了，只有他错了，他愿意承认自己的错误，并且愿意付出一切代价来纠正错误，扭转方向。按照李开复的说法："在其他公司，这两件事情都是不可能做到的。"

一个人的威信既不是建立在权势之上，也与金钱无关。如李开复所说，"不是因为你是世界首富，或者你是公司首脑，大家就一定要相信你的话。你一次一次的判断都是对的，大家才会相信你"。从纯粹科学的角度来说，这样的解释必可得到比尔·盖茨本人的认可，因为他在向别人解释微软的成功之路时，总是会说："我想最重要的因素还是我们最初的远见。"微软公司迄今为止的历史，就是这句话的实践。

基础研究：发明现在不可能的事

一个好的领导者，应当知道自己正在走向何处，应当知道在未来的某一年里，那个地方有多少人在等待他的来到。当比尔·盖茨在1995年写下"现在我们又站在一个新的地平线上"这句话的时候，他显然正在试图把他以往的英明变成永远的英明。当李开复在1999年写下"我们很难断定五年后的社会将是怎样，但是我仍然试图做一些大胆的预测"这句话的时候，他显然正在试图成为这样的领导者。

对于那些研究微软公司动向的中国人来说，这一段时间，李开复的嘴巴也就是比尔·盖茨的头脑了。1999年的春天，真是一个多事之春。3月，比尔·盖茨从太平洋的那一边飞到这一边，在中国南方城市深圳宣布了他的"维纳斯计划"。我们国家的计算机业和家电业还没来得及说什么，一群编辑记者以及一些自诩"信息业评论家"的人们，便热血沸腾起来。没过多久，微软又在北京状告中国"亚都"公司盗版侵权，让中国的消费者觉得又是心虚又是愤怒。这一边，李开复在希格玛大厦接受记者采访。记者问他，微软真的要在中国掀起一场竞争的浪潮吗？他说："对于微软来说，最大的竞争对手，不是某家具体公司，而是我们可能把握不住某种变化，从而丧失大片江山。"

很明显，李开复的志向不在眼前，而在长远。他为研究院打出的旗号是"从基础研究开始"。不过，他的"基础研究"包含着一些中国人还没有了解的东西。有一次他对比尔·盖茨和里克·雷斯特说，他对微软的科研理念中"98%的部分都认可，另外的2%，是要在每一句话前边都加上'五年以后可以应用'，而不是做一些根本没有什么用处的东西"。两位老板都说他的想法是对的，但奈森·梅尔沃德认为，"人们通常会高估两年后的事情，低估十年后的事情”，所以应该在“五年”之后加上一点东西，变成“五年到十年”。

奈森·梅尔沃德是微软的首席技术官，满口谈论的都是未来。“我们的目的是要创造我们的未来。”他说。当他发现削减基础研究经费在全世界成为“一种流行趋势”的时候（他曾经在一次演讲当中列出如下数据：1995年以前的十年中，在美国用于研究和开发的国内总支出从2.9%下降到2.6%，德国从2.7%下降到2.3%，英国从2.2%下降到略高于2%），就说：“这种趋势是非常让人伤心的，最终也是很危险的。”今天的技术是建立在过去几十年的基础科学研究之上的。看看因特网吧，它在长达25年的时间里只是在消耗大量资金，但突然之间，就使整个人类得到了巨大的实惠。“感谢上帝，它得到了长达25年的支持，”奈森说，“如果我们不以长远的眼光行事，那么我们在长远发展时必将陷入困境。”他说，微软不会做百年之遥的研究，因为那过于遥远。但他又说：“我们目前所进行的理论性研究可能在十年后才能有结果，有可能不止十年，可能一百年才能出结果。”他预期他的公司将有一些研究项目在任何时间段中都不会有用，但是，“它们只不过是很小程度上的失败。如果我们不冒这个风险，我们有可能一无所有”。

3月下旬，也即比尔·盖茨在深圳发布“维纳斯计划”之后两个星期，李开复来到中国西部古老的城市西安。在交大演讲之后的几分钟里，又对《陕西日报》的两位记者张鹏和刘湘明说：“假如我希望搞基础研究，那我选择企业的研究机构时会考虑这样的问题：第一，这个公司对基础研究到底有多大的承诺，因为基础研究需要一个很长期的成果。第二，我觉得基础研究的目的，并不只是为了写一些论文，最终目的还是要让上亿的人享受到你的成果。最后，我还需要一个没有产品压力的环境。在这里不会听到‘你不要做研究了，赶快帮我们选择产品，这样我可以给你经费’这样的话。”

大约就从这时起，“基础研究”这个词就悄然出现在微软中国研究院的词汇中了。当一个记者问李开复研究院将对中国市场产生何种影响时，他回答：“对不起，这一点我不清楚。中国研究院从事的是基础研究，与市场联系不大。”在另外一个公开场合，他又说：“在微软中国研究院里，我们强调的是论文，对于产品开发没有兴趣。”又过了几天，李开复就把他关于“基础研究”的种种说法集中起来，成为“开复话题”中最富启示性的部分：

基础研究需要一个特殊的研究风气。

基础研究的定义就是发明一些现在不可能的事情。

我们期望的研究结果是在五到十年后能成为主流。

我们永远不能忘记，所有今天的产品都是建立在过去的基础研究上，我们必须投入今天的基础研究，才会有明天的产品。

科研成果应该不只是一篇论文，而应该是一个机会，能够转换成产品。让上百万、上千万、上亿人使用，这才是研究人员最大的成就感。

一时间，“基础研究”这几个字就像流行歌曲一样，成为中国国内大小报刊上频繁出现的一个词。对于这个概念的最通俗的解释，就是所谓“冰球理论”。当一个冰球运动员被问及成功的奥秘时，他说：到冰球将要到达的地方去。

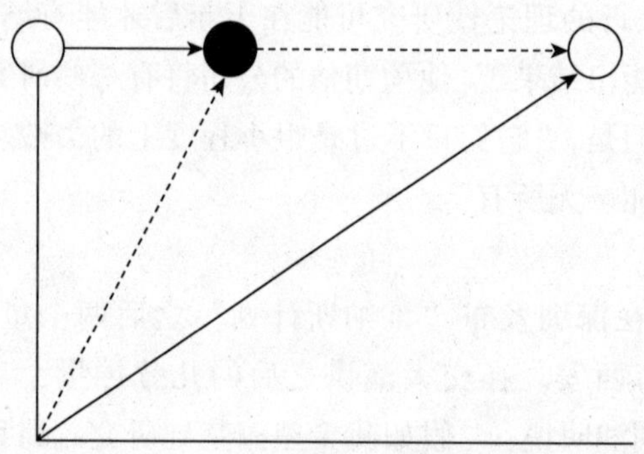

你若只盯着冰球现在的位置，就将永远落在后面。

图上显示的“冰球理论”本身并不新鲜，但在中国人看来却格外触目。君不见，这些年中国那些搞“基础研究”的科研所和大学，全都为了“一杯羹”而去争当“市场弄潮儿”！企业家们在一旁看着，面带得意的微笑，但那些信奉“冰球理论”的科学家们，早就对此痛心疾首。清华大学教授黄昌宁和浙江大学教授王坚，双双离开自己的学校投奔微软中国研究院。这两个人在希格玛大厦见面之后，有一段对话：

黄：鼓励学校去办公司，鼓励教师去兼职，这在国外不可想象。

王：这和军队经商的性质是一样的。把科研人员都毁了。

黄：也破坏了学校的培养人的环境。

王：这是普遍的。

黄：把科研所划给公司。打个比方，就像“文化大革命”中工农兵走进上层建筑一样。这种东西叫创新？我不知道创新在什么地方，还说是“把科研人员推向市场”。公司要什么，研究所就做什么，那还有基础研究吗?

王：公司对学校有什么好处?没有好处。就是给学校上交一笔钱。

黄：我们叫“上贡”。

王：人家说，基础研究对富人是保险，对穷人是赌博。可是在学校，不能这样说。因为学校最重要的目的是产生人才。

黄：教授不是把目光注视国际学术的最前沿，而是要花很大力气争取资助，维持课题组的生存。研究的是生存，不是前沿。首先是管肚子，是饭菜票，是改善用的和住的，然后才是做什么研究。

这话不一定正确，至少有点偏激。但却不能说没有一点根据。这一年，按照统计部门的调查，我们国家用在研究和开发方面的资金，折算成美元，大约有27亿，这和微软公司每年用于研究开发的经费差不多。

在一片“资金短缺”的呼声中，圈子里面真正洞悉内情的人还在发出另外一种抱怨：拿中国学校和外国学校比，中学比他们的好，大学不比他们差，研究生就不如人家了。“硕士还勉强，博士就差得太多，”黄昌宁说，“差在科研水平上。你的科研在世界范围怎么样?如果是同一个水平，可以说，出来的博士也是同一个水平。但如果差了十年，你的博士怎么会比人家的好呢?总体科研水平差，培养出来的人就差，这是可以推算出来的。”

黄昌宁是我们国家最优秀的计算语言学专家，这年62岁，一副黑边眼镜，一头白发，两道眉毛又浓又黑，显得异常突出。人家都说计算机的世界是年轻人的天下，但黄昌宁却是个例外。1999年春天，他从清华大学教授的位置上退休，立刻成为很多学校和公司追逐的对象，香港大学还给他发来了聘书，但黄昌宁最后接受了李开复的邀请，来到微软中国研究院里担任自然语言小组的经理之职。在希格玛大厦，大家全都叫他“黄老师”或者“汤姆”，他也觉得自己就像眼前这些年轻人，事业的历程刚刚开始。

但他毕竟和他们不同，他是“过来人”。他承认自己“有一些很痛苦的经验”。他这大半生，就是中国知识分子的一个缩影。读大学的时候，饿着肚子“大跃进”。后来搞核反应堆，搞原子弹和氢弹，又在清华大学做教师。然后是“文化大革命”，批判自己和批判别人，思想改造和下乡劳动。到了80年代，他开始学习计算语言学的时候，已经是40多岁的人了。这门学问既是计算机学又是语言学，说到底也就是让计算机懂得人类的语言。虽是半路出家，他特别有兴趣。不过，他始终不能全力以赴，他说他要“花费70%的精力去跑政府跑企业跑什么基金会，求爷爷告奶奶，要经费”。眼看着那些拿到钱的人不做研究，做研究的人拿不到钱，他就生气。清华大学很多课题组，就因为没有经费解散了。有些打着政府招牌的机构，“可以永远不做课题，但却永远有钱，也不会解散”。他把一肚子的气憋了几十年，一直到他进入希格玛大厦的时候才吐出来。他从来没有想到自己居然可以只问研究不问钱：“在这里，你最担心的是本事不够大，做出来的事情不够水平。至于钱，那是不封顶的。”有人看他一脑袋白发还给外国人打工，说他“晚节不保”，“有损自尊心”。他说：“科学没有国界。”还说：“你只要看看市场上的汽车、彩电、移动电话，就会知道让外国企业进来会给中国带来什么。”听到那些大骂微软是“侵略者”的声音，他就反问：“让计算机在中国人的手里变得更好用，这件事对中国人价值不是更大吗?”看到周围都是年轻人，他不是感叹自己太老了，而是感叹：“学校太老了。这样下去，压制了年轻人，也耽误了整个国家。”

无论是黄昌宁还是王坚的观点。都代表了许多人的意见。事实上，很多在外企工作的中国知识分子，内心深处的忧国忧民之情，一点也不次于那些整天在嘴上高喊“民族精神”的人。他们一天到晚为外国人做事，这不假，但他们的工作对自己国家所产生的积极影响，至少要在那些除了“大批判”就什么也不做的人之上。1999年春天，“基础研究”之风刮起来的时候，这些人特别兴奋，都说这是击中了中国科研领域的一个薄弱环节。只可惜这“兴奋”不是来自中国自己的企业，而是来自微软。

公开的舆论怀疑微软的“基础研究”中潜藏着无限杀机。很多中国人怎么也不肯相信，这个年销售额好几百亿美元的公司，会干出“只花钱不赚钱”的事情来。方正研究院的常务副院长肖建国劝那些疑虑重重的人说：“没有必要担心，因为他们说得很清楚，是从事基础研究。这与我们的研究不存在冲突。”联想集团总裁柳传志也试图给人们一种“井水不犯河水”的印象。他说：“好的软件像一串项链，微软中国研究院是用中国线穿外国珠子，而我们是用中国线穿中国珠子。”但大多数人还是不信。张平说：“它的目标也会是非常明确的，占领未来中国市场。”另外一位不愿透露姓名的人说得更加直截了当：“基础研究只是微软的一个幌子，它看中的只可能是中国的市场。”外国人面对中国人的这种争论，通常只是站在一旁看热闹，这一次，有不少人忍不住加入进来。一位澳大利亚的科学家说：“微软从来都是一家最讲现实的公司，它所说的基础研究与我们通常理解的基础研究不会太一样。”日后的事态发展证明，李开复所说的“基础研究”和那个时候大多数人理解的“基础研究”的确不一样。不过，这是后话。

科研方向：把机器当做人，不是把人当做机器

根据后来印制的时间来推测，李开复的《科研的方向》一文，应当是完成于1999年5月。几个月前，他在北京对记者阐述同一个问题时，还只是一些朦朦胧胧的想法。他说，“微软公司投资基础研究的重要目的之一就是要开发出新技术”，是为了“改善用户在使用计算机过程中的体验”。还说，“我们将能使计算机会看，会听，会说，会学”。现在，他把自己的想法尽量铺张开来，先是展望未来，然后就提出一连串让计算机用户头疼的问题，诸如：带宽的供不应求问题；无序信息爆炸的问题；多元操作环境的问题；用户界面的易用性问题；多媒体技术的集成问题。这些“问题”让那些外行人看了不知所云，但他接下来开列的三个“新一代”，却是任何人看了都会明白的：

新一代多媒体——首先，将研究“网上多媒体”。新一代多媒体将以因特网为中心，而因特网本身最大的问题就是带宽永远供不应求。针对这个问题，我们将进行最新的网络和压缩研究。希望能将多媒体信息的索取变得更简便、快捷、经济。我们将实现多媒体的自动分析、有序化和可视化。将无序的多媒体变成有序。我们将研究如何把计算机视觉、图形学与数字视频相结合，以实现“互动式多媒体”。

新一代用户界面——让人们能够用更自然、更多元的方式和机器“交谈”，让使用计算机像与人交谈一样自然。

新一代信息处理技术——尤其是中文处理技术。让中国人将来使用中文计算机像美国人使用英文计算机一样轻松，方便。我们希望最新的自然语言技术加上键盘、语音和手写体识别技术，能够结合成一个最人性化、最迅速的输入方式。我们计划研究跨语言的检索技术，比如能对英文文本提取大纲和关键词，并将这些信息翻译成中国人可以利用和理解的文字。

悟性好的读者即使完全不懂计算机技术，也可以在其中看出李开复的一

个重要思想：科研的发展应当以人为本。把机器当做人，而不是把人当做机器；让机器适应人，而不是让人来适应机器。未来研究微软历史的人，实在不可忽略了这个思想，也不可忽略了这篇文章。平心而论，它在微软中国研究院的开创史上，乃是最重要的文件之一，倘若日后中国计算机软件业真如我们期待的那样振兴起来，这文件也是值得书写的一页。李开复本人以英文见长，但此文全部以中文写成。从行文的方式来看，他是将它作为能够公开的文件来写的。不然他就不会在文章的结尾处充满激情地写道："我更期望上述创新能够对解决中国人所面临的计算机难题有所帮助，进而造福 12 亿中国人。"

此前我们曾经谈到，当中国人知道微软将在中国的土地上建立一个研究机构的时候，是怀着一种既自豪又蒙羞的心情的。但是有迹象表明，他们过高地估计了这件事本身的价值。事实上，尽管微软看中了中国大学校园里那些年轻人的才干，也的确关注中国未来的市场，但直到 1998 年初夏，微软公司董事会已决定将研究院设在中国的时候，仍然没有一个明确的目标。那时，公司领导层中大多数人倾向于开辟一个小型机构——也许只具有象征意义。仅仅因为李开复在这个夏天的加盟，才使整个计划的面貌为之大变。这情景有如一副桥牌，原有的牌点勉强可以成局，忽然来了一张新牌，一下子叫成"大满贯"。

一年以后，也即 1999 年夏天开始的时候，我们可以发现，李开复真的做成了一副"大满贯"。微软中国研究院的组织结构已经建立起来，包括六个研究小组、一个软件开发部和一个行政部门。人员也大致各就各位：

网络多媒体组：

张亚勤　首席科学家、副院长，乔治·华盛顿大学博士。

李　劲　研究员，清华大学博士。

李世鹏　研究员，里海大学博士。

朱文武　研究员，纽约理工大学博士（1999 年秋天加盟微软）。

邵怀荣　副研究员，清华大学博士。

张　黔　副研究员，武汉大学博士。

王宏武　副研究员，北京大学博士（2000 年 5 月离开研究院）。

吴　枫　副研究员，哈尔滨工业大学博士。

多媒体计算组：

张宏江　主任研究员，丹麦科技大学博士。

江　灏　副研究员，清华大学博士（2000年5月离开研究院）。

陈向荣　副研究员，清华大学博士。

文继荣　副研究员，中科院计算所博士。

晏　洁　副研究员，哈尔滨工业大学博士。

杨雨东　副研究员，清华大学博士。

陈劲林　副研究员，清华大学博士（1999年秋天加盟微软）。

祁　卫　副研究员，清华大学博士。

形象计算组：

沈向洋　主任研究员，卡内基梅隆大学博士。

郭百宁　研究员，康奈尔大学博士（1999年初冬加盟微软）。

李　江　研究员，浙江大学博士。

刘文印　研究员，以色列工程技术学院博士。

徐迎庆　副研究员，中科院计算所博士。

吴　升　副研究员，中科院计算所博士。

王立峰　副研究员，浙江大学博士。

童　欣　副研究员，清华大学博士。

多通道用户界面组：

王　坚　主任研究员，浙江大学博士。

张　高　副研究员，中科院软件所博士。

韩　坚　副研究员，清华大学博士。

音字技术组：

李开复　院长，卡内基梅隆大学博士。

张益肇　研究员，麻省理工学院博士。

李明镜　研究员，中科院自动化所博士。

邸　烁　副研究员，清华大学博士（2000年6月离开研究院）。

陈　正　副研究员，清华大学博士。

高剑峰　副研究员，上海交通大学博士。

黄　超　副研究员，中科院自动化所博士。

自然语言组：

黄昌宁　主任研究员，清华大学教授。

周　明　研究员，哈尔滨工业大学博士。

刘　挺　副研究员，哈尔滨工业大学博士（2000 年 5 月离开研究院）。

蔡东风　副研究员，东京大学博士（2000 年 1 月离开研究院）。

王海峰　副研究员，哈尔滨工业大学博士（2000 年 5 月离开研究院）。

荀恩东　副研究员，哈尔滨工业大学博士。

朱　江　语料管理员，中国科技信息研究所硕士。

软件开发部：

凌小宁　软件开发总工程师，俄勒冈州立大学博士。

王　庆　软件开发组组长，清华大学硕士。

孙宏辉　软件开发工程师，北京大学硕士。

陈通贤　软件开发工程师，北方交通大学学士。

杨　飞　技术支持工程师，东南大学学士。

胡春辉　软件开发工程师，清华大学硕士。

李　岩　软件开发工程师，清华大学硕士。

孙燕峰　软件开发工程师，清华大学硕士。

顾　烈　软件开发工程师，北京大学硕士。

王　强　技术支持工程师，北京理工大学学士。

高校关系及营运部：

陈宏刚　经理，华盛顿大学博士。

尚笑莉　公关及招聘经理，洛阳解放军外国语学院专科。

王　瑾　高校项目经理，北京第二外国语学院学士。

夏　鹏　高校关系经理，电子科技大学学士。

陈　蕾　执行助理，对外经济贸易大学硕士。

郑　薇　行政助理，首都师范大学学士。

张　静　行政助理，首都师范大学学士。

我们国家的报纸在报道事实的时候，往往不是夸大就是缩小，但是这一次记者们用不着做任何加工，就在报纸上发表了如下文字：

微软中国研究院已经发展到六十人。
在高级研究人员中，从海外回来的有八人。
研究队伍的建设已基本完成。未来的研究方向已经确定。
微软中国研究院扬帆起航。

如此“会议”如此人

虽说是“扬帆起航”，但情形却有些奇怪，这么些博士、硕士和学士，从国外来的和从国内来的，一下子汇聚到希格玛大厦第五层，坐在四季恒温的办公室里，用最新的装备，拿着高工资，喝免费饮料，吃优质午餐，还有背景音乐在耳畔伴随，但在最初的几个星期里面，却没有人来告诉他们应该做什么。

一般中国人在学校的时候，习惯于老师出题目，到了参加工作的时候，习惯于领导派任务。他们对于西方公司的印象，无非是报纸上的那些描绘，或者次等影片中的那些镜头：充满了紧张争斗的气氛，资本家（后来又时兴说“老板”）大声吼叫，员工忙不迭地说“是”，三步并做两步，一边嚼着“汉堡”一边还在打电话，终于熬到下班时间，摇摇晃晃回到家里，倒在床上万事休。他们怎么也不会想到，希格玛大厦第五层里居然是这样恬静舒适。

可是，微软聘用他们到这里来，并不是要他们来享福的，而是要他们来打一场看不见的“战争”。有些话已经能够露出一些端倪。张亚勤口口声声说：“要做就做成世界上最好的。”沈向洋动不动就问人家：“新东西是什么？”张宏江倒是沉默了三个星期，但一开口就说出“四个方向八个问题”。李开复没有这样咄咄逼人，他说的是：

“给每个人最大的空间。”

“做你自己想做的事，说你自己想说的话。”

“鼓励成功也鼓励失败。”

“不同意你但支持你。”

……

诸如此类的话，听上去让人既舒服而又回味再三，不禁惊讶世上怎么会有如此随意从容却又如此激动人心的管理原则。但他又说：“我们不会追着分配题目，是因为我们找到了最值得信任的人。”这话就让所有人难免感到无形的压力。

任何战争都有它使人难以忘怀的特殊声色，这场“战争”也是如此：没有指挥员的命令，每一个战士都能自行其是，战场在人的大脑中，所以越是无影无踪，就越有可能凶猛惊人。多年以后，人们的记忆当中也许只留下战斗的结果——或者丢盔卸甲树倒猢狲散或者满载战利品昂首凯旋，战斗的过程则已是模糊一片的万花筒。假如还有一些场面足以勾起沉思与遐想，那必是大大小小的会议室中迸射出来的那些“思想火花”。

“Meeting”——会议，是希格玛大厦中最常听到的用语，也是最常使用的工作方式，乃至只能容纳几十人的办公空间中，会议室竟然多至六个。不过，这里所谓“会议”与我们通常理解的并不一样。数十人聚集一堂自然叫做“会议”，但更加经常的却是两三人或者五六人的讨论（他们认为人数多的会议必然降低效率，所以通常情况下与会者决不超过六人），甚至两个人的见面也被他们叫做“会议”。李开复可以邀请一个研究员来参加会议，任何一个研究员也可以邀请李开复来参加自己的会议。“会议”有时可以长达两天，有时则短至几分钟，也许仅仅是一顿午餐或者是在下班路上。无论人数多寡，时间长短，都是他们表达自己思想以及听取别人思想的最佳时刻。会场上没有我们在其他地方常见的那种场面：默默读报，悠悠喝茶，一个人喋喋不休地说着一些没有错误也没有用处的话，众人闭目养神充耳不闻。希格玛大厦第五层的那些会议室，没有这般悠闲自在的气氛。与会者倚身圆桌旁边，周围都是“白板”，激烈的争辩和熏人的汗臭交织在一起，证明执行助理陈蕾所说“会议”是“脑力激荡”确实不错。还有那一串串的字符、标记和线条，像是一堆古老的文字也像未来的语言，让人们看到那些原本无影无形的思想火花，表明张亚勤所说“会议是学术研究的一部分”也非虚妄之词。还有那众人口中涌出的声音，中文当中夹着的英文，穿插跳跃，似乎语言本来就应该是如此而无须分彼此。还有每一个人都在采取自己认为最舒适的方式，或站或立，或者仰面斜倚在沙发上，或者脚踏椅子屁股放在桌子上，甚至还有人干脆躺在地板上，姿态万千，有意无意间把秉性品格也显露无遗。还有争先恐后地发言，击节叫好与互争短长，让所有人的思想在众人面前碰撞，又闪耀出新的光芒，即令是愚蠢的念头也可以化作神奇，幼稚也可以变得成熟。这又证明了张宏江的话，“现代科学研究不是坐在家里闭门造车，而是在讨论中激发出来的”。当然也还有一些质问突然蹦出，很不客气地打断别人的话头。最常听到的质问就是：“What’s your point”——你的要点是什么？因为这些人全都痛恨空泛、模糊和不着边际的议论。还有一些众说纷纭莫衷一是的场面，每逢这个时候，会议主持者通常不会判断谁是谁非，不会对任何人说“不能这样”、“不能那样”。他会说：“如果你觉得你的办法好，你可以用自己的办法。”只有很少的情况下需要当机立断，这时候就可以看出，不懂研究的人是无法管理研究者的，也可以庆幸会议的主持者的确都是专家。还有一些久拖不决乃至影响效率的情况发生，比如一个“应该赞助学校多少钱”的问题，就讨论了 30 分钟还不能统一。争论常常会产生最有效的办法，但也会延误时间，有如凌小宁所说：“民主的代价！没有办法。”如此等等。

若说“民主”，可能有点小题大做，但是包容不同意见的确是微软文化当中的本来之义。“在微软，我从来没有听说哪一个人因为说话而受到惩罚。”凌小宁说。他在微软工作已经七年，是研究院中“微软资历”最长久的人。所以，当李开复发现从中国大学校园出来的年轻人很不习惯对老板当面说“不”的时候，就觉得有必要专门召开一次会议，请凌小宁为大家报告“微软文化”。这样，这一天的午餐时间就变成了凌小宁的演讲会。他站在希格玛大厦第五层的“指南厅”里，对着那些一边吃着肯德基汉堡包一边瞪大眼睛盯着他的年轻人，发表了研究院迄今为止最令人惊讶的一次演讲：

> 你有权力说“是”或者“不”。我们中国人总是以为，我是为老板工作的，所以总是想“老板怎样想”。其实，你做事情不是为你的老板，而是为你的公司。你拥有这个项目，你就拥有权力。你应该相信，在你自己的领域里，你比老板懂得多，比开复懂得多。开复也不是万能的。我在微软做那个项目的时候，我的老板就说了很多，说应该这样、应该那样，可我全部拒绝了。我认为不可能的事情就不去做。我认为可能的事情，就一定去做。你们每个人也都是一样，你的责任就是排除一切干扰，做成你想要做的事，包括你的老板的干扰。如果他说得好，你当然可以接受；你认为他的不对，就可以不接受。

放手让自己信任的人去干

3月份的第一个星期一，沈向洋走进李开复的办公室。今天这个“两个人的会议”，主题是讨论“纹理合成”的研究怎样起步。李开复每周和所有研究小组经理各有一次例行会议，安排在固定的时间。这种“一对一”在研究院乃是最常使用的会议方式。按照李开复的解释，让另外的完全不相干的人坐在旁边“陪会”，是一种最大的浪费。现在他和沈向洋所要讨论的“纹理合成”，在时间表上来说，是研究院成立之后确立的第一个研究课题。虽属重要之举，但却只同沈向洋小组有关，所以仍然采取“一对一”的方式。

谈到会议，沈向洋就会想到1995年在美国第一次参加世界图形学年会的场面。这是全世界计算机图形学的最高水平的会议，每两年一次。那时候沈向洋还是卡内基梅隆大学的一个学生，第一次来到这种高水准的场合，不免惊叹其场面的壮观：4万人参加大会，其中4000人参加图形学学术会议。毫无疑问，这是他第一次看到如此规模巨大的“脑力激荡”。

他从1988年开始就将自己的注意力集中于视觉领域。那时候，“视觉”还没有引起人们的注意，但沈向洋坚信这是计算机科学通向未来的一条必由之路。其逻辑很简单也很有说服力：人类接受外界信息的渠道，95%来自眼睛。他就是用这个道理，说服他的导师罗杰·瑞迪全力支持他进入这个领域。此后“视觉研究”由冷而热。无论冷热，罗杰·瑞迪都鼓励沈向洋坚持下去。在1995年世界图形学年会上，沈向洋终于发现，世界大势正在“往图形学转”。

“视觉”与“图形学”虽有相通之处，但却是两个完全不相同的东西：“图形学”是由三维物体产生二维图像；“视觉”则是由二维图像产生三维物体。可以想象，前者较易而后者甚难。至于两者的结合，那是在以后几年。当日沈向洋在图形学大会看到名家聚集，“激动得都要晕掉了”。再把人家的“论文集”拿来细读，觉得“每篇都非常像样”。尤以其中一篇给他极大震撼。该文为当年李开复领导的苹果公司的一个研究员所写，内容是将一系列照片拼接成一幅完整图形，文后还附有中国万里长城的浩瀚图像。沈向洋细读之下，不禁暗自惊呼：“他做的是图形学的东西。我也可以做。”沈向洋正是从这里开始，完成了日后他那一系列惊人的成就，也因此被图形学领域公认为一个“世界级”的科学家。

“那真是一个激动人心的时刻!”他在多年以后谈到这一事件的时候说，“我发现他们的思想更加实际，更加直截了当。他们有工业的市场在后面推动。如果我要做出对社会有影响的事情，到哪里去做?就在这里。我觉得自己这个感觉就叫悟性。”

世上所有天才都具有对于未来的感悟力，但这种感悟并非躲进小楼闭门造车，它在大多数情况下都来源于外界某种因素的激励和碰撞。沈向洋在研究院是属于才华横溢、激情澎湃的那种人，言谈举止有些夸张浮躁之气，但却颇有感染力。这样一个人，你很难把他和勤奋联系在一起。然则他的与众不同正是在于，他把天赋和勤奋这两种素质同时发挥到极致。

他祖籍上海浦东，出生在南京，由南京工学院转到香港大学读书，又在美国留学多年。1991年进入美国卡内基梅隆大学计算机专业，师从罗杰·瑞迪，是沈向洋一生的重要转折。那时候的沈向洋，就如同今天研究院里那些刚刚毕业的中国博士，满腔热血，却不知道洒向何处。他耐下心来听课，三个月后，终于明白了一件事:“在别的地方，是要你做什么;在卡内基梅隆，是你要做什么。”后来发生的事情证明，正是这样一个简单的转变，让沈向洋的精神世界豁然开朗。

他就去找罗杰·瑞迪。那是这对师生第一次见面。

“跟着你，可能是要做‘语音识别’了?”学生对教授说。他知道教授是语音识别的专家，手里还有李开复在几年前实现的重大突破，但是这毕竟不是自己感兴趣的方向。

教授听出学生话中有话，就问:“你是什么意思?是不是觉得‘语音’不重要?”

学生说:“‘语音’当然重要，但人对外界的感知，95%是从‘视觉’来的。”

“啊!这没有问题，我们就做‘视觉’好了。”教授说，“你拿一个照相机，把周围照下来，重现出来就好了。”

“我到现在都记得那天的情景。”沈向洋在十年以后说，“大导师就是不一样。他就说了这么一句话，决定了我后来十年的研究方向。”十年后，教授已经做成院长，也还记得当日那番对话。他说:“我当时只不过相信这是一个有前途的问题，也是一个最困难的问题。所以挑出来给他做。”事实上，罗杰·瑞迪的确不是“视觉”领域的专家，但他的远见告诉他，计算机视觉的研究早晚有一天会为人类所需要。

但是，一向对悟性很自信的沈向洋，在教授的那一句话后却完全没有顿悟的感觉。“我当时对那句话根本摸不到边。”他说。

沈向洋和罗杰·瑞迪每个月只能见面一小时，其余时间则完全要靠自己去悟。但仅仅这一个小时，对于聪明的学生来说已经非同小可。教授根本不会告诉你怎样去做，只是说，这个方向正确而那个方向错误，对于沈向洋来说，这恰恰是关键的所在，他说，他和教授相处的每一分钟里都会受到激励和启迪。

第一年，沈向洋在茫然的状态中摸索，毫无所得，但他感觉到教授对他抱有足够信心，就同李开复和洪小文在语音识别研究最艰难的时刻遇到的情形一样。这样的局面一直过了五年，直到1996年，沈向洋终有所得。第二年，他的研究成果在他当初羡慕不已并且暗道“我也能做”的那个计算机图形学年会上发表（在这个大会发表论文的价值，有如下的事实为证：任何人在这里发表一篇文章，就有资格在美国任何一个大学任教授。1999年沈向洋在同一个大会上发表了他的第二篇论文，2000年秋季还将发表第三篇。在我们国家，还没有第二个人能够在这里发表两篇论文）。题目正是多年以前罗杰·瑞迪说的那句话：用照片重建电脑三维世界。沈向洋可谓“六年不鸣，一鸣惊人”。比尔·盖茨曾说，智慧加上时间就等于财富。这话稍加变动就可以用在当时的沈向洋身上：智慧加上时间等于成功。

然而更加重要的是，“视觉”和“图形学”研究如罗杰·瑞迪的预见，在计算机领域热起来。每年有上千个教授和学生投身这个领域——每个学校都有两三个教授，每个教授又带着几个学生。但每年只有这一个会议上的40篇文章反映了这个领域研究的最高水平。沈向洋一下子成了人人皆知的人物，但是他认为，真正应当大书特书的人是罗杰·瑞迪。他说：“伟人和凡人的区别就在这一点。凡人在困难的时候就会动摇，大导师的了不起，就是相信自己的判断，放手让自己信任的人去干。”他说的这种情景，在罗杰·瑞迪身上已是多次出现：李开复做“语音识别”的时候是一次，沈向洋的“三维世界”是又一次。

现在，轮到沈向洋“放手让自己信任的人去干”了。他说，童欣的天赋在他之上。还说，他很高兴能找到刘文印和徐迎庆，实在不明白为什么清华大学和中科院这样著名的地方留不住这样的人。他到达希格玛大厦的时候，刘文印、徐迎庆和李江已经在这里上班了。他告诉他们：“作为一个研究小

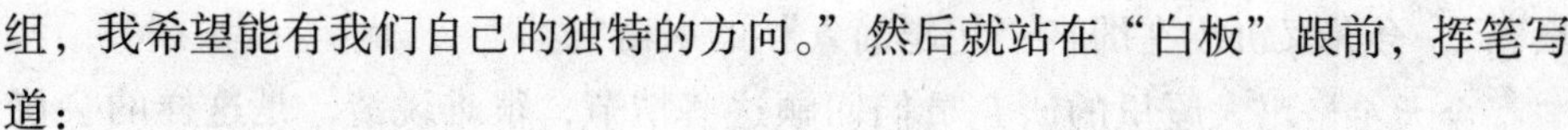

组，我希望能有我们自己的独特的方向。”然后就站在“白板”跟前，挥笔写道：

第一，数据的采集；

第二，数据的压缩；

第三，数据的采样；

第四，……

他把每个方向分成若干题目，然后对研究员们说，这是一个不长也不短的计划，要在“六个月到一年”中完成。他说，自己办公室的门总是开着，他们可以随时进来和他讨论问题。末了，他说，如果有谁愿意和他一起做一个题目，可以来找他。如果哪一位研究员愿意独立研究，也没有关系，可以做你想做的东西。这时候，你可以清晰地感觉到他的母校中那些教授向学生推销自己的情形，以及导师罗杰·瑞迪当年对他说话时的那副神情。

在一个第一流的难题面前，难免出现愚者越愚、智者越智的情形。童欣于是去找沈向洋说，他对“采样”的问题有兴趣。他说在学校的时候，都是导师告诉他要做什么东西，在这里，却要你找老板提出自己想做什么。刘文印一时不知如何是好。他说他已经发现，这个小组做的事情和他的专长虽然同属图像领域，但却是完全相反的方向。沈向洋以往的工作是“图像生成”，而刘文印以往的工作是“图像回溯”。通俗地说，前者是在没有线的地方，画出一根线；后者则是在有一根线的情况下，识别它是怎样画出来的。沈向洋笑道：“改方向是这个领域里的非常重要的事情，也很正常，不改就不正常了。”于是刘文印不再“回溯”，而是开始研究一些特殊效果的“图像生成”。尽管这是一个并不熟悉的领域，需要更多的时间去学习，但刘文印一想到过去在学校里要花那么多时间去想研究经费，设计人际关系，还要争职称、要住房，而希格玛大厦里面这些问题一概没有，有的只是一些“世界级”的科学家和“世界级”的科研难题，也就觉得心满意足。徐迎庆看了沈向洋不久前给他的那篇论文之后，就一门心思要做“纹理图像合成”。这正好是他的专长。沈向洋说：“做这个可以，但我们的速度要比人家的更快，质量要比人家的更好。”徐迎庆本来就是一个充满激情也充满想象力的人，这一来就更加激奋起来。整个3月份，他在网络上查阅与“纹理合成”有关的论文，总计找到大约100篇，挑出十几篇详细阅读。沈向洋给他的那篇论文始终放在他的案头。从头至尾，布满各种颜色的标记，已经让他翻烂了。他一边翻就一边想着人家的高明处，又找出人家的问题。一会儿念叨“不知道自己还能做什么”，一会儿又沉浸在即将“超越前人”的兴奋中。

今天希格玛大厦里的研究员们回顾这些情节，很难说清，是这样的会议产生了这样的人，还是这样的人产生了这样的会议。他们当中每一个人研究的都是一个独立的课题，又同其他人的课题相互关联，所以一有机会就把自己的想法和别人讨论。有时候对方的一句话就能让自己兴奋一整夜，也有时候一整夜的兴奋让人家的一句话弄得无影无踪，就像兜头泼下一瓢凉水。有一天，一个副研究员非常激动地闯进沈向洋的办公室，大叫：“啊。我想出来一个新东西！”说着就在白板上画起来。但几分钟后，沈向洋对他说：“你想错了。”来者顿悟之下，快快而去。但更多的时候，闯进沈向洋办公室里来的人，不是“想错了”，而是要面对沈向洋提出的另外一个问题：

“新东西是什么？

有时候一个概念就是全部

凡是可以供大家讨论的新思想都是极受欢迎的，所有的人说起来都觉得津津有味。“新的思想虽然看不见摸不着，但却很值钱，”王坚有一次这样说，“有时候，一个概念就是全部。”

1999 年 3 月，王坚以访问学者的身份走进希格玛大厦的时候，怎么也不会想到以后的半年竟会是这个样子：前三个月，先是不知道做什么好，后来是不知道用什么方法做。后三个月做出来的事情，却是他在原来学校里面三年也做不出来的——真正的日新月异。他有时候想起来，会对自己居然拥有这样的能力感到惊奇。其实，潜力早就积蕴在他身上，只待有了合适的际遇，便会一泻千里，恣意汪洋。当朋友拿了这句话解释给他听的时候，他点点头觉得的确如此，但又奇怪，为什么他在过去那么长的岁月中竟然从未意识到这个奥妙！

改进中文拼音输入最初是李开复的建议，时在 1999 年 4 月。他当时的想法是，先做出一件较易成功的东西，让眼前这支新的队伍磨合一下，也即我们通常所说“练兵”或者“预演”。但在当时，还有一个冠冕堂皇的说法：“为了帮助中国人更好地使用电脑。”

应当说，这并非李开复一定要往自己脸上贴金。因为根据那时微软公司的调查，中国人在使用电脑的时候，95% 以上的人以汉语拼音作为文字录入的基本方式。这种方法有着简便易学的好处，但是只要你一上手，就会觉得上了个大当，因为中文语言存在着极为普遍的“一音多字”，也即专家所说“重码”问题。这一语言特征使得中文输入至今不能达到理想速度。国内无数专家学者殚精竭虑，且有无数发明，但却不能最终解决。这个问题，当李开复本人熟练地掌握了拼音输入并且和英文输入加以比较之后，就有了更进一步的了解。他断定，中文输入与英文输入的速度比例为：13:35。“以中国两千万人使用计算机计算，若每人每天打字半小时，每年中国人将会浪费掉十亿小时。”他在一篇研究中文输入的文章中这样写道。

正是基于这样的理由，李开复建议王坚小组的研究从这里开始。“我们希望计算机能将406个音节转换成6763个常用的汉字，这就意味着平均一个音节需要对应17个字。”李开复说，“问题的关键是，如何知道一个音节对应的是17个同音字中的哪一个。”

然而李开复的建议在最初并没有得到热烈响应。张高那时候还没有完成自己的博士论文，也还没有成为研究院的员工，但他却知道拼音输入在中国已经做了将近20年。“这有什么好做的，已经做烂了。”他说。韩坚不置可否，王坚却说他还要想一想。由于这一分歧，王坚小组连续几个星期不停地举行会议，会议之间的午饭也在继续讨论。大家将现有各种拼音法加以归纳，进而分析用户取舍，结果发现大多数用户的选择并非出于拼音本身的优劣，而是源自用户界面是否顺眼。王坚同意小组成员的看法。其实，这样的感觉，当他第一次和李开复见面恳谈的时候，就已经存在于他的大脑中。

王坚的看法是这样的，中国人大都喜欢做硬一些的东西，实则“人机界面”的重要价值，在很多情况下超过了电脑技术的本身。而且电脑技术越是高明，“人机界面”也就越是重要。显示器、键盘、“视窗”、“浏览器”，以及伴随“视窗”出现的鼠标，都是“人机界面”的进步。然而最初的计算机并没有这些东西，有如最初的汽车，没有方向盘而只有一个自行车把一样的东西来掌握方向。那时候，一台计算机的体积就像一间楼房，计算的速度却又极为缓慢，人与机器相互交换想法的渠道，是在纸条上面打出一排排小孔。你头一天把纸条送进计算机，下班回家，让机器在那里哼哧哼哧地运转，假如问题不太复杂，那么到第二天早上，计算机会还给你一张打满小孔的纸条。纸条漫长无尽，小孔密集抽象，专家自能读懂其中奥秘，寻常百姓如看天书。那个时候的电脑既无键盘也无显示器，只靠一排排的开关和打孔纸条来沟通人与机器的联系，而所有人都不会感觉到不方便。此后计算机的性能提高，运算能力每18个月就提高一倍。今天，一个笔记本大小的计算机，性能超越过去那一栋楼房式的巨型机器无数倍，人与机器的交流渠道也变得更加简单自然生动有趣。要说明这种情形，最好的例证就是“鼠标”。这个小小的玩意儿最初为木制，单钮，看上去简单之极，但是提出“鼠标”的概念并且把它和计算机联系起来，却花了20年的时间。这是60年代斯坦福大学的人提出来的。到今天，鼠标已不是什么新奇的东西，一个设备简单的乡村企业也能做出款式精美的鼠标来。人们渐渐以为“鼠标”就是一个以各色塑料制作的价格低廉的小东西，没有人问“算机为什么要用鼠标”，如同没有人问“汽车为什么要用方向盘”。人们今天在计算“鼠标”或者“方向盘”的价值时，通常只考虑制作本身的成本，买卖双方的定价只包含“鼠标”或者“方向盘”本身的价值，也不会加入概念的价值。概念是不值钱的。在王坚看来，“真正了不起的是最先提出这个概念的人”。很多事情，看上去很简单，但大多数人从来没有想到可以这样做。等到人家做出来了，谁都能做，还会说“这么简单，谁不会呀”。有如葡萄牙人哥伦布发现美洲新大陆，中国人巴解第一个吃螃蟹。今天研究院所要做的最重要的事情，就是提出新的概念：“我们不是要改进现在有的，而是要提出新的。不是把人家已经做过的东西做得更好，而是要做人家从来没有做过的事情。”

说到这些事，王坚还有一些挺奇怪的言论，说出来也许会令一些人不高兴，但冷静下来的时候，你会发现他是对的：“很多问题，别人已经做过，本来是有解的。我们的工作只是把已经存在的‘解’找出来。‘两弹一星’的研制就是这个情况。当然这对国家贡献很大，但从科学来看，问题本来有‘解’，你不过是找到了原来就有的东西。从‘有’到‘有’，不是从‘无’到‘有’。我们国家现在大部分人都是在做这一类‘跟踪别人’的事情，最多是改进一些。所以美国人根本不管你在做什么，就是因为你在‘跟踪’。你做得再好也是在人家后面。”

即使是三流的开创，也要比一流的跟随更加艰难。从这个角度说，王坚给自己出了一个大难题。也许是由于他的这种性格，李开复说他更像一个美国人。其实王坚是地道的“我们国家自己培养出来的”，迄今为止只有一年在美国俄亥俄州立大学访问学者的国外经历。他在浙江大学领导的工业心理学国家专业实验室，是该校最好的实验室。来到研究院之前，他从国家“八六三”计划的资金中获得支持，其宗旨就是专门研究与工程有关且与人的心理有关的问题。

夏天开始的时候，王坚带领张高和韩坚全力投入“人机界面”的研究。李开复心里明白王坚要做什么，嘴上却对他说：“你可以干任何事情。我没有任何要求。不过，这两个副研究员，你要带带他们。”王坚最初只不过答应给副研究员作几个讲座，不过当他在一个早晨忽然萌生一个新概念的时候，激动不已，情不自禁地投入进来。这新概念在后来的三个月中，成为王坚小组项目的代名词。它叫“无模式用户界面”。

自90年代中期开始，王坚的研究一直是在各种“模式”上转圈子。现在他的“无模式”，在行家的说法中，也叫“多模式”，亦称“多通道”，它是针对“有模式”而来的。事实上，“模式”的概念在80年代一直主导着全世界“人机界面”的研究。张高的导师、中科院软件所的总工程师戴国忠，也是此中行家。1995年5月，他出访美国马里兰州，带回来一个英文词汇：Multi－Modal，还把它翻译成中文，叫做“多模式”。后来王坚设想以“多通道”这个词来代替“多模式”。他从自己擅长的心理学角度提出理由：“通道”是一个心理学的概念，乃是特指人表达自己意志的渠道。从这时起，这一思想就在国内“人机界面”的研究中占据着主导位置。戴国忠和王坚所做的事情，就是把人通过许多通道（键盘、鼠标、手势、说话等等）传递的信息，整合而成机器能理解的语言。

然而王坚现在的念头却是“避免模式”。比如“Windows”已经成为一种模式，但为什么一定要用“Windows”呢？他问两位副研究员：为什么汉语拼音输入的时候，一定要在好几个“窗口”之间来回跳跃，而不能像英文一样，让所有的输入过程都在一行完成？为什么中文和英文混合输入的时候，一定要让用户来回按钮不停切换，而不能混合输入？为什么出现重码的时候要由人来选择，而不能让机器来选择？为什么出现错误的时候，一定要由人来纠正，而不能由机器来纠正？看来，“模式”越多，用户就越不方便。从技术上说，解决这些问题并不复杂，王坚自信以自己小组的三人之力能够做到，还暗自责怪自己为什么过去连想都没有想过这些问题。

接下来的三个月，是在一连串寻找答案的过程中度过的。绘制无数效果图、取消大大小小的窗口、检验406个拼音音节和26个英文字母的不同字体、统计数万种中文和英文的词汇组合、让方块文字和英文字母的字体宽度能够相仿而不致在变换中前后伸缩、让计算机能够识别正确和错误，其全部设计的目的，就是让用户感觉不到模式的存在。夏天尚未结束，一切工作都已经完成。王坚向记者们展示了他的研究成果。在场的大都是些行家里手，全都看出，所谓“技术成果”，其实在技术上并没有什么高难的地方，倒是他的那个“无模式”的新概念令人羡慕，不禁感叹：王坚这小子在中国人的领导下、拿中国人的钱干了那么多年，就没有听说他想出过什么好主意，怎么一到美国人那里，就成了一条龙啦！

1999年夏季：抵制美国货，计算机除外

可是，针对美国人的愤怒，正在窗外聚集着，喊声此起彼伏，不绝于耳，其中很多“口号”，比如“打倒美帝”，自“文化大革命”结束以后，在北京街头就再也没有出现过，但在1999年5月8日北约轰炸中国驻南斯拉夫大使馆，致三人死亡之后，立即在京城内外响成一片。这个夏天，愤怒的学生袭击了秀水街上的美国大使馆，连国际商用机器公司的驻华机构也被一群中国人扔来的石头击中。微软公司在遥远的广州召开产品介绍会，但北京的“反美风暴”早就南下。没有人来冲击会场，但也没有什么人来听微软公司说什么了。北京各个大学计算机系的学生，应该说是对美国人最无成见也最有好感的一群人，现在也在自己的学校里面贴出标语，其中一条这样写道：

抵制美国货，计算机除外！

不错，微软是做计算机软件的，不过，它毕竟是“美国货”。学生们宽宏大量，网开一面，但到了其他中国人那里，能不能“除外”还很难说。所以微软大中华区总裁罗迈克在那些天里特别紧张。他躲在北京自己的房间里，给微软公司全体在华员工发了一个电子邮件，说他对这个事件表示万分遗憾。还说，现在公司的方针是：公司利益第二；员工安全第一。如果有必要，公司驻华机构可以立即关门，职工也可以躲在家里避避风头。

可是不知道为什么，尚笑莉对罗迈克这个“方针”的第一个感觉是：“这真是小题大做。”微软中国研究院的这位公关经理，那些天正在全力以赴筹备“21世纪的计算”学术研讨会，准备把美英两国一些最著名的计算机专家请到北京来。要做的事多极了。那天早上，她经过游行队伍走进希格玛大厦，照往常一样打开电脑，一眼就看到了罗迈克那个标明“最重要等级”的电子邮件。说老实话，她觉得这个美国人不大了解中国，其实事情本身根本不像街上的气氛那样严重。尽管美国政府已经发出告诫，要它的公民不要来华，

尚笑莉也有些担心，但她仍有足够信心继续她的会议筹备，相信那些美国和英国的科学家可以在 6 月的最后一周如期来京。

在微软，尚笑莉负责的公关工作，一向被放在一个很重要的位置上。总部以及各个分公司，全都有专门的公关部门。不过，说老实话，美国的那些公关人员对于舆论的关注程度，远远比不上在中国的这些人。比如在美国，报纸上面报道微软的文章，十篇当中倒有八篇是说坏话的，那些负责公关的人也不在乎。在中国这一边，尚笑莉可就不能容忍这种情况。她和京城计算机媒体的记者，始终保持着良好关系，更何况还有一个极为看重“公关”的老板呢。在李开复看来，一个良好的真实的形象是研究院所必需的。他说：“没有良好的形象，就无法吸引最好的人。”可是，李开复的下属中有很多人不这样看，他们说研究院在公关方面花的精力太多了，浪费了研究的时间。这话说得不错，李开复为了研究院的形象用了不少时间。不过，对于希格玛大厦以外的中国公众来说，直到今天，能够分清楚微软中国公司和微软中国研究院的人，还是不多。

有些人甚至还会把微软和美国搅和在一起。不过，这可不是“分不清”，而是成心的。方兴东和王俊秀的《起来——挑战微软霸权》，就是在这个夏天出版的。下面这一句，显然是追赶着最新形势写出来的：

“正如北约的三枚导弹从不同角度袭向中国驻南使馆一样，微软在中国全方位的行动也让我们措手不及。”

事实上，导弹不是三枚，是五枚。这在事变发生后便由国内外报纸公开证实了。看来方兴东无暇顾及事实的核对，不过，这不妨碍他对微软发出一连串指责：“君临天下”、“强权的傲慢”、“披着神圣外衣的知识霸权的阴影”、“破坏了市场公正”、“渗透”、“陷阱”、“垄断”、“掠夺”、“别人创意的集成”、“触目惊心的颠倒”、“竞争的天敌”、“残酷的局面”……又说，中国“面临并孕育着一场前所未有的危机”。这两年我们国家的舆论批评微软的声音不断，但是还没有谁像方兴东这样，将如此众多又如此激烈的文字集中在一起。所以此书甫出，立即成为一面“反对微软”的旗帜，不少人聚集在方兴东周围，写出一连串批评比尔·盖茨和“挑战微软”的文章。很多人不明内里，只觉得听了他的话，真是解渴。北京兴思维文化传播有限公司在京城五所大学的学生当中散发了 1800 份问卷，结果表明，有 85% 的学生认为比尔·盖茨是信息时代的英雄，同时也有 83% 的学生支持方兴东“挑战微软”。看来，很多人是既佩服微软又赞成方兴东的。

不过，方兴东是否真的了解微软，还是疑问。在有些了解事实的人看来，他说的很多话，既是仰仗自己对微软的无知，又是在利用公众对微软的无知，也许还在利用中国人当中卷起来的民族热情。他的“挑战微软”洋洋三十万言，看来是做了一些精心的研究，但是，只要举出一些小事，就可以发现，其实这个人所凭借之种种“铁证”，乃是错误百出。比如他在书中有描述微软中国研究院的一节，其中第一句话“1998 年 3 月，SGI 副总裁李开复偶然来到西雅图的微软总部雷德蒙”，就有至少三个地方与事实不符。首先，李开复来到微软总部不是“偶然”，而是专程；其次，“雷德蒙”是一个市的名字，而不是微软总部的名字；第三，微软总部并不是在“西雅图”，而是在“雷德蒙”，这两个市，前者大而后者小，在地理上接壤，并无行政隶属关系。

我们国家经过 20 年的改革开放，人们已经可以拥有各种各样的想法，也可以不同意别人的想法。拥有什么样的意见是每一个人的权利。不过，意见毕竟要有事实的根据，就像方兴东自己说的，“必须尊重事实”。在一句话中出现这么多错误，令人怀疑作者写的是不是自己真正了解的东西，也许他根本没有去过雷德蒙市的微软总部？

有足够耐心的读者，可以在“挑战微软”的最后一页找到答案。方在那里写道：“《微软中国研究院》的一节是在许知远、楠楠的大作之上删减而成。”再往下，又有：这一节“在刘韧的大作之上删减而成”、那一节“是姜奇平的文字”、还有一节“主要是李学凌的文字”、又有“倪光南、赵南元、陈思、段永朝、王靖韬等人的文章使本书充实不少”，等等。他倒是挺老实地承认这是“掠朋友之美”，就是没有提到书中的“序言”、“跋”乃至各部名录，全部是掠古人“三言二拍”之美。书名倒是他自己想出来的，不过，叫人不免联想起《国歌》的第一句：“起来，不愿做奴隶的人们。”也许在方兴东本人看来，无论怎样“掠人之美”，全都无关紧要，因为“知识产权”本身就是令人讨厌的东西。根据他的说法，用“盗版”才能令人欣慰。

不过，无论是“掠朋友之美”还是“掠古人之美”，都会发生一个问题：你嘴上说要“告诉你一个真微软”（这也有套用《告诉你一个真美国》之嫌），可是你把别人的“大作”删减一下就署了自己的名字，连核对事实的工作也不屑去做，那么谁该对其中事实负责呢？又怎么能让读者去接受你的那些连事实都没有搞清楚的结论？就算你把自己的信誉不当一回事，总还要顾及朋友的信誉吧？

诸如此类的事实错误，即使全部成立，仍然可以算做无心为之，至多也只是投机取巧之举，还不能说是“恶意中伤”。不过，下面一段情节表明，方兴东在“挑战微软”时所造成的事实错误，确有蓄意之嫌。比如他在自己的书中引述了李开复的一句话——“一个做软件的如果可以在微软工作，这是他的幸运。”还大有深意地补充道，李开复“说话的背景是1月份他已经收到1000份以上的申请简历，而名额只有十个”（“名额只有十个”这一句，又不是事实）。这种傲慢的口吻，让那些到微软来求职的大学生听来，真不是滋味，但李开复本人听了，就不仅不是滋味，而且还异常气愤。他说，他从来没有这样说过。实际上，他当时说的是，“作为一个软件专业人员，能为微软工作是幸运的；作为一个华人，能为中国贡献力量是幸运的。正因此，我为有机会成为微软中国研究院院长而兴奋不已”。很显然，李开复是在说他自己的感受，而非教训那些来求职的大学生。当他看到方兴东把他的话变成那个样子的时候，就说：“这是有意地歪曲！对新闻的客观公正来说，这真是一个遗憾！”

当然也有一些事实，看上去是经过了方兴东本人的研究，而非“掠人之美”。但对于那些真正了解事实的人来说，又常会在其中发现一些以偏论全的情形。我们在中国写文章和读文章多年的人，都知道“攻其一点，不及其余”的奥妙，不足为训。同样一件事实，由不同方向来观察，就会得到完全不同的结论。围绕微软的种种是非恩怨，本来就极为复杂，所以叙事不妨细致周到，但结论却要看高而不就低。例如“Windows 98”的价格，按照方兴东的陈述，“升级版”国内标价1198元人民币，折合美元，价格比国外高出50%；又有“完整版”国内售价为1998元人民币，也比国外高50美元以上。他在自己的书中将这样的事实反复陈述，坚信这是微软疯狂“掠夺财富”的证据。还说：“面对微软软件产品不合国情、不讲情理的高昂价格，有些还能欣慰的大概就是用盗版。”

实际的情形则不然，微软的软件在全世界为统一价格，在中国市场上的价格格外高，确属事实，但那是因为国内零售商的加价造成，与微软并无直接关联。我们当然可以告诉比尔·盖茨，中国人的收入不如他们美国人，让他的软件“符合中国国情”。事实上微软的销售人员对这种情况并非不知，他们的解释是，如果软件的市场价格不能统一，就会发生销售的混乱——诸如从此地到彼地的倒卖。当然我们又可以动员比尔·盖茨，把捐给美国人的钱拿出一部分来“补贴”中国那些微软软件的购买者，但这只是属于道德的范畴，与市场营销无关。至于由此及彼地论证“盗版”的能够使人欣慰，就更有问题。因为按照方兴东的这种逻辑，我们可以做如下陈述：中国生产之所有轿车，价格都要超过国外同类轿车100%乃至150%。这是汽车制造厂家公然地“掠夺财富”。我们还可以按照同样的逻辑，把方兴东的话稍加修改，就成了：“面对轿车不合国情、不讲情理的高昂价格，有些还能欣慰的大概就是大家一起去偷车。”我们还可以用同样逻辑，把这句话套在我们国家的电信、民航等等方面。看来他的这个逻辑已经在一些人心理上发生作用，一个署名“士兵”的人给他写了一封信，里面说：“对付微软这个家伙光用一些微弱的声音是不行的，还得采取行动……最好的办法就是复制。疯狂的（地）复制。”又义正词严地说：“杀富济贫是我们先辈最先为广大劳苦大众办的深受劳苦大众拥护的事情，我们也要像当年红军一样打微软的土豪，扶百姓的贫困。”而方兴东也就将“士兵”的这封信印在自己的书里了。还说，读者的反应给了他“最大的鼓励”。

这不是说微软在中国的整个行为完全没有是非可论，只是这种是非与方兴东所说的并不是一回事。一个认真的学者在建立自己的逻辑和结论时，总是注重事实，超越时势的界限，也超越自己的主观情绪，面对“朋友之美”和“古人之美”，才能讲得过去。当然也有人会说，方兴东批评微软的种种言论，不是学问，而是政治。果真如此，以上一大篇话都是白说。不过，根据后来几个月里发生的事实，可以知道，方兴东的“挑战微软”，既不是为了学问，也不是为了政治，甚至也很难说对中国的信息产业真的会发生什么好处。他的“挑战微软”的最大获益者，也许正是他自己。

自从他的《起来——挑战微软霸权》在悼念三位中国记者的哀乐声中出版以后，他就更忙了。到处演讲，到处发表文章。有了与微软“叫阵”的资格，他就是“中国信息产业最具有冲击力的独立评论家”了。名声远播四方，口袋里面也有了钱，他便不失时机地停止了自己的博士学业，这有点儿像他诅咒的比尔，盖茨。不过，比尔·盖茨25年前离开哈佛大学，是为了躲在自己的小屋里创造个人电脑的软件。方兴东现在讨厌这个，他好像更喜欢一个写软件不如骂软件的时代，所以办了一个“互联网实验室”。不是实验“独立评论”，而是要做生意啦。说到生意，此人很明白“微软软件”不是“北约导弹”，“掠夺财富”之说也可以暂时放置一旁。有一次，他见到李开复，赶忙声明他一直认为微软中国研究院对中国有好处。他在自己的书里说过：“微软从来不是一个技术发明者……几乎每一次都是通过对现有技术的侵蚀和鲸吞才取得最后的优势。”这话，他也许是忘记了，所以他开口向李开复讨教技术的问题。他又说过：“微软研究院来了，数月内就收到一千多份国内博士的求职信。国家投资十多年的‘八六三’计划项目成员不少投奔而去，难道这不首先是自己的悲哀吗?”这话，他也许还记得，所以急着向李开复表白道：《起来——挑战微软霸权》那本书里关于微软研究院的那一章，“其实都是别人写的”。

他一边在私下说“都是别人写的”之类的话，一边又在公开场合以自己的名字发表另外的文章。1999 年 10 月，他写文章断言：微软的百万富翁们，不但患了“战斗疲劳症”，也染上了“金钱综合症”，已经开始“逃亡”。他说：“这些微软老兵怀揣着微软的钱，使着从微软学来的食肉性竞争手段，一头扎进了互联网的大潮中，寻找个人价值的实现。”到了 2000 年春天，方兴东看到微软在和司法部的“官司”中节节败退，不免开心地说：现在“不是去改变世界”，而是“世界改变微软的时候了”。又说：“相对于美国，微软在中国的垄断地位更加稳固。”言外之意，大概是，中国怎么没有出来几个“改变微软”的人呢？他也许不会认为“挑战微软”的人是美国司法部或者杰克逊法官。不然，他就不会把一大堆读者给他的信印制出来，又让读者去读。有个人在信里说他是“独立评论家”，另一个人说他的批评微软的文章是“少有的重磅炸弹”。这样看来，那“挑战者”不是别人，正是他自己啦。

他的“挑战”充满了大而化之、坚定不移的精神，可是就像我们在前面提到的，他缺少证据，还常常理直气壮地把事实搞错。只有一次，这位“挑战者”似乎有点心虚地谈到自己：“进入 1999 年，明显感觉到有点艰涩起来，时不时地有找不到合适参考资料的奇怪感觉。”这倒是一句老实话，但如果因为找不到合适的参考资料，就拿一些不合适的资料来参考，就不是老实的了。事实上，方的那些让他成名的东西，大都是这一年里写出来的。看来，无论怎样“艰涩起来”，也不会妨碍他“拿起笔做刀枪，口诛笔伐上战场”。

2000 年 1 月 22 日，他以《起来——挑战微软霸权》一书作者的身份，登上北京的讲台，种种心虚的感觉一扫而光。演讲的名目是“与成功者对话”。这表明，他的身份由“挑战者”变为“成功者”了。“对话”的主办者用心良苦，不说“资本”，而说“知本”。意思是，金钱不是“本”，知识才是“本”。其实无论什么“本”，背后还是少不了利润。《北京晚报》提前三天发布消息，大标题是：“知本讲座开出千元票价。”又介绍道，方兴东刚刚办好手续，从清华休学创业，开办了一个“互联网实验室”。他“除了讲述自己成功的历程外，还将分析 21 世纪哪些领域是成功者的乐园或陷阱”。“千元票价”和“休学创业”，也许都是真的，可这“成功者”的名分，让人有些莫名其妙：此人除了诅咒微软，以吸引读者的注意力之外，还有什么“成功之举”呢？

精明的看客听不懂方兴东嘴里的话，却看懂了方兴东心里的这个门道。其中一个名叫“庸人”的人，口口声声称方兴东为“方先生”，说这位“著名 IT 评论家”是“我的偶像”，还在《精品购物指南》上，以“大蒜”为例，把这位“偶像”的战略描述得淋漓尽致：

> 在商业社会里，如果我发现种大蒜能发财，我连我爸妈都不告诉，就躲个山沟里种大蒜去了。而如果我发现种大蒜不赚钱，你就是给我说出天花来我也不去种大蒜。再如果大家都跑去种大蒜，但种大蒜现在又赔钱，我又不知道种大蒜将来是否会赚钱，谁也不知道种大蒜怎么赚钱，但大家都知道只要你能把大蒜卖到自由市场的管理员手上，那你就肯定赚钱！那么这时我会怎么办呢？你们肯定猜到了。我要办个“大蒜研究室”，我可以给人搞调查，可以给人出点子，当然我还可以出书，可以给媒体写稿子，名字我都写好了，就叫《挑战大蒜霸权》。当然我这里是学习了方先生的一些办法，否则我这个笨人怎么会想出这样精妙的点子？

方兴东看了这些话，也许又要“挑战”，但更有可能是正中下怀。他的所有文章，都是在告诉人们一个道理，骂人和挨骂都能引起公众的“注意力”，人家只要“注意”他，他就有了“经济”，也就是所谓“注意力经济”。他说：“注意力经济含含糊糊，朦朦胧胧，令许多人不屑，但细细琢磨，倒还真切合互联网发展的许多门道。”

从事情的经过看，他是在 1999 年悟出这个“门道”的。此前他也写过不少“IT 评论”，却始终寂寂无名。此后他和几个盟友组成一个“论坛”，一边大骂比尔·盖茨，一边互相表扬。这个说那个“著名”，那个说这个“敏锐”。报纸上一边刊登方兴东“报告会”的订票联系电话，一边说，一些公司准备把“报告会”的票作为礼品送给客户，还说“与其吃吃喝喝，不如送上一份营养丰富的精神套餐”。方兴东自称是“第三只眼睛看互联网”。朋友就接着说，方兴东的那双眼睛值多少万元。想来这是为了抬高他的眼价，可是，就算一个凡人的肉眼，你要拿多少万元去买，人家也不会挖出来给你呀！所以，与其说方兴东想要标价出卖自己的眼睛，还不如说，他是想要无偿地得到别人的“眼睛”。这又有他们自己的逻辑为证：“注意力经济”也就是“眼球经济”。把这话说到底，就是依靠吸引公众注意力来赚钱。

现在我们还是回到希格玛大厦里面来，看看1999年夏天这里发生的事情。

尚笑莉一如既往地上班，希格玛大厦第五层也没有像罗迈克担心的那样“关门”，不过，就在这同一座楼里，每个人内心的情绪也不一样。刘文印就表现得异常气愤和激动。他说，他当时第一个念头就是，中国人一定“要靠自己，不能指望任何人来帮助我们”。他在饭桌上激烈地批评美国人的行为，呼唤同事去参加悼念死者的会议，但他没有去游行。他在公司开辟的追悼会场门边拿起一朵小白花戴在胸前。回到办公室，又郑重其事地将白花摘下，插在“戴尔牌”计算机的显示器上。直到半年后，刘文印的那朵小白花，还挂在电脑一角，每天伴随屏幕闪烁着凄惨的光芒。“我不是随手插在这里的，”刘文印说，“是我的感情让我插的，让我天天看到。要说这是‘民族主义的情感’，可能夸张了一些。我说不出是什么具体的原因。我是很热情的人，不是冷漠的人，也许和东北人的本色有关。东北人不太会因为环境的变化而改变。很执著。”

但是另外一个人并非来自东北，却仍然激愤。她是吴士宏。那时她领导的微软中国公司就在希格玛大厦第六层，刘文印参加的追悼会，其实就是她组织的。她在两个月后辞去总经理职务，加紧撰写一本自传体的书，里面以很多篇幅来描述她在微软的人事纠葛，但有时候也喜欢讲一些纯粹属于“民族大义”的情感，好像她与微软公司的决裂与她的爱国主义情怀不无关系。她的自传在10月出版，名叫《逆风飞飏》，就像方兴东在四个月前奋起“挑战微软霸权”，时机拿捏得恰到好处。

她提到爷爷被日本人暗杀，她“从小埋下了仇恨日本鬼子的种子，种子跟着我长大至今”。不过，激发起她的爱国热情的最重要的事件，是“北约轰炸”。“1999年5月8日是中国的耻辱日。”吴士宏写道。她原本计划在5月10日这一天休假，回家纪念自己的生日，但有了这样一个“耻辱日”，“郁闷悲愤终日不可名状”，“第一个冲动是想报名去南斯拉夫”。她感受到白领们经常会遇到的那种外企雇员身份与民族感情的矛盾，“痛感自己的‘另类’身份”，但又坚持“作为中国人，至少能有哭一场的权利”。于是，她决定在希格玛大厦召开追悼会。

那一天，她义愤填膺地率领属下雇员控诉“美帝”罪行的时候，李开复和张湘辉这两位兼有华人血统和美国公司主管双重身份的人，全都未到现场。她在追悼会上发表演讲，声泪俱下，慷慨激昂，把她的鼓动人的才能发挥得淋漓尽致。罗迈克对属下的激愤不知如何是好。尽管他对事态的严重性作了充分估计，却怎么也没有想到竟会演变成这个样子。只好去找微软中国公司一位高级经理排解自己的心情。“我觉得自己就像一个过街老鼠，没有地方躲藏。”罗迈克对那位经理说。这一边，吴士宏的义愤在会场上激起的议论仍未平息，大家都是为了悼念烈士而来，可是有人渐渐觉得话题似乎离开了追悼会的主旨，其中一人当场说：“我觉得她的目的不完全是为了悼念，也是为了她的‘本地化’。她是想让罗迈克知道，他不了解中国人，不能管理中国人。”这种议论不一定真的符合吴士宏本人的意志，但却不能说完全属于“空穴来风”。此中关节，我们在后面还要详细提到。

刘文印成为微软雇员还只是几个月前的事情，对吴士宏的“本地化”方针，以及这个方针在公司内引发的种种纠葛，自然无从了解。他在1999年夏天对于“美帝罪恶”的愤怒并不次于吴士宏，但却没有到“声泪俱下”的程度。“在微软工作，应该说有一些为难。”他说。他倒没有“过街老鼠”的感觉，但却“有一种夹在中间的感觉”。不过，他总算还能找到如下理由为自己排解：“首先，我是一个中国人，不因为我替美国人做事，就不能表达我的感情；第二，我现在做的事情不是为了美国政府，对中国人也有好处。一个美国公司和美国政府毕竟是两回事。”这样看来，若说我们的人民当中积蕴着一种民族感情，的确不假，但却有另外一些证据表明，对于美国人，中国青年充其量也只是抱着一种爱恨交集的复杂情感，并没有一种势不两立同仇敌忾的情绪。

大而化之地看眼前情形，又可以发现，微软所谓“脑力激荡”的文化一旦移植到中国这块土地上，多少会增加一些五彩缤纷的复杂内容：你尽可以不问政治只走你的“白专道路”，但却不能保证政治必定不来找你的麻烦，有如吴士宏之“郁闷悲愤终日不可名状”，和刘文印之“夹在中间的感觉”。

分享思想的火花

“科索沃事件”以及北京的“反美风潮”发生之后，在中国的外国公司——国际商用机器、惠普、卡西欧、英特尔……差不多都把自己藏起来。

虽然还没有仓皇逃亡，但却什么也不说，什么也不做，只有希格玛大厦不同。微软精神中“我行我素”的那一部分，这时候格外引人注目。六层一如既往地讨论“维纳斯计划”。在第五层，李开复照样在记者面前大谈自己的科研方向，研究员们照样展开他们的“脑力激荡”，工程师照样写他们的程序，尚笑莉也照样为“21 世纪的计算”大会忙里忙外。《微电脑世界》的主编熊伟很快发现这种情况，就在自己的刊物上写道：“微软照旧做它愿意做的事。”

张宏江直到5月份才在希格玛大厦正式上班。所以，他领导的小组是六个研究小组当中启动最晚的一个。如前所述，这时候正是我们国家反美情绪风起云涌的时候，张宏江却是熊伟说的那种“做他愿意做的事”的人。

最初两个星期，他也沉默。到第三个星期，他说他要向研究员们作一个报告，告诉大家他过去做过什么，到这里来打算做什么。这情形与沈向洋的做法不谋而合，又有些像美国大学的教授招揽学生。他说，他的专长是“对多媒体信息内容的理解、检索和浏览”。今后仍将继续这个领域的研究。他的目标是要让人们在网络上随心所欲地使用各种设备，而且能够迅速得到想要的信息。无论你拥有什么样的带宽、什么样的设备、什么样的语言，都不会感觉到任何障碍。他所说的这个领域，也就是李开复在“科研的方向”里面说的“实现多媒体的自动分析、有序化和可视化”。其中最重要的一个部分，是张宏江在八年以前所开拓的，其功绩直到今天仍为人们称道。张亚勤说他是“先驱”，凌小宁说他是“鼻祖”，意思都是一个：没有人能取代他在这个领域中的位置。当张宏江加盟研究院的时候，李开复以如下方式向一群记者介绍张的成就：

“大家都看过《倚天屠龙记》，那里面谁最厉害？”

“张无忌。”

“张无忌最崇拜的人是谁？”

“张三丰。”

“为什么？”

“……”

“因为张三丰是武当派的开山鼻祖。现在，我们微软中国研究院虽然有很多世界级的专家，但只有张宏江博士才称得上是开山鼻祖。”

平心而论，“开山鼻祖”的说法有些夸张。因为，张宏江并非多媒体检索领域的唯一开创者，在他之前，已有人在这里做了不少事，只是全都不能达到他的水平。当然，国际商用机器公司在“图像检索”方面走在张宏江的前面，但张在“视频检索”方面则是名副其实的第一人。“视频”与“图像”的区别，有如电视和照片。“视频”是运动着的“图像”，所以，张宏江的研究明显地具有更高的难度以及更广泛的应用范围。他在90年代初期发表的那篇论文，是这个领域的经典之作。1995年他的律师劝他了解一下自己的文章被什么人引用过，他上网一查，吃惊地发现，竟有50多人在自己的论文中引用了他的思想。这些论文中有很多超过了他，但研究的框架还是从他那里来的。实际上，直到今天，走进这个领域的人还会阅读和引用他的论文。

张宏江讲了90分钟，一边讲一边放幻灯片，把他心里想的东西全都倒了出来。大家都在下面听，李开复也在听。李开复在过去几个星期中一直没有问张宏江在想什么，他仍然信奉着自己的原则：对值得信任的人，不用问他干什么。现在，他从心里赞赏张宏江的想法。会议结束的时候，李开复说，张提出的研究构架非常精彩但却过于庞大，还建议张把自己的题目分出一部分给别的小组去做。张宏江没有表示异议，但他更希望为自己的小组找到更多的人。李开复这时候显示了他在管理方面的刚硬的一面，他对张宏江说：“不要太自私了，你不能把人都要走。”张宏江后来说，他就是从这一天起，发现李开复是一个“非常典型的美国式的经理”。他能判断你讲的和做的是否有道理。如果你对，他会毫不犹豫地接受你的意见。但他如果觉得你错了，就会向你挑战，而且会非常不客气。

其实，李开复这时候心里想的，不仅仅是“对”与“错”，他还想着一个时间表。他在半年以后有一次谈到自己当日的动机。“在中国做事情，就是要有一个时间和目标。”他说，“我们第一步是在中国政府面前给我们的形象定位，第二步是在学生面前给我们的形象定位。再下一步，我们的问题是：得到微软总部的认可，然后得到比尔的认可。”所以，他在心里已经把6月28日当做一个时间目标。那一天，美国和英国那一边，很多世界知名的学者，还有总部的老板们，都要来参加计划中的“21世纪的计算”大会。他需要加快研究的进度，把事情做出来，有足够的成绩证明研究院的方向正确，能力也超过一般人的想象。

刚刚进入6月，他就对大家说：“6月啦。你们不要给我们丢脸。”

中国超过40岁的人，记忆中有一件事情特别清楚，那就是60年代流行在中国的一本书：《科学家谈21世纪》。那时候，人们觉得“21世纪”是一个那么遥远的时代。但现在，也即1999年6月28日，这些计算机科学家谈论的“21 世纪”，其实也就是六个月再加上三天以后的事情。当初微软中国研究院成立的时候，李开复说“我们的研究成果将成为五年后的主流”时所指的那个时代，看上去还要更远一些呢。

事情果如尚笑莉所料，“科索沃事变”造成的后果没有那么严重，到了 6 月下旬，乌云已经散去，几十位计算机科学家从美国和英国进入中国，与更多的中国科学家汇聚在北京城北的国际会议中心。其中有两位“图灵奖”的获得者：巴特勒·拉姆伯森博士，他是微软公司首席软件总工程师：罗杰·瑞迪教授，他是卡内基梅隆大学计算机学院院长、微软研究院专家顾问委员会委员，以及美国总统信息技术顾问委员会的成员。有艾德沃尔德·拉苏斯卡教授，他是电气电子工程师协会院士、美国科学院院士、华盛顿大学计算机与电子系主任；有安迪·戴姆教授，他是电气电子工程师协会院士、美国工程院院士；有理查德·纽顿教授，他是电气电子工程师协会院士；有微软公司的高级副总裁里克·雷斯特；有微软雷德蒙研究院院长凌大任博士和副院长杰克·巴利斯博士；有微软剑桥研究院的院长罗杰·尼德哈姆博士和副院长戴瑞克·姆卡勒博士；有黄学东博士，他是微软公司高级研究员；有舒伟都博士，他是麻省理工学院计算机研究所副所长。

中国这一边，则有潘云鹤教授，他是中国工程院院士、浙江大学校长；有清华大学的张钹教授，他是中国科学院院士；有迟惠生教授，他是北京大学副校长；有高文教授，他是中科院计算所所长、联想中央研究院院长；有马颂德教授，他是中科院自动化所所长；还有香港大学的顾钧教授。

国际会议中心一个 2000 人的会议大厅差不多都坐满了。会场灯光很暗，大多数听众依靠耳机里面的同声翻译聆听演讲者的声音。会议的主题叫做“21 世纪的计算”，还有一个副题是“中美顶级计算机科学家高峰对话”。既定的话题，看上去没有一点意识形态的气息，不分国界，不分信仰：

信息技术在 21 世纪对中国有什么影响？

我们该做什么样的研究？

我们中国人的文化、技术将如何对信息技术做配合？

在 21 世纪，什么技术对人类而言是最重要的？什么技术是难以取得成功的？

信息技术的衍变对人类的文化、对人类下一世纪的发展会有什么样的影响？

两位“图灵奖”的获得者，巴特勒·拉姆伯森博士和罗杰·瑞迪教授，分别演讲。国内方面，有潘云鹤、迟惠生、张钹、高文、顾钧、马颂德的即席发言，台下的听众还有机会当场向其中任何一位提出任何问题。一个上午没有讲完，在一顿丰盛的自助餐后，专家之间的对话在台上接着进行。第二天，《计算机世界》上的文章说，这的确是一次世界顶级计算机科学家的“脑力激荡”，同时又是“中国信息产业界有史以来最高层次的学术交流”。该刊总编辑刘九如还写了一篇文章，用“分享思想的火花”来描述自己的感慨，还说“他们的真知灼见给我们带来了灵感和启发”。微软中国研究院则将会议的发言全部送上网站，满怀自豪地说，这是一篇中美科学家共同推动人类进步的“精彩乐章”。我们择其要点如下：

罗杰·瑞迪：

毫无疑问，过去的50年是让人兴奋的，并非常具有戏剧性，充满了很多没有预计到的发明，这些发明和创新改变了我们的生活。下个世纪将比本世纪更富戏剧性，会发生更巨大的变化。到2000年，我们将可看到一种性能庞大的PC，它能每秒进行10亿次计算，内存达10亿字节，网络带宽是每秒10亿次，价格不超过2000美元。今天，我们用大约50美元就可以买到一个4GB的硬盘，经适当压缩，它可以存储我们一辈子也看不完的书；到2010年，我们能以同样的价格买到4TB的硬盘，它可以存储我们一辈子收集起来的音乐和各种电影。

巴特勒·拉姆伯森：

我们即将开始的变革包括：大量信息存储在芯片上；更多的带宽，即芯片之间和网络之间会有比我们今天高得多的带宽；长途通信的飞跃，今天我们离光速通信已不远了。

计算机研究在过去十年中最大的失败却是：不是由计算机研究人员，而是物理学家发明了Web，而Web已经成为过去十年中计算机领域最大的成功。

顾 钧：

一片芯片可以解决很多问题，但一大堆芯片集中在一起却可能反而解决不了这么多问题。因此我们可以得到一个结论，关键是计算方法、技术。以前我们是在芯片上展开竞争，但现在，我们应该把计算方法放到一种高度来竞争。

高　文：

刚才提到，每十年计算机的速度会提高100倍。现在3000亿次的计算机十年以后可能只相当于三台500MHz的计算机，但这并不意味着我们要停止这方面的工作。因为有许多应用离不开这种机器。

张　钹：

我认为问题不仅仅是速度。比如都说计算机将进入千家万户，但对中国家庭不是这样，对中国人来说，计算机并不好用。怎么解决这个问题，我认为这涉及我们对信息处理的办法。过去说计算机无所不在，我们希望未来的计算机是无所不算。

潘云鹤：

计算机在下一世纪将在很多地方消失，人们发现的将是更聪明的家电。

说这是一连串“思想火花”，的确不错。可是，1999年6月28日如果真的成为研究院历史上的一个里程碑，必是由于另外的原因。我们在前边已经提到，李开复把这一天当做一个“时间目标”，希望他的研究院能够得到公司总部甚至整个美国的认可。这样看来，他的期望就不仅仅是在会场，而且还在会场之外。那两天他总是和颜悦色，在结束正式的会议之后又开始非正式的闲谈。赞扬一下当地政府的支持，介绍一下研究院的人员，将他们研究了一半的成果拿出来演示。闲下来的时候还兴致勃勃地与他的导师罗杰·瑞迪一起回忆往事：当年他开着自己的破轿车载着老师驱车去飞机场，半途发动机着火不得不改换出租车。诸如此类的情节令所有人觉得轻松开心。然后他对众人说：“不要夸奖我们，请来批评我们。”来宾中要么是微软公司高级经理人员，要么是与微软关系密切者，其中有四位还是微软研究院的顾问。这些人来到北京的时候，几乎全都带着一个问题：有这么多优秀的人，为什么不在美国这么好的环境做研究，而要在中国做？他们在希格玛大厦第五层里停留的时间，实际上远远超过了在国际会议中心参加“21世纪的计算”大会的时间。李开复不要他们“夸奖”而要他们“批评”，的确出自真诚，而非一般人想象的那种虚与委蛇。事实上美国人在这些事情上从来不习惯于中国人的那种客套。他们来到这里，本来也就是想要挑剔的。可是，他们在那两天里看到的事情全都出乎意料。微软雷德蒙研究院的院长凌大任感叹道，在如此短的时间里面做了如此多的事情，就是在美国的环境中以美国人的方式，也没有可能做到。微软剑桥研究院的院长罗杰·尼德哈姆，则对自己手下一位资深研究员说：“你们也要加油了。”艾德沃尔德·拉苏斯卡教授不是一个轻信的人，他在希格玛大厦第五层左看右看，说：“我不能相信。”然后把里里外外又看了一遍，说：“我还是不能相信。”

这时候，无论在中国的微软人，还是在美国的微软人，都忘记了几周以前笼罩在他们头顶上的“科索沃乌云”。倒是那位名叫熊伟的中国人还能记得清楚。1999 年 7 月 5 日，他在《微电脑世界》上以极大篇幅刊登中美计算机科学家的这次对话，不仅声称“本刊并不介意活动是由微软组织的”，还自问自答：

“为什么美国轰炸了我们的大使馆，连最激愤的信息技术领域中人都不敢说要抵制美国的计算机？因为那样对我们毫无利益可言。”

第四章

那是我“儿子”

李开复：一个平等的、真诚的、自由的文化，能够将有才华的人组成一支杰出的队伍。

微软多次上演后发先至的喜剧，这一次能再现吗？

邸烁坐在希格玛大厦第五层靠东边的一个格子间里，身着牛仔裤，运动鞋，蓝色格子的T恤衫领口大开，两只眼睛透过眼镜，紧紧地盯着面前电脑屏幕上的几行字，一筹莫展：

MAKCEP：
A3012. WAV/A3012. MFC
MFCVERSION〔1〕
RESAMPLE〔11〕

这样的情形在邸烁已有整整两天了。他从小到大，总是无往不胜的。中学的时候但逢竞赛必获奖，高考的时候自称“非清华不去”，结果就考上了清华。从本科到博士，还是一帆风顺。他觉得普天之下没有自己做不成的事。可是，就在两天前，他满怀信心地写下这几行参数以后，面前那台电脑却拒绝接受他的“指令”。研究无法继续，他那迄今为止无所不能的历史似乎中断了。

隔壁那个方格子里的陈正，是邸烁昔日的清华同学、如今的微软同事。看来这小子的运气不错，没有遇到什么特别棘手的问题。一口浓重的福建口音，不仅没有阻挡他对语音模型的研究，而且还促使他启动了“电脑自动纠错模型”的课题，其方法，是请数十个中学生以拼音方式敲击键盘，将其中错误统计归纳，依照概率大小的顺序排列，然后利用电脑善于计算的能力，予以纠正。这时候，他已经算出，汉语拼音字母“U”在“O”之后被遗漏的概率，为1%；“I”和“O”在键盘上并列紧邻，所以混淆的概率很高，为3%。有了这样的结果，他就可以顺利地为他的“模型”写下两行程序：

P（u deleted after o）0.01

P（ityped as o）0.03

时间已是深夜。陈正推推他那厚厚的眼镜，志得意满地走了。邸烁却没有一点要离开的意思。他在等待着地球那一边的黎明。太平洋两岸的时差有16个小时，所以他和雷德蒙市微软总部研究人员的联络，通常都是在这一边的午夜而那一边的早晨进行。这两天，他为了自己的难题，已经和地球那边联络了无数次，仍然无计可施。现在，他打算再做最后一次努力。

看看到了雷德蒙的上班时间，他把电子邮件送给美国微软总部的研究员黄美玉。黄美玉已经给他出了不少主意，全都无效，无奈之中随便问道："也许'采样参数'有问题?"

邸烁做的工作是，在一个英语语音识别系统之上，建立汉语语音识别的功能。黄美玉说的"采样参数"，是指分析语音时所确定的频率，事关"样本"多寡，所以意义重大，但这又是一个太简单的问题，所以两天以来谁也没有注意。

现在，邸烁把注意力再次转向电脑屏幕，那个小小括号里的"11"，意味着他选择的采样频率，是在每秒钟的声波中，等间隔采样11000次。这与英语语音的采样频率"16"有很大不同。但事实可能是，当我们把每秒钟的声音切割成上万份让机器识别的时候，汉语和英语这两种截然不同的语言已经完全没有区别。

这念头电闪雷鸣般在邸烁脑袋里面划过。他飞快地打开自己的程序，写下新参数：

MFCVERSION〔1〕
RESAMPLE〔16〕

电脑瞬时间痛快地运行起来，邸烁长出一口气。一边责怪自己怎么会犯这样一个低级错误，一边又恢复了往日的自信。

邸烁和陈正同为清华大学计算机系1998年毕业的博士，差不多同时进入微软中国研究院，又一同进入李开复小组，开始同一个课题的研究——汉语语音识别系统。不过，在1999年6月1日这一天，李开复导演的一个小小游戏，把两个人分开了。那时候，邸烁和陈正已经不分彼此地为这个项目倾注了两个月的心血，李开复忽然对这两个人说，语音识别既包含“语音”，也包含“语言”。两者密切关联但又不是一回事，研究的程序也应先分再合。这道理很明白，所以陈、邸二人没有异议。于是李开复请两人自由选择，他说两件事情都很重要，相信无论谁做什么都能胜任。两人全都不知如何是好。李开复笑道：“反正总要分开，不如抛硬币来决定。”然后就真的把一枚硬币抛向空中。这种把一个沉重话题化做一场乐事的态度，令两个初出茅庐的学生既惊又喜。三个人在一片笑声中决定，邸烁做“语音”，陈正做“语言”。两者在将来的结合，就将成为微软研究院的“汉语语音识别系统”。

要对“汉语语音识别系统”有个正确了解，我们就要注意到90年代最后两年国内舆论提到的事实：国际商用机器公司1998年在北京推出最新版本“Via Voice 98”。尽管此项技术在语音识别领域处在领先位置，但却仍未达到成熟的程度，其在一般公众中的宣传价值，也超过了实际应用的价值。如果软件市场真如人们所说是个赌场，那么，国际商用机器公司投出这一“赌注”，与其说是为了商业利益，不如说是为了强占“头筹”。1999年开始的时候，“语音识别”在我们国家的舆论中更加热闹。《每周电脑报》的文章说：“历经多年研究和挫折之后，过去18个月里面语音识别技术已经达到很高的水平。”《经济参考报》还宣布，“键盘的终结者”已经出现。商周在《计算机用户》上说是“百家争‘鸣’”，这有些夸张，但他说的“全面启动”却有充分根据。

计算机专家所谓“语音识别系统”，说白了，就是比尔·盖茨说过的半句话：“让电脑会听，会说。”（另外的半句是“会看，会学习”）不过，还有一个人比比尔·盖茨更早地将语言特性与计算机的功能联系起来。诺姆·乔姆斯基曾经说，人类语言就像一个开关。此人是美国现代语言学领域最有名的一位教授，其基本理论构成了美国语言学的主流。按照他的解释，婴儿的语感是重复的结果。诸如“一头牛”和“一匹马”，其间量词在中国尽人皆知，不用专门教育，更无须复杂的语法规则加以指导，即使三尺孩童，一听也能明白，这里该用“头”，那里该用“匹”。但外国人学来学去总会糊涂。其缘由，概因人的大脑中有着“重复记忆”的能力。这一基本逻辑在计算机科学中的应用，也就是人工智能。它构成了语音识别研究的起点。

就我们所能理解的来看，语言的问题在计算机领域无所不在。乔姆斯基所说的“开关”，与计算机最基本之“开”与“关”的运行逻辑，在表述上的不谋而合，似乎也就潜在着让计算机来接受人类语言的可能。但是正如我们此前提到的，电脑毕竟不是人脑，所以种种以机械模拟人脑的努力全都毫无结果，唯有李开复以统计学的方法另辟蹊径，终有所成。然而仔细追究起来，其成功的大厦仍然建立在一个最原始的基点上：语感是重复的结果。

“语感”这概念说起来很神秘，实则是可以观察到的。它包含于我们周围无处不在的语言材料中：书籍、文件、报纸、广播、演讲、街谈巷议、电视节目……所有这些，专家们有一个恰当的词汇加以描述，叫做“自然语言”。与此相对的计算机语言，乃是“人工语言”。30 年来计算机语音专家所做的全部工作，就是试图在自然语言和人工语言当中建立一个桥梁。就算不能让机器具有我们人类的七情六欲，至少也该让它既能听懂人话，又能说出人话。但是，平心而论，汉语语音识别的进展，有如汉语的文字输入，一直明显落后于英语。电脑终究是美国人发明的玩意儿，就算“能听会说”，也是英语优先。幸而电脑并无国籍倾向，也无民族激情，所以只要中国人在它身上倾注足够的智慧，它也会有足够的耐心来听中国话。只不过，在 21 世纪将要开始的时候，这一份努力却又由美国人来主持，这情景电脑虽然不在意，但中国人却有点不太好受。

在过去很多年里，微软公司在语音识别的领域并不能说领先。当日李开复在苹果公司向“早安美国”的 2000 万观众展示他的“小精灵”时，微软连语音识别的研究小组还没有建立起来呢。不过，“小精灵”在苹果“死了”，微软却崛起了一个黄学东小组。黄在语音识别领域取得一系列出色的成果，但这仍属于英文的领域。至于中文语音识别，在我们国家中始终不能振作，直到 90 年代末期，四大美国公司在北京一起涉足，舆论为之一振，学者趋之若鹜。国际商用机器公司声称，他们在这方面的研究已经持续了 27 年，其技术也的确略胜一筹。余者还有摩托罗拉，已有三年研究中文语音的历史，还有英特尔，也有好几个月了。当李开复在 1999 年春天启动微软的汉语语音研究时，周围的情势就是这样。他有些着急，但仍旧胸有成竹：微软毕竟多次上演过后发先至的喜剧，这一次期望能够再现。

打开门，世界前沿原来就在眼前

邱烁和陈正 1999 年春季进入希格玛大厦的时候，对于这些情况并不能完全了解。陈的专业属“人工智能”，邱的专业是分布式计算。两人对于“语音识别”全都是外行。在李开复看来，“人工智能”恰为过去 20 年计算机领域里的一条失败之途，更与未来语音的进展无关。他告诉邸、陈二人，他们可以选择自己感兴趣的题目，但不能离开研究院的大框架。邸、陈二人一致表示对李开复的“语音识别”感兴趣。他们从中国的报纸上知道了李开复以往的辉煌，所以希望进入这个领域追随李开复。按照常情，李开复在这个时候既然想要建立语音研究小组，必会想到身边一派竞争情势。他的手下若是没有一批高水准且熟知这一领域的研究员，焉能后来居上？然而他又相信，计算机世界中，人的才智与资历并非总是能够一致，经验常常不是最重要的，甚至有可能成为弘扬智慧的障碍。这道理在他本人已有十几年前卡内基梅隆大学的体会为证。当日两个年轻人的聪慧胜过了15个资深研究者的经验，如今又怎么能说面前这两个年轻人必定不会再现当年的局面？

接下来的情形，有点像是在学校而不是在研究院或者公司。整个4月份，邸烁和陈正都在阅读李开复的两本书：一本是他的博士论文，另外一本是他后来写的关于语音识别的书。还有李开复指定的另外几十篇论文。这时候两个人方知什么叫做“世界的眼光”和“世界的前沿”，因为李开复让他们阅读的这些东西，全是过去十几年中世界语音识别研究的经典之作。这情形若是同我们国家大学校园中的研究状况加以比较，不免让人回味。不少中国学生都有过“直到毕业也没有读过一篇完整的世界水平论文”的经验。就连我们在前面叙述过的“清华园的神奇小子”李劲，也不能例外。所以很多人根本不知道国门之外的人究竟做过什么，以及怎样去做。邸烁和陈正却在刚刚开始的时候，便有机会了解世界上究竟发生了什么。

但事情不仅如此。李开复还觉得有必要开辟一个“两个人的课堂”。“学生”自然就是邸烁和陈正，而“老师”正是他自己。他花了很多时间和两个副研究员谈论书籍和论文的内容，尽可能用简单的方式给他们解释“语音识别”的来龙去脉。邸烁后来回忆道：“他很会讲课，讲过一次以后，我们再看论文，就很顺利了。”但也有并不顺利的时候，但逢这种时刻，李开复总是笑眯眯地看着这两个人，怂恿他们“猜猜看”，然后笑道：“猜错了嘛!”“这里的气氛真是好，没有一点压抑的感觉。”陈正说，“一个院长、一个很有名的科学家，没有想到他竟能给我们讲课。他真的是一点架子都没有。所以虽然我们经常会出错误，但却并不紧张。”

两个“学生”开口闭口叫着“开复”，心里倒是真的把他当成老师了。当李开复在中国的报纸上成为一个“抢人才”的话题时，看来他在研究院里仍是受到尊敬的老板和导师。研究院的气氛既像学校，又像公司，按照通常的习惯，刚刚走出校门的博士们仍然会在嘴上叫“老师”，从其他公司里来的那些人则要称呼“老板”。事实上，李开复既不好“为师”，也不好“为官”，至少他在表面上不喜欢人家总是记得他的身份。他并没有告诉大家怎样称呼他，但奇怪得很，所有人一进来，全都异口同声地叫他“开复”，他也觉得这样的称呼很自然。

邸烁和陈正两个人在这里遇到的可以当做老师又不必称呼“老师”的人，至少还有黄昌宁。黄是研究院年龄最长者，62 岁这一年退休之后，来到研究院主持自然语言小组的研究工作，眼前这些人从年龄上说，差不多都是他的晚辈。不过，当他和这些年轻人在一起说笑的时候，谁也不会想到他在中国学术界乃是属于德高望重的老一辈人。他的名望不是由于他在计算机专业领域的成就，恰恰相反，用他自己的话说，他在计算机领域里是“半路出家，先天不足”。事实上他是语言学的专家，多年致力于从计算机的视角看语言，在中国的计算语言学界乃是首屈一指的人物。无论是语言学还是计算机学里的人，都会向他提出诸如“从计算角度看语言”之类的问题。黄昌宁总是要花费很多时间来解释：“计算语言学实际上是语言学，是用计算机来研究分析自然语言。”由于他的这种专长，他在国内外一些大学里成了很受欢迎的人。有一次，李开复对黄昌宁说，研究院需要他这样的人，因为“汉字的输入，看来是一个文字问题，但也涉及语言问题”。仅仅一句话就让两个人彼此沟通。“让我到这里工作的一个原因，是李开复对语音识别的理解。”黄昌宁后来这样说。这情形真有些像王坚经历的重演，又有些像金庸小说中所说的“高手过招”。

黄昌宁在 1999 年 4 月来到希格玛大厦。当邸烁和陈正在计算机方面向李开复不断求教的时候，黄昌宁也成为这两个年轻人在汉语语言方面的指导。下面这些话题，就是那个时候经常谈到的：

汉语和英语的共性；
语音当中的文字问题和语言问题；
单字概率与词组概率；
中文输入习惯和思维习惯不能合拍；
人的语言能力还是科学家的一个黑匣子；
什么叫做计算语言中的“观其半而知其意”；
人脑子里的语言系统不是按照词典排列的；

计算语言学为什么要同心理学和数学结合在一起；

计算机语音科学家面对的最大挑战：把“一对多”变成“一对一”；

……

他倾心尽力将自己的语言学知识留在希格玛大厦中。“我在清华干了这么多年，退休以后才走的，我觉得自己对得起清华。”他这样来回答向他质询的朋友。他整天混迹在年轻人中间，并非不知老之已至。恰恰相反，他对自己的年龄有充分的了解。“我老了，想象力不行了，但洞察力要比年轻人深一些。”他这样说。他似乎已经意识到，由于语言不同造成的文化隔膜行将终结，计算机技术的进步终有一天让人类超越这种隔膜。但这个世界毕竟是属于年轻人的。“在这里，没有哪一种技术能有五年以上的生命，很快就会改朝换代。”他说，“在大学里面学的东西，出了校门就变了，何况我这把年纪？”

后来者总是站在前人的肩膀上

1999年6月，微软公司决定加快语音研究，比尔·盖茨也倾向于在微软原有的英文语音识别系统之外，增加日文和中文两大部分。时间相当明确并且迫在眉睫。初步的成果将在秋天拿出来，其中文部分，当然要由中国人来做。这让李开复极为兴奋，他在嘴上说“我们可以做，但不能保证”，心里却想着“舍我其谁”。研究院成立刚刚七个月，他领导的语音研究小组诞生不过两个星期，小组的第二批成员，邸烁和陈正，又是外行。在这种情形下，比尔·盖茨一般是不会下命令的，但公司的产品部门却说，他们的确需要这个技术。李开复再回过头来看看身边，觉得中国人也的确需要。王坚依据他在国内从事研究多年的经验，认定这件事情“肯定做不成”。他说：“现在还一行程序都没有，三个月后就要拿出一个像样的东西。这种事情在我们国家是不可想象的。”王坚当时并不了解，微软公司有一个“资源共享”的制度，并且有着“团队合作”的风尚。但李开复和凌小宁却对雷德蒙微软总部的情况有足够的了解，知道黄学东小组那里有什么东西，而且可以肯定北京的工作能够得到黄学东的全力支持。他们也知道微软公司以外的其他地方有什么东西。然而更加重要的是，微软中国研究院有李开复——世界领先的语音识别专家。研究院起步虽晚，但并非从头做起。这两个人在一起斟酌再三，都觉得虽无十足把握，但完全值得一试。当即决定，在7月份之前搞出一个基本框架。

对于李开复来说，现在的确是审时度势的时候了。从他在卡内基梅隆大学实现的历史性突破算起，已有十年。他花了三年的时间才制作出一台应用他的新理论的“小精灵”，但却没有能够让它真正进入千家万户，此后又花了七年的时间，苦心等待机会再次出现。这一期间，语音识别已经不再是让人们敬而远之的书斋里的技术，它在不知不觉当中与人们的生活日益紧密。这一回，李开复已拥有微软这个庞大而又实力雄厚的舞台，如果能够如愿以偿，就决不会让这项技术继续束之高阁。

他对自己要做的事情并不仅仅抱有幻想。微软中国研究院以及李开复本人的加入，可能会更加激发其他公司在这一研究领域里快马加鞭。虽然你追我赶的热闹气氛和李开复的务实风格相悖，但他的确相信希格玛大厦的整个工作将以突飞猛进的步伐前进。他不仅拥有自己以往在这个领域中的全部经验和理论，而且还可以踩在微软公司过去若干年中的全部研究成果之上向前攀登。他可以从雷德蒙的拼音小组拿来中文字典，还可以从黄学东小组那里拿来全套“维斯波”（Whisper）——英文语音识别系统。微软公司的制度本来就鼓励“小组合作”和“资源共享”，黄学东和李开复的多年私交这个时候也发生了作用。黄很痛快地答允，将“维斯波”的源码和语料库，全部调送李开复使用。“源码”和“语料”构成一个语音识别系统的最基本的部分，尽管它们全都属于英文而非李开复需要的中文，但有了这些，李开复小组的工作便有了一个很高的起点。这情景有如攀登一座100层的楼房，他们从一开始就已经站在第50层上。

可是，事情一开始就缓慢得令人揪心。

“维斯波”的“源码”和“语料”，容量大至“10G”。就像物体的面积体积重量都有一个计量单位，信息的计量单位是“比特”。今天我们使用的个人电脑中，“比特”的数量单位，以“G”为最大，以“B”为最小。中间又有“兆”和“K”作为过渡：1G等于1024兆；1兆等于1024K；1K等于1024B。

我们由此可以算出“维斯波”的容量为：

$1024 \times 1024 \times 1024 \times 10 = 10,737,418,240$（比特）

我们若将这些“比特”用汉字来衡量，并且放到一本32开的书中，那么这本书至少要有13695686页。如此多的电子数据从雷德蒙微软总部传输到北京希格玛大厦，要依赖光缆构成的互联网络，也即我们所说的“信息高速公路”。高速公路上的汽车太多必会导致车速缓慢，“信息高速公路”的情形也是同样。当邸烁和陈正接通线路并启动传输程序之后，立刻就感觉到这“高速公路”上的拥挤不堪。“维斯波”要么是根本就挤不进去，好不容易进去了却又不能顺畅运行。电脑哼哼作响，发出吃力的喘息。有时候“数据流”会暴风般地涌进来，令邸烁和陈正惊呼“好酷”。有时候整个屏幕又静止下来，机声停顿，让人觉得网络上面一片空白。有时候还会彻底中断传输过程，“维斯波”就像是在一个“空中停车场”，而不是在一条“高速公路”上。邸烁和陈正原本计划三天之中把它全部“抓”到希格玛大厦来，但已经七天过去了，仍然摆脱不了这条拥挤不堪的“高速公路”。万般无奈下，两个人只好把技术支持工程师杨飞请来，查明问题究竟何在。

单从技术的角度来说，邸烁和陈正所遇到的问题，既属于正常，而又有着不正常的情形掺杂其中，其奥秘非一般人所能了解。作为一个世界最大的软件公司，微软在雷德蒙总部有一个小组专门负责整个公司的计算机网络。他们在一座“星”形大楼里面，拥有一个由上千服务器组成的中枢。处在网络中枢的服务器，每天自动将所有文档备份，移送稳妥之处保存。即令失火、失窃一类的意外发生，办公大楼毁于一旦，设备荡然无存，而公司所有的技术进程和研究成果均能毫发无损。这一中枢系统又能与公司在世界各地的所有终端相连接，构成一个规模巨大的专业网络，其间有专用线路沟通彼此。这种种办法与我们国家的情形很不相同。在我们这里，公司和政府通常的做法，是将自己的网络连接到公共网上，也即人们通常所说“上网”，所有人都在一个网络上行走，摩肩接踵，难免混杂。微软的专业人员认定，此种情形对于公司机密隐含巨大威胁，所以他们要将公司内部网络的出口限定为一个，又在这唯一的出口上安装“防火墙”。凡属于可以公开的数据便放在“墙”外，必须保密的数据则放在“墙”里。至于数据的交换和传输，则是租用电信公司的线路以供其“专有”。所谓“专有”，也即除了微软公司之外其他人不能进入。这条“专线”由美国至东京，分向亚洲各国。进入中国后的线路则是从“中国电信”租得，其入口在上海，再通向北京，沟通希格玛大厦的联络。

信息流动的样子一定很像水的流动，其流量和流速是由最窄处决定，而不是由最宽的地方决定。杨飞拿出“瓶”（一种测试网络是否通畅的程序，英文名称“Ping”）来逐段检测，寻找问题所在。结果发现，电子数据一旦经过上海到北京这一段线路的时候，流动速度就会忽然放慢。因为这一段线路并不像上海以外的线路那样以光缆铺设，而是属于一般电缆，“带宽”甚窄，数据在传输过程中极易受到干扰而不能正常流动。这也就是人们通常所说的“瓶颈”。

在经历了漫长的等待之后，邸烁和陈正逐渐看清了“维斯波”的真面目。两位后来者渴望在这一行行的“源码”中找出自己可以走通的新路，结果惊讶地发现，这“源码”竟是很多人的努力积累而成，所有原作者的姓名及其使用过的实验数据全都记录在案。其中李开复在1984年写下了最早的一批，然后有洪小文，又有黄学东……它像一部由智慧与心血交织而成的“圣经”，字里行间洋溢着某种精神：后来者总是站在前人的肩膀上才能有所作为。但如果他们真的有所作为，那就决不可能仅仅是因为站在别人的肩膀上。

以后的两个星期里，邸烁和陈正继续把精力放在“维斯波”上，彼此说明自己的理解，或者讨论或者争执，甚至相互开展“大批判”，还同太平洋彼岸的黄学东小组来往了无数电子邮件和无数电话，在希格玛大厦将“维斯波”的英文程序运行通畅，全部实验数据印证无误，听写识别率也能与雷德蒙的“维斯波”所能达到的标准吻合。到了这时候，李开复要么是觉得这两个人已经足够成熟，要么是觉得不能再为练兵花费更多的时间，所以便对他们说：“我们可以开始做中文的工作了。”

这样，就出现了一个有趣的局面：一个训练有素并已卓有成就的“世界级科学家”，带着两个凭借直觉灵感连蒙带猜的小伙子。研究院的中文语音识别研究，就这样开始了。

一次突发奇想的双重效果

此前我们曾经提到，微软公司通常把一个人的学习能力看得比他的专业基础更重要。他们不一定会对你提出“专业对口”这样的问题，但却会非常注意你对新事物的反应能力和接受能力。假如一个人过多地夸耀自己以往的经验，在微软看来，这也许正是思维枯竭的征兆，至少也存在陷入“思维瓶颈”的倾向。这“瓶颈”通常不是缺少经验所致，而恰是经验太多的结果。把一大堆固定知识装满脑子的学生，犹如把一大堆僵死经验装满脑子的老人。成功有时候并不是一个好老师，它有可能让聪明人的思想枯竭，走进死胡同。所以，李开复在这个时刻所需要的，正是邸烁和陈正这种没有什么经验的人。

邸烁中等身材，方脸，浓眉，嘴角轮廓分明。刚到研究院的时候，他是副研究员，合同上注明两年聘期，但一年后他便成为微软公司的正式员工，并且开始拥有微软公司的认股权。和大多数这个年龄的人一样，邸烁自负，随意，性好独立，精力过剩，思路敏捷。不过，无论从哪个方面看，都不能证明他的天赋具有特别的过人之处。他的真正超越常人的能力，是能够在他完全不熟悉的领域当中迅速抓住问题的关键，并且知道到哪里去寻找解决难题的答案。他每天在他的电脑前构筑语音模型，其最重要的一部分工作，是在406个汉语音节当中确定155个基本音素，以供机器识别。还要在原有汉语拼音中的四种声调之外加上第五声，也即“轻声”。如果需要克服时差的障碍与雷德蒙的研究小组交换问题和结论，他就从夜间一直干到凌晨，实在太困的时候，就在办公室的沙发上睡一会儿，又开始工作。他连续调整了“维斯波”中至少400个参数，以使它能够接受中文的信息。他所遇到的最大困难，不是这些几个月前还完全不懂的数据，而是中文语音的数据质量过于低劣，总被噪音干扰，远不像英文语音库里那些东西，即使把音量放大多倍仍无噪音，这使他不得不对他的新参数反复训练。

要说邸烁的直觉灵感弥补了他在语音专业上的不足，并把它们以一种可见的形式表现出来，那么，陈正在语言模型的建造上也起了同样作用。陈正骨瘦如柴，浓眉，小脸，从初中一年级的时候就开始戴眼镜，镜片由于度数很大而显得特别厚。旁人都以为这是他格外用功付出的代价，但他认为自己的高度近视是父亲的遗传，而且坚持说自己“从小就不刻苦”。他从小不喜欢被约束，经常因为上课说话之类的小毛病受到老师严厉批评。他还特别不喜欢读书而喜欢玩，所以每天晚上八点半以后，一定要放下书本去看电视。但他学习新东西总比别人快。他喜欢在全力以赴地玩过之后，再全力以赴做习题。他有一种在他那个年龄的孩子身上异乎寻常的天赋，能够将注意力迅速地在游戏和功课之间转来转去，一旦集中精力，便能持之以恒。这使他用不着投身题海当中，也总能获得很好的成绩。

他被父亲那一本本砖头似的医学书籍吓破了胆，但对中学校园里面的计算机分外着迷。看来，计算机的确为那些迷恋游戏、厌恶书本的孩子开辟了一条通向科学殿堂的道路。这条道路上，迂腐的循规蹈矩最少，激动人心的憧憬最多。比尔·盖茨在成名之后曾经说，一个孩子整天沉迷于计算机，要比沉迷于电视机好得多，因为计算机让人思考。陈正并不懂得这些道理，他用“学就是玩，玩就是学”来概括他当年选择这个专业的动机。多年以后他真的成为清华大学计算机博士，又成为微软中国研究院的副研究员之后，每天坐在电脑屏幕前面的时候，还是那副如鱼得水的样子，下了班还不愿意离去。不了解他的人说他是在加班，但了解他的女友说，“他变成‘计算机狂’了，好像是在和计算机恋爱”。陈正觉得“恋爱”之说有点过分，但他承认：“这种加班就像是在玩一样。”

陈正花了整整三天时间，来构造中文语言模型的搜索引擎框架。如果这仍然可以看做“玩”，那么他第一次发现，“玩”有时候真是艰苦。因为李开复给他的第一个指导，是不能再循着国内此项研究的老路子走下去。“我听说，在中国做语音搜索统计，只联系到前面一个词，”李开复说，“这不够，至少要向前推两个词。”

在常人看来，这“一个词”和“两个词”的区别至为微小，实则其中隐含着巨大的变化。

机器不是人，没有人所共有的耳朵。它之所以能够听懂人话，必须遵循一个基本逻辑：将声音信号变成拼音符号，然后再变成计算机能够理解的“比特”。但人类语言的一个特征就是多有歧义，中文尤其如此。比如“一”的同音字多达137个，也即专家所说“一音对多字”，而计算机能够识别的语言则必须是“一对一”——不仅是“一”，而且要告诉它是哪一个“一”。不过，自然语言中的另外一个特征，给科学家们提供了摆脱困境的机会。这就是，每一个单字都是在一个完整的句子中间才会构成特有的含义。比如你要让电脑在“意”、“义”、“一”这三个字中决定取舍，它必会莫名其妙。但你若给它阅读前边一字的机会——“注意”、“主义”、“逐一”，它就会很容易地确定应该使用这三个字中的哪一个。这种情形在英文叫做“Bigram”模型，也即让机器在识别一个字的时候，将其和前边一字的各种联系全部搜索一遍，以判断哪一个字用在这里最合适。

然则更多的时候，仅仅依靠向前对应一个字，并不能做出正确的判断，以致电脑经常会犯下非常愚蠢的错误。有一次王坚在饭桌上面讲述了一个笑话，令人在喷饭之余，也想到了这个问题的严重性。

笑话说，杭州市有一家药店，大字招牌上是这样几个字：杭州市长春药店。人们看到这个店名的时候，必定读成：杭州市/长春药店。但这店名之所以会成为笑话，是因为句子中间有可能发生歧义，变成：杭州/市长/春药店。

即使是一个最迟钝的人，想来也不会犯这样的错误，但每秒钟运算几千万次的电脑就无法分辨。有时候你会禁不住感叹：电脑真是一个最聪明的笨蛋！其实，不是电脑笨，而是电脑软件的设计，比如“Bigram”模型，还没有足够聪明。

问题发生在，“市”前边的第一个字为“州”，“州”和“市”在一起组合，什么也不是。电脑如果一味拘泥于“Bigram”，必会自动地将其分开，以致铸成大错。但如果我们让电脑看到前边两个字：“杭州”，它就有极大可能把“市”与“杭州”连接起来。所以李开复认定，语音识别的研究必须让电脑前推两个词，方有可能大大减少其犯错误的可能。英文把这种方法叫做“Trigram”。

陈正明白李开复的意思之后，立即意识到他的工作量将会骤然增加。从“一个词”到“两个词”，并非人们通常所想象的“一加一”，而是“平方”和“三次方”的关系。所以机器的“搜索”范围，就将不是扩大一倍而是扩大十倍，又由于一个词大约由 1.6 个字组成，就使得实际的数量更加巨大，语料库的数据积累亦须相应增加。陈正的幸运在于，当他开始从事这项研究的时候，前人已经把所有这些道理都弄明白了。“我继承了分割语言的方法。”后来他这样说。但他没有陷在前人的经验中，当他深入到这种方法里的时候，就发现，这种建立在自然语言基础上的分割，并不自然。比如“中国”一词，按照传统的切分，应当写成：zhong/guo。陈正把这组拼音写在电脑屏幕上，左看右看，连续数十分钟目不转睛，似已魂飞魄散，蓦然间脑子里面跳出一个念头，为什么不能这样切分呢：

z/h/o/n/g/g/u/o

这一来，他就看到了他梦想中的美好情景。

“我要做的是，将每一个字母都分出来，具体到最小的语言要素。”他向同事陈述自己的想法，“每一个字母都有多种匹配的可能，所以我要切分每一个字母。”他相信个人电脑的计算功能已经足够强大，运算速度也已足够快，不怕在瞬间完成巨大的统计，只怕不知道怎样做。

以后事情的发展证明，这的确是一个聪明的想法，机器不仅大大地提高了选择能力，并且开始产生一种奇妙的功效：自动纠正人为造成的拼写错误，也即我们此前所述的“自动纠错模型”。由于有了“最小语音要素”的概念，陈正有可能提出进一步的设想：让机器来纠正自己那满口南方腔调造成的拼音错误。他向王坚请教，王坚赞赏他的想法，还给了他一本书。书的内容是专门分析英文拼写中发生的各种错误，其统计错误概率的方法，令陈正茅塞顿开。于是他转而建筑汉语拼音拼写的“错误模型”。他将这个模型分为“替代”、“插入”、“跳跃”、“交换”四种，又将26个拼音字母的各种搭配分布于这四种模型中，列出下面一个简单的算术式：

$26 \times 26 \times 4 = 2704$

这意味着，陈正建立起来的“电脑自动纠错模型”共计2704种。

陈正完成了一件划时代的工作，但却给人留下了意犹未尽的印象。当语音被分割成一个个最小因素的时候，英文和中文之间似乎有了某种共同的东西。那一天，李开复对他说：“英文也有自己的组词规律，我们能不能让机器识别出来。”于是他们拿出一大堆“维斯波”的英文实验数据，让电脑去识别一串字母像英文还是像中文。结果，一个更加令人惊讶的事情发生了：当他使用“Trigram”的模型去追寻正确的字母搭配时，机器居然能够准确地分辨英文字母与汉语拼音。当初王坚小组设计“无模式界面”的研究计划时，就曾说到“中文和英文混合输入而无须切换按钮”，陈正那时的第一个反应是：“怎么可能？”没有想到，由于有了“最小因素分割”的思想，王坚小组提出的取消“中英文切换”模式的想法，立即成为可能。

工业时代的奥秘是“分工”，信息时代的奥秘是“融合”

陈正的“搜索引擎”基本框架，一步一步地生成。与此同时，邸烁的中文语音识别系统也有了大致模样。到了6月20日，距离“21世纪的计算”大会还有一周的时候，李开复有些着急，他问两人能否在一周之内“弄出一个结果来”。“试试吧。”两个人说。陈正胸有成竹，邸烁也跃跃欲试。一个星期以后，他们果真拿出了阶段性的报告，汉语语音识别系统的识别率达到了78%。又六个星期之后，识别率就超过了90%。现在，陈正也能洋洋自得地说：“我觉得，抛弃原来的方式真是英明。”一向自信的邸烁，这一回也没有想到自己身上蕴藏着如此大的潜力：“这么快就入了门，而且还能做出东西来。真没想到。”

不用说他们两个人没有想到，就是老于世故阅历丰富的黄昌宁也难以想象，自己此生还能身处这样一个环境中。过去和现在的对比实在太强烈，以至于他在一个私下场合讲出一番刻骨铭心的感受来：

我一直直言不讳：我得从头学起。微软有一个很大的不同：“资源共享。”研究的资源，也就是软件工具、源码、语料数据，所有的资源都是共享。公司内部的研究资源是无偿使用，我只要发出一个电子邮件，要什么，他就很乐意地送过来给你用，但原创者的功绩并不会因此埋没。他发明的东西被别人引用得越多，他的业绩也就越好。我们国家的学者对这种情况是梦寐以求的，但始终行不通。我们大家做着同一个课题，不是做一年半年，而是做十年八年了。但我的成果你不能看，你的成果我不能看。要看，只能在发表之后，和全世界的人一同看，甚至同一个系里的人也不能交换成果。为什么？钱不是一个老板出的。我要靠这个课题吃饭。如果我的成果公开了，那我吃什么？我的同行要是拿了我的成果到上面申请经费，我吃什么？所以就要封闭起来。我们国家的科研效率非常非常低！很重要的原因是资源不能共享。人很多，但你的力量是分散的，没有合力。当然也有“社会主义的大协作”，比如说“两弹一星”、“三峡建设”这样的大事，可以说是“集中力量办大事”。但这样的大事毕竟不多，更多的是中事小事，怎么就不能开放研究，资源共享？“视窗”大不大？小小一张光盘，却影响整个世界。

倘若比尔·盖茨能够撰写一本新的《财富论》，那么他的理论必定与亚当·斯密分道扬镳。后者在100多年前揭示了，工业时代发展的奥秘在于“分工”，而我们眼前这位“世界首富”及其属下数千“百万富翁”乃至“千万富翁”的发迹轨道，似乎都在证明，信息时代发展的奥秘在于“融合”。这给了每一个人挣脱流水线重新做人的机会。

“分工”的价值日益减小，而“融合”的价值日益增大，人的时代就到来了。

1999年6月，王坚依据他在国内的既成经验，公开表示，在三个月内语音识别研究初战告捷是“不可想象的事情”。到了1999年10月，研究院真的把他们的中文语音识别模型拿到雷德蒙去演示的时候，惊讶不已的人就不只王坚一个，至少还有比尔·盖茨。比尔·盖茨情不自禁地说道：“太出色了。”有人据此又问王坚做何感想。他说：“绝对是‘资源共享’、‘团队精神’的结果。”这回他说对了。但这种“共享”与“团队”的精神，却不是李开复领导的研究院所独有，它是整个微软文化的一部分。

微软公司的机构组织方式，是以产品或者研究课题为中心，组成许多小组。小组大小不一，小者只不过几个人，大者则可以超过千人。有如“Windows 2000”小组，3000多名软件工程师总计写了超过5000万行程序。“Office”小组的人数更多，其产品也是由5000万行程序组合在一起。小组无论规模大小，全都具有相当大的自行其是的权力，员工也可以随意安排自己的工作甚至包括作息时间。从表面上看，这种组织策略要冒很大风险，在标准的现代制造业流水线上，我们完全不能想象一个员工能够拥有如此多的自由，但微软的高层管理者几乎一致地认为，这是避免低效率和保持人的高昂热情的最有效的方法。许多曾经辉煌的美国大公司，其沉浮兴衰的道路各呈异彩，但却有着一个共同的特征：创业的时候全都励精图治，同舟共济，随着日久天长，新公司变成老公司，等级渐生，机构叠屋架梁，人浮于事，种种官僚习气和勾心斗角之风也难免滋生。就连微软公司在80年代的主要合作者国际商用机器公司也深受其害。这也正是微软坚决拒绝等级文化而刻意弘扬自由精神的主要动机。

然而弘扬个人的自由并不意味着排斥组织的力量。事实上，微软员工嘴上流行的各种词汇当中，“Team Building”出现的频率相当高。这两个单词的组合可以直译为“团队建设”，其中意义就是，培养一种与他人合作解决难题的精神，以及与之相关的秩序。

“团队建设”是一个概念，可却不是光在嘴上说说或者仅仅写成动听的口号贴在墙上。自从创立以来，它就在不知不觉中影响着员工的言行。公司甚至有意识地想出一些办法，把那些平日极少来往甚至素不相识的员工凑在一起，激励他们共同去解决一个“难题”。这些“难题”有时候真的可以决定一项技术或者一个产品的命运，但有时候仅仅是游戏。比如微软中国研究院就自发地组成若干小队，取了“雪人队”、“狗队”之类的名字，其目的仅仅是为了排球或者篮球等等赛事，队员也完全不是按照研究小组的编制来划分，而是随意组合而成。1999年秋季的一天，凌小宁到雷德蒙微软公司总部去开会。会议正在关键时刻，主持者忽然宣布进行一个游戏。他把100多名与会者分成若干小组。每组八人，又交给每个小组一条手指粗的棍子。要求每个人伸出两手，在同一时间以拇指并列托住棍子，放到地面。这个游戏的困难之处在于，在棍子下降的整个过程当中，16只拇指须同步运行，每一只拇指都不能离开棍子。游戏显然与会议主题毫无关系，“小组”均为临时组合，组员并不相识，但他们一下子就激动起来，群起出谋划策，共同商讨以怎样的方式达到目标。凌小宁小组的八个人，先是决定将拇指分别集中于棍子两端，同时下移，结果失败。然后又设想让两端交替下移，结果仍然失败。但他们在另外一个游戏当中获得了成功。那游戏要求八人排成纵向队伍，人与人身体之间置一篮球，后面的人须以头部力量，借助前一个人的身体将球顶住，然后大家一同行走，篮球却不能落下。众人在一番争执之后，决定以“齐步走”的办法进行第一次实验，失败。第二次实验则由最后的人最先起步，前边的人感觉到身后的压力时再移动身体，一个接一个，结果又是失败。最后一次，大家决定改变顶球的部位，后边的人用头将球顶在前边——人的脖子后面，使其头部具有前后移动的余地。大家屏气凝神，终于成功地向前移动了。这一成功与公司的科研和产品显然没有直接关联，但却仍然在人们当中引起由衷的惊喜和欢呼。谁也没有说什么“团队精神”之类的大道理，但每一个人都在其中经历了与他人共同解决一个难题的过程，并且体会到成功的愉快，主持者也达到了目的。

“我们有一个说法，只有团队成功了，个人才能成功。团队失败了，个人做得再好，也是失败。”凌小宁这样说，“一个人的智慧总是少的，所以，最重要的是，团队的智慧要比团队中任何一个个人的智慧大得多。小组是微软的细胞。小组与小组之间，个人与个人之间，个人与小组之间，都是团队。一个人有问题，就会找大家，说我想这样想那样，你们想怎样。总要想方设法，把每个人的智慧挖出来。中国人总说‘三个臭皮匠顶个诸葛亮’，这是一个很好的想法。但实际上常常发生‘三个诸葛亮顶不了一个臭皮匠’的事情，就因为不是一个团队。”

李开复显然觉得这些话挺中听。他的目标是，“做到世界最好，甚至比美国人在美国做得还要好”。但他知道自己这支队伍的力量有限，不可能像微软在雷德蒙和剑桥的研究院那样，有那么多“图灵奖”的获得者，那么多“大腕”。像他和张亚勤这样的研究人员，在希格玛大厦已经给人一种可望而不可及的感觉了，但在雷德蒙研究院，“可能还有一打”，即使是剑桥研究院，也有好几个。他的策略，一个是不鼓励自己的队伍全面出击，只挑选一些最适合自己做的领域；另外一个就是跨小组的结合。他对大家说，他希望“跨组的协作是1+1=3。合作的力量更大”。他也懂得，一个人在没有获得“大奖”没有成为“大腕”的时候，通常更加容易合作。“我们的每一个人不见得会比美国研究院的人优秀，但我们的小组更团结。我们这50个人，当然不可能比雷德蒙的500个人做得更好，但是我敢说，不比雷德蒙的任何50个人做得差。”他有一次对手下人说，“再过两三年，我们就能够证明自己的方向是对的。”

期待的事情虽在两三年以后，却要从现在就开始努力。所以，李开复总是怂恿凌小宁把微软文化中的“团队精神”写成一篇文章，“这样就可以把下一期的‘开复话题’变成‘小宁话题’了”。他这样说。凌小宁说他写中文特别吃力，但他同意在适当的时候专门讲一次微软公司的“团队”。他做了精心的准备，一讲就很精彩。那个中午他有很多名言，容我们稍后再叙，现在仍需回到希格玛大厦的现实中来。

给孩子一个自信，比给他一大堆知识都重要

就单个人来说，研究院的每一个都不能说是超人。除了李开复、张亚勤、张宏江和沈向洋之外，其余50多人都不能说已经能同世界一流的计算机科学家相比照。他们不是缺少足够的聪明，而是缺少在世界科研领域最高水平的角逐中一争高下的眼光、胆识和方法。在1999年的夏天，至少张宏江和沈向洋两个人就是这样认为的。

那一天张宏江刚刚来到希格玛大厦就任。沈向洋对他说，他看了国内这些博士的毕业论文，“难过得都想掉眼泪，这么好的学生，怎么就做出这样的文章呢?”张宏江把这种令人伤感的情形归咎于科研体制。在他眼里，“国内一流学校一些导师的心态和研究方法，很像国外二流学校”。他还怀疑，“围绕在某些教授头上的所有光环是不是真的?”

从许多方面来看，张宏江是一个已经“美国化”了的中国人。他有一副相当生硬直率的性格，说话咄咄逼人，直截了当，出语惊人，自负甚至有些狂妄，似乎从来没有想到会得罪什么人，也没有想过要为自己留些余地。他出生在武汉，未及成年便随父母下放到河南叶县，也即中国古代寓言“叶公好龙”中叶公居住的地方。阅读《青春之歌》、《幻灭》、《白宫岁月》、苏联小说《你到底要什么》之类禁止公开发行只供“内部参考”的书籍，是他在中学时代躲避虚假道德世界和打开真实胸怀的办法。1999年夏天他加入微软中国研究院的时候，已经在国外辗转13年，由丹麦而新加坡，又到美国加州的硅谷。1994年他第一次回国的时候，最向往的职业是到清华大学当教师，但这次回来，感觉不同了。“绝对不行。”他这样说。还公开奉劝国内的学生：“别在国内读博士。你有本事，就到国外的一流学校去。将来你要回国效力，那是另外一回事。”他甚至不惜把自己的看法推向极端：“在国内的科研环境中待的时间越长，越不行。”又以自己的经历为例，说他就是先出国读博士然

后再回来报效祖国的。说到回国，他又特别讨厌记者们往他脸上涂抹“爱国志士”的色彩，还为自己的“不那么崇高”列举事实。“我是第一个直截了当地提出收入问题的。”他有一次对一位记者说。当时李开复告诉他，回到中国之后的工资待遇，第一年是美国水平，第二年砍掉一部分，第三年和中国国内的工资拉平。张宏江没怎么想就拒绝道：“开复，你听过哪一个公司减工资的?”李开复老实地说：“没有，但公司的政策就是这样。”张宏江坚持说：“如果这样，你不能指望从国外找人回来。”对于一些人满嘴冠冕堂皇的豪言壮语，他从不掩饰自己的不屑：“微软的股价要是一年不涨，这些人就会觉得没有什么意思了。”此后微软中国研究院中那些从国外回来的人，都能拥有一个还算满意的薪金待遇，应当说与张宏江的这些谈话不无关联。

张宏江随着父母来到叶县“五七干校”的时候，才11岁。那是“文化大革命”中间专供知识分子和干部劳动改造的地方，也就是“牛棚”，大约是取“牛鬼蛇神住所”之意。父亲是电子部下属一个工厂的技术工人，母亲也是一个工人，既非知识分子也不是干部，更与牛鬼蛇神不搭边，但组织上一声令下，就去了。1973年所谓“修正主义教育路线回潮”的时候，张宏江也有机会到县城的中学里去开创一连串“第一”。他后来回忆：“那是我第一次上比较正规的学校，也是我第一次经历严格的教育。”在第一次正规考试中，他得了第一名。最重要的是，他“第一次意识到自己的潜力，而且是突然意识到的”。但几个星期之后风云突变，临近的驻马店市有一个女学生自杀，报纸上引为“修正主义教育路线回潮造成的恶果”。大批判的高潮再度掀起，干校扩大了，工厂也扩大了，工农兵再次响亮地呼喊着口号占领“上层建筑”，唯有正规的学校在沉寂。张宏江离开了给他带来那么多“第一”的县中学，回到父母工厂的学校去读书。这里学生很少，但老师可以给学生更多的自由读书的时间。语文老师似乎格外眷顾这个考试总是“第一”的孩子，他也在这种眷顾当中巩固了自己的信心。那时候这孩子树立了自己毕生的信念：无论做什么，自己必能超过别人。对于今天那些望子成龙的父母或者“恨铁不成钢”的老师来说，这些往事也许能够证明一件事：给孩子一个自信，比给他一大堆的知识都重要。

张宏江瘦脸宽肩，有些谢顶，看上去比他的实际年龄要大。如果不是1977年的恢复高考，他也许永远没有机会对那些教授和博士指指点点了，他的“自信”也就只能造就一连串梦。那一年，他考进郑州大学电子专业。他还没有建立起抨击别人的习惯，而只是对自己格外苛刻。那些年大学里的气氛和现在完全不一样。现在大学生们都在比谁身上的衣服是什么牌子，谁会玩，谁最能挣钱。那时候张宏江的班里汇聚着连续 12 年的中学毕业生。张的年龄最小，17 岁，而同桌的那位，已是一个八岁孩子的父亲。张宏江对大学生活的最深印象，是特别珍惜时间："头两年，根本不记得有过哪一次出去玩了。后两年也没有哪一天过得特别轻松。白天晚上是学习，星期天也不出去。如果哪个晚上看了一会儿电视，就觉得浪费了时间。直到现在，还有这个习惯。"

这些记忆是属于那整整一代人的，空前绝后。他的父母认为他真是走运，他的儿子将来或许会说他真是倒霉。但他本人从来没有这么些患得患失的念头，只是觉得郑州大学是一个"小庙"，甚至就连整个中国也难能容下他的"自信"。1986 年他终于得到一个到丹麦去留学的机会，他犹豫再三，觉得丹麦太小不足以容身，后来挺委屈地去了这个北欧小国，但他在那里很快领教了西方的文明。房间窗明几净，他从来没有见过这么平这么干净的玻璃，就像什么东西也没有似的。清晨走出去，空气湿润而新鲜，街道宁静，绿草如茵，好像任何东西都没有被践踏过，也都没有被人摸过，让他不禁想起安徒生小说中的童话世界。他就读的这个电子工程系是整个欧洲最好的系。初来乍到，"就像乡下人进城"。"学习用品和办公文具随意拿，免费，而且全是很厚很好的纸张，很漂亮的笔，还有复印机。所有的办公室都用一把钥匙开门，没有专人守卫，也没有报警系统。"导师与他的父亲同岁，有些瘸，满头白发，把毕生心血倾注于格陵兰岛的淹没在海水之中的部分，还研究北冰洋上冰雪覆盖的山峰（那里有一个山峰就是他发现并且以他的名字命名的）。他自称终日呕心沥血，"就是为了了解自然"。他的研究也许永远没有商业利益，但他在学术界拥有很高声誉。他和学生的关系平等，爱开玩笑。当他进门的时候，学生从来熟视无睹。讨论问题的时候，学生可以仰面躺在沙发上，而他自己却站在那里高谈阔论。这些细节给张宏江留下的印象，甚至远远超过了这个国家的富裕。不过，导师对东方国家抱有偏见。他每年都想办法从东欧招一两个学生，并且直言不讳地说，自己的目的是让东欧人看看西方的文明。他很傲慢，从不轻易夸奖人。但张毕业的时候，他说，他没有想到张用六个月的时间就能完成论文。还说，他教了这么多学生，只有两个学生懂了他的极化理论，张是其中一个。

导师在张宏江身上第一次发现东方人的智慧，希望张留下，还说张是他想要留下的第一个东方学生。张认为丹麦是个"小庙"。他对欧洲的感情也挺复杂：欧洲人生活和做学问都很从容，看不起美国人，认为美国人是暴发户。他们可以对你很礼貌，但骨子里还是很傲慢，排外，不是特别欢迎外国人。“你要是生活在他们中间，他们表面上不会反对，一些朋友也会帮你的忙，但那是作为个人，至于整个社会，你会感觉到在拒绝你。”

他去新加坡的一所大学任教兼做研究，那是90年代初期的事情。那时候，海外的留学生大都在观望和等待。对这些人来说，最麻烦的事情是，手上的护照眼看就要到期。这给新加坡提供了千载难逢的机会。那个国家正费尽心机地在自己的劳动密集型产业中注入高新技术，却苦于没有人才，现在突然发现有这么一大批中国留学生在海外彷徨无措，觉得真是天上掉下来一个“大馅饼”。新加坡人挺聪明，知道若非这种时刻，以他们国家的技术层次和研究水平，不会有多大的吸引力。于是赶紧制定特殊政策：为这些中国学生提供新加坡“绿卡”，还有免费的住房和优厚的薪金。那些日子，欧洲和美洲的中国留学生中传播着一个消息：“到新加坡去，飞机落地就有绿卡。”这是真的。而且的确有很多中国人去了新加坡，张宏江也去了，他还记得刚到新加坡那年，在大街上随处见到中国人。但后来他听说新加坡在三年中招去了1000多个中国博士的时候（国立大学有300多个，南洋理工大学也有300个。张宏江那个研究院，一共120多人，那一年就招进来15个中国留学博士），还是不免吃惊。

在新加坡的工作很顺利。张在第一年发表了几篇文章，第二年又发表了16篇论文。但这时候他发现他已经不喜欢这个国家了。他对那里的文化非常失望：“是市民文化，也是殖民地文化。”又说：“新加坡天气不好，还崇洋媚外，我特别不舒服。”张表现出一种矛盾的心态，一边要求有志气的中国学生都到外国去学习，一边尖锐地批评对外国人的崇拜。他认定“新加坡的企业没有远见，怕冒风险。他们想把自己的企业升级，花钱雇中国博士，但搞出来的成果，他们不敢使用，还是被别的国家拿走了。结果，需要我的技术的企业，都是在美国”。

1995年夏天，他向老板提出要到美国去工作。老板是出生在新加坡的印度人，理解他的想法，却千方百计地说服他改变主意。他说可以把张的工资涨30%，还可以给他免房租三年。又给他写信说：“留下来。我们会给你提供一切条件，帮助你成为亚洲第一流的科学家。”

这信让张很感动，但他想的不是“亚洲一流”，而是“世界一流”，所以还是走了。他去了美国硅谷的惠普公司。四年之后，在欧洲、亚洲和美洲周游了一大圈的张宏江，又回到中国，进入微软中国研究院。

没有一个公司能青春万岁

说来挺有意思，张宏江在1999年5月进入微软时的第一个感觉，就像他在1996年进入惠普公司时的感觉一样：“大家都在说转型，但提出的方法都好像不沾边。”

没有一个公司能够“青春万岁”，这是变化万千的市场世界中唯一不变的事。比尔·盖茨在很多场合说到微软的“危机”。所以张宏江说，他相信“比尔·盖茨有危机感”。还说：“微软的最大危机是，如何认识到网络本身就是一个操作系统。人人都可以上网的时候，本地的操作系统就不那么重要了。”

张宏江领导的多媒体计算组，直到6月才组建起来，其主要的原因就是张宏江的姗姗来迟。那时候，张亚勤小组的“视频压缩”已经展开，李开复小组的“语音识别”已经有了基本的框架，沈向洋小组的“纹理合成”已经在速度和质量上都超越了国际上最好的水平，王坚小组的“新界面”已经能够工作，黄昌宁小组的“中文语料库”里已经有了20亿字；凌小宁小组的工程师们分布在所有这些研究小组当中，做了数不清的事情，唯有张宏江的身边冷冷清清，只有江灏一个人。

张宏江心里着急，他的计划表上已经铺开一大堆研究题目：“搜索引擎”是一个，也就是让你在网络浩瀚的数据当中，找到你想要的东西；“多元操作环境”是第二个，这意思就是让用户可以在任何地方使用不同的工具——个人电脑、掌上电脑、电视等等；第三个是让计算机拥有识别人的相貌的功能；还有第四，专门针对“视频”的分段、摘要和查询。总计四大项目，七八个题目。

现代软件所囊括的内容日益庞大，其中又会分成很多部分，既有横向分割，也有纵向分割，一个人通常只能做其中一个部分。可能成功，也可能失败。前人失败，后面的人再来做，前赴后继。所有人做成的东西集合在一起，也就成为最后的发明或者产品。张宏江小组的研究计划，大致就是这样一个情况。每个题目本身可以独立，研究者有了成果，也就有了论文、有了专利。所有人的成果连接起来，全都不离多媒体数据搜索的大方向。

不过，对于张宏江来说，目前最重要的是“人才搜索”。那几个星期，张宏江满脑子就是找人，有如猎鹰搜索兔子。江灏是毕业于清华大学的计算机博士，性格孤僻，不愿意与别人说笑，做事节奏也有些缓慢，这些都不能令张满意。他看中了文继荣，又觉得陈向荣解决问题的时候有创造性。还有陈劲林，也是他需要的那种人。还有晏洁，也许在他的小组比在别人的小组更合适，但还需要下工夫。这几个人虽然都和研究院签了合同，但都是还没有毕业的博士生，其中一个在中科院计算所，两个在清华大学，还有一个在哈工大，要等到几个月以后才能来上班。幸而夏季来临，学校放长假，张可以请这些人来研究院“打工”。

学生的“假期打工”，在微软乃是一个成例。公司内部有一个专门词汇来描述这种情形，叫做“part - time”，意思是“部分时间”，也即我们国家到处存在的“兼职”。微软公司本身需要这些人来工作，但更重要的是，他们认定这些学生中有他们最需要的人才。北京的研究院因袭这一制度，在这个夏天请来的“兼职学生”多达30人，占据了希格玛大厦第五层的一半空间。学生们有机会进入这样一个环境，与一些世界著名的人物比肩而处，又能按小时取得酬金（每小时本科生15元，研究生20元，博士生25元），自然乐意。当然，如果他们的工作真能取得成果，那就全都归研究院所有。

这样一来，这个夏天张宏江的手下有了一大堆学生。有陈向荣、文继荣和陈劲林，还有一个北大的、一个清华的、一个卡内基梅隆大学的、一个伊利诺伊大学的、一个中科院自动化所的、一个中国科大的。总共九个，全是博士生。张宏江小组最初的研究，几乎全是由这些短期兼职的学生做成的。张只需把他想做的事情分割开，一个大方向分成三个层次，再把三个层次又分成七个题目，每个题目交给一个或者两个人来做，他自己则时刻关注研究进展，将成果逐步收拢。九个人就这样分开了。江灏做基于“音频”的语音；陈劲林做“变换内容传输”；伊利诺伊的学生做“视频处理”；自动化所的学生做基于形状的数据检索；北大的学生做场景分类；清华和卡内基梅隆的两个学生做“人脸的识别和检测”；还有一个学生要解决的问题是，怎样在看体育节目的时候，挑选最有价值的部分。

我们此前已多次批评我们国家的教育方式阻滞人的激情和创造性，现在又不得不赞叹其光彩夺目的一面。比起美国学生来，中国的学生既聪明又听话，张宏江一分配，大家就那么痛痛快快地响应起来，让干什么就干什么，就算心里别扭，嘴上也不会抱怨。这情形连李开复也不免惊异。张宏江告诉大家，这些题目，几乎全都属于多媒体数据搜索的内容。专家所谓“搜索”，不仅仅是让你在一大堆杂乱无章的东西中把你需要的东西找到，而且还要从各个角度去观察它，分析它，识别它。7月和8月，学生们干得如火如荼，多有进展。场景分类，形成动态，还实现了三维空间；人脸不仅能够在正面识别，而且也找出了侧面检测的方法。还有一些问题：怎么让机器知道，你扫描的图像是正的，而不是侧的或者倒的？怎么让机器知道，你照相的时候焦距没有调好，以致照片模糊？这问题全都由陈向荣解决了。陈是清华大学的博士，当初到研究院来申请工作的时候，学校对他评价不很高，但张宏江并不在意别人说什么，他要自己来判断。在一番面试之后，张说："我看这个人相当不错。"就坚持要他来。对于陈向荣这个人的评判，导师虽然长期相处而张不过凭借短暂的感觉，现在看来，后者的评价更加接近事实。当然研究院并非一概"以成败论英雄"。李开复早就说过"鼓励成功也鼓励失败"。现在张也说："有的题目，我知道可能要失败的，但失败的不一定不好，不一定不能出文章。"结果，有一个学生的工作真的完全失败。他把张想到的方法和他本人想到的方法全都试验了一遍，一共七种，先是分别试验，后来又采取不同的组合再试验，全都失败。事实证明，张不是那个好龙的"叶公"。因为他从心底对那个"失败者"给了很高的评价："他证明了所有这些方法行不通，这就是收获。"当年秋天从加拿大来了一个访问研究员，名叫杨强。张宏江请他继续做这个题目。他就避免了这七种错误的方法，另觅他途，取得的结果令人满意。张说："后面的成功中，有前面失败者的功劳。"

在以一个科研经理的立场说话时，张宏江锋芒内敛，娓娓动听，善于为他小组里的每一个人出谋划策，争取利益，也为每一个人的贡献辩护。他说："我们在强调团队精神的时候有一个游戏规则，那就是每个人的责任非常清晰。"有一次他在哈工大演讲，结束之前依照惯例请大家提问，有个学生很刁钻地问道：为什么微软的软件有那么多"臭虫"？计算机行业所说的软件"臭虫"，轻则会让软件失灵，重则令电脑"死机"。所以这个学生的问题，其实是对微软的尖锐批评。张反问："我们中国为什么到现在还没有航空母舰？"接着自己回答自己的问题："我们常常有能力造出某一个部分，但却无法解决一个庞大系统的问题。"话到此处，他有点收拢不住，一会儿批评中国自己的软件人员孤军奋战，不懂得合作，所以根本不可能写出有水平的软件来；一会儿又批评中国几十年来号召"集体主义"，其实是在"大锅饭"里一块掺和，把个人创造性全都淹没。看起来有点自相矛盾，其实包含着他的很深的体会。他说："个人和集体的关系日益疏远。每个人都不认为与别人协调是他自己的事情。这是软件研究的大忌。"到了这个时候，他才来正面回答学生的质问：“你可能没有意识到，操作系统有多少行程序，有多少板块，有多少结构。当系统复杂到一定程度的时候，你没有一定的能力就不能协调它。微软的软件就好像是一个软件业的‘航空母舰’。把无数人的工作结合在一起的时候，就会出现衔接的问题。”所以，他的所谓“个人责任”，就包含了团队的内容。他说：“从个人的责任来说，我完成自己的研究就是完成责任了。别人的事情与我无关。但这不能保证不出‘臭虫’，因为一个人的工作只有和别人的工作协调在一起，在系统中实现，才能看出价值，才是最大的成功。”

这是在替微软辩护，但不能说完全没有道理。这样的话从张宏江嘴里说出，就更多了一分可信。因为此人是微软里面很少有的、能够公开自我批评的人。比如他曾经对微软一些人的自高自大和傲慢态度给予严厉抨击。他说他在微软的一次大会上看到，主持者将另外一家公司的软件拿来当做“靶子”，极尽嘲笑讽刺之能事，这令他非常不舒服。他还说微软最大的错误就是不懂得妥协，所以才会惹上一身官司。这样的批评，在过去几年中撒满了全世界每一个角落，但出自微软员工口中，却是罕有的事。

美国式的“主人翁”：忠诚是双向的

微软员工通常会对自己的公司发出由衷的赞叹，极少说出对公司不满意的话来。这和我们国家有些不同。在我们这里，似乎没有什么人不对自己单位牢骚满腹，不是抱怨如何对不起自己，就是痛诉如何厚待了别人。1999 年春天，陈宏刚在上海的一个人才招聘会上碰到的一件事情，就让他感叹不已。

那一天，一位女士看见他的微软招牌，过来问话：

“你是微软的？”

“是。”

“你觉得微软好吗？”

“好。”

“你觉得你的老板好吗？”

“好。”

女士沉默了好一会儿，又说：“我觉得微软最厉害的东西不是产品，而是员工对公司的忠诚，对老板的信心。”

“我从来没有想过这个问题。”陈宏刚后来说。作为高校关系及营运部经理，陈在微软中国研究院主持招聘的事情，曾与无数应聘者交谈，现在回想起来，便感到那女子的沉默意味深长。微软的人没有谁说自己的公司不好，他觉得这很正常，可他很奇怪："在中国，为什么大家都骂自己的单位呢?"

现在我们可以回过头来，看看凌小宁的那次演讲。他在那天讲述的微软文化，实际上也是一个"忠诚"的问题。演讲地点在希格玛大厦的"指南厅"，还故意安排在一个午餐时间，也许是要让紧凑的工作节奏不至于因此减慢。事先有人打电话给中关村的肯德基快餐店，请人家送了两大箱子汉堡包来。一大群中国青年，随随便便，见缝就坐，吃着汉堡，喝着可口可乐，听他讲述美国人所理解的"忠诚"。

他为这次很不正式的演讲做了精心的准备，还刻意找出一个英文单词来吸引大家的注意：

OWNERSHIP

他按动计算机的键盘，大幅屏幕上显示出这行大写字母。他问："谁能告诉我，这个词翻译成中文是什么?"下面纷纷应对，提出许多中文词汇，最终一致认定是"主人翁"。

凌小宁说，他曾经在一次给清华学生的演讲中提出这个问题，清华的学生也认为应该是"主人翁"。但凌小宁有另外的解释。他说，这种译文，字意正确，但却不能反映美国人对这个概念的理解。美国人的观念是沟通，沟通是双向不是单向。中国人的观念是教育，教育是单向的。中国人所说的"主人翁精神"，强调的是奉献和责任。但在微软，还有另外一些含义。话到此处，他的声音忽然激昂起来：

> 当你说到"OWNERSHIP"的时候，就意味着你不仅拥有责任，而且拥有权力和利益。你做的事情是由你自己来决定，而不是别的人来决定。这就是权力。这个概念里面还包含了一种合作的精神。在现代软件的构造中，你做任何事情都要合作。有人可能会想，我只要勤奋努力，坐在房间里面想破了头，还干不成吗？我告诉你：干不成！除非你懂得怎样充分利用你能够利用的一切资源，懂得和别人协调共事，懂得和大家交流。最重要的是团队的智慧，这要比团队中任何一个个人的智慧大得多。但团队绝不排除个人的智慧。当你要解决一个问题的时候，你要知道你的团队当中谁会什么，谁最精通什么，谁对这个问题最清楚。你不用从第一步走起。这个"财富"非常重要。你的智慧就是充分利用这个财富。

所以我要把我的演讲题目定为“团队精神”。

然后才是我们中国人通常理解的“责任”。你要花200%的力量，不论任何事情发生，你都要做好。无论什么障碍，你都要克服。这也就是牺牲精神。在微软，当产品快要做好的时候，每一个工程师都会随时待命。不论白天黑夜，任何时候，公司一个电话给你，你要立即来解决。有一天我在办公室连续工作了24个小时。不睡觉，不吃饭，直到彻底解决问题。因为我拥有它，我就必须对它负责。

最后，如果这个项目成功了，你就得到了信用。所有的人都知道是你拥有这个成功。你在大家心目中就有了信用。信用在中国不算什么，但在美国，人们非常在乎，甚至视为生命。你一次一次积累起你的信用，你就成了这个领域的旗帜，也可叫做“精神领袖”。所以，你的信用不是你的领导树立的，也不是舆论吹出来的，而是你自己建立起来的。这同一般意义的“主人翁”不一样。你付出很多，得到也很多。可惜我们很多副研究员特别缺乏这种概念。他们拥有一个项目之后，不知道这意味着什么，不知道应当怎样对待它，不知道他们做好这件事情后能够得到什么。其实，你得到的最大利益是信用，是你的满足感和自豪感，而不仅仅是金钱或者是往上爬。

说到这里，凌小宁驱动电脑，蔚蓝色的屏幕里跳出一行字，其中“我的”一词，特别大：

That's My Baby!!!

“这是微软员工谈到自己的工作成果时，经常讲的一句话——非常非常自豪的一句话，”凌小宁说，“就像父母谈论他们最得意的孩子。”

他在说这句话的时候，有些激动，所以声音也有些颤抖。微软公司以外的人看了这些情节，也许会不以为然。他们会说，不就是微软的那些暴发户吗？他们的收入比人家高好几倍，年纪轻轻就退休，开着豪华汽车，住最好的房子，把西雅图的房地产价格都抬上去啦。君不见华盛顿湖畔那一栋栋崭新夺目的别墅，不都是他们的吗？不错，他们热爱自己的项目，热爱自己的公司，可是，要是他们的项目不能叫公司发财，要是公司的股票不能叫他们腰缠万贯，他们能那么动情地说什么“That's My Baby”？鬼才相信！

这样的说法虽刻薄，但却并非没有根据。比如张宏江就曾直言不讳地说：“降低我的生活水平，我肯定不会接受。”这一细节似乎证明，微软人是一些

“彻底的功利主义者”。但也正是张宏江本人的故事证明，实际的情形要复杂得多。

在研究院的所有故事中，张宏江的回国是最富有感情色彩的一个。1999年年初，张提出要离开惠普公司回到中国去的时候，他的老板满脸怒容。老板是在对自己发火：“我怎么把这么一个人丢掉了?”又问张为什么要走。张说：“我的母亲身体不好，我希望和母亲在一起。我在美国就感觉我今生见不到母亲了。”他的话充满真诚，但其实只说出了一半。另外一半，完全是王朔的电视连续剧《爱你没商量》造成的。

1998年元旦那天，他在旧金山的一个超级市场看到这部中国电视连续剧的磁带。商场是新开张，所以价格优惠，1.5美元就可以租一盘，正好他又想找件事情来消磨新年的假日，于是便租了三盘带回家来。每盘播放两个半小时，他从中午到晚上一口气将三盘看完。剧中所呈现的中国气息，王朔的俏皮，北京人的幽默，这一切令他神往。他当即开车回到超级市场又租回六盘，15个小时之后，他带着看完的磁带回到超市，把剩下的十盘全部抱回家来。他就这样不分白天黑夜，连续看了两天。当“剧终”的字幕终于出来的时候，他仍然若有所思，隐约感觉到自己究竟想要的东西在哪里。“我觉得我失去了很多东西，那种中国文化的东西。”他对妻子说。妻子看着他如痴如醉的样子，又听见他这样说，就知道这个家要发生变化。果然，张不能抑制想要回国的冲动了。有一天，他告诉她，他打算回中国去。还说：“让我回去的是王朔。”这局面似乎早在她的预料之中。她后来说：“从那个元旦以后，我就知道要坏事了。”中国人的事情说起来真是难以解释。这些年，多少人说了多少大道理，呼吁留学生回国报效祖国，却少有作用。王朔其人在“正经人”的眼里不过是个痞子，他的小说也被叫做“痞子文学”，但让张宏江内心扬起回国激情的，却是这个“痞子”，而不是那些“正经人”。

世间万物，也许没有任何其他的东西能够像人这样，总是呈现出表里不一的复杂情形。一个满口仁义道德的人，内心深处也许正在盘算着：什么时候能够晋升一级官阶，得到一套更漂亮的房子，或者排斥一个自己不喜欢的同事。一个公开张扬“功利主义”的人，胸中却有可能隐藏着鲜明的是非贤卑。你如果有机会靠近微软这些“暴发户”的精神世界，必可发现那里的确还有一些纯粹属于道德情感的东西。

1999年的夏天，在张宏江小组工作的实习生中，还有一个人叫祁卫。祁是清华大学计算机应用专业的博士生，与张相识多年。在他心里，始终把张当做一面“旗帜”来仿效。但比起张多年闯荡江湖的曲折经历，他的经历要简单得多。一年前，两个人开始合作撰写一篇论文。“那是我第一次知道自己的论文写得有多烂。”祁卫回忆道，“在宏江的促使下，我特别玩命。写出文章，用电子邮件传给他。等他给我传回来的时候，我出了一头冷汗：这么多毛病，居然还拿出手了。”中国和美国的时差正好让这两个人轮番工作。祁写完给张，张改完给祁。一个人改出的地方都用红色记号标明，另一个人改的部分都用黄色记号标明，就这样翻来覆去，终于改成了。祁卫说他学到很多东西，但最大的感触是觉得过去几年白学了：“从研究的角度看，国内比国外差得很远。开始我感觉是硬件问题，但这些年我们投了很多钱，设备跟人家的差不多了，还是不行，就发现不是硬件问题，是软件问题。”他说的“软件”，包括整个国家的经济基础。科研是在经济基础上建立起来的大厦。“基础不行，大厦自然也不行。”

这些理由已经足够促使他在心里盘算张宏江的劝告：有志青年必须出国。他承认：“一个人决定自己出不出国，很大程度受周围的影响。”他很快接到了美国一个公司的聘书。万事俱备，眼看就要起程，就在这时候，他改变了主意。

以其在清华园多年的经验，祁卫完全能够洞悉周围的情势：研究生毕业之后有80%出国了。他们不愿意留在本校读博士，是因为这会耽误出国。“我们都说他们是‘早觉悟’。”他说。但报纸上开始痛心疾首地呼吁“人才流失”，还告诉年轻人怎样爱国。自从祁卫改变主意留在国内工作以后，记者们争相访问他。这些采访都希望他能说出一些豪言壮语，全不管他心里究竟在想什么。问他为什么在别人都出国的时候却留下来读博士，他没有说什么“仁义道德”的话，只是说自己“觉悟得慢，没有想清楚”。又问他为什么现在决定不出国了，口袋里是不是真的揣着美国公司的聘书呢。他说：“聘书是真的，不去也是真的，但只是暂时不去，可没有保证永远不去。”说起留下来的原因，也不是那种大而化之的“国家振兴”或者“民族大义”。他也知道微软成立了一个研究院，但那时他并不动心，只一门心思要出国。“英特尔和国际商用机器公司在北京都有研究院，有什么影响？”他在心里这样想，“微软的研究院？也就是在北京增加了一个外企吧。”有一天，他在同学的桌子上拿起一本微软研究院《通讯》，顺手一翻，看到里面有一个“开复话题”。再一看，立刻感觉到有几个地方特别动人：这里有一个自由宽松的学术环境。

还有张亚勤。后来又听说，张宏江也来了。“我就想，就算出国，遇到张亚勤、张宏江这样的人也不容易啊。”他从同学那里把“开复话题”拿回家，整个春节都放在他的床头。看来看去，再看看身边的爱人，就有了新的主意。春节刚过，他就到希格玛大厦来了。

到了这一年夏天，来希格玛大厦的学生就更多了。现在张宏江已经部分地改变了自己的看法。他对实习的学生说：“要有作为，也许不需要出国，微软中国研究院可以帮助你做出第一流的工作。”陈宏刚也信心十足地宣布：“用不了多久，大家就会看到，与美国相比，我们的优点在哪里。”

不过，中国的报纸上不把他们和美国比，而是把他们和中国比。记者们把“人才大战”的气氛渲染得更浓。他们也许不怕希格玛大厦坏，就怕希格玛大厦好，如果比美国还好，那就最值得警惕：那样人才不就更加“流失”了吗?《一周便利》上一篇文章的题目是《微软学者计划够狠》。另外一家报纸说：请看，连李劲这样的人都让他们挖来了。这样的话让公关经理尚笑莉又惊又怒，她愤愤不平地反问：“难道他们宁愿让李劲在美国待着，也不愿意让他来中国的外企工作?”她毕竟年轻，不懂得中国的很多事情，乃是为了求得大局的平衡，其间毁誉，并不在于一时一事的绝对公正。

不过，来到希格玛大厦第五层实习的这些学生，个个都是聪明人，他们脑子里面的东西甚至更多：“出国当然很好，但要找到一个像微软研究院这样的地方，很难。”“国外大公司中，真正肯在基础研究上长期投资的，只有微软。”他们想到了一切，就是不想什么“争夺人才”还是“挽留人才”。在他们看来，这个问题没有什么可讨论的。按照陈宏刚的看法：“很多学生就是这么一种心态：如果不来研究院，就出国。当然他们即使来研究院干一段时间，还是有可能出国。”

就事实本身的情节来看，很难说微软是在与中国“争夺人才”，还是在为中国“挽留人才”。研究院坚持认为，自己是“挽留人才”，另外有些人不同意。实际的情形可能是，两者兼而有之。祁卫这件事情表明，微软研究院的说法至少在部分情况下是成立的。只不过，研究院迄今为止费了那么多心血，陈宏刚苦口婆心找了这个找那个，但他承认：“从实习生中留下来的几乎没有。他们都想出国。我和他们谈了又谈，他们还是想去美国的名牌大学。除非去不成，才愿意留在这里。”已经打定主意出国、后来又决定留下来的人，至少有三个。李开复说服了童欣，张亚勤说服了邵怀荣，还有就是陈宏刚说服了祁卫。祁卫终于决定留下来的那一天，陈宏刚觉得自己特别了不起：“至少现在我们有了从国外回来的一批人。至少我已经真正地说服了一个祁卫。”他的确有理由高兴。为了这个人的留下，陈宏刚真是费尽心机，甚至还打听到祁卫的妻子在 11 月 22 日生孩子，赶忙让郑薇买个花篮送去，让祁感觉到研究院里温暖如春。那些批评研究院“争夺人才”的人，可有谁在人才身上用了这么多工夫？那些批评微软傲慢无理的人，又有谁如此礼贤下士？

吴士宏的“本地化”：断翅的蝴蝶

看上去一切都挺顺利，但外人终究只能看到希格玛大厦表面上的花花草草，不能深悉其中诸多隐情：微软并非事事如愿，他们在中国的行动，其实也是毛病百出。

1999 年 7 月 15 日，北京大多数报纸都发表了一条同样内容的消息，也即所谓“微软（中国）换将”：

> 任职仅一年多的微软（中国）有限公司总经理吴士宏已去职，由大中华区总裁罗迈克临时代理微软（中国）有限公司总经理职务。

一时间，此事成为国内舆论关注的焦点，其热闹的程度，就算几个月后比尔·盖茨辞去微软首席执行官的事件，也不能与之相比。普通百姓可能对比尔·盖茨的《思维时速》和《未来之路》无动于衷，他们会说，那是一条很不错的路，但离我们太遥远。他们宁愿知道吴士宏的发迹历程。报纸将那些故事渲染成种种成功的传奇，还给了她一个“打工女皇”的称号。但事情不仅如此，京城记者多年坐看政局风起云涌，无不具有一种将世间万物全都披上政治光环的本能与技巧。更何况“科索沃”烟云虽散，遗恨未消，微软居然不肯夹起尾巴向中国人赔笑，反而没完没了地状告“亚都”。吴士宏在这个时候与微软决裂，并且闭门撰写她的自传《逆风飞飏》，有如方兴东在一个月前奋起“挑战微软霸权”，时机拿捏得恰到好处，根本不用记者煽情，就成了一曲弘扬民族精神、爱国激情的“壮丽凯歌”。

此前我们已经提到，吴士宏以不少篇幅来描述一些纯粹属于“民族大义”的情感，她也许意识到自己可能成为当日爱国大潮中一朵灿烂的浪花。应当承认，吴的确是一个有代表性的中国人，其经历再次印证了古老中国千百年来始终不变的卑贱者的逻辑。这逻辑她在自己的书中直言不讳地喊出：

将相本无种！

当然也有很多人不以为然。一个自称“西洲”的人，怀疑吴士宏女士的召集追悼会、辞职、写书、跳槽、在媒体亮相，乃是一套完整的“立体包装”。另外一个名叫“华生”的人对吴女士的职业道德表示怀疑。一家报纸的网络版，在自己的《网友之声》栏目中，为这些人的议论提供了一席之地：

> 10月25日和26日，被媒体狂轰滥炸了十几天的吴士宏女士，终于又要到网上论坛中和大家见面了。应该说，这是吴女士在就任TCL之前，进行立体包装的最后一步。爱认死理的网友不厌其烦地追问，究竟是不是炒作？吴女士的回答是一贯的，辞职在先，然后写书，最后选择TCL，之间并无关联。然而，从吴女士最近在各种媒体上的表现来看，前后搭配天衣无缝。吴女士离开微软之时，适逢举国激愤之际，又有起来挑战微软霸权助兴，吴女士的离去不可能不带给人联想。一个很常见的观点说她有爱国心，有一报道说她在“五八”事件时在微软公司设了一个纪念三位烈士的灵堂，并对部下说，美国人在杀害我同胞，而我们却要在美国公司中任职等等。从新闻报道中，吴女士在从微软辞职后发表了许多对微软中积弊的评论，如果是属实的话，虽然我对她的奋斗经历很敬佩，但对她的职业道德却十分不以为然。

这些议论中无论哪一种，都不一定真的符合吴士宏本人意志，但却不能说完全没有根据。只是批评者大都只是拘泥于吴本人的道德水平，至于她在微软内部的行政特色以及由此引发的种种纠葛和冲突，旁人无从知晓。微软员工遵照公司指令，全都拒绝就此发表评论，所以只有吴本人自说自话。到今天为止，还没有人出来指证吴的叙述在事实方面有重大出入。但精明的看客都怀疑，吴的故事只说出了部分真相，而非全部。一位了解内情的人说：“她只让你看了一部分事实。就像人的脸，有好看的，有不好看的，导演只是选择好看的。”

这就是问题的关键了。对于任何一位事先并不了解情况的人来说，只有事实并不够，还须拥有全部事实。这两者之间区别之大，有时候会导致完全相反的结论。所以，在美国法庭上提供证词的人，必须做如下宣誓：说事实；说出全部事实；只说事实。一个只陈述部分事实的人，不是真正的诚实，只有陈述全部事实，才是真正的诚实。我们按照这样的逻辑，将吴士宏遗漏的情节稍加追述，就有可能对微软在中国的情形有更精确的了解。

微软在中国原本有三个主要机构。在上海，有唐骏领导的技术支持中心。在北京，有吴士宏领导的微软中国有限公司和张湘辉领导的微软研究发展中心。三家全都瞩目于当前的市场。从公司的组织制度来说，微软中国有限公司是对外的招牌，余者都是从属的位置。但从实际的情形来看，三个机构既有联系又各自为政。李开复领导的研究院组建之后，主张搞基础研究，关注未来产品，故情况特殊，比较独立。至于“微软公司大中华区”，多年以来只管营销，与前述各机构并无紧密关联。这种各自为政的情形，令吴士宏耿耿于怀，也孕育了公司高层领导者之间日后的冲突。

说吴士宏是中国人心目中的“打工女皇”，虽有舆论炒作的色彩，但是，究其本来的经历，并非没有一点根据。她以一个护士资格进入国际商用机器公司在中国的机构，其所受的基础教育本来不多，专业训练就更加可怜，但她依靠天资聪慧和勤奋，从最底层的办事员，积累功绩逐渐攀登到最顶层，再挥师他去，就任微软中国有限公司总经理。无论从哪个角度说，这都是一个成功者的奋斗历程。

不过，那时候吴士宏的名字在中国并不知名。她对自己十几年周旋于美国人中间如鱼得水的故事，极少张扬，长期使用的外国名字——朱莉特（Juliet），除了她的同事和亲友知道，外人也无从得悉。直到1999年的夏天，就任微软中国有限公司总经理仅14个月之后，“朱莉特”突然辞职，退出外国人的企业，不久后又以“吴士宏”的中国名字进入国有企业。一时间，“吴士宏”家喻户晓，“朱莉特”则极少被人提到。她的《逆风飞飏》随后上市，成为她与微软公司决裂的一个宣言，至少也为国内“挑战微软霸权”的舆论大潮增加了一朵耀眼的浪花。吴本人从此成了弘扬民族气节的巾帼英雄。当她还是一个“打工女皇”的时候，没有人说她是“打工女皇”；当她已经不再是一个“打工女皇”的时候，人人都在津津乐道她是一个“打工女皇”了。诸如此类的悲喜剧，在中国无数成名人物，为必不可少的一个经历，现在又在吴士宏的身上继续上演。

吴士宏自称“聪明、感性、自信”，还宣布自己的经历是：“顺风兮，逆风兮，无阻我飞飏。”吴本人究竟是踩在美国人的肩膀上面飞起来的，还是向美国人挑战的英雄？抑或两者兼而有之——前十几年是“顺风飞飏”，后十几个月是“逆风飞飏”？倘若拒绝外国人的利诱辞职他去，是一种“爱国壮举”，事关气节大事，那么，我们是否也可依据同样逻辑，将其在外资企业效力14年平步青云腰缠万贯的行为，归属“卖国恶行”？这一类问题无论得出怎样的答案，都不免使人怀疑能否代表真正的吴士宏也即真正的朱莉特，而不是一种趋时之议。不过，这一切并不在我们关注的范围之内。我们之所以要在下面提到这段亦私亦公的事端，乃是因为在其中看到一种情形：微软在进入中国的同时，把一个难题留给了自己也留给了中国人。作为一种西方文化，微软的精神究竟能不能伴随其先进技术对中国发生影响？或者是，中国人在将其技术“本地化”的同时，也将其精神同化？这个问题的最后结论，也将在相当程度上决定李开复和他的研究院在中国的命运。

按照吴士宏本人的叙述，她向微软“摊牌”的时候，“仍处在5月8日北约轰炸的震荡余波中”。她在当时向她的老板有过一番口头陈述，后来又有一篇文字作为补充。正式提到的辞职理由，看上去真是冠冕堂皇，也成为日后中国报刊上广泛传扬的“吴士宏和微软的四大分歧”：

一、不同意微软在中国的产品价格政策。主张“‘视窗’价格必须调低”。

二、不同意微软在中国的反盗版策略。主张对中国企业“重销售，轻打击”。

三、不同意微软在中国有四个窗口：主张微软在中国只能有一个面对市场的窗口。

四、总经理应有人事权。她的起码的“人事权”以及对“人”的基本原则受到挑战。

关于第一点，她与方兴东的想法不谋而合，至于微软的价格政策，已如前述。第二点，她倒是没有像方兴东那样，暗示大家都去“盗版”，但作为微软中国公司的总经理，吴士宏必定知道，微软进入中国多年，销售软件无数，每卖出一个“正版”就会遇到好几个“盗版”，而诉诸法律的打击盗版之举，却只有“状告亚都”一次。究竟还要怎样，才算是“重销售，轻打击”呢？吴士宏没有说，但她的陈述表明，她其实更加在意的是后面两条“分歧”，因为全都涉及总经理的权力。第三条的实质是，这位总经理不能独自成为微软在中国的代表。第四条意味着，这位总经理在决定公司员工的取舍进退时，遇到了阻力。吴士宏直言不讳地说，这是“我与微软最无法调和的”，所以“只有以辞职拒绝”。

然则事情的真相不仅止于“总经理的权力”。

不论吴士宏本人怎样陈述她的辞职缘由，我们细检其自叙体书籍以及她昔日同事的陈述，可以知道，吴士宏与微软的冲突有一条明显的线索，这就是由她本人倡导的“本地化”的方针。她在上任第一天，即宣布自己的方针是“全面本地化”。她说，她的理想就是把“微软中国”做成“中国微软”。

聘任生长于大陆且完全没有西方留学背景的吴士宏，代替出生于台湾的原总经理杜家滨，这一举动和后来李开复在本地学者中招聘研究员的行动，大致都可以证明，微软公司在中国的方针本身就具有“本地化”的明显倾向。不过，公司在吴士宏就任之后，还将杜家滨改任总裁之职，留任数月，与这位吴总经理并列为“双人马车”，证明它并不想将“本地化”的进程操之过急。即使对于像微软这样的外国公司来说，“本地化”也是必行的道路，其“平稳过渡”的方针，乃是大至国家小至任何一个机构的通常做法，本来无可非议。微软的问题不是因为这个，而是因为，它遇到了吴士宏。

有足够的迹象表明，吴士宏与杜家滨的纠葛，在这驾“双人马车”拉起来的最初几个星期，就已经开始。诸如此类的事情在中国司空见惯，无数机构中，两位主要领导者之间都会发生或多或少的冲突，所以我们可以相信，这是一种很有“中国特色”的现象。其间是非的天平，无论怎样摇摆，都扯不上什么“民族大义”。假如不是因为这家美国公司中某些特有的行事规则，这种人事纠葛就会以中国人的方式没完没了地持续下去。

对于杜家滨这个人，熟悉他的下属中，有相当大的一群抱有好感。但杜家滨有可能在一件事情上处置不当，至少也是没有看懂中国官场上一种特别敏感的情形。他在私下的言谈中每每流露，吴士宏的就职总经理，乃是他一力保举的结果，甚至在某些公开场合，有意无意地给人留下印象，是他将吴士宏带进微软来的。了解吴士宏的人说，此人有一些特别敏感的神经不愿意旁人触及，像“吴士宏是杜家滨找来的”一类的话，正是她不愿意听到的。后来她的下属在很多场合遭到她的指斥，就是因为没有小心遵循这些原则，但首先是她的“搭档”杜家滨从一开始就犯了“大忌”。

杜家滨的“错误”当然具有中国色彩。因为在微软公司的招聘制度中，以一个同样级别的人来做面试考核，并非反常，即使是一个级别较低的人来推荐他的上级人选，也是常有的事。陈宏刚对这种情形曾有一句解释：“你如果能够找到一个比自己更棒的人来当你的老板，那是非常值得荣耀的。”吴士宏无从理解此种情由，所以也就很自然地以一个中国人的思维方式做出强烈反应。她毫不掩饰对杜的这类言谈的反感，认定自己进入微软是和微软公司之间的“双向慎重选择”。杜就算不在她的领导之下，也是在平起平坐之间，又有什么资格把她挖来。问题更在于，杜的周围原本就聚集了一帮子人，比如那个公关经理尚笑莉，就极有可能是杜家滨的亲信。不然，她又为什么屡屡为杜家滨、张湘辉和李开复这些人效力，而不将自己放在眼里？

尚笑莉其人，聪明敏感，热情而知分寸。年龄不大，却已有八年在外企工作的经历。同事们都习惯叫她的英文名字“希拉”（Sheila），就如同把吴士宏叫做“朱莉特”。尚受过良好的教育，有一口流利的英语，满脑子西方的观念而少有中国人的习惯。平心来论，具有这样背景的女孩子，与长期置身于外企的吴士宏应当不难沟通。但当尚笑莉敏感地意识到吴总的“敏感”之后，惊讶地发现，每逢吴总在场的时候，她就非常紧张。

事态的发展证明，尚并非无病呻吟。那一天，微软和另外一个机构签署一个合作协议。仪式挺正经，尚请公司的两位老板，杜和吴，都来参加。但吴总认为，这样的会议只能一个“总”参加。这叫尚很为难，因为微软负责谈判的项目总监已有电子邮件明确表示，此项谈判在过去几个月中始终由杜负责，所以最后仪式应有杜本人在场。最后的结果，仍是两个“总”同时出席。接下来发生了差错，按照尚后来的说法，是一个“挺尴尬的小插曲”，但吴显然认定兹事体大，不然，她就不会在书中对此详加陈述，还写道：“总经理是公司形象的主要代表，怎能如此糟蹋戏耍？”

根据吴士宏的自述，事情大致如下：

有一天快下班时，一位下属来找她，邀请她与总裁一起参加第二天与邮电总局的合作意向签字仪式。她仔细询问需要有何准备，被告之，一切不用操心，只要坐在那儿被介绍一下就行。次日她进得会场，在50多位记者面前谦逊如仪，待贵宾和总裁就位后再落座。会议立即开始。但就在这时，令她意外的事情发生了。有人宣布“由微软中国公司新到任的总经理介绍来宾”。她在“突然袭击之下”没乱阵脚，但却发现自己完全不认识面前的人，手中的名单居然也是错的，求助左右不得要领，只好向大家承认自己新来乍到，准备不足。这时候总裁大度地拍拍她的肩膀表示安抚，她却觉得自己“咕噜噜咽下去十几颗打落的牙”！

这一段叙述后来为尚笑莉证实。不过，尚还补充了一些吴没有提到的事：吴士宏那天先是迟到，后来在介绍与会者的时候连连发生错误。作为公关经理，尚认为，总经理也许对会议安排不能详知，才会这样措手不及。但说到发生差错的原因，尚提到的一些事却与吴的看法不能吻合。尚说，她确实没有在事前向吴士宏当面报告会议安排，但她也没有向杜家滨当面报告，她已把全部会议内容，包括参加者的姓名以及背景、时间、议程，以电子邮件方式送给两位老总。“这是微软的工作方式，真的不是和她为难，”尚这样说，“任何一个微软员工，不论是老板还是下属，也无论在什么地方，都有责任每天看完自己的电子邮件，不能拖延。”当她发现吴总经理迟到并且漏洞连出的时候，就估计吴没有看到她发出的电子邮件，不禁有些内疚，但她始终认为自己在这件事情上并无失职。

在外人看来，尚的陈述即使全部属实，依然不能说完全没有一点过失。但是问题并不在于事情本身的正误，而在于事情之外的差异。尚笑莉犯了和杜家滨一样的错误：只知道按照微软的方式行事，根本不问一个不了解微软的中国人能否接受以及能在多大程度上适应。

更要紧的是，吴士宏不能同意这一连串差错乃是出于无意。这件事情之后，她说自己“仍守着虚怀若谷、谦虚谨慎的既定原则。中招吃绊先要怪自己功夫不到，连防身都不能，还谈什么坐江山打江山?”但她还是通报公司高层管理人员：“总经理将不与总裁在公共场合共同出现。”

一年多后，她已辞去总经理的职位，仍对此事耿耿于怀，却又忽略了关于“电子邮件”的一段情节，这就难免让尚笑莉觉得委屈。当微软大中华区总裁布莱恩·尼尔森（罗迈克的前任）依据吴的报告向尚提出质询的时候，尚情急火燎地申辩道：“你可以查电子邮件的记录。”布莱恩知道这些婆婆妈妈的细节之后，终于理解了尚的处境。尚将同样的解释再次以电子邮件的方式送给吴总经理，希望得到积极回应，但吴总在心里想的是：“不管是有意设局还是粗疏草率，这个‘事故’都是无可原谅的。”

诸如此类的事情以后又发生过几次，尚整天小心翼翼，但还是不能令吴总满意。比如有一次她安排吴总接受一位记者的专访。吴总兴致勃勃地大讲了一番培养人才的道理。可怜尚没有想到细心检查记者的稿件，导致记者也犯了与杜家滨和尚笑莉同样的错误。报纸上出来的文章叫做《培养接替我的人》。记者问，吴总答。“编者按”在开头说，杜家滨培养了吴士宏，现在，吴士宏又在培养新人啦。文章的末尾还说，吴士宏表示，她在公司要培养三个接替她的人。

可以想象吴士宏的气愤。她将尚招到办公室，质问为什么把她根本没有说过的话当做她说的：

“你说我要培养哪三个人？我有这么多经理，哪三个？”

尚听得心惊肉跳，感觉到总经理是在指责她挑拨离间，赶忙辩解，那是记者的专访，她实在不知道是记者听错了还是别的原因，也许这只是虚指。

但吴总不容分说，又把老账翻出来，认定这是尚笑莉一伙儿再次向她发难。

尚觉得自己的前途这回真的完了：老板已经不是就事论事，而是针对她这个人。公关经理闹到这种程度，要是还不辞职，那就只有让老板来“炒鱿鱼”了。但她还是要把事情澄清，她跑去找那位记者，委婉地说了一些似是而非的理由，将录音带要过来，交给总经理核实，结果发现所谓“三个人”之说，真的是出自总经理口中。那记者忠实原意，并无虚构，倒是吴总贵人多忘事，不记得自己当时信口说了些什么。尽管如此，吴士宏仍然不肯原谅属下。但这时候尚已经不再内疚，她相信总经理心里真的是有“三个人”。

事情很快闹得满城风雨，同事们本来从不把报纸杂志上的文章当做一回事，现在倒全都找这文章来看，在楼道里面碰到尚，就笑：“冤枉啊。”

“她认为我不是她的人，是杜家滨的人，”尚说，“实际上我不认为我是什么人的人。我一直是按照自己的想法做事情。”她觉得委屈，在她看来，任何一个不带成见的人，比如说李开复，即使发生了那样尴尬的场面，也会一笑置之，绝不会说她成心捣乱。

此后数月，麻烦接二连三地发生，尚始终不能明白为什么吴总对她抱有这样的敌意，其实她还蒙在鼓里，不知道自己的处境有多糟。实际上，吴总把解聘书都给她准备好了，罪名是“失职”。吴士宏的老板罗迈克知道了此事，挺奇怪地向左右询问：“希拉一直很努力，半年前的考评结论还很好呀，怎样突然就一无是处了？”

这个美国人当然不能懂得中国的“国情”。其实，很多人的“罪过”，不是因为事情没有做好，而恰恰是因为把事情做得太好啦。尚笑莉以微软中国有限公司公关经理之职，在半年前把微软中国研究院的成立庆典搞得有声有色，两个月前又把微软中国研发中心在深圳的“维纳斯发布会”做得挺热闹。按照常例，下属的成功会让老板自豪，但吴士宏不同。根据微软公司一位高级管理人员的叙述，“这两件事有可能让吴士宏特别恼火。尚在吴的手下，却去帮李开复和张湘辉。不给她一个厉害看看，她就不知道自己的老板是谁”。

但另外一个更加了解吴士宏的人，显然看得更加深远。根据他的说法，吴士宏是“从夹缝当中长出来的小草。所以她对周围的事情一直是防备心态，很敏感，不开阔。碰到一点小事，就很容易认为是有人要压她”。这样的心态促使她在每一件事情上争强好胜，不甘为人下。但有时候却陡然冒出神经质的反应，令旁人觉得异常。吴所信任的一位下属曾经说，他对吴士宏的印象还不错。“她是一个很重感情的人，很努力地工作。感性化，而不是很理性的人。”但是他怀疑，“她过去在外企曾受过外籍人的欺压，所以对他们有一种本能的对立”。他举例说，吴曾要求把公司过去印制的宣传品中凡有杜家滨形象的全部销毁。“狭隘还是什么？我不好说了。感觉是一个女人心。其实她对我没有什么不好。不知道这样说是不是合适。”这话至少有一个地方不合适，狭隘本不分性别。女人的小心眼当然有，但有时候一个挺大的男人，心眼也有可能小得穿不进一根线去。

不管怎么说，狭隘所具有的破坏力，比人们通常所能想象的要大得多。张湘辉的“中心”和吴士宏的“公司”在同一层楼上，所以张对所发生的一切都能清清楚楚，他对李开复说:“很显然，朱莉特在整希拉。”李开复在获悉楼上发生的一些事情之后，决心出来拯救尚笑莉。他对罗迈克说：“希拉的事你一定要管。她是冤枉的。”他还建议罗迈克找张湘辉谈谈，甚至可以找人力资源部经理谈谈。罗迈克还没有反应过来，张湘辉也来找他了。这让罗迈克更加惊讶：怎么一个人的去留，居然引起公司这么多高级主管的关注呢？

尽管微软公司里很少有人能够一手遮天，就算老板，也不能随便把一个员工开除，但尚还是不得不考虑离开的问题。人家问她为什么要走，难道是不喜欢这个地方？她嘴上说“很喜欢”，心里想，“是啊，为什么要离开？”她给第五层的李开复发出电子邮件，只有一行字：求职。仅仅30分钟后，她就收到李的回信，也只有一行字：“你来谈谈吧，现在就可以来。”她当即跑下楼去。“真是不可思议，”尚后来说，“那么快。”还说，她从六楼跑出来的时候，没有一点伤心的感觉，“觉得自己就像是一只出笼的小鸟，能到一个新的地方去，又不离开微软，特别开心”。

但吴士宏对尚说，公司要对她的问题拿出一个意见，在此之前是不可以走的。尚还不知道，那个“意见”其实是一纸解聘书，但她还是意识到自己处境不妙，于是去找罗迈克申诉。罗迈克已经有了李开复和张湘辉的劝告，早有准备。他说，他看不懂这么些复杂的问题，但他愿意听尚解释。等到他终于弄清楚了一些事情之后，又问她为什么要到研究院。她说，就是为了开心，“我在楼上很久都没有看到人们的笑脸了。我自己也很久都没有笑脸了。大家全都愁眉苦脸，好像有一种情绪在蔓延”。

罗迈克不再说什么，当即就给吴士宏发出电子邮件，说他不同意解聘尚，还支持尚到李开复的研究院去。这令吴总失望。她再一次发现，她想做的事情总是做不成。她后来在自己的书里说，总经理的人事权受到挑战，想来这件事是例证之一。

围绕“尚笑莉去留”这件事，公司若干高级主管所发生的分歧，显然有着更大背景居中发生作用。那就是，吴士宏明显地在公司的“本地化”方针中塞进自己的意志。她将矛头指向那些“糟蹋戏耍”她的人，并且开始建立自己的队伍。当杜家滨终于离职他去的时候，这个进程加快了。吴在她原来供职的国际商用机器公司中寻找她信得过的人，请到微软来。希格玛大厦里原来一帮经理，大都是香港人和台湾人，现在纷纷感觉新老板的“全面本地化”，对于他们来说，就是一道“逐客令”。那些日子，公司人心惶惶，越来越多的人觉得味道不对，其中一位对朋友说：“听到‘本地化’，起一身鸡皮疙瘩。”

但吴士宏不仅没有“鸡皮疙瘩”，而且大刀阔斧。“外籍人”越来越少，“自己人”越来越多，以至她终于觉得可以在“八仙别墅”来一次聚会了。当一个机构气氛异常的时候，就连谁去谁家吃饭也不是一件小事，因为这有可能成为“画线站队”的标志。当日有缘参与这次“八仙别墅”聚会的共约20人，根据一位在场者的回忆：都是吴在感情上亲近的人。席间大家纷纷举杯，吴对众人说，我来之后，各位都得到提升啦。

外籍经理纷纷离开，周围越来越多的面孔让吴看了宽心。但还有一些东西不顺眼：上班没个钟点，不拘礼仪，一点不懂人情世故，只知道趴在电脑前，电脑旁边堆着零食。最难忍受的是微软员工的衣服乱七八糟，脚穿拖鞋，蓬头垢面，这哪里像个正经的外企呢？有一个时期，她在公司的高层管理会议上总是提出上班打卡的问题，还有穿西装的问题。如前所述，微软的人穿什么的都有，就是没有穿西装的。他们可以加班，只要高兴，连续几天不睡觉也行，但就是不肯遵循一个一成不变的作息时间。现在，这一切都要改变。

这些事情看来都是细枝末节，与公司重大决策无涉，但是吴很认真。事实上，她允许部下当面叫她“朱莉特”，而不是“吴总”，表明她已在相当程度上接受了微软文化，但她仍在试图改变微软文化中那些她不喜欢的东西。改变公司的无拘无束之风，装上一副“正经模样”，正是把“微软中国”变成“中国微软”的重要环节。如果她真是这样认为，那可就糟了。因为，就算是她最信任的人，也对她的这一套不以为然。倘若是在国际商用机器那样的公司，就算你现在不准员工们西服革履，恐怕都做不到。但微软不同，这里全都是一些自由自在惯了的年轻人，要他们把自己包在西装里，用领带拴了脖子，按时上下班，他们不仅不会接受，而且还会在背地里当做笑料。那些天，希格玛大厦就有人说了一句话：“在吴总的英明领导下，微软的标志都快变成蓝色的了（国际商用机器公司的标志是蓝色的，所以有‘蓝色巨人’之称）。”又有人质问：“说微软是大孩子玩游戏。可是为什么三万多个大孩子玩出世界最大的软件公司?”

吴总不管这些，她一意孤行。但在经过了一次偶然的小事之后，她也许会意识到，她的“本地化”方针，出现了失败的征兆。那一天，她走进希格玛大厦一楼大厅，看到一位下属居然还是穿着一条牛仔裤，当场喝问：“你怎么啦?”然后指着旁边的人说，“你应该穿他那样的裤子。”可是大家低头一看，那人腿上也是一条牛仔裤。

更大的失败还是销售业绩不能振作。那一年吴士宏没有完成原定的销售指标。“她很努力，但收效甚微。我觉得她说的许多事情都没有实现，”一位微软员工这样说，“这在微软高层管理人员是不行的。”吴在她的书里，对于很多小事都能条分缕析，不厌其烦。但对这件不算小的事可就有点含糊，一会儿说“下滑到谷底”，一会儿说“开始回升”，一会儿又说“显示负数”。不论是什么解释，都不能证明是成功的。不过，公平地说，吴的销售不振，实在也是因为她的运气不佳，不是遇上特大洪水，就是遇上“北约轰炸”，还有一些知情者不便启齿、外人又不能深悉的缘由。有经验的外籍人员大都抱着不合作的态度，他们甚至在吴上任前夕拼命向代理商送货，让前任老板完成了最后一年的销售额。等到吴上任之后，代理商的仓库里面已经装满了积压货物，不卖完就不肯进货，新年度的销售额自然无从递增。这样看来，我们不能将销售下降简单归咎于吴士宏一个人。但追究背后的原因，又是因为她的“本地化”操之过急，以致员工疑虑重重，不能同心协力共渡难关，其情形有如尚笑莉的抱怨：“过去，微软从来没有为人事纠纷而烦恼，不会为怎样面对老板而烦恼，只会为产品卖不出去而烦恼，为课题做得那么烂而烦恼，为自己没有更聪明而烦恼。现在，这是怎么啦?”

到了1999年夏季，就连吴士宏也不能抑制内心的烦恼了。无论她后来怎样陈述自己的辞职理由，有一点大概是可以肯定的，她已意识到她的

“本地化”根本无法做到，就像她自己说的，“至无法调和时，我只有以辞职拒绝”。

实际上，失败在更早的时候已露端倪。当日她的属下中纷纷离去者并不独为外籍员工，而且也有很多人正是“本地化”的中坚力量，其中有四个人——陈蕾、尚笑莉、王瑾和夏鹏，顺着楼道下到第五层，到研究院来就职了。吴士宏昔日的这些下属中，说起来没有一个人是反对外企“本地化”的，可是他们又全都不能赞成吴的一些办法。其中一个说：“她操之过急，铸成大错。”这话好像是在感叹两败俱伤。在吴的“本地化”的进程中，她本人固然落败，微软又何尝成功？然则还有一件事情不能不重新提起。我们此前曾经说到，比尔·盖茨所谓“正反馈理论”，在人才的方面正在出现新例证，也即聪明人喜欢和聪明人待在一起。现在，在那么多聪明人纷纷离开聪明的吴士宏之后，我们就不得不承认，这理论的实现并非是无条件的。

1999 年 7 月，微软轻描淡写地宣布了吴的辞职，他们有足够的理由希望大事化小。然则吴士宏却正好相反，她要说的话很多。投向微软的众“矢”之中，又加了一个《逆风飞飏》。封面以蔚蓝底色烘托，吴士宏端坐正中，衣着华丽，仪态安详，一群被虚化的男人环绕在她身后，就像众星捧月，又像众叛亲离。著者“吴士宏”三字为鲜红颜色，字号之大，也许开创了出版界的一个纪录。书的发行收到奇效，将她的一次失败经历变做成功之举。版权页注明印数为九万册，据说实际印数更多，很快便闹得满城风雨。她的名字和她的格言在全中国的报纸上频频出现，她的微笑和她的声音也在电视节目里亮相。可是微软一言不发，摆出一副“打不还手，骂不还口”的样子，让喜欢看热闹的人有些失望。人们并不知道，微软中国公司的员工全都接到老板指示：不得对吴士宏发表攻击性的言论。

这场风波的中心——北京知春路上的希格玛大厦，好像什么事情都没有发生过似的。李开复始终置身事外，现在看到满世界这么热闹，终于忍不住说了一句话：“闹到这个地步，我真搞不懂。”

如果没有限制，人的智慧是无止境的

李开复毕竟是个美国人，不能了解那些五花八门的“中国特色”。但他是个科学家，又是院长，对于自己应该做的事情无论巨细都能洞悉无遗。1999

年的7月、8月和9月，直到10月前半个月，他的脑子里面都在想着一件事：向比尔·盖茨直接汇报他在北京的工作。

李开复虽然来到微软公司还不到一年，但他早就知道：“在微软，能向比尔·盖茨直接作汇报被看做是一件非常光荣的事。”美国出版的各种关于微软的读物上，“向比尔汇报”成为最引人入胜的章节之一。那间幽暗、典雅，让一张古铜色大桌子挤满了的董事厅，是微软员工证明自己能力的最佳场合，也是无数人晋升的阶梯。当然，在微软公司的三万多职工中间，还有另外一问一答也相当普及：

“你最怕什么?”

“比尔叫我去开会。”

从人的本性上来说，当你面对一个“世界首富”的时候，心里有些不太自在也属难免之事。但微软员工在这种时刻的紧张和神经质，更由于比尔·盖茨几乎了解所有技术细节，并且能够极为迅速地抓住问题的关键，穷追不舍。一旦他不能得到满意的回答，就会抑制不住地跳起来，咆哮如雷。当他知道员工在这种情况下的恐惧和担忧时，有意轻描淡写地说：“我可以理解，员工第一次碰到我，或者其他高层管理者，会感觉紧张，我自己可能也会这样。但这种情绪很快就会过去，所有的人都会把注意力集中到面前的问题上。”

依照微软的既成制度，产品小组的工作，须经由四级经理方能抵达公司“御前会议”，唯有四家研究院，能够通过副总裁里克·雷斯特直接向比尔·盖茨汇报。所以李开复说：“这在整个公司中独一无二。”亦可证明比尔·盖茨对于科研青睐有加。不过，在微软每年展开的数以百计的研究项目中，比尔·盖茨通常只考察其中八至十个，而且总是在项目开展两年以后，直到有突破性进展的时候才会给予关注，所以，真正用在研究院上的时间，乃是真正的“贵精不贵多”。他大约每年听取三次关于研究院的汇报，每次两个小时。美国研究院因为拥有最大规模——近400人，以及最老资格——八年历史，所以每次都能占有其中大部分时间，剩下的时间，则由北京、剑桥和硅谷的三个研究院分享。究竟谁能得到机会，完全由里克·雷斯特根据工作展开的情况来确定。

1999年的6月，里克·雷斯特来到北京参加“21世纪的计算”大会，看到研究院的一些出乎意料的成果，就对李开复说，他原本希望把研究院向比尔·盖茨的第一次汇报，安排在2000年2月，因为他料想直到那个时候才能有一些值得报告的事情，但现在，他要将汇报的时间提前到1999年10月了。

可以想象，在这样一种情形中，研究院既无暇关心“科索沃硝烟”，更不会在吴士宏的“逆风”还是“顺风”上花工夫。他们的当务之急，是加快所有研究项目的节奏。

这时，研究项目已全面展开，主要线索也清晰起来，大致有二：张亚勤小组、张宏江小组和沈向洋小组，集中在网络多媒体领域；李开复小组、王坚小组和黄昌宁小组，集中在中文信息处理领域。

李开复的想法是，要在三个月中拿出可以让比尔·盖茨看得见的成果。在一番仔细权衡之后，他觉得那些多媒体项目虽然“最酷”，但难度更大，也需要更长时间方能见效，相形之下，中文的拼音输入和语音系统最有希望在短时间里取得突破。

语音识别的研究节奏加快了。李开复原来拿大部分时间去和方方面面打交道，真正用来研究的时间只有1/10。现在他觉得不能再这样下去，强迫自己至少将1/4的精力放在科研上。看来，仅仅依靠邸烁和陈正不足以应付这样的局面，他们的根基毕竟太浅，前进到一个高度就难能继续，有时候还会犯一些低级错误。以目前情形论，就算他能够容忍错误，也不能容忍延误时间。幸而这个夏天希格玛大厦人气冲天，新人不断。李明镜在7月间终于了结前缘，把自己发明的全部“汉王技术”留在“汉王”，只身来到希格玛大厦。对于李开复来说，这已足够，他要的是这个脑袋而不是别的什么。高剑峰也来了，他是上海交通大学的博士，然后进来的是黄超——中科院自动化所博士，和周健来——中科院声学所博士。最后是张益肇，他是麻省理工学院博士。

张益肇这个人，有着与李开复大致同样的经历。出生在台湾，自幼赴美读书，又加入了美国籍。从外表看上去，他必定是属于那种无论吃多少东西都不会胖的人，消瘦，但却大脑发达。衣着随便，待人随和，如果不是他在使用中文表达思想时那种吃力的样子，你不会认为他有那么多年的美国经历。

初到美国，张只是小学毕业。那时候他对照着台湾的中文课本学英文，但等到英文纯熟之后，他却把中文忘了很多。他在麻省理工学院读完硕士课程，到日本东芝研究所工作一年，又回到麻省理工学院读博士。那是1991年，从这时起，他就开始在语音识别领域驰骋。他研究怎样把很多人的声音转换成一个人的声音，也研究怎样把一个人的声音转换成很多人的声音。然后，就像很多美国青年一样，他也投身硅谷一个很小的软件公司。在一种好奇心的驱使下，他研制出一个听写系统——让机器像一个人一样地和人对话。就是在这期间，他听说了李开复其人其事。

“多元化”是张迄今为止最重要的人生经验。他说：“美国是个多元化的社会，你的兴趣和信仰和大家完全不一致，也没有关系。”但是他在日本工作的时候，却发现日本人对美国的“多元化”持有强烈的批评态度，还将美国经济80年代的低潮，归咎于“这个国家的多元化”。张那时候有些相信日本人的话，但后来，看到美国经济卷土重来，日本却是每况愈下，就断定：“多元化还是一个好东西。”还把他幼年时在台湾听到的一句话挂在嘴边上：“一样米养百种人。”现在，他来到中国内地。这是他第一次来内地，看到熙熙攘攘、乱乱哄哄的城市，他觉得“蛮亲切的，和台湾差不多”。他对内地年轻人的“真是会想事情”很惊讶，又发现“中国学生做事情比美国人认真”。不过他也发现，希格玛大厦里，是要“百种人做一样事”的。

现在，李开复的语音小组拥有李明镜和张益肇两位研究员了，还有好几位副研究员。当初抛硬币分开了两个初出茅庐的小伙子，现在可以建立两个小组：“语言模型”和“声学模型”。他让李明镜和张益肇分头领衔，加速前进。

员工们开始贯彻他的一些激进的想法。在7月份的时候，语音识别的模型还只能识别“300个词汇组成的100句话”，比如“北京的天气很好”。超过了这个范围，机器便一筹莫展。但李开复说，要在“三个月内使系统的识别范围扩大到5万个词汇”。英文原型当中是没有“第四声”的，但汉语有。所以他要求“声学模型”小组必须想出办法来，还必须使模型能识别男女老少各种声音以及南腔北调的各种方言。在设定了研究员的目标之后，他又指示凌小宁手下的那些工程师，在两个月内做出一个可以让比尔·盖茨看得清清楚楚的“演示模型”。

“声学模型”的要点在于识别语音。“语言模型”的要点是识别语意。用李明镜的话来说，“声学模型”是识别“一”，“语言模型”是识别哪一个“一”。比如说到“中华人民共和国主席江泽民”的时候，人人皆知是这个“江”字，但机器不行。“江”有30个同音字，凭什么让它给你出来个“江”而不是个“姜”呢，这就要把“江”和“泽民”之间连接的概率定得最高，而“姜”和“泽民”之间连接的概率定得最低。这就是“模型”。人根据“模型”来训练机器，机器根据训练的结果来识别国家主席。这样看来，李开复的这些要求，几乎包括了“声学模型”和“语言模型”两个方面全部最难解的问题。他的雇员们全都知道，在如此短的时间里，只是解决其中一个问题就已经够戗，现在他们却要拿出一大堆好的结果。

但是无论“声学模型”还是“语言模型”，“引擎”都是其中最基本的部件。它的作用是把声音读出，并且以文字方式显示出来。你可以把“引擎”想象成汽车的发动机，也可以把它想象成一套推理的逻辑和方法。不同的语言之间存在共同的东西，所以才有可能翻译，语言引擎在本质上并无不同，希格玛大厦才能将黄学东小组现成的英文“引擎”拿过来使用。但要让它识别中文，就必须给它不同的数据模型，这也正是李开复小组、王坚小组和黄昌宁小组要解决的问题。

语音识别比之文字识别更加困难的地方，是同样的字在不同人嘴里会发出不同的声音。李开复的目标既然是“不特定语者”，那就要让机器识别所有的声音。其具体的操作程序，既简单又繁杂：在广东、上海和北京三个城市中，选择男女老少各 500 人。每人均以地方方言和普通话两种方式说话 250 句，将声音一一录音整理。简单说，就是收买各种各样的中国话，来训练和调试既成的“声学模型”。至于“语言模型”小组的注意力，则全部集中在纠正拼音错误的方面。李明镜又在完成眼前任务的同时，试图解决更加长远的问题。他给自己提出的问题是，“能否让机器在不断使用的过程中适应说话的人。使用的时间越长，也就越好用”。这个概念在以往的拼音输入法当中叫做“自适应”，现在李明镜要将它用在语音识别中。

到了夏天结束的时候，研究院的“语音识别系统”居然真的装进了 5 万个词，就像李开复当初期望的一样。但是，现在还不是得意洋洋地说“那是我‘儿子’”的时候。他们还必须把研究院的成果变成可以看得见的东西，并且和微软公司那个包括英文、日文、中文的语音识别大系统连接在一起。这就要依靠软件开发部的智慧和操作来完成。

如果说研究员的作用相当于设计师，那么，技术开发工程师的作用就是提供设计工具以及把设计图纸变成现实。如果一个研究员的“图纸”相当于整部机器上的一个零件，那么开发工程师的作用就是把所有零件衔接在一起。具体到凌小宁领导的软件开发部，主要职责有三：开发研究工具以提高研究员的工作效率；把研究员的新思想变成技术原型；在技术原型的基础上完成技术转移。所以，希格玛大厦里的“开发”，在某种意义上又被叫做“整合”或者“集成”。就这些职责的本身来说，乃是继承了微软公司的既成制度，但凌小宁的软件开发部却在其中创造了一套新的方法：对于技术采取“模块化处理”，最终形成一种井井有条的结构，这同以往技术开发的混沌一片的结构形态成为对照，所以当比尔·盖茨听说此事之后，不禁大感兴趣。

1999年秋天参与语音识别小组的软件开发工程师名叫孙燕峰，按照他的同学的说法，此人是清华大学有史以来最好的硕士，也是最有钱的学生。这话听来有些夸张，但研究院开发小组的工程师们都说，孙是具有最优秀的整合思想和整合能力的人。所以，凌小宁在这个关键时刻，让他来负责整合语音识别系统。

无论从哪方面看，孙燕峰都是一个天生的工程师。他11岁开始学电脑的时候，就完全不像别的孩子那样只知道玩游戏。他对编程的耐心超过了成人，白天写的程序没有完成，晚上躺在床上就会睡不着觉。父亲不懂计算机，但却鼓励儿子的兴趣。那时候父母每月的工资加在一起才100多元，可是买一张软盘就要十几元。燕峰不敢买一盒（十张盘），那样父母一个月的工资就没有了，只敢买一张。父亲也不知道这么贵的东西有何用处，却毫不含糊地把钱给他。孙从小到大，父母为他操心无数，但他独对这些情节念念不忘。他说：“有些父母要求自己的孩子做这个做那个，不许做这个不许做那个。他们从来没有这样对我。”父亲从小喜欢画画，但自从当兵之后，就没干什么正经事情。“支左”啊，“游行”啊，就算有了画画的机会，也是画标语，画毛主席像。父亲也许是因为一辈子都没能痛快地干自己喜欢的事，所以对儿子格外宽容。计算机这东西他虽然不懂，但孩子喜欢得睡不着觉，就该满足儿子。他过去也曾睡不着觉，不也是因为不能做自己想做的事情吗？燕峰从12岁开始获得北京计算机编程比赛的奖项，从此，获奖就成了这个孩子每年必有的科目。凭着一大堆奖状，他免试进了清华大学，又免试读了硕士。人说，中国的孩子必经三大关：高考，考博士，考“托福”。他说他一关都没过，“也混到了今天”。说是“混”，其实一点也不轻松，他在1999年7月来到研究院之后，连续几个星期都在苦思冥想，童年时代那种睡不着觉的感觉，重新出现。

秋天开始的时候，语音识别系统的演示模型进入最后的整合阶段。孙燕峰和邸烁来到雷德蒙微软总部。邸烁负责解决“模型”本身的问题，孙燕峰的责任是把“模型”融入到一个更大的系统里面去。他一边在心里计算，至少有三个星期的时间来解决问题，一边从容地写下他的第一组代码。

但就在这时候，他接到凌小宁的电子邮件。凌告诉他，国内的国庆节假期比往年延长了好几天，研究院的工作日也相应减少，所以他必须在两周之内完成全部工作回到北京。因为向比尔·盖茨报告的时间已经更加急迫。

9月14日，孙燕峰带着他的已经调试好的1000多行程序源码，回到北京。这时候距离他离开的日子刚好两周。他马不停蹄地来到办公室，用了半天时间就把汉语语音识别的演示模型和雷德蒙的大系统连接起来。他松了一口气，凌小宁也说："你可以到张宏江小组去支持他们的'搜索引擎'了。"可是两天之后，凌又来找他，说："停下你的'搜索引擎'，从明天开始，全力支持语音组。"

李开复小组和王坚小组已经开始最后冲刺。研究员们每个小时都在改进自己的系统，也要求工程师同步改进相互衔接的环节。这时候，"背水一战"的念头已经不仅是李开复一个人的，所有的人都在说着同一句话："只有成功，才能争取比尔的信心。"那些初来的学生，现在回想起几个月前的闲散，方知什么叫做"全力以赴"。

9月的最后两周，希格玛大厦第五层发生的事情似乎证明：如果没有限制，人的智慧和激情是无止境的。研究工作已经不分昼夜。大家原来都说，国庆将要放长假，所以要抢回一些时间。可是到了国庆的"假日"，所有的人还是没有时间放假。比尔·盖茨在太平洋那一边赞扬微软中国研究院的消息，不断传过来，让这一边的中国年轻人更加斗志昂扬。紧张气氛一直持续到赴美飞机起程前的最后一刻。那一天是10月13日，张益肇直到凌晨还待在电脑前工作，王坚则始终在修改他的"界面"，语音小组的人都在这里：研究员和副研究员、总工程师和工程师。李开复已经在美国，和这边的凌小宁保持着频繁联系。直到天将破晓，终于大功告成。众人离开希格玛大厦，走进永和豆浆店，一边大口嚼着油条喝着豆浆，一边庆祝研究院的第一个技术成果，欢声笑语淹没了所有的疲惫。一个小时之后，王坚和张益肇携带着众人的智慧和心血，直奔机场。一个在嘴上念叨着："三个月以前一行东西都没有，现在居然做成了。这种事情在中国不可想象。"另一个说："在美国也不可想象。"

希格玛大厦这一边，曙光初照，所有的人都想起了凌小宁说过的那句微软格言：

"那是我'儿子'!!!"

向比尔·盖茨汇报

1999年10月1日在李开复的生命中很值得留下一笔。那一天他出席了天安门广场上的国庆50周年庆典，但李开复仍然没有忘记“向比尔汇报”。他把这一天余下的时间全部用来构思汇报提纲，以后几天，闭门谢客，写出了汇报的第一稿。面见比尔在他来说毕竟少有，所以他将准备工作做得格外仔细，力求万无一失。他甚至改变了自己只用电子邮件的习惯，与雷德蒙微软总部接通电话，请那些曾“向比尔汇报”的同事和朋友，给他几句忠告。经过几轮电话之后，他将各项忠告整理如下：

从一个项目说起。

详述工作的创新性。

随时准备回答比尔提出的尖锐问题。

别想用一些模棱两可的话蒙混过关。

他斟酌再三，决定接受朋友的忠告。不过，他不打算从“项目”说起，而是自行其是，从一组概念说起，从研究院的人说起。他的这组概念产生于9月研究院的一次全体会议。共计六项，若以英文描述，则是六个以“P”开头的单词，所以又被他叫做“六P策略”：

People——研究人才；

Programs——合作项目；

Publications——学术著作；

Patents——发明专利；

Prototypes——技术原型；

Product——技术转移。

10月的第三个星期，微软中国研究院有一大堆人来到雷德蒙。李开复当众演练一遍，大家都说不错。于是，这些人信心十足地走进了比尔·盖茨的董事厅。

向比尔·盖茨的汇报安排在1999年10月18日上午10时至11时。那个早上，李开复和研究院的六个研究员——王坚、李劲、周明、高剑峰、沈向洋和张益肇，驱车进入雷德蒙微软总部，看上去有点“憨态”。大家第一次穿上完全一样的衣服，不过不是西服。李开复事先特别关照大家，不要西服笔挺。但大家还是精心选择了一种随意当中最正式的做法：全都穿上研究院“院服”——全黑色纯棉夹克。李开复稍有区别，穿着一件“波罗”上衣。几个小时以后，大家卸去几个月的紧张和疲劳，一同出去吃饭，庆祝他们第一回合的成功。但现在，六个人想到即将开始的汇报，不免紧张。李开复试图让大家放松情绪，半真半假地说：“万一我有问题，大家都要帮一把啊。”

比尔·盖茨的办公室设在8号楼第二层。这是一座“星”形的两层建筑，白色外装饰和墨绿色的玻璃交相辉映。从正门进去，顺楼梯拾阶而上，向右拐，走进迷宫一般的走廊，目不斜视地深入进去，再向右转，两侧办公室的高大门窗忽然稀疏，比尔·盖茨的董事厅就到了。以市值5000多亿美元的公司价值来看，这里既不宽敞，也不豪华。四围镶以本色的原木饰板，地面则是浅驼色的地毯。一侧是一扇巨大的木制门，一张咖啡色的会议桌占了房间的大部分。靠着走廊的一面，两扇门之间全是落地窗户，透过窗户可以看见走廊对面比尔·盖茨的办公室。另外一个显眼“装饰”，就是一个巨大无比的显示屏幕。李开复和他的同事在早上8点钟就站在屏幕前，反复试验将要演示的内容。临近10时，又有几个人进来，有里克·雷斯特、凌大任和黄学东。大家衣着果然随便，轻声说笑，等待那位“世界首富”的到来。

比尔·盖茨比预定时间迟到5分钟。身着咖啡色衬衣，没有领带，没有寒暄，也没有像往常那样坐在正中的位置。他在会议桌的一角坐下。任何人都懂得，他坐在哪里，哪里就是中心。

李开复开始汇报，一边讲话一边把事先制作的幻灯片投影到屏幕上。比尔·盖茨无数次地插话。“至少每三分钟打断一次。”当时在场的一位研究员说。他的问题有时候极为认真，比如他听说李开复找来不少多媒体的专才，就担心这会引起中国人的不满，询问怎样才不至于让当地学校认为微软在“抢人才”，还说“与各个大学保持良好的关系对我们同等重要”。但有时候，他的问题多少带有调侃味道。李开复提到当年邓小平摸着李劲的头说“计算机要从娃娃抓起”，还出示邓小平和李劲在一起的照片。然后又说：“那个娃娃如今就在这里。”比尔·盖茨笑道：“我希望你们找他来不仅仅是因为邓小平摸过他的头。”

幸而李开复机敏异常，事先又不曾抱有任何侥幸之心，所以顺利地回答了比尔·盖茨提出的所有“尖锐问题”。关于这场对答，李开复本人著有专文予以详述，其中内容富有专业色彩，全无他常常表现出来的幽默调侃：

我向比尔介绍了我们的人才策略和在这一年里我们所吸引到的国内外诸多优秀人才。比尔对这一节的介绍很感兴趣，在我已进入其他主题时，他还在认真地阅读我提供的有关人才方面的背景资料。

我告诉他，我们招收的人员绝大多数都很年轻，很有潜质，他们能够从事基础研究是大多数人都愿意看到的。我向他表明，我们从不主动到中国的高等学府或科研单位招聘资深人员，但如果有人主动来求职，我们一定会认真考虑每一份申请。比尔还详细询问了人员招聘可能面临的其他问题，诸如户口。我一面惊讶于比尔对中国的了解，一面告诉他，中国在过去的几年中发生了天翻地覆的变化，十几年前，人们想换工作几乎是不可能的，但现在，改革开放已使人们能把个人的发展需求放在首位。

我谈到了微软中国研究院非常独特的一个方面——技术原型。我向比尔阐述了其在基础研究中的诸多重要性。我认为技术原型能够帮助人们更好地了解我们的研究成果，使我们以更快的速度将前沿的高科技成果转化成为产品，造福普通百姓。

比尔对这套方法很感兴趣，他把那张幻灯片拿出来放在自己一边，并特别做了笔记。与我的想法一致，他也认为我们应该让每一位研究员做他们最擅长的事。一些公司，包括一些在中国开设研究中心的企业，雇用基础研究人员做产品开发，我认为这是非常不合适的。

最后我谈到了微软中国研究院的研究方向：新一代多媒体、新一代用户界面和新一代信息处理技术。在介绍多媒体的研究方向时，比尔说道：“微软研究院已在音频技术方面取得了成功，以后在图像技术和其他多媒体技术方面，可要靠你们了。”

另外我着重介绍了中文输入方面的研究，谈到了不同的中文输入方法。我发现，比尔早已明白中文输入的困难所在，以及拼音和五笔等输入方法的利弊。我指出，如果中文输入的速度提高一倍，在每两个小时工作时间里，我们就可以帮助中国的计算机用户节省10亿个小时，比尔幽默地说道：“这比我们能节省的计算机启动时间还多。”

看得出来，他对中文输入十分感兴趣。

我还向他谈到应该寻求一种革命性的方法，彻底改进计算机和信息家电的用户界面，最大限度地体现人类自然语言的发展。

比尔非常支持这一想法，他深刻地理解世界不断变化的进程，以及由此而产生的无穷商机。在短时间内最大限度地实现产品兼容和获取利润并不是正确的做法。他深刻理解到要做出好的研究，我们的双手不能被现有的方法所束缚，我们必须有探索未知的勇气和自由。当我告诉他，我们认为类似的研究大约需要五年以上的时间才能对主流市场产生影响时，他看起来非常有耐心。

汇报接近尾声时，雷斯特博士向比尔询问我们是否应该在一小时内准时结束会议，比尔说："不，我还想听听。我还有45分钟。"汇报结束时，他情不自禁地说道："太出色了！"

当会议结束大家一同离开董事厅的时候，比尔·盖茨余兴未消，他问李开复："能够聘用那么多杰出人才并与他们一起工作，一定是其乐无穷吧！"对于这个似是疑问但却肯定的话，李开复当时并无明确应对，实际上他在心里想的是，"这正是我在微软工作所追求的"。

最开心的是和世界上最优秀的人在一起

从雷德蒙回到北京的第三个星期，李开复信心十足地召开了新闻发布会。"我给你们一个承诺，"他对一大群记者说，"每一次请你们来，都有一些研究成果演示给你们看。没有成果就不会请你们来。"

希格玛大厦第五层的气氛一向宁静而又紧张，员工们不容丝毫懈怠，访客全都压低了嗓门说话。但这一天是个例外，那是1999年11月5日，星期五，也是研究院成立整整一周年的日子。京城淡雾薄云，天空灰蒙蒙的，但李开复的脸上却是一片灿烂。他把几十位记者请到希格玛大厦第五层来，又让他的那些最出名的研究员全部停下手里的工作，和记者们坐在一起闲扯了至少一个小时。大厅里一圈一圈的人，笑语喧哗。天花板上吊满了彩带和气球，茶几的"白板桌面"不再有任何奇形怪状的符号，而是摆满了各种水果和零食。又过了一会儿，李开复笑眯眯地走进来，身上是那套只有最正式的场合中才穿的藏蓝色西装，就像一年前研究院开张那天的打扮一样。那时候，也是这群记者，一个劲儿地询问他到中国来究竟想要干什么，而他信誓旦旦地表示，要让他的研究院成为"世界一流，亚洲第一"，还要做一些造福于中国人的事情。

现在，他的口袋里揣着一大堆东西，这些东西全都在比尔·盖茨那里获得极高的评价，也赢得微软总部里那些行家的尊重，但在李开复看来，仅有这些还不够，他还要向中国人证明，自己信守了当初的承诺。他宣布，在过去一年里，研究院在国际权威学术刊物上发表论文 28 篇；在国际著名学术会议上作了 11 个主题报告；提出 49 项专利申请；还在中国十所大学里和 15000 名大学生交流。首席科学家张亚勤接到美国总统克林顿的贺信，当他回到母校中国科大的时候，学生们趋之若鹜，把报告厅的门槛都挤破了；另外一位著名学者沈向洋，在国际图形学年会上发表了新的研究成果，引起轰动。在随后的 5 分钟里，王坚走出来，把他的曾经感动了比尔·盖茨的成果向中国记者们演示。“做研究不一定随大流。”他一上来就大有深意地说，“比如，报纸上每天都在说非键盘录入，我们仍然在研究怎样改进键盘录入。”经他改进的中文“界面”，在记者们中间引起一阵阵惊叹：拼音和文字不会再在屏幕上跳来跳去；你敲错了字母，电脑可以自动纠正；无须再按什么切换按钮，就可以让中文和英文混合录入……

然而李开复手里可不仅仅是数字、奖状和在电脑屏幕上活灵活现的那些新软件，他最得意的还是身边聚集了一大群既聪明又朝气蓬勃的人。他说他已经有了大约 60 个研究员和工程师，其中有五位同时也是国内十所大学的客座教授，又接着邓小平当年的话头，开心地说：“许多 80 年代的计算机娃娃，现在都给我们抓到研究院来啦。”他还有更加得意的事情要说呢：“我们又有了四位博士，有从中国来的，也有从美国来的。”他把这些人拉到台上一一介绍。先请王坚上台。李开复把浙江大学的这位心理学博士藏在手里已经整整六个月，密不示人，心里总是担心人家指责他“抢人才”，现在看来也不用再遮遮掩掩了，因为他接着介绍的另外三个博士都是从美国回来的。记者们要是说他在中国抢走了一个人才，他就会说，他从美国人手里抢回来三个。有张益肇，有郭百宁，还有朱文武。他把这些人介绍完毕，特别提到朱文武曾在贝尔实验室效力。接着摆出一副挺认真的样子冲着大家说：“朱文武博士是我们这里最有希望得到‘诺贝尔奖’的，你们知道为什么吗？”记者们有些茫然，就听见他继续说：“因为朱文武对‘贝尔’说出了‘No，Bell’，而离开了贝尔实验室。”他有意识地停顿一下，接着又说：“这是玩笑，过分了，即使对记者也不该这样开玩笑。”但大家还是笑成一片。这时候他显然是在试图让记者们想起他在一年前的保证。那时候，他声称要帮助中国吸引优秀人才回国，而报纸上还认为他是在大言不惭地吹牛呢。

那个下午，李开复的心情显然特别好，也特别有兴趣和记者们套近乎。

他邀请他们参加当天晚上研究院成立一周年的庆典晚宴。见到熟悉的记者，就会笑脸相迎，尽管西服革履，但还是忍不住要向一位他熟悉的记者插科打诨：

“咳！你下个星期能参加我们的会议吗？”

“当然。”

“那太好啦！会‘拱猪’吗？”

“当然会。”

“太好啦。敢钻桌子吗？”

“当然，谁输谁钻！”

“哈！一定！”

一个星期以后，李开复和他的同事们果然有一个通宵的“拱猪大战”。那是在连续十个小时的会议之后的一次彻底放松。那个夜晚的牌桌上，这些“世界级”科学家依然显出逞强的本色，赢了的兴高采烈，输了的就钻桌子。其间穿插着肆无忌惮的言谈笑语，让你觉得这些人就像我们身边那些最常见的顽童一样。

不过，在11月5日的晚宴上，这些人不曾这样放浪形骸。晚宴地点的选择看起来既刻意又随意。那是京城中心西单路口南侧一座旧时的王府大户，大门漆以朱红色彩，门楣巨幅匾额上“四川饭店”四字，为郭沫若题写。京城轰轰烈烈持续多年的大拆大建，也还没有波及这个地方。进门三重四合院，沿西侧长廊走进，雕屏画柱，大红大绿，华丽、尊贵、典雅、铺张。据说邓小平生前常来此吃饭。邓去世后，这后面的大厅扩建，改为中国会堂，实行俱乐部制，只有会员才能进来享受餐厅的菜肴和服务。微软中国研究院的庆典选在里院的宴会厅。长50多米，宽15米，上下全为木制结构，排满了巨大的餐桌。侍者无论男女，全部中式打扮。席间轻歌曼舞，笑语欢声，一派典型的中国味道。有人在数百来宾面前问李开复：“这一年来你最开心的事情是什么？”他走到台前，拿起话筒说：“在过去的12个月中，有机会和世界上最优秀的一群人在一起工作，这是我最开心的一件事。”

台下数百宾客睹面闻声，交头接耳，有人挺受感动，有人觉得夸张。就在这时，李开复所说的“世界上最优秀的一群人”全体起立，走上台去，在一片轻松而又凝重的气氛中，唱起了张明敏的那首著名的歌：

河山只在我梦萦，
祖国已多年未亲近，
可是不管怎样也改变不了我的中国心。
长江长城，黄山黄河，
在我心中重千斤，
无论何时，无论何地，
心中一样亲。
流在心里的血，
澎湃着中华的声音，
……

歌声渺渺，余韵缭绕。宾客热烈鼓掌，台上台下互相道贺，都说一年来尽管千难万阻，历尽艰辛，毕竟万事如意。有如里克·雷斯特后来的赞叹：“非常优秀，非常出类拔萃！很少有人能在一年里面组织这么强的一个班底，写了这么多论文，参加了这么多很高级的会议。”里克·雷斯特还说，一年前建立中国研究院的时候，他曾有两个大问题：如果请美国和欧洲的人去，他们在当地能够有效率地工作吗？如果在中国找人，能找到非常优秀的人吗？诸如此类的问题，当时在美国的大多数人都担心，就连那些对中国最有信心的人也没把握。现在，里克说：“这两个问题的结论，都是肯定的。凭我自己的经验来看，我知道做到这些非常困难。就连比尔也很惊讶开复有这么大的能力！”

这样看来，事态的发展果然如李开复所愿，他在第一回合中取得了中国政府的信任；然后是第二回合，他在大学生中树立了研究院的形象；现在，第三回合，他赢得了他的老板的赞扬。但是，也许还有更重要的事情：无论从美国回到中国本土上来的人，还是从中国本土加入外国企业的人，全都在“澎湃着中华的声音”中融为一体。真是太平洋两岸皆大欢喜，就连那些在一年前最尖刻地指责研究院“抢人才”的记者，现在也不禁啧啧称羡。

第五章

“死亡线”

罗杰·瑞迪：回过头来看，信息技术对社会的改造是革命性的。

“我们这帮人就像一群狼”

在希格玛大厦第五层，沈向洋一向有“工作狂”之称。此人无论什么时候都是匆匆忙忙的样子，只要往电脑跟前一坐就不分白天黑夜，一边吃饭一边和同事谈论工作，甚至在走进洗手间的时候，也会萌发一个与众不同的念头。他通常每天的工作时间是14个小时，眼睛总是红红的，一看便知，那是睡眠不足留下的痕迹。尽管如此，他还是觉得时间不够用。

“美国人不会这样，他们很在乎自己的时间，把工作和家庭分得很清楚。”他的妻子这样抱怨。按照她的叙述，自从她在1999年9月把家搬到北京来，沈向洋就没有按时回过家。他每天早上7:30离开家。晚上回家的时候儿子已经睡觉了。天天都是这样。有一段时间他赶写论文，夜里12点钟下班算早的。有时候干脆不回家，就睡在办公室。研究院买来五条被子，让这些晚上加班不回家的人使用，他把其中一条抱进了自己的办公室。他的办公室靠在楼层内侧，没有朝南的窗户，若是换了旁人，可能会抱怨见不到阳光，他却说这正合他的心思——可以完全不顾时间，困极了倒在地上睡一会儿，起来一转身又坐到电脑前。

进入11月份以后，他就更顾不上家了。他的脑子里只有一个念头：12月3日。

“记住国际视觉大会的论文终结期限。”他对小组里的成员说，“12月3日是我们的‘Deadline’。”

“Deadline”的中文直译为“死亡线”。中国人通常把这叫做“交货期”、“截稿时间”、“竣工日”，等等。诸如此类的说法，大致都是描述一个客观事实，而不具那种“不成功便成仁”的感情色彩。但在微软公司，却有这么一个耸人听闻的词来描述这种情形。当员工们嘴里不断提到“死亡线”的时候，就意味着他们在心理上已经处在一种极大的压力下。现在，沈向洋小组和他的12个下属——四个研究员、三个副研究员、四个实习生和一个访问学者，全都处在这种情形中。每天晚上，五条棉被根本不够这些人用的，余者只好在沙发上合衣而卧。

徐迎庆有一次说："我们这帮人就像是一群狼。"

沈向洋笑道："是一群饿狼。"

拿"饿狼扑羊"来形容这群年轻人每天扑向电脑的样子，显系夸张之词，但在巨大压力之下无节制地工作，却代表了希格玛大厦中相当一批人的精神状况。在这里，加班乃是一种正常的情形，不加班的人倒是非常少见。每人的日工作时间都超过10个小时，临近"死亡线"的日子里，就有可能再增加一倍。

不过，也有例外。

中国面孔后面的美国文化

在这个如火如荼的秋天里，有一个人闷闷不乐。

刘挺陷在一种莫名的苦恼中，已经好几个星期了。白天沉默不语，晚上睡不着觉，瞪着黑色的天花板辗转反侧。当他看到李开复站在台上全神贯注地唱《我的中国心》时，不免想到：中国歌唱得那么动情，中国话讲得这么流畅，还有一副地道的中国面孔，可你要是仅仅看到这些，那就难免误入歧途！

刘挺和李开复之间的不能和谐，在希格玛大厦里虽然波澜不惊，但却影响深远。如前所述，刘挺自从听了李开复的一次演讲，便义无返顾地辞去哈尔滨工业大学的教职。那时候，他在学校里并没有受到任何不公待遇，事实上他还明显地被大家当做青年教师中的后起之秀。他拥有他那个年龄的教师所能拥有的一切好处：职称、职务、住房、种种赞誉和鼓励，还有领导的许诺。但是他说："我还是要去微软。"他的理由很简单也很充分："在学校，我不能做我想做的事，只能做人家要我做的事。在微软，既让你挣到足够的钱，又让你做你愿意做的事，还有最有水平的人带着你。"

这样看来，刘挺是抱着对研究院的无限希望走进希格玛大厦来的。另一方面，我们有足够的证据表明，李开复在那时也对刘挺寄予很大希望。刘的专业素质在那所著名大学中属于佼佼者，头脑清醒，反应敏捷，上中学的时候就获得演讲比赛的第一名，上大学的时候又是学生干部。来研究院面试那天，刘挺居然能把李开复提出的四个问题答对三个半，让这位求贤若渴的院长兴奋不已。那个下午李开复本来的计划是陪同斯蒂夫·鲍尔默去晋见中国总理，但他却宁愿继续和刘挺谈话。他对斯蒂夫说，他的“最重要的事情是找到最优秀的人”。那个下午，他就把晋见中国总理的时间用来和刘挺谈话了。刘挺在所有考官面前表现出色，在数百名应试者中，他的总成绩列在前两位，直到后来李开复对他的工作大为不满，而他对李开复的风格也无所适从的时候，这位院长还是坚信当初给予他的最高评价并非失误。

但是，李开复和刘挺很快发现，彼此都不能满意。而且，当初希望越大，如今失望也就越深。“我们之间并没有真的沟通。”刘后来说，“我以为他对所有事情都能明察秋毫，都能了解，但实际上不是这样。”

刘挺在这年春天成为黄昌宁小组的副研究员。最初的课题叫做“自然语言文本的自动分类”。他挺高兴，因为这听上去就像他熟悉的“文本摘要”。小组里的情况不如人意，大家都在忙自己的事，没有李开复小组里那种活跃的气氛。刘挺以他缜密的心思和敏锐的眼光，还发现那个小组的成员尽管都是外行，但有了李开复的特别关照，全都突飞猛进。李开复是语音识别领域的大专家，全世界谁做得最好，他都知道。他为手下那些外行小伙子一篇一篇地指点文章，然后一次一次地讨论。当李开复穿过刘挺的“格子间”，走到邸烁和陈正的“格子间”里谈笑风生的时候，刘挺就有一种被冷落了的感觉。他在自己的小组中没有感受到这种支持，没有那种压力之下的激励，更不会有紧张节奏中短暂的幽默和笑语。他要自己去找文章，有时候路子不对，所有的工作全都白费，有时候碰巧对了，也很慢。但是还有更重要的。他发现，他对研究课题的感觉根本就是一个错误，他需要完全转换另外一个领域方能适应，而这种“转换”正是他不喜欢做的事情。夏天到来的时候，实习生来了，其中两位恰巧就是这个专业，驾轻就熟。这一来，刘挺觉得自己连实习生也不如，不免灰心。

8月底的一天，李开复终于注意到刘挺。他感觉到刘挺有些不对头，其研究方法虽有新意，但只不过是小打小闹，最要命的是，实在看不出刘的研究题目有什么价值。他问刘挺：“你做这些问题是干什么？”刘挺在这个题目上已经用了两个多月，原以为这是经过李开复认可的，现在很惊讶地发现，李开复不仅全无印象，而且不满意。以后两天，他给李开复写了一个报告，极力说明自己的工作，满心期望李开复能够理解，但李开复对他说：“我对你的期望很高，你没有达到我的期望。”

事情到了这个地步，刘只好想办法改弦易辙。“我不是一个唯唯诺诺的人。”他对朋友说，“过去还有一点，自从博士毕业后，就根本转变了。”他决定不再为自己辩护，事实上他本来就对什么“自动分类”不感兴趣。他为自己选择了一个新题目：机器的自动校对。先与黄昌宁谈，又和研究员周明谈，大家都说好。周明还说，自然语言小组的五个人，应该集中起来，主攻一个方向。刘兴奋起来：“自动校对一直是我非常喜欢的东西。我想，在哈工大实现不了的理想，在微软也许可以实现啦。”

他带着再次燃起的热情去找李开复。却不料兜头又是一盆“冷水”。“没有新想法，”李开复说，“微软在中国的另外一个机构——张湘辉的研发中心，已经把这个东西做成产品了。”

接下来发生的情节，在两人之间划开一条裂痕。刘挺为自己的想法辩护。他说他相信“自动校对”的潜力很大，还说他的模型用在中文五笔字型输入上，立即会取得很大效果。但李开复说，我们必须想用户需要什么，不是只想你的手里有什么。中国95%以上的计算机用户使用“拼音”，而非“五笔字型”。刘挺承认他的“自动校对”用在“拼音”上还不行，但仍在坚持自己的逻辑：不错，中文用户中95%使用拼音，但使用“五笔字型”的都是专业人员，人数虽少，每天输入的文字数量却占总数的95%……争论到了这个地步，李开复觉得已经无法说服刘挺，就说：“我们的研究是‘开放式’的，如果你一定要去做这个题目，你就去做。”

“他把这句话说了两遍。我一下子就蒙了。”刘挺直到半年以后还能清楚地记得那个场面，“我理解，他实际上是不让我做。他的意思是，第一，让我承认他是‘开放自由’的；第二，我还不能按照自己的想法去做。老板是这个态度，我要坚持，他不一定会支持我。我的压力也将非常大：万一失败了呢？”

刘浑浑噩噩地走回家去，躺在床上，整夜睡不着觉。他估量眼前的形势，发现自己没有办法按照自己的想法做下去，甚至明显感觉到，他所尊敬的李开复，对他的过去和现在“全都是一个负面评价”：“他认为我不能在过去的基础上继续，应该从用户的角度去想。我做了这么多年的东西，难道都没有用？我抱了很大期望的题目，他却认为没有太大的意思，没有太新的观念，没有出路……”

接下来的几个星期，刘好像变了一个人。寡言少语，上班下班，吃饭睡觉，没有一点激情。陈宏刚察觉到刘的沉闷，同时还很敏感地担心，希格玛大厦第五层的20多个副研，全都来自中国的大学校园，这些人多少都会发生类似的情形。他对李开复说，应当和副研究员做一次认真的谈话。这一建议使李开复意外。“为什么要谈？”他问。提出这样的问题，也就可以证明，李开复在那个时候还完全不了解刘挺内心的苦闷。

判断一个人很容易，理解一个人就会困难得多。然而更要紧的是，刘挺的沉闷似乎带有某种“中国特色”，因而具有必然的和普遍的性质。我们不能简单地将他的烦恼归咎于他本人的运气不佳，更不能以其能力不足或者努力不够来解释。探本溯源，还必须从美国人和中国人的两种不同文化说起。

概括地说，美国人的为人处世，和中国人的习惯在根本上是不能一致的。美国人头脑简单，不擅联想，喜欢直截了当地表达自己的想法。当争端发生的时候，总是就事论事，以最简单的逻辑和方式来评判和调节，其着眼点在于取得实效而不是强求一律。假如这种简单的办法不能奏效，他们宁愿转身走人也不愿意纠缠不休。但是我们的国家无论男女老少，几乎全都具有拐弯抹角的本能。头脑复杂，善于联想，久经“阶级斗争”的磨砺，加以身边人事纠葛不断，勾心斗角。所以人人都能以警惕的眼光注视四周人情世故，从来不肯简单地就事论事，因为，今天的细枝末节很有可能意味着明天的参天大树，任何一个小的麻烦，都有可能包含巨大背景。就算是人群中响了一个“屁”，也该在其中闻出无穷深厚的味道，是为“上纲上线”。上级的一句话，甚至一个动作或者一个眼神，都可以作为重要征兆，令属下彻夜不眠。

这种处世观念上的南辕北辙，使李开复不能洞悉刘挺以及具有同样经历的年轻人的内心世界，在彼此相处中，也不能细心体会这些人的变化，至少不像陈宏刚那样敏感。比如刘挺在1999年1月31日第一次来希格玛大厦面试的时候，乃是乘火车进京。因为他注意到，研究院先是允许这些外地面试者乘飞机，后来又宣布由每个人自由选择火车或者飞机。若是头脑简单的美国人，不会对这样的细节赋予更多联想，但刘挺不同，他相信，这意味着研究院让大家“坐火车”，但又不肯直说。看到李开复从他身边走过，和语音组的陈正、邸烁有说有笑，他“心里不是滋味”。看到别的小组都在出论文出专利，而自己的小组没有，又预见“小组的地位会降低”……举出这些小事，就可以发现，一种典型的中国式的思维方法，和一个美国人的为人处世会有多大的不同。这些在刘挺看来并不寻常的事情，在李开复的心里根本不会留下任何印象。也正是因为这个原因，李开复才会对陈宏刚的警告感到惊讶。

刘挺承认，自己从小到大，始终受中国环境的熏陶和中国文化的教育，喜读儒家和道家的书，但直到他身处一个美国式的企业中，才能体会这种背景的影响之深。这个夏天，他在科研上一无所获，但他终于明白了一个道理。“过去我总在心里把开复当做大学里一个更高水平的师长。”刘有一次这样解释自己的顿悟，“根本没有想到，他的一个完全中国人的面孔后面，是完全美国人的文化体系、道德标准和工作方式。”

李开复显然也悟出了这个道理，不免懊恼自己的疏漏。事实上，他后来采取的行动，既出乎陈宏刚所料，也是刘挺不能想象的。他将所有小组的经理召集在一起，告诉大家：“昨天陈宏刚给了我一个建议，他觉得我们应该与一些副研究员认真地谈一谈。”

这时候经理们的话题很自然地转到刘挺身上。根据当日会议记录，可以发现，在研究院的某一个员工不开心的时候，这些经理全都焦虑万分：

李开复：刘挺是很让我失望的。

沈向洋：当初我给他的分是最高的。

李开复：是啊，我们都是一致地给了他最高分。

张宏江：他是不是有压力？是不是有很多事情，他做了但没有说？

张亚勤：有没有这个问题：一些副研究员是想做自己喜欢的题目，却没有真的让他们做？

李开复：我的意思是，我对他的期望特别高，但他让我失望。

黄昌宁：可能是我们给他的题目与他本人的特长不合适。

凌小宁：我的经验，如果一个很会说话的人突然沉默下来，不开心了，就可能是发生了一些问题，那么我就会找他谈一谈。

陈宏刚：我同意。他本来是一个很会讲话的人。

李开复：我有一次找他谈。对他说，你是一个很有思想的人，可是你没有做出来。我觉得你这个人的才能浪费了。问他有什么想法，他只是点头，就是没有激情。

张亚勤：我觉得一定要给他看得见的成果，比如论文和专利。看不到成果就不行，没有成就感。

张宏江：他的太太还没有来和他团聚，我和他谈过。这是一个问题。

李开复：一个人才，在我们这里没有发挥潜力，我想责任在我们，我还是对他抱有希望。我们的责任是要把他的激情发挥出来。

黄昌宁：我觉得他在我们小组里面还是最有水平的。

李开复：很不好意思，你的人都是我雇来的。如果他们有问题，是我的责任，不是你的。

面对这种局面，李开复的任务决不仅止于激励刘挺一个人的热情。他当初把智力高下作为招聘的首选标准，但现在经理们的议论表明，员工中表现出的问题，并不在智力之内，而在智力以外。

聪明人有聪明人的毛病。他们会抱怨：我是来做世界级科学家的，为什么让我收集语料？他们讨厌那些琐碎的事情，会说：“我在学校里都不用写程序，为什么在这里反而要自己动手？”他们会看老板的脸色行事，只说“是”，不说“不”。他们在自己的学校里面，从来没有这样全力以赴，把课题做到98%的程度，就可以说什么“第一”，可是在这里却一定要做出最困难的2%。还有几个人，明显精力过剩，没有彻底发挥。

“我觉得需要一种形式使大家重视这些问题，因为非常非常严重。”凌小宁说着，禁不住起身站在白板前，将大家所说的“严重问题”一一归纳：

一、总觉得项目做得差不多了；
二、不愿意做苦差事；
三、工作没有计划好；
四、主动性不强；
五、缺少责任感；
六、每天都要老板吩咐做什么；
七、不愿编程序，眼高手低；
八、缺少独立见解，不习惯说“不”。

李开复现在才意识到，自己遇到了当初没有想到的问题，他嘴上说：“副研究员和研究员的差距那么大，我很担心。”手上不停地在自己面前的一张白纸上写道：“能力只用了50%”、“不会说‘不’。”停了片刻，又说：“看来我们要做一些心平气和、但没有人会笑着出门的谈话。”

允许犯错误，不允许停步不前

经理会议所谈论的当然不仅是副研究员，实际上内容非常广泛，大至世界计算机业的走势、研究院的科研方向以及管理原则，小的则如租车费的报销，以及希格玛大厦第五层洗手间里的臭气和尿渍，全都谈到了。

这种会议在微软员工口里不叫“会”，而叫“offsite”，其含义是，放下办公室的工作集中精力讨论一些牵涉全局的事。在微软的历史上，它常常可以构成一些关键环节。当日李开复和他的助手张亚勤，还有张宏江、沈向洋、凌小宁、王坚、黄昌宁、陈宏刚六位经理，一行人来到京城东郊的龙苑俱乐部，连续两天讨论大家关心的问题。所以这次会议也可以叫做“龙苑会议”。这样的行动，在研究院过去一年的历史上，只有1999年9月份的一次会议可与之相比。那次会议以两天时间确立了至今还发挥着主导作用的“六P策略”。然而“龙苑会议”却在另一个角度上反映出，经理们遇到了一年前没有料到的问题。他们依据多年的美国经历，以为在科研领域里永远只需关注科研，现在却发现，那些真正令人头疼的事全都发生在科研之外。所以，现在他们才会不厌其烦地讨论这些琐碎事项，并且一一做出规定。

在这种情形下，不论李开复个人意向如何，他所组织的队伍都不可能不带上中国色彩。其情景有如黄昌宁所说：“副研究员的问题，很大程度上源自不同国家文化的差别。”吴士宏当年毫不掩饰，她要以中国文化淹没微软文化，也即她的“把‘微软中国’变成‘中国微软’”。在李开复看来，不要说这是一种必然失败的政策，就算是成功，也不一定就是一件好事。他自己过去一年里极力推行从中国招揽人才的方针，其潜在逻辑当然不脱“本地化”的宏旨，但他在心里想的显然是，以微软文化中最精华的部分，与中国文化中的精华相结合。不过，这种假想的逻辑能不能适应于现实，往往不是他一个人所能驾驭。就在10月份向比尔·盖茨的汇报完成之后，他发现希格玛大厦第五层的步伐明显慢下来。他告诫研究员们：“我们允许犯错误，不允许原地踏步。”这样的说法听起来挺豪迈，但却不能对研究员发生真正有效的激励作用。“龙苑会议”也就是在这样的情形下，被认为是一个承前启后的关键环节。

这是一个既随意又严肃的场面。李开复一会儿坐到会议桌前，一会儿坐在沙发的扶手上，沈向洋和张宏江仰卧在沙发上，其余人有的站立，有的稳坐，有的走动。但无论什么人什么姿势，全都能够聚精会神。到了中午吃饭的时候，大家从会议室直接进入餐厅，李开复连呼快点上菜，一个小时饭毕，又从餐厅鱼贯回到会议室。在连续说了11个小时的话之后，这一行人立即开始一连串娱乐：台球，飞镖，保龄球，卡拉OK和拱猪。人人聚精会神，一点也不谦让，一直玩到凌晨3:30，这才第一次走进他们各自的房间。次日早晨

8点起床继续开会。中午时分，照例是从会议室到餐厅再从餐厅回到会议室。陈宏刚说：“外面的阳光真好。”李开复说：“到下午5点讨论完了，大家就可以去散步。”但讨论直到5:30才结束，这时候已是日落西山。实际上，就算太阳还没有落，也不会有人想到散步了，大家全都疲惫不堪，没有说话甚至也没有任何告别的程序，匆匆离开龙苑各自回家。一辆轿车向东直奔香江花园。另外一辆轿车沿京顺公路西行，开上四环路，车上的陈宏刚觉得头晕眼花。他从来没有晕车的经历，现在意识到自己晕车了——肯定是因为昨夜准备会议发言整夜未眠的缘故。好不容易挨到希格玛大厦，陈脸色蜡黄地走下车来，蹒跚进入第五层他的办公室，自言自语地说：“两天没有来上班，又会有一大堆事情。”这时候，天色大黑，他似乎早就忘了所谓“阳光真好”的话。

虽然两天没有到办公室，但这些人的时间没有白费。李开复和经理们讨论的结论是，带领中国的研究队伍，须有一系列明确的目标。“这样吧，”李开复说，“我们确立一个2000年的‘1月目标’和‘6月目标’，再确立一个比较长远的目标。”实际上，“龙苑会议”决定了研究院今后18个月的研究项目。

查阅研究院的正式档案，可以看到，这些研究项目已由各个小组统筹安排，并无异议。其实，“龙苑会议”上曾有一番挺激烈的争论。比如“基础研究”是否与“产品转移”的要求相悖，就曾有过一些争执。

此前我们提到，李开复过去一年的若干讲话，在舆论中已留下研究院只做“基础研究”的印象。他在那时候提到的“不是为了今天的产品，而是为了将来的产品”这句话，一直没有人给予足够注意。现在，李开复认为有必要澄清这一点，因为误解的不仅仅是报界，还有他手下的很多副研究员。他们差不多都在问：“怎么没有让我真的做基础研究？”毫无疑问，这问题事关科研大局。

李开复坚持认为，研究院“不是慈善机构”，不是想做什么就做什么。张亚勤也开始表明自己的想法，他在科研领域里一向咄咄逼人，但在接人待物时总是一副憨态可掬的样子。他给大家叙述了一个真实故事：有一项新技术，非常棒，但发明者并没有真的搞懂它的商业价值；另外一项研究本身很简单，但却产生了巨大的影响和利润。

李开复不失时机地问：“我们从这件事情上可以学到什么？”

张亚勤：“不要忽视一个简单的东西。”

凌小宁："成功的东西都是很简单的东西。"

但李开复有自己的思路："还有，我们学习到的东西是，要成功，不是仅仅写论文就可以的，要对公司、对产品有贡献。"

张亚勤："论文和对产品的贡献，两个都要。"

李开复："要看你对公司有什么实质性的贡献。"

沈向洋："三年以前，我们做的东西只要能放在个人电脑的操作系统里就行了，但现在是针对因特网。我想，我们要在大问题当中找小问题。"

李开复："我们不做现在的产品，只做五年以后能成为主流的东西。"

陈宏刚："过去大家都有一个印象，我们是做基础研究的。"

李开复："是基础研究。但基础研究是什么？没有用处的研究，算什么基础？"

李开复的这个信念显然得到了张亚勤的尊重。张在理论方面具有突出的建树，但他一向"讨厌无用的研究"。他说："那是大学教授做的事情，公司里面不能做那个。"不过，在"产品转换"和"理论建树"这两个方面，他说他倾向于"理论建树"；在"世界影响"和"公司利益"两个方面，他说他倾向于"世界影响"。作为一个副院长，他又说："两个方面一定要平衡，不平衡不行。你做了很多对社会有用的东西，对公司没有用，不行。你只对公司有利，但对社会没有影响，就不是研究院了。"张还发现，国内对基础研究的理解和微软不一样。"他们觉得基础研究就是坐在屋子里面，想啊想。"他说，"有一个大学的教授对我说，他希望我们给他一些钱，他们出一些人，到我们这里来，我们不要告诉他们做什么项目，就叫他们坐在屋子里面想啊想。想半年，看看他们能想出些什么。"

李开复："坐在屋子里面想啊想？这难道就是基础研究？"

话到此处，李开复重提向比尔·盖茨汇报的情景："比尔看到我们这些研究员的材料，不停地看，嘴巴笑得都咧开了。他说，我们公司这么多厉害的人都在北京啊。有这么多厉害的人，要好好使用。但是下一步，我可以想象到他会问什么。他会说，你们这样一批最厉害的人，在北京干什么呢？难道只是写了那些论文吗？能不能用？"

沈向洋一向以高水平的论文在科研领域中争胜，现在终于听出李开复话中有话，高声叫道："我不赞成你的说法。"

李开复笑道："不管怎样，一年之后，我们要有一些东西。不然，比尔就会说，你们这一堆最厉害的人让我失望。"

用这种方法来激励下属，其目的显然在于构造一种“只争朝夕”的精神。当然李开复不会沉溺在无把握的梦想中，他所造就的压力越大，也就越是需要一个数字化的方式来估价眼前情势。他在18个月的诸项目标中选择了三项，作为首选课题，对大家说：“这三件事情要是在明年5月份以前有结果，就可以给比尔看。”然后要求三个小组的主持者，以概率表明实现目标的可能性。

三个人小心翼翼地盘算了一会儿。报告如下：

张亚勤：大于60%。

沈向洋：70%。

张宏江：90%。

李开复说：“好。到明年春天向比尔汇报的时候，我们应当有两个重要结果。有三个就是三个，有两个就是两个，有一个就是一个。”

“如果一个都做不出来呢？”沈向洋笑问。

“那我们就躲在北京，哪里都不去啦。”

姜昆的13种“经典之笑”

话虽如此说，李开复却根本不担心沈向洋“一个都做不出来”。

沈向洋正在加快自己的步伐。他的期望是，在12月3日以前向国际视觉大会投出九篇论文，而不是一篇——现在我们可以理解，为什么他在“龙苑会议”上不赞成李开复的“只写论文没有用”的观点了。

“那是在全世界计算机科学视觉领域的最高级会议，”他对小组的全体成员发出总动员，“谁要是在那个场合抛头露面，就意味着你的研究已经进入世界级别的水平。所以，你们千万不能错过机会。”

沈向洋将自己的激情全部倾注于论文，这与李开复的初衷不能完全吻合，但他的这些话并没有错。事实上，沈在世界图形学和视觉研究领域中之所以成名，就是因为他在这种国际最高水平的会议上接连发表了开创性的论文。仅仅两个月前，他的一项研究成果——“同心拼图”，发表在世界计算机图形学年会上，让他在这个领域中已有的名誉更添一重光辉。

所谓“同心拼图”，用通俗一些的话来说，也就是让电脑在三维场景中漫游。以往科学家实现视频的立体图像，总要先做出实物模型。但是自从十年以前罗杰·瑞迪告诉沈向洋，用一台照相机照下周围场景放进电脑，就开始了一个新的历程。沈向洋的想法是，当照相机对四周拍摄时，任何一个点都是一个同心圆圈。将这一个“圆圈”的无数照片拼接起来，就成为一个“同心拼图”，再将不同圆心的“圈”一个一个地连接起来，做到连续漫游。其理论上的成功之处，是把“全光函数”从“四维”减少到“三维”。内行人全都为此惊叹不已：对于计算机图形学的研究来说，能够减少“一维”是一件了不起的大事，因为它把一个复杂物体大大简化。简化需要一种才能，也即举重若轻。外行人只要知道下面一种对比，就可以知道其价值所在：倘若一个四维物体的数据是100兆，那么减少“一维”之后就只有1兆了。

“一个人做事情，要让人家记住你做了什么。”沈向洋说，“像‘同心拼图’这个东西，人家至少记住十年。”他说他要带着自己的“同心拼图”到敦煌石窟去，然后在电脑中实现敦煌石窟的“连续漫游”，还要制成光盘，签上自己的名字送给比尔·盖茨一份。他说这话的时候，流露出年轻人容易有的那种沾沾自喜。看来他的敦煌之梦不是没有成真的可能。因为这整个秋天，中国报界都在不断张扬他的成就。新华社的消息说：“沈向洋发表最新研究成果。”《中国计算机报》开列一行大字标题：《图形学领域国人又突破，沈向洋演绎“同心拼图”》。《电脑报》说：“这是到目前为止，这一领域最高水准的研究工作。”《计算机世界》则试图把沈向洋的成果与中国更加紧密地联系起来。它的消息说：“微软中国研究院初获成果。”不过，说老实话，沈向洋的“同心拼图”，99%的工作是在微软雷德蒙研究院做出来的。那时候微软中国研究院还没有成立呢。所以，说是“微软中国研究院初获成果”，让知道内情的人看来，难免有“掠人之美”的感慨。

但沈向洋坚持认为，他在北京取得的成果远远超过了在美国的成果。现在他手上的九个项目，就全都是来到北京以后做的。此人脑子里总有无数与众不同的念头，过去在美国，他只是一个“六人小组”中的一员，单枪匹马，空有一堆好思想，却怎么加班也来不及实现。自从来到北京，情况可就完全不同。这里有一大堆人，就是缺少好思想。他把自己的想法挑挑拣拣，找出最精彩又最急迫的分给众人。柴金祥做“通过平行投影实现三维重建”；徐迎庆做“纹理合成”和“布的运动”；林宙辰和他一起做“采样问题”。后者是他最得意的一篇，也可以说是“同心拼图”的一个续集：你要拼图，可是你到底需要多少幅图片呢？5万幅？50万幅？还是500万幅？也即“采样数量”的问题，迄今为止始终没人能说清楚。大家全都是多多益善，结果造成巨大浪费。沈向洋试图找到一种方法，能够在任何情况下确定最合适的采样数量。

说到“多多益善”，姜昆必有同感。这位相声演员最近几年说的相声每况愈下，似乎是因为有点移情别恋。他喜欢上了互联网，还用极大精力开设了一个“名人网站”。微软中国研究院成立伊始，他就跑来寻求合作。沈向洋小组正在想方设法提取“人的表情”，而姜昆希望网络不仅记录自己的声音，还能留下自己的笑脸。双方一拍即合，决定开设一个新的项目，叫做“姜昆动画”。研究人员希望通过某种手段，在电脑上驱动人的表情。这中间最困难的是提取表情信息，把表情数字化。比如姜昆在台上有说有笑，这是一个过程，每个人都知道，嘴角向上是笑，但向上多少才是笑呢，人一看即知，机器就很难搞清楚。

事情就是从“多多益善”开始的。研究人员为姜昆连续拍了55000张照片。包含了“姜昆之笑”的每一个细节，精心对照。惊讶地发现，数万“笑脸”中，其实最具代表性的只有13种。他们请来美工，将这13种经典的“姜昆之笑”画成漫画。姜昆看了自己的“笑”，说是“有点像赵忠祥”。但研究人员不管像谁，他们的目的是用数字语言表现笑，至于是谁的笑，无关紧要。

事情交给工程师李岩来做。这小伙子做事精细，不苟言笑。但“姜昆之笑”现在就需要这样的人。李岩首先要做的是，在电脑上为姜昆定义“笑的起始点”，然后延续下去，在姜昆笑到每一个关键的时候，确定一帧图像。这样，姜昆的一次笑，就让李岩定义了150帧图像，连接起来，就成为150个表情的过渡。

在完成了第一步之后，李岩希望用语言驱动嘴型，也就是让姜昆的表情与声音同步。他在每一个关键帧上，寻找表情的变化，依据线条的运动确定关键点，一个嘴是十个点，一个眉毛有五个点。又将每个点之间用曲线连接。所谓驱动表情，是驱动这些点，由点驱动线条，造成脸的运动。

但是事情还没有完，李岩的最终目的，是全自动的图像驱动。他要通过声音来驱动表情。比如说到“姜昆”的时候，要让机器识别出嘴形的变化，呈现在图像上的嘴形，也须慢慢张开。这是声音驱动嘴形，最后驱动表情。

沈向洋承认：“表情的控制非常难。”李岩还有一系列的问题没有解决。但姜昆已被这样的工作迷住了，他说他要将这“数字化的笑容”放在“名人网站”上，还希望，有更多名人把自己的喜怒哀乐放到他的网站上和公众见面。

11 月中旬“龙苑会议”结束的时候，所有研究都已接近尾声，五篇论文开始最后的润色。这以后，是“拼死拼活的两个星期”。沈向洋在下属耳边喋喋不休地说着这些话：“你的新东西在哪里？”“为什么你要用这个方法？”“这张图是怎么回事？”“这个公式怎样得出来的？”“为什么你不把别人已经用过的方法检验一遍？”“你有确凿无疑的结果吗？”“最重要的东西：数据，数据，还是数据！”他不客气地指责下属以英文写就的文章“一塌糊涂”，还说简直“惨不忍睹”。他拍着桌子说：“论文怎样才叫好。我看你们全都不知道。”又指着柴金祥的文章说：“你自己懂了就行了？我都看不懂。国内老师就是这样训练你们的？”

“死亡线”日益临近，但他觉得有必要让所有人从头学习英文写作。他转身跑到美国去，买了一大堆如何用英语写论文的小册子回来。又在两个星期里面把柴金祥起草的论文修改了无数遍，出了五个版本。12 月 1 日，改到凌晨 3 点钟，12 月 2 日，最后一个晚上，通宵达旦，改到凌晨 4 点钟。他说他改文章真是“呕心沥血”，连妻子陈家恩也被他请来帮忙。他说：“她的英文水平比我好，我所有的文章都是我太太给我改的。”还希望他的下属在写完几篇论文之后能有进步，因为“做学问还是要看你的文章”。不过，很难说他的下属真的能够体谅他的良苦用心，他们都说他是“疯子”，反问道：“为什么为了一篇文章这样拼命？”

他说：“我从来就是这样。很刺激，很过瘾。”

下属说：“我们从来没有为一篇文章这样拼命。”

他说：“最后的拼命，就是为了把事情做到最好。你咬咬牙，就过去了。你已经做了这么多东西，为什么不咬咬牙？也许就这一点决定你的文章能不能被接受。”

现在到了 12 月 3 日，沈向洋小组真的完成了他们的九篇论文。“我很自豪，”他说，“这一年有这么多论文，到明年 4 月就可以知道发表几篇啦。”稍停片刻，又说：“如果我们每年都出几篇文章。我们这里就能成为亚洲最好的图形学和视觉研究中心。”

他的十几个下属这时候全都松了一口气，觉得可以获得几个星期的喘息。然而沈向洋却不愿稍有懈怠：还有一个更加重要也更加权威的会议——世界计算机图形学年会，在前边等着呢。

“全世界有上千名教授和博士在图形学领域里东奔西忙。而每年这个会议只能发表 40 篇文章。”他说，“想想吧，能在这里出一篇文章，是一件多酷的事。”

他宣布：“下一个‘死亡线’是2000年1月13日。我们必须拿出六篇更加精彩的论文。”

他倒没有想着李开复反复提起的向比尔·盖茨报告的事情！所以难免有人说，他的研究方式正是重长远而不重眼前，重基础而不重产品——这与副研究员的想法挺对路。

副研究员的懊恼

1999年11月25日，也即“龙苑会议”结束之后两个星期，李开复开始了他那个“心平气和、但没有人会笑着出门的谈话”。演讲的题目叫做《对副研的期待》，这是一连串演讲的第一个。此后半年中，又有：

凌小宁：《如何在微软获得成功》

陈宏刚：《有效的交流与反馈》

王　坚：《中美科研文化的差别》

李开复：《精彩演讲二十二秘诀》

凌晓峰：《如何撰写科研论文》

李开复：《软件产业及微软文化》

张亚勤：《论文是怎样被审读的》

李开复：《什么是微软重视的研究》

沈向洋：《基础研究如何选题》

张宏江：《怎样把科研成果转换成产品》

演讲一律选择在午餐时间，一律选择在希格玛大厦第五层的“指南厅”中，演说者一律站在前台慷慨激昂，聆听者一律嘴里嚼着肯德基汉堡包手上做笔记。开始的几次，只有研究院的几十个员工参加，但消息渐渐在中关村传开，以致附近高校的学生也纷纷赶来。到了2000年的春季，每逢演讲之时，有50个座位的“指南厅”，就会挤进来将近100人，很多人站在走廊上，还有人席地而坐——无论是那些世界闻名的科学家还是那些尚未毕业的大学生，全都一样。大学生们回到校园之后还在啧啧称奇，都说这是微软中国研究院的一大文化特色——午餐文化。其中一个学生写道：“那场面很有些让人感动。”

与一年以前明显不同，李开复现在对面前这些中国青年有了更多的了解。

所以他的第一次演讲是从现实矛盾开始，而不再仅仅是一种激情和理想。

他一上来就提到研究院刚刚完成的一项调查，说这次调查的一组数据，明白无误地展示了研究院目前所面临的矛盾：

60%的研究员认为，"六P"之中最重要的"P"是"对产品的影响力"（技术转移），而副研究员中只有5%的人同意这样的看法；

65%的副研究员认为，"六P"中最不重要的"P"是"对产品的影响力"，而研究员中只有8%的人同意这样的看法。

这样的对比实在鲜明，李开复当场承认，这在他的意料之外。但正是这个"意料之外"，促使他开始尝试从另外一个方面理解这些具有中国文化背景的人。

那个下午，他把自己想到的几行字显示在"指南厅"的大幅屏幕上：

> 副研究员今天的懊恼：
>
> 一、不够长远，不够基础。短期的、为支持产品的研究。
>
> 二、太多杂事，还要编程。繁杂的数据收集、整理。
>
> 三、不够自由，管得太紧。本以为可以有空间时间来做基础研究。
>
> 四、除了方向，还应考虑我们的兴趣。

应当承认，演讲的确别开生面。李开复第一次试图站在科研之外的角度来理解他的下属，也是第一次解释他的一系列被人误解的思想。他说，开放式的研究环境，就是"引导但不控制"，"不是可以任意做任何研究"。又说，所谓基础研究，就是那些在五年后能够成为市场主流的技术。还特别说明："五年是很短的时间，你们想想吧，仅仅技术转移就要一到两年。"看来他想纠正副研的某些心理倾向，所以苦口婆心地将基础研究和产品转移联系起来："对产品的贡献是将来最重要的贡献。研究院长期的唯一成功是'对产品的影响力'。""不做对公司没用的，或者影响力小的工作。"他还进一步解释说，这并不是他在调整研究院的科研方向，而是公司一贯的方针。"为什么如此在乎'产品转移'呢?"他自问自答，这是"不申请经费的代价"，也是证实基础研究的价值的机会。如果我们放弃了这个机会，那么，"失败的惩罚是绝迹"。

关于"基础研究"的问题，在希格玛大厦之外已经成为一个舆论焦点，在希格玛大厦里面也在潜移默化地发挥影响，所以它在1999年的秋天，也即研究院成立一周年的时候，成为李开复的一个不厌其烦反复陈述的话题，看看他在电子显示屏幕上开列的排比，是颇有启发的：

微软的基础研究是	微软的基础研究不是
想着做事情	坐着想事情
经过科学手段、大量数据、可重复的研究	肤浅、无用的、无法扩张的简单结果
研究、理解、借用前人的结果	不看别人的研究，或只抄袭别人的研究
经过亲自设计工程原型，证实对用户有用	理论的、没用的纸上谈兵
不做产品，但理解最终目的是造福人类	为鉴定、拿经费、出论文、满足好奇心
专家带头，副研学习	博士生带头，本科生编程

他也开始试图理解中国人和美国人的不同。他说，中国人实事求是；美国人拥有创新精神。中国人有扎实的理论基础，尤其是数学能力；美国人擅长独立研究，而且想得远，做得深。中国人有很强的编程能力，有克服困难的毅力；美国人有热情，有主动性。中国人讲纪律，讲服从，但心里有想法不直说；美国人直截了当地沟通，甚至批评和争论。中国人谦虚，害羞；美国人自信，活泼。在陈述了这一切之后，李开复说，他所需要的是"两者的结合"。

但是李开复真的能将"两者结合"吗？对于副研，他的"期待"虽有极大触动，但这些人毕竟不是孩子了。我们国家的政治教育和道德宣传，何其强大持久，都不能收到主事者期待的效果，李开复的一次"期待"，难道就是一服包治百病的良药？只要举出一个细节，就可以知道这种疑虑不是无病呻吟。在李开复完成他的演讲之后，沈向洋情绪激动地表达自己在微软工作多年的感受。他说："进入微软就好像进入天堂一样。你再也找不到比这里更好的地方。"这话明显属于夸张之词，出自沈向洋这样富有激情并且喜欢夸大自己情绪的人之口，并不奇怪。但当场就有一个副研究员反唇相讥："那可不一定。"

鉴于这种种情形，经理们觉得，无论如何不能再像过去那样放任自流。李开复决定，每两个星期和副研们在一起吃一顿饭。第一次午餐会选在希格玛大厦西侧的一家饭店。李开复请大家说说心里话。这些副研来到微软的时间或长或短，一天到晚都是科研，还从来没有人让他们"说说心里话"。现在李开复给了他们机会，还告诉他们不要只会说"是"，不会说"不"。所以也就不客气地七嘴八舌起来。陈劲林说，他喜欢从美国回来的人说话办事直截了当，不喜欢中国人的不坦率，总是让人家猜你的想法。还说，他喜欢研究院里平等自由的气氛，谁也不会觉得低人一等。但他发现，“老板们总是更多地从美国角度考虑问题，不想想这里是一群中国人。很多经理一开口就是‘你可以不分白天黑夜’。短时间不分白天黑夜，可以。长期这样就不应该”。他说他曾经和经理说过这些，“但他们也许不理解我的意思。他们做事情，完全以自己过去的经历为经验。比如我听说开复过去非常刻苦，沈向洋如何拼命，但你们不能这样来要求别人”。

这时候有人提到，“两年合同期满之后怎么办？”李开复说：“你如果想后路，就肯定会离开微软，你要想在微软，就不要想后路。”陈劲林听了不免想道：“道理是对的。但这又是经理立场。用中国人的话说，是站着说话不腰疼。”

这种公开的问答和私下的抱怨，的确牵涉了微软人事制度中一个关键环节。公司在世界各地的 3 万多名员工，包括了正式工和临时工两种人。一般来说，临时工的薪金高于正式工，加班还能得到额外收入，但却没有正式员工拥有的“股票认购权”。两相权衡，各有利弊。大多数临时工渴望成为正式工，但几乎没有正式工愿意进入临时工的行列。

至于微软中国研究院中的“副研”，工资较“正研”略低，住房公积金之类的福利也少，还没有所有人都羡慕的“股票认购权”，但最重要的是，这是一个临时性的职位，以两年为限，也即到了两年聘期结束的时候，你要么是晋升为“正研”并且拥有所有相应的待遇，要么是离开希格玛大厦。从制度上说，“副研”既非正式工，也不同于临时工，更像我们国家广泛实行的“合同工”，还有点像“博士后”，在微软并无先例。李开复当日设计这样的制度，乃是基于一个考虑，对人才的观察，需有一个过程，仅仅凭借一次笔试和几个小时的面试，仍然不算可靠。他显然是在为公司判断人才的优劣争取一个更大的弹性。在雇员一方，也有一段较长时间来适应完全不同的环境。但他却没有想到，这样的制度在“正研”和“副研”之间构成一道无形但却影响深远的界限。所有的副研都会在心里时时飘着一片阴云：两年之后，何去何从？

刘挺这时候已经发现，原来副研们像他一样，都有一本“难念的经”，不禁勇气大增。有几分钟，他似乎成了大家的代言人。看着李开复循循善诱地向大家解释，他认为这是没有抓住副研的心理。他说：“开复，你讲了很多，我也理解。如果我是微软的正式员工，两年之后肯定会留在微软的话，我也这样想。我也会融进微软的事业中。为什么研究员认同你的方针？因为他们是微软的正式员工。但是，我们这些人想的是两年之后将做什么？微软如果不要我们，我们是出国，还是到哪里去？副研是'铁打的营房流水的兵'，不论到什么地方，我们需要一些成果，只有论文可以带着走。"他这样一说，有些经理着急起来，纷纷起来解释。李开复赶忙打断经理们的话，说："你们停一停，让副研讲话。"于是刘挺又说："你要在两年以后再筛选我们一次，就意味着我们现在还不是一家人。有人说是'忠诚不忠诚'。我说，这不是一个忠诚的问题，是具体的目标不一样。"

很显然，消除刘挺的心理障碍，将他导入最好的竞技状态，乃是李开复必须面对的第一个难题。事实上他的确与刘挺做了一次推心置腹的交谈，刘挺开始理解美国人的处事方式，所以他也直截了当地对李开复说，那天李开复说的什么"自由开放"一类的话，在他看来是"以大欺小"。李开复很惊讶刘这样来理解他的话，更惊讶刘后来并没有按照自己的想法去做。李开复解释道，他当时是表明自己的真实想法——真的不同意刘的主张，但也是真的同意让他自行其是。还说："如果你是美国人，就一定会按照自己的方法去做。"如果刘挺知道李开复在学生时期和导师罗杰·瑞迪之间的那个故事，就一定会相信他的"不同意你但支持你"，乃是出于一种真诚，而非矫情。可惜他那时并不知道，就算知道了也不能完全熟悉那种美国式的处事方式。

即便如此，这次谈话也已部分地驱散笼罩在刘挺心头的那片乌云。小组里的情形开始好转。王海峰调到张宏江小组去搞"搜索引擎"的研究。朱江专管语料库。刘挺和荀恩东联手开辟了"机器自动翻译"的项目，由荀恩东搞"英文辅助阅读"，刘挺搞"英文辅助写作"。这是他和周明在一起选定的项目，王坚评价说，"写"比"读"容易，因为写错了容易发现，读错了不容易识别，这使刘挺受到鼓舞。这是他的兴趣所在，又有过去在学校时的研究做基础。他满意现在的情况，觉得自己做的事情大有前途。话不免又多起来，还成为研究院排球队的队长。但李开复心里想的还是"用户要的是什么"。他赞赏他们的选择，说"读"和"写"这两个方面对于用户来说都很重要，他认为，英文阅读虽然更加困难，但对用户更有用。不过，对于刘挺来说，这已无关紧要。"自从那次谈话，我就理解了开复，"他如释重负地对朋友说，"当初我非常想受到开复器重。但现在我不在意谁的器重了。重要的是，以后如果再有什么问题，知道怎样去沟通。"

压力之下，几多兴奋几多愁

李开复的诚意感动了刘挺，但却没能感动另外一个东北人。12 月 7 日，也即他说出“对副研究员的期望”两周以后、与刘挺谈话一周以后，他接到另外一个副研究员蔡东风的辞职申请。蔡在送给李开复的电子邮件中，彬彬有礼但却态度坚决地写道：

开复：

像您已经知道的那样，由于个人（或家庭）的一些特殊情况，我不得不向您提出了辞去工作的申请。尽管这也许有些突然，但还是得到了您的理解，我感到非常高兴。

对我来说，过去的一年是令人难忘的，也是很有收获的一年。能够有机会与这么多聪明的大脑在一起思考和工作，我感到非常幸运和满足。由衷地感谢在过去的一年里您曾给予我的指导和帮助，特别是在我即将开始新的工作之际，能够得到您和宏刚如此真诚的关心与支持，这使我对未来更充满信心。

李开复很大度地表示支持蔡东风的决定，他甚至给研究院所有成员发出一个电子邮件来通告这件事：

蔡东风告诉我，将于 2000 年 1 月到沈阳航空航天大学任教授及研究生部主任。

在微软中国研究院的一年中，东风从数据语言模型开始，他的勤奋工作带来了有价值的结果，为我们的语言和拼音识别系统打下了基础。此外，他的工作毫无疑问对微软未来的产品有帮助。我感谢他的努力。

在沈阳，东风将继续语言技术研究工作。我同意向他提供资金以帮助我们收集数据。我还将试图帮助他找到开展工作的数据和软件。虽然我们不能保证每一位离职的副研究员继续得到支持，但我们会认真考虑每一位去大学或中国研究所的建议。

我发这封电子邮件，是为了让每个人都有机会向东风说再见。

祝他好运。

算起来，蔡东风来到微软中国研究院刚好一年。这样的“再见”，在研究院不是第一次，日后也会多次出现，每一次都是彬彬有礼，好聚好散，挺有绅士风度，完全不像我们周围的某些情形：老板视员工“跳槽”为背叛行为，“跳槽者”自己则是“不做贼也心虚”，分手就是真正的分道扬镳，甚至化友为敌。然则不论蔡东风还是几个月后另外几人的辞职，其理由，都有一些是不能明说的，只能彼此心照。

蔡东风公开申明的辞职理由完全是家庭性质的。他的妻子在沈阳一个研究所里有自己的事业，不能来北京和他团聚。“我不能让爱人为我牺牲太多。”他这样说。又说：“只是家庭的原因，就足以让我回去。”蔡的确是一个热爱家庭的人，这一年中他每个月至少回家一次。但是他的这个理由虽然充分，却很难说是唯一的。我们回顾全部事实，则可看出他的所谓“家庭情况”，在他一年以前选择微软研究院的时候就已经存在。当初离开妻子来到北京，而今又要离开北京回到妻子身边，这中间显然有更加重要的理由。

实际上，蔡的考虑既实惠又周密。这一点，他在离开北京之前，曾与记者有过一番推心置腹的交谈：

问：为什么离开呢？

答：我还是希望做一些自己想做的东西，按照自己的想法去做。

问：你认为在微软不能按照自己的想法做吗？

答：大概可以，但你不能脱离它的方向。你要对它承担责任。在国内的学校里就可以不受限制。

问：你的意思是不是在学校里可以不对任何人承担责任？

答：对，我可以发挥自己的想象。

问：是不是研究院指派你的事情不完全是你的想法？

答：是这样。

问：你是在自然语言组，这个组的研究方向看上去和你的兴趣没有不同，难道发生了刚才你说的那种情况吗？

答：我在这里是一个人的力量，我回去是带一个队伍来做，作用是不同的。

问：你的意思是，你在学校是一个管理者，在这里只是单枪匹马？

答：是的。

问：假如你真的信心很足，为什么不能设想在这里领导一个团队？

答：微软有自己的发展方向，可能我的想法和它的想法不完全一样。

问：你是不是想这样说，虽然微软很注意发挥每个人的作用，但是在一些特定的情况下，并不是每个人的能力和想法都能充分发挥？

答：我觉得这是一个方面。在这里，要考虑公司的大方向，又要考虑把自己的研究和产品结合。

问：但是，据我所知，研究员的一些研究项目是自选的。不是这样吗？

答：那又怎么样？不是人家需要的。在学校，你要是失败了，不用有压力。你做出来，就是自己的。在这里，你要是失败，就会有压力。你做出成果，是研究院的。你自己拥有专利，和公司拥有你的专利但给你奖励，这两种情况是不同的。

问：研究院不是既鼓励成功，也鼓励失败吗？

答：是的。但从副研究员的角度说，我们无法承担失败。只有两年时间，不能总是失败吧？失败了，你就要走了。

问：有人说这里很自由——思想上的自由，是不是还有不自由的一面？比如失败的压力？

答：自由的体现是多方面的，压力很大也是不自由。有些压力并不是直接的，不希望失败，这就是无形的但很大的压力。在国内的学校，很多人都在混，不来上班，喜欢干什么就干什么，今天如果熬夜，明天不来了，这都是自由。在这里就不行。我在这里一年当中，每天晚上下班就走的时候很少。一般是9点到10点才回去。这里工作的压力比国内其他单位的大得多，时间也长得多。从开复到每个员工，工作的强度之大，压力之大，是国内的单位没有的。

问：员工之间有没有竞争的压力？

答：我想是有的。人与人之间的竞争是很强的。这个环境，总的看，不能允许一个人失败。

看来，蔡的离去，还由于他不能容忍一种长时间的巨大的压力，以及一种对于失败的深深的担忧。在几十个来自中国大学的博士和硕士中间，不能说蔡东风的这种情绪是一种完全孤立的情况，但也的确有不少人不为所动。与蔡东风不同，那些人完全进入一种创造的兴奋中。

另外一个人，徐迎庆，来到研究院的时候也是副研，和蔡东风同样，他也感到“压力”。但他又说：“我很喜欢这个环境，它很自由，真的是在激励你去做事情。”

徐迎庆在中国科学院计算所取得博士学位后，又在计算所工作五年。用我们的话来说，这是中国人自己培养的人才。此人有一个比常人更大的脑袋；但他的最重要的长处，是一种始终不息的激情和持之以恒的勤奋。多年以来，他几乎没有在晚上9点以前下班回家，甚至连周末也不休息。他在同行中间一向以多产著称，但他承认，把他过去那些年里取得的科研成果加在一起，也不及在微软研究院里一年取得的成果多。

谈起过去那些年的工作，徐迎庆说：“整天尽说些不着边的话，做些没有用的事，或者完全不应该由你来做的事。”现在，他开始懂得把自己的智慧和时间用在最该用的地方。“老板珍惜你的时间，甚至超过了你自己。”徐迎庆说。这在他刚刚来到希格玛大厦的时候，就有过一次强烈的感受。那一次，陈蕾请他为研究院的新会议室设计一些内饰。他有电脑制图的专长，也乐于做这些事，相信自己用一个周末就可以满足陈蕾的要求。但就在这时，李开复知道了此事。他对陈蕾说：“你们不要耽误他的时间。”随后又给徐迎庆发出电子邮件：“我相信你能把这件事做得很好，但我更愿意请设计公司的人来做。因为你的时间不是做这件事的。你是研究员！”

以上一种情形，在研究院以后长时间的运转中，造成了一种无形但却有效的秩序。徐迎庆对这种情形极为钦佩，甚至有些夸张地说：“这就是大师的管理水平。”还坚持认为，我们国家科研上不去的原因在于，不是“把鸡毛当令箭”，就是“把肉包子当窝窝头”。

李开复有一次这样谈论徐迎庆：“如果他在这里的研究效率提高了一百倍的话，我一点都不惊奇。”在李开复眼里，徐是一个特别有创意、特别有激情的人。他什么都想做。而研究院可以提供给他最好的设备，还有经费。“但最重要的是，”李开复说，“假如他有50个想法，其中有48个可能是不行的。已经有人做过，失败了，或者已经成功了。他不了解这些——不只是他，中国很多人不知道国外的研究情况。但我们一听就知道。我们就会说，这个不行，这个不行，这个也不行！啊，这是一个好东西！他过去把能够想到的所有念头都拿来做。50个，每个做两个月，要做100个月。在这里，他只要集中精力做其中两个正确的。而且不用做杂事，不用申请经费。”

徐迎庆的富于激情和想象力，在研究院中为大家公认。他那体积超过常人的大脑中，充满了无数稀奇古怪的念头。他当然会有蔡东风所说的那种

"失败的压力"。"每个人都有可能做到一半就做不动了。"他说。对于李开复说过的"鼓励失败"，他也觉得挺受用："是啊，只成功不失败的事情就不能叫科研！不过，最重要的还不是人家怎样看待你的失败和成功，而是你自己怎样看待。"在这同样一种情形当中，徐得出的结论与蔡正好相反，蔡是"急流勇退"，而徐则选择了"急流勇进"。当所有人在巨大压力之下拼命开掘自己的智慧、耗尽自己的时间和精力的时候，蔡觉得那是一种痛苦的体验，至少也是得不偿失，而徐却觉得那正是他的快乐。

毫无疑问，徐正是微软需要的那种人。所以，他在1999年夏天就提前结束了副研究员的聘期，晋升为研究员。如前所述，微软中国研究院的"副研制度"，造成了副研心头最大的压力。蔡东风的离去，不能说与此没有一点关联。徐迎庆在半年之内单枪匹马挺进"正研"圈子，表明其在精神方面和物质方面都发生了变化，当然也成为其余副研议论的话题。以至于李开复觉得有必要把这件事情当众说个明白。

那一天，他在"指南厅"的大幅屏幕上显示了如下一行字：提升研究员的例子——徐迎庆。然后将徐迎庆半年来的表现予以公布：

研究成果： 五项。
论文专利： 正在撰写五篇论文；申请六个专利。
产品转移： 有五个革新算法将进入微软产品。
研究精神： 有热情、干劲。
有创意。
自主，从不等待工作分配。
跨组的合作和影响。
能接受批评。
刻苦工作，从不抱怨。
其他贡献： 面试。
帮助微软中国研究院进入中国图形学领域。
永远把公司放在第一位。

"徐迎庆真棒啊！"来自加拿大的访问学者杨强这样惊叹，"他那个脑子真是不得了。"然而这件事还包含了另外的意味：李开复敢于在所有副研面前列举这些理由，表明徐的提前晋升，确是出于其本人的努力和成就，而没有人事方面的原因居中作祟。

一种真正具有压力的制度，能够将不同的人迅速分化。当蔡东风向李开复提出辞呈的时候，徐迎庆却被他自己的成功激励着，日益沉醉在一种亢奋的状态中。沈向洋在3月份交给他的那篇“纹理合成”的论文复印件，八个月来始终放在他的办公桌上，他已经阅读了无数遍，那几张纸上画满了红黄绿黑各种标记，还有密密麻麻的中文和英文的批注。

“看着吧，我能超过他。”他对沈向洋说。

他刚从“12月3日”中解脱出来，就开始惦记“1月13日”了。

如何捞到海洋里的一根针

“龙苑会议”确定的第一批研究项目，全都具有严格的时间界定——2000年1月。

1999年秋天将要结束的时候，“死亡线”遥遥在望。但是网络多媒体技术领域中三个研究小组——张亚勤小组、张宏江小组和沈向洋小组，全都面临着无穷无尽的技术难题。

个人电脑的微处理芯片——大小有如一张中等尺寸邮票的硅晶体片，每18个月就把它自己的能力奇迹般地增长一倍。50年前，一台楼房一样高大的电脑提供给我们的“比特”数量，不过数以千计；20年前，一台普通电视机大小的个人电脑，可以容纳数以千万计的比特；到了最近十年，一台笔记本大小的个人电脑所能容纳的比特，已经超过1000亿。现在，整个互联网上流动着的比特数量，以兆亿计。

在过去的几年里，互联网是全世界都在谈论不休的话题。一部分人在疯狂地追逐网络，另外一部分人说“网络不过是一个越来越大的泡沫”。实际上，网络是一个媒介，只是为我们提供一个平台，真正有意义的东西是网络上的内容。网络对于网络上的内容，有如纸张对于纸张上的内容。人们想要的东西是报纸书刊上的文字和图片，而非纸张。所以，内容是决定一切的。网络不是泡沫，但没有内容的网站是泡沫，这情形就像是给了人家一张开满“天窗”的报纸。

然而不论网站的泡沫是否破灭，互联网都已将这些生机勃勃的比特变成无论种族不分国界人人可以享有的资源。从表面看，这是用户的幸事。但是，当互联网将这么多数据转换成字符、线条、颜色、图像、声音或者视频的时候，问题也就随之发生：没有一条线路能够将如此巨大的数据顺畅无阻地由此地传递到彼地。就算你能耐心等待那些数据全部到达目的地，在那比特构成的海洋中，又怎能轻易找到自己想要的“一根针”？这情形很像你在北京城庞大的交通网上，在140万辆流动的汽车中寻找你女友驾驶的那一辆，如果没有有效的指引，必会无功而返。而互联网上流动的比特却是数以兆亿计的，其搜寻的艰难，自然可以想象。

伴随网络技术的每一次突破，都必然有软件功能的不断增强。对于互联网上种种尴尬的情形，科学家的办法，主要集中在三个领域：一个是多媒体化；一个是可移动化，也即无线通信；一个是网络化。“信息业走向哪里？就是这三个方面。”张亚勤这样概括他对未来的判断：“因特网是这三个东西的交互，处在中心的位置。”

其解决问题的基本路线如下：

获得—压缩—传输—检索—提取—再现

首先，如果计算机不能“获得”各种自然形态的数据，比如语言、图像、声音等等，一切都无从开始。然后，如果不经“压缩”一环，以目前互联网的水平，显然不能容纳如此大量的数据。但“压缩数据”与“压缩饼干”不同。后者可以把所有原料搅和在一起，改变原有形态，面粉脂肪白糖等等不必分出彼此，“压缩数据”如果也像“压缩饼干”，那就完全无用。它必须能够在必要的时候恢复原有形态，它要求最快的速度、最好的质量和最低廉的成本，这是“传输”。还必须让所有人都能准确迅速地“大海捞针”，这是“检索”。人们处理比特的工具越来越多，个人电脑之外，已经有了种种形式的无线通信，比如正在流行的掌上通、手机和电视机顶盒，所以同一次传输和检索过程必须能够适应所有这些设备，也即专家所说“可移动的环境”，这是“提取”。最后是数据的“再现”，这包括数据的还原过程和一个让用户最容易操作的界面。

这一过程在1999年春天曾出现在张亚勤办公室的白板上。那一天，李开复和张亚勤在一起讨论科研的基本线索，张亚勤在白板上画出一个流程图。后来一年的事态发展证明，将网络多媒体三个研究小组的目标集中起来，就构成了这个流程的从头到尾。

如果我们用最简单的语言来描述这三个小组的目标，那就是，沈向洋小组解决的是数据的“获得”，张亚勤小组要解决数据的“压缩”和“传输”，张宏江小组要解决数据的“检索”和“提取”。这里所谓“数据”，包括了语言、声音、纹理、图像，还有视频（再现的工作，多数小组都会涉及）。

张亚勤以往在世界计算机软件业的地位，正是来自他在数据“压缩”和“传输”方面所作的贡献。而张宏江则是全世界数据“检索”和“提取”的“鼻祖”。这两个人已经分别在自己的领域中努力了十几年，卓有建树。然则，计算机技术的发展似乎总是走在他们的前面。

当一台电脑吃力而又缓慢地把一幅图像显示在屏幕上的时候，任何人都会感觉到等待的焦躁和烦恼，同时又会感受到画面逐渐呈现带来的喜悦。但在专家们的眼里，那屏幕上显示的东西并非图像，而是成千上万颗小圆点构成的一张网。他们把那些圆点叫做“像素”，同时认定，大部分像素其实只是重复。比如一幅照片上，千万个蓝色圆点组成蓝天，其实这只是一个蓝点的重复。专家们通常用“冗余度”来描述这种现象。所谓“数据压缩”，也就是把“重复”先行取消，等到用户提取图片的时候再还原。这对运动着的图像特别有效，因为我们只需保留后一幅与前一幅的区别，而将所有相同之处全部删去。科学家在以往的工作中，已经有可能将数据压缩至1%—2%。其余均为“冗余”。你可以设想，当一条高速公路上的汽车流量减少了98%的时候，会是怎样一种局面。

但情况并非如此简单。张亚勤小组现在就面临着一个新的棘手问题：压缩与传输，和网络资源的情形联系在一起。网络传输的带宽（“带宽”的意思，如果形象地表述，就是线路的宽度，在固定的时间段中，越“宽”的线路，可以传输越多的数据），并非固定不变。在同一条线路上，数据的传输有着快慢多少的区别。这情形如一条电话线上，一个人“占线”的时候，另外一个人的话音就必须等待。张亚勤小组的想法是，让数据的传输根据带宽的变化来自动调节。这就不但要将数据“压缩”得好，还要拥有其他的功能。比如在道路拥挤的情况下，就让路上的汽车缩小，如果还是拥挤，只好停止一些次要汽车的通行，而让重要的汽车优先通过。而在道路良好的情况下，又能让延误的车辆迅速地赶上来。又比如，由于压缩的奥妙是裁减“冗余”，以一当百。所以一幅图像上的微瑕，就会一直延续到最后。因此有必要让系统具有解析和纠正错误的能力，保证压缩中出现的错误，可以在提取的时候弥补过来，专家们把这叫做“可调节性”，它显然要比“可压缩性”更加艰难。

解决这些问题，正是张亚勤的专长。此人一向标榜与众不同，就连自己智慧和热情的指向，也会发生类似的情形。与大多数中国学生在海外苦读不同，他在美国后来几年的主要经历，其实是放在投资和公司经营上。又同大多数回到国内投身商海的留学生不同，他回国之后反而能将主要精力用于科研。在1999年，他写了至少20篇论文，多数课题是同他人合作，他自己也全力做了三个。他认为其中最重要的问题是，怎样把多媒体信息同步传输在互联网和无线通信的架构上。尽管他在世界计算机领域的科研成就首屈一指，但他发现互联网时代出现了一些新问题，就像我们前面的叙述。这使他意识到，无论什么样的研究，最重要的事情是，从开始就想到最后：压缩的时候想到怎样检索；传输的时候就要想到给谁传输，又怎样再现；公路上很拥挤的时候，你要想到怎样控制，怎样指挥，怎样分配路面和时间。张亚勤说："这是一个完整过程。每一个环节都要想到，每一个环节都要和别的环节紧密相连。"

他为此建造了未来信息科学的新框架。其基本定理是：信息传输速度越快，失真也就越大。这理论在以往的信息科学中叫做"速率—失真论"，并非张亚勤始创，而是克拉德·商农在50年代创建的，它在此后数十年间，成为全世界信息科学的基石。但是，张亚勤在"商农理论"的基础上建筑起来的这座互联网技术大厦，却有着全新的含义。

很显然，张亚勤现在的研究已经覆盖全局。"我在拓展未来。"他说，"原来的研究限制在一个局部，是创作一个配件。现在，情况不一样了。"

就连比尔·盖茨也认定，微软公司最优秀的多媒体技术研究员都跑到北京去了。在张亚勤小组中，就有来自美国的李世鹏和李劲。李世鹏主攻"视频压缩"，其要点在于"可调节性"，这比他以往的研究困难百倍。李劲是"图形的压缩传输"，这东西和沈向洋小组的研究有点像，两者都是"图形"，其实并不一样，沈向洋的问题是怎样获得图形，不问"获得"之后的事情。李劲的问题正是"获得"之后的压缩，既能压得小，又能压得好。合二而一，恰为一个整体。朱文武在11月加盟微软中国研究院后，其精力集中于"网络资源的分配和变化"，也即互联网上的传输和无线传输。这样，这个小组就在张亚勤之下出现了"李—李—朱"三足鼎立的局面。

尽管张亚勤在"龙苑会议"上很谨慎地宣布，他只有大约60%的把握，但小组里面谁都知道，倘若张宏江小组和沈向洋小组在"死亡线"之前拿出成果，而他们一无所有，那就意味着自己的落后。这种心理上的相互影响，

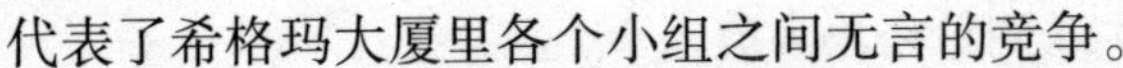
代表了希格玛大厦里各个小组之间无言的竞争。

新办法原来就是“脑筋急转弯”

对于大多数研究员来说，“死亡线”具有一种明显而又奇异的激励作用。其意义，既不同于我们国家通常的“精神文明教育”，也不同于“物质第一”的逻辑。事实上，大多数人把“死亡线”铭刻于心，不辞劳苦，夜以继日，不过是想要赶在别人的前边，把自己喜欢的事情做完。

夏天开始的时候，张亚勤小组也加快了自己的步伐。李世鹏拟订了自己的研究框架，但就是缺少人来实现那些得意的想法。幸运的是，暑假里有大批学生到这里来实习，他一下子找来六个学生——两个硕士生，四个博士生。这些学生来自哈工大、中国科大、清华大学、普林斯顿大学和华盛顿州立大学。他把他们化整为零，交给他们题目，告诉他们怎样在网络上查阅文献，一起讨论困难所在，还按小时支付酬金。他第一次指挥这么多人，就像一个战场上的将军一样踌躇满志，以为来日必可大获全胜。但他很快就发现，这些学生不能令他满意：自信有余而视野不足，聪明但却封闭，又不具有听取别人意见和理解别人想法的习惯。最要命的是，他们只知道自己“天下第一”，至于其他事情，你说了半天，他根本听不进去。

看来清华大学电子系的潘锦辉是个例外。这女学生天资聪敏，又能老老实实做事。同时兼有这两种品格的年轻人，真是少之又少。李世鹏给她出的题目是：从一个不动的背景中，把一个运动的物体提取出来。她苦思冥想一个星期后，终于有了办法。按照这办法做了几天，“运动的物体”倒是提取出来了，但却变了形——画面上该有的东西没有了，不该有的东西有了。于是他和她在一起讨论问题的症结，她说她高度怀疑，这种寻找图像之间运动轨迹的方法，过于粗糙：假如我们在这条轨迹上提取的图像不是“两帧”，而是“十帧”，是否能够解决“变形”问题？果然，她很快就成功了。

暑假过去以后，大多数学生要求继续实习，他们有这样好的计算机使用，还有酬金，为什么不愿留下来呢？但李世鹏把其他人都打发走了，只把潘锦辉留下来。秋天开始的时候，吴枫也来了。吴是哈尔滨工业大学的博士，也是我们国家计算机权威、中科院计算所所长高文的得意门生。按照李世鹏的说法，吴在中国是多媒体数据压缩领域最优秀的人之一。应当说，在技术的领域中，高文的计算所是微软研究院的竞争者，但高和张亚勤的关系特别好。

所以也就慷慨地将他的得意门生送到希格玛大厦来。

吴枫的加盟与潘锦辉的成熟，使得李世鹏小组的研究进度一下子加快了不少。到了1月份“死亡线”来临的时候，他兴高采烈地向李开复报告：“我们这个东西已经到了可以拿出来的程度。”按照张亚勤的判断，李世鹏研究的题目并非开创性的，但他的算法是全新的。这一成果出现在一个国际会议上的时候，当场引起大家惊叹。“他的想法很巧妙，也很简单，一捅就破。但别人没有想到，他想到了。”张亚勤这样解释。项目的名称挺怪：“MF · MF。”第一个“MF”纯粹属于专业性的，意思是“多帧的”和“多特征的”。第二个“MF”可就有点浪漫色彩，李世鹏叫他“强壮的青蛙”，这是形象地描述了新算法的特色。

概括地说，情形是这样的，让计算机找到运动的东西容易，判断静止的东西困难。比如一个移动的拳头，从这里到那里，计算机将两帧图像加以比较，就知道它在移动并且已经到了哪里。这情景有如夜幕中的青蛙，面前物体不动的时候，它熟视无睹，物体只要一动，它就能够看见。不过，科学家却不能真把计算机当做青蛙，他们不仅要让它跟踪运动的图像，还必须让它找到尚未移动的“第一幅图像”。这居然成了一个世界性的难题，在李世鹏之前，所有科学家都在绞尽脑汁“寻找第一幅”，结果始终不能令人满意，也就无法跟踪后面的“运动”。李世鹏的办法，说起来很像“脑筋急转弯”。他说，他根本不用先找“第一幅”，而是先找后面那些已经运动起来的图像，反过来确定“第一幅”。开始的时候，效果并不理想：大约20分钟才能找到那个“第一幅”。但他信心十足，继续改进，结果也日益精进。到最后，居然能够在一秒钟内找到十个“第一幅”。所以他很得意地把自己的算法叫做“强壮的青蛙”。他喜欢他的“青蛙”，所以后来对朋友说的话，带有感情色彩：“当然还有更加成功的人，但我觉得我的时间都没有浪费。我做的东西都是我喜欢的东西。人这一辈子，还要求什么呢！”

把精彩的思想变成现实

李劲的办公室与李世鹏仅一墙之隔，如前所述，这两个人在来到微软中国研究院之前，都是张亚勤的崇拜者，来到这里之后又都在张亚勤小组共事。两个人在国外全都有着不凡的成就，但在国内，李劲的名声远在李世鹏之上，这一半原因出自他的天资聪明以及大器早成，另外一半原因，则要归功于

“计算机娃娃”的美名。当时的“娃娃”，而今无论生理还是性格都已相当成熟。他身高体胖，不拘小节，待人接物不卑不亢，彬彬有礼，但你会觉得他的礼貌中有一种明显的距离，说话的时候总是不高不低，不紧不慢，不像李世鹏和徐迎庆那样充满激情地谈论过去和今天，也不会像沈向洋那样眉飞色舞地讲述他的稀奇古怪的念头。他总是显出一副公事公办的态度。不过，当他谈到自己的女友时，立即就会有一种发自内心的感情流露出来。由于他本身的能力，更由于他在外界的名声，研究院里所有人都对他抱有无限期望。

李劲对自己的研究成果充满了自信。那是一个漂亮女孩子的巨幅照片，其实际尺寸相当于他眼前这台显示器屏幕的12倍。李劲的目标，就是要在照片的传输过程中，任意选择其中一个部分，优先显示出来，可以是一对漂亮的眼睛，或者是一缕乌黑的头发。按照李劲的表示，这样大的一幅图，用户不需要一下子看到全部。“你要看的部分，就传输过来。不看的部分，就不必传输，就像手里拿着一个放大镜一样。”

这是一个“从虚拟到现实，从模糊到清晰，首先选择局部，逐渐扩展至整个画面”的过程。在计算机的世界中，图片所包含的比特数量，远远超过文字和声音，这给它的传输和储存都带来更多的麻烦。比如我们眼前这个女孩子的照片，其色素数量，原本为15兆，也即相当于1500万比特。经过张亚勤小组的压缩技术处理之后，还有大约64万比特。压缩成效显著，但仍是一个庞大数字。你如果将这整张图从网络下载，即使线路完好，也需要等待漫长的两分四十秒。对于电脑用户来说，“漂亮女孩子”如此姗姗迟来，无疑是个恼人的过程。李劲的技术，就是要让电脑在这两分四十秒的过程中，按照你的要求分阶段地传输其中任何部分，既可以先传眼睛，也可以先传眉毛，你可以一边欣赏局部，一边等待全局。

当这一成果在电脑屏幕上显示出来时，任何人都可以意识到，如果把它同李世鹏的成果联系在一起，就可以构成一个多媒体压缩和传输的完整过程。事实上，这的确是张亚勤小组集体智慧的一个结晶。

不过，李劲却是实现这一切的当之无愧的关键人物。这是因为，整个项目乃是基于李劲提出的两个概念：一个是“累进”；一个是“选择”。两者合而为一，也就是，不断截取其中最主要的数据，不断扔掉一些次要数据；首先传输最有效数据，然后传输次要数据。所以，李劲把他的技术叫做“虚拟文件”。

李劲很老实地承认，他并不是这两个概念的发明者。但他坚持认为，这是首次在网络上实现这两个概念。“在这之前，很多人虽然知道有这样的概念，但却不相信这个东西能做出来。”当李劲在1999年12月的一个国际会议上报告这个成果的时候，听者无不认为这是他们看到的最好的报告。毫无疑问，这项技术将大大提高数据传输的效率，并且节省网络的带宽。

“这大概是世界上最好水平的吧。”他一边演示一边得意洋洋地说。他有足够的理由得意。这是因为，在科学的领域中，能够说出一个真正精彩的思想，已经很不容易；把一个精彩的思想变成现实，就更加困难。

“我要死过去啦”

12月的第一个星期，希格玛大厦第五层里来了一个新成员。他叫郭百宁，是毕业于美国康奈尔大学的博士。当他作为一名正式研究员介入沈向洋小组的研究时，小组的第一条“死亡线”已经结束，第二条“死亡线”——国际图形学年会的截稿期，则刚刚启动。沈向洋设想当中的第二批课题，已经全部展开。

去掉了“副”字的徐迎庆开始独当一面，“纹理合成”有了令人振奋的结果，看来他的“超越前人”的大话没有白说。只不过，他的英文写作水平实在糟糕，拿出的那个技术报告，沈向洋看了以后既好气又好笑。徐一只手上拿着那报告不知如何是好，他知道“写论文是为了把思想卖出去。就是不知道怎样卖”。更要命的是，他的另一只手上还有一个项目，仅仅是名字听起来就让人头疼，叫做“带有真实感的任意形式的织物”，其中技术上的困难更叫人头疼。就在他心急如焚的时候，从美国来了一个郭百宁。沈向洋不由分说就让郭百宁去徐迎庆那里救急。

乍看上去，郭百宁不像是一个能够细致入微地考虑问题的人。他中等身材，方脸高颧，有着一个线条分明的下颌，说话语调高亢。几天以后，周围的人便开始欣赏他的研究能力，说他精明能干，做事一丝不苟，而且极有创见。看到郭只用了几个小时，便抓住“纹理合成”项目的关键，徐迎庆不免惊讶万分。

专家所谓“纹理合成”，其实也是“拼图”的一种方法，不过，这不是“同心拼图”，而是以小幅花纹为蓝本，生发出全新并且无限大的花纹图像。其过程当然是通过电脑技术的再现，但却更是一种艺术设计。

很显然，这项技术的难点在于，衍生出来的图像必须保留蓝本纹理的视觉特征，又不能简单重复。但其真正的价值所在，却是由小到大的演变，因为你只要在电脑里面保存一些极小幅的蓝本，就可以在任何时候“合成”很大的图像。这个关键被郭百宁一眼看出。他说，既然你是“合成”，就不能仅仅拘泥于方寸屏幕，必须超出屏幕的局限。郭一边在白板上面写写画画，一边将自己的想法用“虚拟纹理”的概念来描述。

所谓“虚拟”，也就是要使“合成”的图像无限大。比如你能在屏幕上看到一面墙壁那么大的图像，甚至可以看到希格玛大厦所在的海淀区，海淀区所在的北京，北京所在的整个中国，甚至整个地球。当然这是“虚拟”，而不真的把地球装在电脑里。从技术上讲，要存储一个无限大的图像，也是不可能的，但既然有了“纹理合成”的技术，就可以仅仅存储一些算法和数据。你需要这个地球的哪一部分，只要拖动一下鼠标，电脑便可以迅速计算，其运算速度比你的眼睛还要快，所以你在看到想看的东西时，不会有任何异样的感觉。

这个想法一经提出，立即让沈向洋小组的成员都激动起来。此后的一个星期，是一连串新的实验。徐迎庆把“真实感织物”的后期工作，交给实习生钟华去做，自己则把全部精力放在“虚拟纹理”上。老实说，“纹理合成”的技术已经到了这个地步，再来实现郭百宁的想法也就没有多少复杂之处，问题在于，你能不能让你的脑子想到这里，有如李世鹏的那个“脑筋急转弯”。当然还有一个难题——你能不能在那条“死亡线”到来之前完成全部实验。

1 月 13 日一天天逼近，时间真是紧迫。沈向洋只好向凌小宁的软件开发小组求援。于是，软件开发工程师陈刚来了。有了陈刚的支持，徐的实验节奏快起来。合成图像的面积渐渐增大，12 月的第三个星期，已经比原来的设计大了 400 倍。到了第四个星期，已经可以看到超过屏幕面积 4000 倍的图像了。

那一边，郭百宁着手写论文了。“百宁在美国受的教育，英文写作水平很厉害。”徐迎庆后来说。郭把徐的技术报告全部打乱重来，其写作方法也是徐迎庆从未见过的。他先把结构写出来，共计五大段。然后想到哪里，就在哪里写上几笔。有些地方是非常严谨流畅的文字，有些地方是三言两语，更多的地方则是空白。这是一个百孔千疮的东西，有完整逻辑而无完整文字，任何人都会越看越糊涂，但沈向洋和徐迎庆心里明白，那些空着的地方应该填些什么。

事实上，他们根本等不及全部文章写成，便开始读了。郭百宁写出一段，这两个人便读一段。一边看一边表示自己的不满。徐说，这叫做“深揭狠批”。两个星期之前，是“深揭狠批”徐迎庆，让徐把他的报告改了十几遍，现在则是“深揭狠批”郭百宁，让郭把论文改了十几遍。这是一个碰撞灵感和积累灵感的过程。今天的东西和昨天的完全不一样，到了明天，又会有一副新面貌。“其实百宁已经写得非常好了，”徐迎庆后来说，“不过，就是鸡蛋里面挑骨头，也要挑出来。因为这是全世界最高水平的投稿。我们自己不挑骨头，人家也会挑的。”那些天，这些人都觉得有机会被“批判”是一种幸运。沈向洋本人一边“深揭狠批”徐迎庆和郭百宁，一边到处寻找批判自己论文的人，到处说：“你们都有人批判啦，谁来批判我呢？”

看来有希望了。可是郭百宁偏又节外生枝，提出新的问题。当他看到徐的算法竟然比世界上最好的水平还要快 17000 多倍的时候，他就坚决主张增加一项实验。

“你不能仅仅根据人家论文上的数据来下结论，”他用非常专业的语言对徐说，“你必须把他的算法实验一下，看看和他发表的结果是不是一样，还应当把两种算法放到完全同样的环境中来比较。”这建议很苛刻，徐却意识到无法拒绝。他在过去几个月中已经懂得，一项具有国际水准的研究结果，必须无懈可击。

考虑到这一点，徐开始了新一轮实验。现在他必须把工作时间拖延得更长，晚上不能回家了。进入 12 月下旬的这个周末，他是在办公室度过的。然后是圣诞之夜，他继续在办公室里熬着。大约就是在圣诞老人向全世界的孩子祝福的时候，徐得到了确凿结果：在“奔腾三代 450 型、256 兆内存”的环境中，将两种算法加以对照，结果是，自己的算法快了大约 7000 倍，而不是 17000 倍。

但是郭百宁手上的论文还没有过关呢。沈向洋小组的另外五篇论文也在同时推进。大家不分昼夜在修改。“不到‘死亡线’就要继续批。”沈向洋说。元旦这天，沈向洋咬咬牙，把小组成员放回家，自己也和妻子儿子待了一天。2 日，他回到希格玛大厦来的时候，小组里所有的人都在这里了。

作为一个经理，没有什么比这种场面更让他激动。“真正的敬业就是这样的，”他有一次对他的下属这样说，“你们每一个人做得好，就是我沈向洋好。我做得好，就是开复的光荣。开复做得好，就是微软做得好。”微软雷德蒙研究院里两位沈向洋昔日的同事，芮勇和张正友，不约而同地提到，他们很羡慕沈向洋目前的状况：他在美国的时候，只是单枪匹马。而现在，他手下居然有十几个人。李开复有一次也谈到这个话题：“沈向洋在中国人中是很优秀的。他在美国也很优秀，但他在中国的研究效率比在美国的要高得多。”还说：“他的效率主要取决于他的下面有一批人。他在用自己的才华和激情影响周围的人，激励周围的人。”

他的确把周围的人都激励起来了。临近“死亡线”的12天，沈向洋小组始终处在一种高度亢奋的状态中。徐迎庆的作息时间是：第一天和第二天加在一起，睡了20分钟。第三天没有睡觉，第四天睡两个小时，第五天又没有睡觉。到第六天，他一边想，一边写，一边做录像，一边做演讲稿，还请来一个“老外”配音。直到深夜，他把演示录像做好，以为大功告成，就回家安稳地睡了一夜。次日清晨来到办公室，把沈向洋项目的录像带拿来一比，就觉得自己那个实在太差，于是扔了重做。他从第七天的上午干到第八天的下午。到1月10日，他终于完成全部工作。这时候是凌晨5点钟，他趴在桌子上睡着了，等到再睁开眼睛的时候，已经是下午4点钟。

与他遥遥相对的那间办公室里，沈向洋还在为全组的六篇论文作最后润色。过去十天里，他比徐迎庆睡得更少。在徐倒在办公桌上昏昏睡去之后，他的没有睡眠与停顿的状态又延续了两天。

12日，全部工作完成，六篇论文寄出。沈向洋离开他的电脑，还没有走出办公室，就倒在地板上睡着了。十小时之后，他揉着熬红的眼睛走出办公室，说：“我要死过去啦！”又说：“4月份就知道我们能有几篇论文中选啦。”小组里另外的成员，既没有提到“死”，也没有提到“中选”，一个个全都东倒西歪了。

有什么事情比和学生见面更重要？

整整一个冬季，11月，12月，直到2000年的1月份，研究院就像是一部高速运行的赛车，朝着既定的目标驶去。所有的人，院长、经理、研究员、副研究员和工程师，还有那些访问学者和实习学生，全都没有片刻懈怠。当然也有一次例外。那是12月2日下午，休息厅张灯结彩，白板茶几上的奇怪符号也都擦净，摆满了各种饮料、点心和干鲜果品。所有员工都来了，包括沈向洋、张宏江、凌小宁、黄昌宁、王坚、陈宏刚，还有李开复。一天前，李开复命令所有下属，不论多忙，也不论什么“死亡线”，这个下午所有的人必须暂时离开电脑。

他们在这里迎接清华大学的学生。学生总数大约有400人，都是自愿报名，又经学生会的组织，来参观希格玛大厦第五层的。没有一个房间足以容纳这么多人，但李开复看重学生甚于看重官员。他在各个大学访问的时候，就说过，“可以不见校长，但不能不见学生”。现在，这么多学生登门拜访，在他看来是一件喜事。他坚持要见到所有愿意来的学生，一个也不能少。于是，陈宏刚精心设计了一套方案，将全部学生分成五批，每批80人，依次进入。这种安排虽然可以解决房间狭小的问题，但却出现了新的问题：研究院安排的所有节目——李开复的演讲、项目演示和参观、各研究小组和学生的座谈，均须重复五次。全部活动时间也因此延长为整个下午。

“你打算把同样的话讲五遍？”陈宏刚问李开复。

但李开复认为这不是问题。他反问：“还有什么事情比和学生见面更重要？”

对于李开复在学生身上倾注的热情，他的下属当中有不少不以为然。的确，研究项目“死亡线”在即，加班加点还唯恐不及，居然要把这么多的时间花在这些学生身上。“所有人，一个下午，全都花在这件事上面。代价太大了！”凌小宁说。但是他却完全了解李开复的良苦用心：“他就是为了能发现一两个优秀学生。”

李开复并不隐瞒他具有这样的动机。一个学生问他：“你怎样对自己定位：是一个学者还是一个管理者。”他说：“都不是，我只关心我每天做的事情。做成一件事就会满足。比如今天，我与400个清华大学的学生交流，就很满足。你们中间可能有20个到30个对我说的话有兴趣，其中有一两个人将来可能因此做出成绩，我就有了更大的满足。”

那个下午，李开复情绪高昂，劲头特别大。有权势有名望的人对待小人物的那种漫不经心，在他脸上一点也看不到。他并不是拿这些学生来陪衬自己的平易近人，他的话，听上去没有那种俯视下层的意味，而是在向学生表达他的诚意：

我们已经有18位资深研究员——11位从美国回来，7位从中国招聘。还有26位副研究员——这类似于大学里的博士后。至于整个微软公司，共有4个研究院，450个研究人员，他们总计开辟了30个研究领域。

在过去一年里，我们发表了28篇论文，还有49项发明。不错，我们是做基础研究的。但就像比尔·盖茨说过的，我们也是为用户而存在。我们不是为今天的用户，而是为了五年以后的用户。我们不做没有用的东西，我们每天都在试图明确地回答：五年以后世界是什么样的？今天的用户只想今天要什么。我们在今天就要决定五年以后的东西。

有一个中国教授，到这里来，看了研究院以后很奇怪。他说，他本来以为做基础研究就是把每个人都关在房间里面，想事情。我说，是想事情，但不等于不做。我们不是坐着想事情，而是想着做事情。我们要拿学术成就来衡量每一个人，要看论文，但我们的最终目的，不是写一篇论文，而是做一个可以用的东西去造福人类。我们从美国来到中国的这些人，每一个人都是专家，在世界上任何一个地方都可以功成名就。但是有一个东西是只有微软才有的。这就是，在这里做出的成绩，可以被成千上万人，甚至上亿人使用。

他真的把他的这番话说了五遍。学生们被他的富有激情的声音所吸引，先是全神贯注，然后是议论纷纷，一批又一批地包围着李开复，然后又去包围那些他们久闻其名的研究员。

他不厌其烦回答学生的问题，眼睛仔细打量面前的所有学生，心里期待着天才的突现，嘴上不失时机地询问学生，他们当中谁最优秀。有个学生顺口说道，他的一个同学是个数学天才，还是围棋高手。“真的?”李开复一听到这个消息便两眼放光，正要追问，陈蕾走来说，第四批学生已经进来，正在那边等着他的演讲呢。于是他吩咐陈宏刚，务必找到那个“数学天才”，还要把了解到的情况向他报告。

不过，他还是感觉到“死亡线”的压力，悄悄吩咐几位经理：“叫一部分研究员回去干活吧。”

“只要他真是我们需要的人，要什么给什么”

用这种方法来寻找优秀的人，在希格玛大厦第五层里还是第一次，这表明，李开复并没有因为他已拥有一支60人的队伍而有丝毫松懈。事实上，我们检查研究院的档案，可以知道，在1999年春天的招聘高潮过后，寻人的努力仍未放松。新的加盟者，在7月份有李明镜和张益肇，在9月份有王坚，在12月份有郭百宁。然则有足够的迹象表明，李开复从未知足过。他认定，既然希格玛大厦已经聚集了第一批聪明人，就理所当然地会有更多的聪明人围拢过来。

1999 年的 9 月 24 日，他向全体员工发出一个挺长的电子邮件，表明他的这种迫切心情。其中说：

微软雇用的员工，40%是通过员工推荐的，因为聪明人了解聪明人，忠诚的员工会推荐最好的员工。所以请你帮助提供顶尖的候选人，推荐适应我们岗位的人，可以是你自己认识的，也可以仅仅听说过他的名字。比如，你知道某个人发明创造过某项了不起的技术，听说某个人有“电脑怪才”的称号，请把他的名字寄给我们。所有的推荐都算数。

与此同时，他又颁布：为了发现那些隐藏在中国的天才人物，将对所有员工立即执行一项奖励政策：

凡推荐一个研究员、高级研究员和主任研究员，微软公司将奖励 3000 元。

凡推荐一个助理研究员或者工程师，微软公司将奖励 1000 元。

中国人也许会认为，这项奇异方针是一个“任人唯亲”的证明。在我们的国家中，人们一天到晚痛斥“裙带关系”，仍不能避免“一人得道鸡犬升天”的情形。你说“聪明人周围一定是聪明人”，也许有道理，但是谁又能保证聪明人身边就没有一个笨蛋，尤其是那些冒充聪明人的笨蛋？的确不能！不过，微软这一人事制度，以员工信誉为基本前提。任何人在举荐旁人的时候，须以自己的“信誉”为无形担保。倘若真有滥竽充数之人，本身极难通过严格面试，就算众多考官全被蒙蔽，“三流”被当做“一流”引进公司，微软的环境也不能容其永远滥竽充数。一经发现，即被辞退，推荐者的信誉也会受到牵连。所以，尽管公司鼓励所有人举荐亲朋，却没有人胆敢胡来。这项制度充其量也就是个“举贤不避亲”。

当日微软中国研究院执行这一政策的第一个结果，就是邸烁把他的大学同学王庆带进了希格玛大厦。“那是我们班公认最聪明的一个人，真的棒极了。”当凌小宁想要寻找一个优秀工程师的时候，邸烁如此这般地说。

王庆面容消瘦，柔中带刚，机敏而有节制。在来到希格玛大厦之前，他的经历挺简单，从清华大学的学士到清华大学的硕士。他认为："计算机这个东西，基本上是一个应用学科，没有什么高深的理论。"再转过头来打量自己：短于理论建树，长于实际的动手能力。所以他坚决不肯像他的同学郾烁一样去读博士，而是选择了摩托罗拉公司中国分公司一个工程师的岗位。他说他在那里可以扬己之长，还能逐渐洞悉大公司的运作程序。后来的事实证明，他没有想错。当他来到微软中国研究院面试的时候，这些经历令所有"考官"觉得，他无可争议地具备了一个软件开发工程师的条件。有一段时间，微软研究院频频向他招手，而他还在犹豫不决。

在经过几次竭尽全力的说服和几个星期的焦急等待之后，凌小宁终于忍耐不住，去向李开复求援：

"你要支持我一下，我需要这个人。"

"怎么支持?"

"给他一个组长职务。他现在在摩托罗拉负责一个小组，手下有几个人。"

"给他。"李开复痛快地说。

"我还希望你能和他当面谈一谈，说服他来我们这里。"

"好，我谈。"

李开复当即约见王庆。这让王庆有些惊讶，也更加强烈地感觉到微软的诚意。接下来的事，就连凌小宁也没有料到。当李开复发现王庆还想多要一些股票认购权的时候，就对凌小宁说："也给他。只要他真是我们需要的人，要什么给什么!"

第二天，凌小宁接到王庆的电子邮件。王接受了研究院的聘书，还说正是这些看来很小的事，让他做出这个很大的决定。

1999 年 11 月 1 日，王庆正式成为微软中国研究院的软件开发组组长。这时候，研究院正在全力以赴开发中文语音识别技术。李开复在 10 月中旬向比尔·盖茨展示的成果，让微软公司的高层领导者受到鼓舞，他们决定，在微软语音识别大系统当中，加快中文的开发进程。毫无疑问，这需要中国研究院的研究人员同美国总部的开发人员密切协作，其最终结果，将在中国的市场上发挥重要影响。

凌小宁试图让王庆明白，新系统的"里程碑"要在 2 月 28 日确立。"里程碑"是微软员工对于项目成果的一种表述，其含义有点像"死亡线"。不过，它是"阶段性成果"，而非最后的结局。语音识别项目的中文部分，都将在希格玛大厦完成。然而在微软公司的语音系统已经相当成熟的时候，研究院这边的中文部分才刚刚起步。所以，王庆必须在很短的时间里了解项目的全部过程以及核心技术，还要在中国研究院和美国总部之间，充当一个“协调人”的角色，让中国的研究进度迅速跟上美国产品开发部门的步伐。

所幸王庆对语音技术并不生疏，他在摩托罗拉的时候就是这方面的中坚力量，也能了解国际商用机器公司和英特尔公司在这个领域的研究水平。他立即就发现，微软研究院在这个领域的研究水准，并不比另外三家大公司更高。令人惊讶的是，这里进展神速，仅仅才过去半年，其水平已经相当于摩托罗拉的“三年研究”。不过，和国际商用机器公司的“三十年研究”相比，毕竟还差一步。

在以后的四个星期当中，王庆在太平洋两岸的希格玛大厦和雷德蒙总部之间频繁往复。他的工作在微软公司从无先例。微软的软件一向是由美国总部的18000人开发，然后分散到世界各地，由当地人员酌情从事产品本地化的工作。如今这个项目却是在中国开发出来，再与美国总部的产品融汇，这在技术上具有开创的含义，在微软公司的软件制作历史上也是新的一页。

现代技术的应用，已使距离不再成为人们交流的障碍，甚至同一产品的不同部分，也能够在相隔万里的地方来制作。可是，研究院现在面临的情况要复杂得多。软件的生产不同于一般制造业。一辆汽车或者一台电视，都是在所有配件全都做好之后再来总装配，甚至电脑的硬件部分也是这样完成的。唯有电脑软件不行。它的每一个部分，必须在产生过程中，随时随地和其他部分衔接配合，在整合的工程中改进“零件”，又在改善了“零件”之后再来整合。如此交替反复数百次甚至数千次，方能成型。比如微软公司“Windows NT”，源码多至5000万行。“Windows 98”小一些，也有大约2000万行。此类大型软件由数千个“零件”所组成。在这些零件形成的过程中，几乎每天都要进行一次“总装配”，如果装配的档案记录为“二一九五”，这就表明其装配整合的工作累计已有2195次。

软件制作的这种性质，使距离成了问题。这一边，希格玛大厦每天都要将自己的数十万行程序加以完善，每一天都要将完善的结果与大洋彼岸的总部系统加以匹配，再拿回这一边来测试。这一切，可以通过微软公司的专用网线来实现。尽管如此，我们还是可以想象，浩瀚的太平洋给王庆带来多大麻烦。

“臭虫档案”

大多数软件公司今天对于“臭虫”的理解，已与过去大不相同。过去人们觉得这是一件不得了的事情，现在则觉得这是一个正常的现象。

2000年元旦过后，王庆又一次离开北京来到美国，住进距离微软总部不到500米的哈利泰吉花园公寓。这回，他至少要在这里住到2月28日了。在这里，人们都叫他的英文名字“泰瑞”，其身份是项目经理。这表明，他不仅代表微软中国研究院，而且要代表这个项目。他处在协调中美两个研究院的位置上：召集会议，检查进度，洞悉项目在每一个阶段的进展以及障碍，收集所有正常的和意外的情况，向太平洋两岸的任何一方通报。

雷德蒙的冬季气候温和而湿润，西南边不远处，瑞尼尔山白雪皑皑，但山下却是绿草如茵。阴雨绵绵无尽，偶尔云开日出，天空湛蓝，日月俱澄澈。每天早晨，王庆从哈利泰吉花园公寓出来，一边呼吸着新鲜空气和红杉树散发的清香，一边走上第四十大街，再拐一个弯，就到了微软总部115号楼3319号房间——他的临时办公室。微软公司的中枢服务器已将前一天诞生的产品版本准备就绪。他上班后的第一件事情，就是在电脑上找到它。

准确地说，这是一个半成品。王庆和微软公司所有开发人员，都把它叫做“Build”。这个词可直译为“建造”，本身是一个动词，在这里却具有名词的含义。简单地说，建筑一个软件有如建筑一个楼房。但要更加准确地理解这个词的含义，就不能不涉及微软公司内部的软件制作程序。

微软的软件产品通常具有极大规模，大型产品小组通常集中着数千人的智慧和精力。每一个人都拥有自己独立的空间来想象和创造，但所有人的发明最终须结合在一起，互相融合而不致互相抵触，这就是所谓“整合”的工程。如果坐视开发人员各自为政，尽情发挥，对相互不能衔接甚至冲突的环节不加过问，就必然会形成一大堆互不相关的“零件”。你要把一个飞机发动机装在汽车上，就算那东西再好也必然导致失败。由于这样的理由，在微软公司内部，属于个人创造的部分越是精彩纷呈，整合的工作也就越是频繁严谨。到了一个产品将要定型的最后阶段，这种整合就必须每天进行。

“整合”的工作并非人工完成，而是由服务器中枢自动实现。其具体的操作方法是：所有开发人员随时将自己完成的工作通过网络传送到服务器上，无论是几十人开发的小产品，还是几千人开发的大产品，均须遵循此项规则，一丝不苟。服务器依靠自己内部的工具程序，每天将所有人的工作汇聚在一起，自动加以整合，“建造”为一个新的版本。公司内部各个产品小组，大体上每天都会提交一个新版，但却无法做到让每一个新版都处在稳定状态，也无法确保每一天的工作都能同别的小组相互配合。他们只需将其中比较稳定的版本标定存档，供其他小组使用，自己则可以继续往前走。这样，每个组都在奋力向前，又都在自己的身后留下一系列“新版”。一望而知，这中间的要点是所有参与者必须同步前行。你盯着别人，别人也会看着你。如果大家都在前进，只有一个人停滞不前，那就不仅是落后，而且还会造成整体系统失去协调。各个产品小组的“新版”则需不断整合在一起，以供检测小组检验。服务器中枢大楼中一批功能强大的电脑，则在每天将全部“新版”拷贝，并且转移到安全的地方，以防失火、失窃一类不测事件。

在电脑屏幕上显出期待着的“新版”程序之后，王庆便下意识地查找中文部分是否已被整合在其中，又是否产生了新的麻烦。

检测在微软公司的软件制作过程中乃是极为重要的一环。同一般制造业中的情形不同，微软公司的软件测试和开发制作是同步进行的，并不像人们通常想象的，等到产品完成之后再来检测，而是伴随在产品制作的全部过程中。检测人员数量巨大，与研究开发人员的比例，大致为1:1。

北京方面的检测工作，由希格玛大厦第六层的微软研发中心负责。微软中国研究院的这套语音识别程序，每天必须检测的内容超过400种。在整个开发过程中，只有极少时候能够一帆风顺。在大多数情况下，检测人员总会抓出很多“臭虫”。消灭“臭虫”的具体方法是，发现者首先要有办法使“臭虫”能够再现，而且能够记录其出现的时间、条件和表现方式。当另外的人使用同样办法可以让“臭虫”再现的时候，就证明检测的结论有效。但并非所有的“臭虫”都在必须消灭之列。研究人员通常是依据“臭虫”对软件的损害程度，将其分成四个“优先等级”。“最高等级”的“臭虫”一经发现，则直接责任者必须在彻底解决问题之后方能离开办公室。对于大多数并不会造成后果的“臭虫”则有可能不予理睬，甚至永远留在产品中。

王庆在太平洋两岸不断传递这套语音系统的两个月中，检测人员总计发现了2500个以上的“臭虫”。其中有重要影响因而必须消灭的，则有几十个。每一个“臭虫”都有一个独立的编号，并且详细记载其生存周期，也即它的出生、发展和死亡，消灭它的方法，以及在消灭的过程中是否产生了新的问题，是为“臭虫档案”，以供日后人们在类似问题面前可以参照，又可在产品完成之后，对“臭虫”数量、消灭了多少、还有多少隐藏在产品中，一一加以统计。“臭虫”的“平均寿命天数”，乃是判断开发人员工作质量的标准之一。对于那些必须加以消灭的“臭虫”，则由研究院的开发人员找出程序源码中的错漏，修正之后由检测人员再行检测，直至确认“臭虫”的确已经死亡。

不过，很多时候，在消灭一个“臭虫”的同时，又会产生更多的“臭虫”。美国软件业中公认所谓“程序的正确性不可证明”，就是说的这种情况。有些软件，必须做到绝对无误，比如用在卫星航天方面的软件，就是这样，但通常在一个庞大的个人计算机操作系统中，你不论怎样努力，也不可能实现“零臭虫”。所以微软公司对于自己产品的要求，叫做“足够好”，而不是“绝对好”。王庆说：“你要把‘Windows 2000’做得一个‘臭虫’都没有，一百年也做不到。只要万分之一的‘不好’不致影响万分之九千九百九十九的‘好’，就算成功。”这样的道理固然可以成立，但就算你真的做到只有“万分之一不好”，你几千万行源码，也就有了几千个“臭虫”。有人说微软产品的错误无数，看来也不是全无根据。

2 月 28 日的“里程碑”之日越来越近。王庆觉得，语音产品小组的节奏明显加快。经理已经宣布，所有新的东西一律不许再加入产品，所有人员全力检测和消灭“臭虫”。那些天，王庆每天早晨打开电脑，都会看到一大片“红色的小方块”，分外刺目。一个红方块就意味着检测人员又发现了一个“臭虫”。测试人员和开发人员通常会发生矛盾，这个说发现了“臭虫”，那个却不承认是毛病，所以，颜色只是一个参考，并不具有绝对的意味。不过，如果哪个小组出现一片“红色”，小组的全体员工还是会紧张起来，压力也在无形中增加。当一个“臭虫”正在被消灭的过程时，那块红色就会变成黄色。就算修改者确认自己已经把臭虫消灭，也不能随意改变其颜色，而须请最初发现“臭虫”的人来检测，直到检测通过，黄色变成绿色。你如果不能在当天工作的时间把所有“红色”改变成绿色，那么晚上就难免要加班了。2 月的最后一个星期，每天夜幕降临的时候，雷德蒙总部语音小组的员工，都不能回家，整个大楼灯火通明，“新版本”不是一天发出一个，而是每隔半个小时就发出一个。它向全体员工昭示，已经解决了多少“臭虫”，但还有许多“臭虫”仍在横行。

王庆的任务仍是保证中文部分能够跟上整体结构的变动。因为任何其他部分的更改都有可能影响中文。软件程序的错误和“臭虫”造成的后果通常并不能画等号。有时候很大的错误不一定会有很严重的后果，有时候一个细小的疏漏却有可能导致电脑“死机”一类重大的恶果。

这一天，当王庆打开系统将鼠标点击“中文”栏的时候，系统立即崩溃，接着电脑屏幕上出来一些乱七八糟的东西。王庆目瞪口呆。过去两个月里，也呈现过类似的情形，比如那一次刚刚开机，应用程序就关闭起来。还有一次是在400多种汉语语音中，忽然进来一个英文的字母读音。电脑是一个最聪明的傻瓜，立即被这小小的意外来客搞得无所适从。诸如此类的问题曾经无数次地出现，每一次的原因都不一样。王庆后来说：“消灭‘臭虫’就像是走迷宫一样，也不知道什么时候走通了，顿觉心里一阵激动，但你不可能回到同样的道路上来，因为同样的问题不会重现。”

现在是在产品制作的最后阶段，出现这样的情况，乃是致命的。对于王庆来说，这时候，最困难的事情是判断错误发生在什么地方。他在匆忙之中打开服务器，从最初的记录逐一向后，寻找每天的“版本”。这工作一直持续了一个星期，直到有一天，他发现系统在2000年1月9日还能运行正常，但到了10日，系统便忽然拒绝工作。他回过头去调查这一天的记录，发现雷德蒙总部的语音识别大系统做了某些修正，但希格玛大厦没有随之更改自己的程序。想必这就是问题的所在。但他又花了一个星期的时间，还是搞不清楚，究竟是什么人在什么地方改了什么。他情急火燎地请微软公司语音开发小组的人来帮忙。结果终于发现，问题出在一个数据格式模块上，微软总部的开发人员在那里加注了一个英文和日文的语言模型参数，中文这一边却没有增加。王庆长出一口气，打开中文程序源码，只用一秒钟就解决了问题。

这个叫王庆两个星期寝食不安的“臭虫”，仅仅是一个“句号”！

“足够好”并不足够好

雷德蒙微软总部115号楼里，王庆一心一意建立“臭虫档案”的时候，相隔不远，8号楼人力资源部的经理们，却被来自中国研究院的一些消息搞得既惊且喜，甚至还有点怀疑，那一切是不是真的。他们每年一次向公司全体员工发出问卷，以评估每个人的工作状况和喜怒哀乐。员工则以投票方式，对形形色色的问题做出“肯定”或者“否定”、“满意”或者“不满意”的回答。2000年1月，公司人力资源部收到中国研究院的首次评估报告时，所有人都不免惊讶：居然会有如此好的结论？

不过，这的确是真的。

根据人力资源部的档案记录，我们将这些可以在微软历史上留下痕迹的结论摘录部分如下：（百分比为“赞成”或者“满意”的比例）

我有明确的工作目标：100%

我在工作中拥有适当的决定权：100%

我在微软感觉自己被尊重：100%

我被鼓励提出更新、更好的方法去做事情：100%

当我在工作中遇到风险的时候，我得到了支持：78%

我有机会面对全新的、富有挑战性的工作，并拓展自己的能力：100%

我的经理很真诚地关注我的事业：88%

我的小组成员可以开放和真诚地相互交流：100%

即使别的公司给我适当位置和同等薪酬，我也将待在微软：100%

所有原始数据均须汇集起来，向雷德蒙微软总部报告，由人力资源部加以统计。按照总部一位工作人员的评价，微软中国研究院的分数，除了“薪酬”一项，各项指标均为亚洲最高成绩，即使以微软公司在全世界所有的机构的成绩来衡量，也无出其右。

能够得到这样的结果，应当说极为不易。但是对于我们这些常以中国方式处理问题的人来说，更加不易的事情是问卷本身的设计。我们将所有这些问题集中起来，可发现其中有一个共同的指向，那就是，由普通员工给他们的上级和他们所处的环境做出判断。这种“考评”的性质，一定要和我们通常所能看到的那种所谓“年终总结”联系起来观察，才能估量其中含义。

“考评”在任何一个机构中，都是一种必行的管理方式，也是一个成熟组织衡量员工行为的惯例。然则在大多数情况下，都是由上一级来考核较低一级的员工，考核本身又缺少一个严格的可以数字化的标准。倘若一个管理人员出于个人亲疏，或者不能洞察全部情节，则有可能让最后的结果同实际情形发生偏差，只反映少数人的意志而非真正的民情，以致不能服众。这样的问题，在大多数组织中都会见到，考评有时会成为少数官员仗权营私甚至勾心斗角的一环，更多的时候则只有形式的意义，内容笼而统之，无关痛痒。领导者不会向下属提出如此周密而细致、尖锐而又切合人心的问题。一个普通员工，也极少有机会对自己的上级和自己关心的问题做出“是”或“否”

的回答，即使能够将心中意见一吐为快，通常也不会发生任何作用，还给提意见者带来更多的不快。微软中国研究院的这份问卷，其问题的设置具体而微，不容含混不清的回答，甚至能够将结果以数字来统计。一些题目看似细枝末节，却在员工内心中占有重要位置。答案无论肯定或者否定，全都来自每一个员工在匿名情况下的选择，而非少数人的随意增删。所以我们有理由相信，其最后的数据，在相当大的程度上接近了事实。

数字化是微软公司多年以来管理方面的一个特征，经理们几乎全都靠它吃饭。既然他们能够拿它来判断自己的得失，当然也就可以据此判断员工的优劣。

对于员工的考评，在研究院为六个月一次。每逢这样的时刻，研究小组的经理们就会坐在一起，将自己下属的表现一一展示，然后给每个员工标明一个成绩。考评等级为“五分制”，三分为“及格”，一个员工如果能够得到四分，已属相当杰出。每人薪酬也将根据其考评成绩的优劣，而有不同程度的提升，其幅度为0—30%。

这样看来，微软的经理们对于下属的确拥有很大的“生杀予夺”之权。比如黄昌宁在谈论1999年8月研究院的考评时，就承认自己“有很大的权力来评价下级的工作”。从理论上说，没有一个老板不看下属的能力，一个好的经理也不会具有徇私的动机。“你不公平，你的下属就会受到损害，”陈宏刚这样说，“大家都不会努力，你的这个组也不会好。”但在一个巨大公司的营运中，理论的标准虽可经久不变，但把这些标准付诸实际，则就不能不遇到很多复杂的情形。李开复也不认为微软的“考评”中存在不公，但他承认，“微软的经理权力非常大，所以，如果一个人在微软滥用职权，是很容易的”。

从公司角度来讲，赋予经理极大的权力，同经理所负之极大责任相适应，所以为必需之举。但是情形十分显然，倘若公司不能创造一种对于经理既能激励又能约束的体系，则前述希格玛大厦第六层里出现的局面，不是没有可能在第五层重演。读者到现在已经容易体会李开复对于属下众经理的信任、放手和激励，但是却很难觉察他对于所谓“滥用职权”的情形有过任何防范之举。事实上，直到1999年11月，李开复才决定采取行动。当时他说，他希望尝试一下“三百六十度考评”。

这一“考评”制度是针对每一个经理的。它包含着四个方向：自己评自己、老板评自己、部下评自己、左右同僚评自己，所以也就叫做“三百六十度”。“考评”的内容包罗万象，具体细腻。每一个员工均以匿名方式提出意见。对每一个经理的最后评价，只有本人才能看到，其他所有人，包括他这个院长，都看不到。李开复相信，这样的考评制度，可以让结论最大限度地接近事实，同时又能让经理们的自尊不致受到任何伤害。他也相信，他的经理们一旦了解自己的缺点，根本用不着其他的强制力量，就会自动加以改进。这又表明，李开复的这一套约束和督促经理的制度，仍然是建立在对所有经理的充分信任的基础上的。

“考评”由若干问题和一张方格图组成。问题由所有员工以“赞成”或者“否定”来回答，其“满意程度”的总评分数为“九十五”。现在来看具体内容：

一、我的经理帮助我决定我的工作。

二、我的经理确定了很高的但却能够实现的工作标准。

三、我的经理在计划方面做得很好。

四、我的经理按时完成了必做的事。

五、我对我的经理的工作效率有信心。

六、在工作中，我的经理给我反馈的时候是坦率和真诚的。

七、我能及时从经理那里接到反馈帮助我改进工作。

所有这些问题，很明显地包含了一个经理人员的两种最重要的素质。首先，一个经理的创新精神和决断能力如何？如右图的纵向坐标，越是向上则表明此项能力越强，如能进入 A 格，则表明分数最高；其次，一个经理的凝聚人心和与人合作的程度如何？如右图的横向坐标，越是向右则表明此项指标越好，进入 B 格，则分数最高。参与评估的

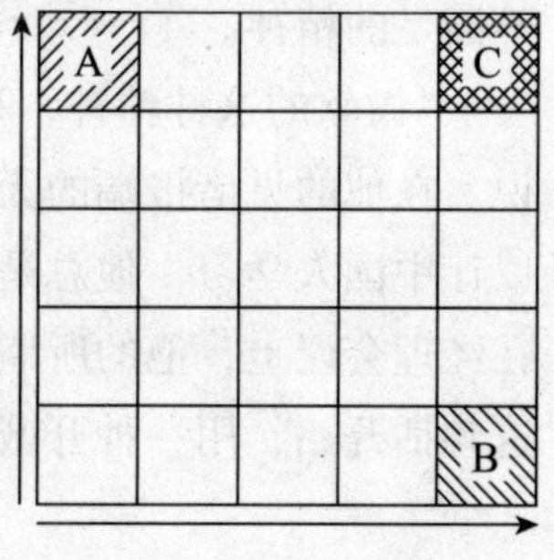

所有人，均须在这 25 个方格的任何一个地方，以一个圆点来表明自己对经理的评价，被考评者则以一个圆圈来自我评价。据说，比尔·盖茨和斯蒂夫·鲍尔默通常的位置，是在最上一排但较靠左的方格，表明这两个人都具有很强的创新精神和决断能力，这超过了他们与同事的合作程度。倘若一个人进入最下一排靠右边的方格，则表明此人是一个因循守旧、见事糊涂的“老好人”。微软公司的经理，大都是一些魄力很高，合群程度很低的人，但另外一

些公司经理的情形往往相反。一个同时兼有两种长处，也即能够进入右上方C格里的管理者，极为少见。

员工的心理本来不易揣度，老板的权力也难能保证绝对公允。就像李开复承认的，经理不可能没有一点偏见。所以李开复很明确地告诉他属下的所有经理："我没有权利看你们当中任何一个人的图。别的经理也看不到，只有你自己能看到自己的图。这样做的目的，是让我们每一个经理都能得到一些很诚实的看法。"如果这是李开复在试图以某种制度来确保经理公正地对待所有员工，那么他有可能真的找到了。我们从前述"三百六十度考评"看出，员工已经有足够机会对经理的表现给予评价，甚至这种评价的本身——不管是出于敷衍还是出于真诚，也是一个考评指标。由此我们可以相信，希格玛大厦的经理们对于员工纵有好恶亲疏，也不至于影响员工的公正立场。

"考评"的结果，看上去比十个星期以前"向比尔·盖茨汇报"还要精彩，这让李开复兴奋不已。他承认研究院所取得的成果超过了他当初的期望，但他仍旧抱着"不允许止步不前"的信念。他把所有经理找到身边，谈了两个小时。"我们不能高兴完了就回家睡觉。"李开复对他的经理们说。接着，他把一句话说了好几遍：

Good enough isn't.

这话的中文译文应当是："'足够好'并不足够好。"其中明显地包含了永不满足的精神。

"微软的这种精神，是很值得中国人学习的。"李开复有一次对记者这样说。在他的见诸报端的无数次谈话中，他从来没有自诩过微软有什么东西可以让中国人学习，他总是在说，自己是如何从中国的土壤中吸取营养。现在，在经理会议上，他的所谓"'足够好'并不足够好"特别引人注目，他就是从这句话开始，用一种开诚布公的自我抨击态度来检讨他的经理团队：

我们有三个很大的问题要改进：

第一，大家对待遇不满意。这是得分最低的一项。我试图让大家做一些公平的讨论，但是大家的反应比较强烈。每一个人都认为自己的工资不够，很多大企业比微软的工资高。我们雇的是最好的人，应当有最好的报酬。所以我希望做一些事情，和总部重新讨论一下中国员工的工资，我还请人力资源部做一个调查，看看是否需要大幅度提高工资。

第二，我们做事情要经过很多官僚的步骤：买东西要经过很多环节；旅行报销要我来签字；搞一个合同，要经过财务部和法律部，谁不在就不能签。法律部要问美国总部，财务部要问税务部……规矩太多。这个情况要改变。

第三，工作时间太长，加班太多，和员工的家庭生活时间不能平衡。这要批评你们。做经理的不回家，下面的人都不敢回家。我主要是说沈向洋和张宏江。他们两个人拼命地做，别人就不敢回家啦。

我也看出我的不足。我以为大家都很愿意对我讲他们心里的话，可是我发现他们还是觉得我是院长，不敢讲，这是一。第二，我觉得我在公平方面做得很好，但员工觉得我在管理方面不能完全公平。他们可能觉得我们有太多档次的工资和待遇。第三，他们希望从我这里学到更多的东西。看来我并没有足够好地去教导别人怎样解决一些组织方面的问题，也没有足够好地教他们在现在的工作中学到更多的东西。

然后，他请所有经理投票，决定研究院最需要解决的问题是什么。

我们把前述种种情节集合起来，难免觉得微软的这群人真是奇怪。他们脑子里的念头似乎永远与众不同：别人说他们走投无路的时候，他们却信心十足；别人说他们好得不得了的时候，他们却说，“足够好”并非足够好。

也许真的就像李开复说的，这就是“微软为什么永远进步的原因”。

第六章

今天你要去哪里？

巴特勒·拉姆伯森：有些人认为，计算机方面的研究已经取得很大的成绩，使用计算机的人越来越多，因此在这方面，要做的事也许不多了。但实际上，计算机革命刚刚开始，一些让人兴奋的事，可能会在今后的十到二十年内发生。

信守你的创新之权

2000 年 1 月的第二个星期，雷德蒙阴雨霏霏。美国的谚语说，一滴雨的后面，是一场瓢泼大雨。这场雨就有这种味道。14 日，星期五，凌晨 5:30，比尔·盖茨再也睡不下去，朦胧中似乎有件特别的事情。突然，他意识到自己不是微软公司首席执行官已有 20 个小时，外面的世界一片哗然，他不在乎旁人说什么，不过，有些话要向自己的手下人说明白，于是一跃而起，抓过电脑，给全世界各个角落的 35000 名微软员工发了一个电子邮件：

> 我和斯蒂夫·鲍尔默都认为，我们正处于激烈竞争的环境中，为了最有效地实施我们的战略，现在是把资源和人才集中起来应对挑战的时候了。所以，我决定给自己创造一个新的角色——董事长和首席软件设计师，这使我能够把 100% 的精力放在突破产品的关键问题上。
>
> 在建立微软的过程中，斯蒂夫是我长期的搭档。他是一名很出色的商界领袖。我们之间独特的合作关系，自然发展成今天的格局。再往前走，我会成为微软核心队伍的一员，给合作者创造更多的机会，给顾客开辟更加伟大的闻所未闻的技术，给员工和股东建立起一个更加不可思议的企业。
>
> 我担任微软首席执行官长达 25 年，这在技术行业或者其他行业，均不多见。我一直很乐意接受这个职位带来的商业、技术和其他方面的挑战。在过去的两年里，我和董事会讨论过如何改变我的工作方式，我们很幸运有斯蒂夫接任首席执行官这个职位。
>
> 我和以往一样，对微软这个了不起的公司无比乐观——我们有出色的员工，有比以往任何时候都坚强有力的管理队伍，有数量庞大的超绝技术和无穷无尽的发展机会。所以，如果有人怀疑，今天宣布这个决定，意味着我会在微软花的时间少一些，那么他就大错特错了。

大约两个月后，比尔·盖茨在回答一位中国记者的提问时，几乎一字不差地重复了同样的内容。这表明他的信念始终没有改变，对那些“大错特错”的人，仍然不屑一顾。1999年的后六个月，在美国是公司首席执行官们纷纷“下岗”的日子，平均每一个工作日有三个行政总裁离职。到了2000年1月，每天离开的总裁就有五个了。美国人对于这种情况并不奇怪，但大洋这边的中国人不免怀疑这是“危机的前兆”。

2000年开始的时候，也即希格玛大厦第五层里的人们没日没夜追赶“死亡线”的那些日子，北京街头的报摊上，每天都有不利于微软的消息：“维纳斯”遇到了“女娲”；状告“亚都”找错了人；首席技术官奈森·梅尔沃德告假；高级管理人员辞职的事情发生了好几起。尽管托马斯·杰克逊法官还没有宣判微软“有罪”，但是一个惩罚微软的办法已在酝酿中。1月12日，《今日美国》的报道说，美国司法部和19个州政府，全都赞成将微软至少一分为二。“Windows 95”轰动全世界的盛况犹在眼前，转瞬间却又成了垄断市场、损害用户利益的“纳粹战车”，“喊打”之声不绝于耳。国际商用机器公司和英特尔公司也来落井下石，前者说，它将在几年内实现“不用视窗”的计划；后者宣布，要推出一款不用“视窗”的计算机。根据英特尔一位高级管理人员的估计，不用“视窗”的新款产品每年将售200万台。看来并不多，但毕竟不是一个好兆头。软件业的“新偶像”是利纳斯·特沃尔斯——那位八年前开创自由软件“利纳克斯”(Linux) 的芬兰赫尔辛基大学学生。像《商业周刊》、《时代》周刊和最大证券商美林公司这样一些机构，过去十几年一直把比尔·盖茨当做圣人捧在手上，现在也全都不再把他放在眼里：微软股票不再是“十大最有潜力的高科技股”之一，比尔·盖茨也不再是“因特网上最具影响力的二十五人”之一，倒是还能位居“20世纪一百位最重要人物”的行列，只不过，名次排在利纳斯·特沃尔斯之后。

但是，在欧洲、拉丁美洲以及亚洲的大多数地方，有些证据表明，比尔·盖茨依然受到尊重。《远东经济评论》“1999年亚洲十大跨国企业”排行榜上，微软居首位，这家在整个亚洲都挺有名的周刊说，微软是“四连冠”——连续第四年位居远东200家跨国大企业榜首。在欧洲，英国《金融时报》把他列为“1999年全球最受尊重的企业家”的第二名，仅在通用电器公司的老板杰克·韦尔奇之后。这家报纸的编辑还特别说明，杰克·韦尔奇“向世界展示了一种全新的管理模式，他具有远见，头脑清晰并富有开拓精神”，但比尔·盖茨今年同杰克·韦尔奇的差距比一年前更小了，“他在欧洲、拉美和中东受欢迎的程度，甚至超过了韦尔奇”。

要说在美国本土以外的地方，谁最先意识到比尔·盖茨的“颓势”，那就是中国人了。我们的国家无论男女老少，在经历了50年代、60年代、70年代、80年代，甚至还有90年代政治人物的耕云播雨之后，已经具有一种举世无双的眼光，对于人生沉浮、世事跌宕，均能见微知著。1月14日，也即比尔·盖茨向全体员工通报自己辞去首席执行官的那一天，北京报纸上刊登了一行大字标题：“微软软了。”青水还在这天的《北京晚报》上写道：“无论如何，新世纪的开头对微软公司确实有些不利。”

雷德蒙微软总部显然已经意识到这种情势。一幅新的招贴画被制作出来，在大大小小的办公楼楼道中到处张贴，其情景像是一场盛大的宣传运动。如果招贴画的设计人员在刻意追求醒目的效果，那么，目的达到了。那是一面变异的“星条棋”，鲜红色的“条”变成了粉红色，“五十颗星”则被一台“个人电脑”取代。画面构思奇特，寓意分明。但最醒目的还是画面上的新口号：

Freedom to innovate network——网络世界创新自由

Protect your right to innovate——信守你的创新之权

后来的几个月中，这两句话始终是微软对抗政府控告和报界指责的基本逻辑，也是公司确立的新信念。设计人员显然是想让人们相信，这个信念也是新美国和新世纪的精神支柱。公司的展览馆中，陈列着那台在1975年让比尔·盖茨和保罗·艾伦震惊不已的“牛郎星”，以及自那时以来25年间个人计算机的所有重要发明：不断演变的芯片、显示器、键盘、鼠标、“Windows”和“Office”……一幅在多年前由电脑制作的巨大图像，依然矗立在展厅正中，依然顶天立地，依然色泽鲜艳。一缕灯光投在一行大字上，反射出淡淡的辉煌：

Where do you want to go today?

今天你要去哪里？这句话既平淡而又韵味无穷。在微软过去的历史上，它被所有员工奉为座右铭，无论是比尔和保罗两个人的时候，还是35000人的时候，它都在发挥着一种奇异的激励作用，即使远在太平洋西岸的北京希格玛大厦中，也不例外。至少从表面上看，他们对于自己曾经走过的道路挺得意，对于将要去的地方也是信心十足，就连比尔的辞职也无伤大雅。第二天，公司的股票甚至还有点上升呢。普通员工大都摆出一副“任凭风浪起，稳坐钓鱼船”的姿态，满不在乎，连交头接耳也没有，根本想不到，事情居然会闹到后来那个样子。

不过，在2000年春天开始的时候，希格玛大厦里面议论最多的是，微软看来真的遇到了麻烦！

不是历史与他为难，而是现实与他为难

微软对世界的影响力，甚至在它遇到麻烦的时候也能显现出来。它与司法部的官司引起全世界的关注，有人骂比尔·盖茨，有人骂联邦政府司法部部长珍尼特·雷诺，有人骂地方法院法官托马斯·杰克逊，就是没有人能够无动于衷。几乎每一个消息都在影响股市，搅得人心惶惶，大盘震荡。这一点，就连比尔·盖茨的竞争对手也不掩饰内心的羡慕。甲骨文公司总裁赖里·艾利森就对记者说过：“我们也梦想能到华盛顿或欧盟接受反托拉斯调查，但现在看来还很远。”

这话是笑着说的，也许夹了几分玩笑和幸灾乐祸。但有证据表明，那些在嘴上痛斥“微软霸权”的人中，有的其实在内心里做梦都想成为“微软第二”，至少赖里·艾利森先生就是这样。当一位台湾记者问他“甲骨文是否有可能成为第二个微软，变成另一个独占力量”的时候，他笑道：“我希望能。”

艾利森是甲骨文公司的灵魂。他的公司规模在全世界软件业中位居第二，仅次于微软。公司地处加州硅谷，蓝色的湖水和绿色的草坪环绕着一大片几何形状的建筑群，每一座楼房都有着与微软类似的外饰——绿色玻璃和白色幕墙，但却比微软的楼房更加高大。

56岁的赖里·艾利森完全不同于44岁的比尔·盖茨。后者即使成为“世界首富”之后，还是一派平民风格，而艾利森出现在公众面前的时候，总是穿着剪裁考究的意大利西服，要么黑色，要么白色。他精力充沛，头脑敏捷，他的下属说他“大脑里面的东西永远比别人快18个月”。他喜欢冒险、刺激、挑战的运动，尤其喜爱航海，曾经和他的游艇“莎约娜拉”在海上度过三天三夜。当然他最渴望的事情就是击败微软，成为世界最大的软件公司（几个

月后，艾利森的这种心理在相当大的程度上得到满足：当微软股票价格受官司连累下跌到最低点的时候，他个人拥有的股票市值，一度超过了比尔·盖茨）。90 年代中期，他倡导“网络电脑”，希望以此撼动“微软帝国”，结果“廉价电脑”兴起，他的“网络电脑”虎头蛇尾。对于这些往事，他至今耿耿于怀，常常忍不住从一脸络腮胡中挤出几句痛斥微软、蔑视比尔的话。“为什么一个最富有的公司，要不断地用非法手段置对手于死地？我很恼火，联邦法庭也是。”他这样说。对于比尔·盖茨的辞去首席执行官，他嘲讽道：“首席执行官下台，通常是因为工作不力。”

微软在公开场合解释说，公司重大人事调整，是为了更好地适应互联网时代的发展和变化，但大多数中国人对比尔的诚意表示怀疑。他们使用东方式的智谋加以分析，说这是“以退为进”，至少也是一个“缓兵之计”。在谈论一件事情的时候，中国人和美国人是有点儿不同的。在美国，就算是赖里·艾利森那样痛恨微软的人，在提到微软时也不敢离开事实，但是中国人通常并不用心理解事实本身，他们更加注重自己的分析和推理。一位学者在电视台上振振有词地分析，假如微软的官司输了，微软被分割，作为首席执行官，只能掌握其中一个公司，而作为董事长，照样可以掌握所有公司。王选在公开场合使用了“退”和“进”的概念。他说：“盖茨退了一小步，微软前进了一大步。”说出这话，就表明他相信比尔·盖茨的辞职不是权宜之计，不是针对某个具体事件，而是针对整个形势。《北京青年报》在 1 月 26 日还就此发表了几句编者感言：“王选评论盖茨，权威性无人能及。”这话无论是否符合事实，总还是认真之议。不过，冷嘲热讽、幸灾乐祸的人也有不少。北京中鸿天房地产公司总经理潘石屹就是一个，他在最新一期《万科》周刊上说：“比尔·盖茨已经是上一代的计算机英雄了。他强调的是计算机的硬件、软件，实际上我们下一个社会是网络的社会。他落伍了！成了网络一代嘲笑的对象。”

比尔·盖茨在 1995 年曾经说过，他想向历史挑战。在他所轻蔑的所有事情当中，就有“历史”这东西。这有点像美国另外一个伟大的发明家亨利·福特。福特曾经说：“历史只不过是一堆废话。”比尔·盖茨只要遇到那些喜欢“看一看后视镜”的人，就会显得极不耐烦。但是，看看身边的情形，就会知道，不是历史与他为难，而是现实与他为难。国际商用机器公司主宰了“大型机时代”，微软主宰了“个人电脑时代”，现在，在“网络时代”到来之时，好像全世界都在向他挑战。《科技日报》上的标题是：“微软：太阳就要落山了。”还没有人公开煽动“墙倒众人推”，但是越来越多的人相信，微软已沦为“孤家寡人”，就连微软昔日那些最亲密的朋友，甚至包括一些员工的亲人，也开始怀疑他们的行为真在触犯法律。“微软还有朋友吗？”沐阳在他的《审判微软》一书中自问自答，“实际上，在业内已经很难找到微软的真正朋友了。”

1月的第二周里，美国《微电脑世界》评出全球信息技术产业过去一年的“十大新闻”。第一件新闻当然是“千年虫”问题，以后几件差不多都和微软的背运有关。第二是“微软官司缠身”。第三是“利纳克斯”自由软件的兴起，被人称为“利纳克斯现象”。一向对比尔·盖茨友好的北京，也开始转向了。《计算机世界》评出中国信息技术产业的“十大新闻”，把“女娲挑战维纳斯”列在其中第三位。还有中文版的“利纳克斯”上市，被当做一个重要事件，列在第八位。

清华大学不再是比尔·盖茨的讲坛，新来的演说家是理查德·斯德尔曼和麦克尔·戴尔。前者是昔日“自由软件协会”的创始人，也是今天“自由软件运动”的领军人物。此人身材矮小，长发披肩，是全世界编写程序最多的人之一，但其模样与其说像个程序设计师，倒不如说更像个教父，昂首向天慷慨陈词的时候，也不像演讲，而更像布道。在学生们的热烈掌声中，他说道：“自由软件发展到现在这个程度，主要还是因为它‘自由拷贝，平等共享’的精神，以及由此精神衍生而来的新的运营机制。它使所有人都在为一个目标而努力，自由沟通，而不再因为相互隔阂而影响甚至阻碍技术的发展。”在场的所有人都知道，“微软大厦”的基础，就在于将软件当做商品出售，而理查德·斯德尔曼的所谓“自由软件精神”显然是针对微软来的。

后一个演讲者，麦克尔·戴尔，是戴尔公司的董事长。此人与斯德尔曼不同。斯德尔曼是个穷人，没有自己的房子和汽车，甚至连属于自己的电视也没有，而戴尔在计算机业的财富排行榜上是有一席之地的。在中国的舆论中，戴尔是“这个世界上最会利用因特网赚钱的人之一”，与杨致远两人遥相呼应，被认为是“能够取代比尔·盖茨的绝代双骄”。此人年轻而富有创造力。“聚拢财富的速度前所未有”，而且还是“新价值的代言人”。不错，比尔·盖茨是“世界首富”，但麦克尔·戴尔是美国40岁以下的年轻人的“首富”。刘洲伟在做了一番认真的比较之后，在《南方周末》写道：“有趣的是，在任何一个相同的年龄上，戴尔都比‘历史上’的比尔更成功。”戴尔的股票价格在过去九年中上升了2690%，但他从来没有比尔那样傲慢。1999年他出现在上海“世界财富论坛”上，说话平和，面容憨憨的，动作也有点笨拙。他说：“我有时半夜会突然醒来，害怕在这个行业被别人干掉。”他的感叹必是出自真心，可是，谁都不怀疑这是大智若愚。中国报纸上当时是这样评价他的：这是可以让比尔·盖茨感叹“廉颇老矣”的一个人。不过，戴尔不肯加入诅咒微软的行列，也不肯跟着别人一起往井里扔石头。他认识比尔·盖茨已经有 15 年了，对比尔的尊重看来永远也不会消逝。“比尔的成功绝不是偶然的，”他说，“在几百年后，人们谈到他的时候，可能会把他与爱迪生、亨利·福特相提并论，他们都是伟大的发明家。”这话让那些看到比尔倒霉就幸灾乐祸的人不免自惭形秽。但清华大学的学生们不管这些，继续追问他对“微软涉嫌垄断案”有何看法。戴尔很干脆地说：“政府干涉商业行为的做法是不可取的，微软的产品用户愿意买，即使拆成几个公司后，其产品也会同样受欢迎。”还说，他会继续在他的电脑里装上微软的“视窗”。

说到“视窗”，雷德蒙第四十大街西侧的微软总部可就精神大振。2000 年开始的时候，正是“Windows 2000”的最后一役，也是黎明前的黑暗。“我们面临的压力是难以想象的，”比尔·盖茨说，“那是艰苦难挨的岁月，也是激动人心的岁月。”2 月 17 日，“Windows 2000”向全世界发布。比尔·盖茨专程跑到旧金山的发布仪式上，张开他的饱含鼻音的嗓门，作了一大篇演说。这一边，公司总部的员工拥挤在第 26 号楼的大厅里，站在桌子上，坐在椅子上，躺在地板上，一个个喝着可口可乐，东倒西歪，全神贯注，看着巨幅屏幕上面比尔的神采，倾听其滔滔不绝喷涌而出的话，一会儿凝神闭气，一会儿齐声欢呼。就在这演说和欢呼声中，微软的股票市值增加了 77 亿美元。如果《科技日报》上那个“太阳就要落山了”的标题还算数的话，那么现在有人就要发出新的嘲弄了：“太阳要从西边出来啦。”

果然，雷德蒙的欢呼声没有能够持续多久。太阳刚刚出来，便遭遇到一片乌云。

最坏的消息接踵而来

4 月 1 日，芝加哥联邦上诉法院法官波斯纳宣布：司法部和 19 个州与微软公司之间的分歧太大，难以弥合，四个月的庭外调解失败。两天之后，也即 4 月 3 日，美国地方法院法官托马斯·杰克逊宣布：微软违法。法官援引的是《谢尔曼法案》，这部以反垄断为宗旨的法律文本，在美国已有 100 多年的历史了。它是19世纪后期工业社会的产物，至于是不是还适合今日美国的“新经济”，杰克逊法官可不管。他的判决书长达43页，证据、罪名和判词都有一大堆，其中关键的一句是：

> 本法庭认为，微软公司借助反竞争手段来维持其垄断力量，并试图垄断网络浏览器市场。

微软涉嫌垄断的案子旷日持久，令很多人感到厌倦。“这就像克林顿总统的丑闻一样，让人难以评判。”杰克波音特公司的一位女发言人说：“每天你都可以听到成打的网景说什么，微软说什么，可你就是不知道这个审判对我们的生活会产生什么样的作用。”不过，杰克逊法官不这样认为。他锲而不舍地追究微软，在2000年4月3日以前，此人曾宣布微软“有罪”，但却在微软公司上诉之后，由上诉法院将原判驳回，以微软胜诉而告终。现在，杰克逊再次宣布微软“有罪”。看来，这一次形势对他特别有利。

比尔·盖茨当然不服。他立即表示要上诉，说出话来仍旧强硬：“这个判决只说明了一个众所周知的事实，那就是，微软公司的产品让个人电脑更便捷地走进千家万户。微软的重点仍将是改革和创新。”联邦政府司法部长珍尼特·雷诺针锋相对地说，微软要对自己的行为负责。微软还没有应声，美国众议院多数党领袖迪克·阿姆伊已摆出一副仗义执言的架势。他说：“微软提出上诉是有道理的。”他批评政府在这一问题上采取的立场还是一成不变的传统观念，但市场却在不断变化。还暗示，侵害消费者权益、阻碍新技术发展的不是微软，而是政府“坚持老一套”。得克萨斯州州长小布什一边替自己竞选，一边替微软抱屈。“微软不应被肢解。”他对选民说。还说，他总是选择创新而放弃起诉。

当然，最高兴的人是那些在以往同微软的竞争中处于劣势的公司。这些人击掌祝贺，就好像占了上风的不是司法部，而是他们自己。如果能把法庭上的胜负搬到市场上来，岂不更妙？太阳微系统公司首席执行官斯科特·麦克尼利最直接地道出这个想法。“我们要求将微软一分为三。”他说，“判决只证实了世界上所有人都了解的事实，即微软是在搞垄断，它一直在违法操作。”

杰克逊法官裁决微软“有罪”的那一天，有一阵子，斯蒂夫·鲍尔默承认自己有些“灰心沮丧”，不免想发牢骚。“这个裁决意味着什么？意味着大家可能无法理解微软是怎样的企业，”他说，“我们集中力量往前发展，可是却被看做是一种威胁，我们追求完美的热情也被曲解。”来自竞争对手的“曲解”不会令他失望，因为他对他们从来没有希望过。真正让他难过的，也许是一些曾经围拢在他身边的人：“我知道在微软工作必须付出什么：难以置信的精力、狂热无私的奉献、非凡卓越的创新。可是，一些朋友、家人和熟人，可能在几天内就把这一切全忘了。”公司向政府提出很多妥协方案，调解小组花去几千小时，包括比尔·盖茨和斯蒂夫·鲍尔默在内的高级管理人员，花费了几百小时，可是仍然遭到政府的拒绝。司法部想要的是，大刀阔斧、前所未有地限制微软的业务。“比尔和我已尽一切努力，希望能够调解顺利，”他悲哀地说，“现在看来，我们和政府之间已无法达成一致。”

但是，斯蒂夫·鲍尔默的灰心沮丧很快平息。在乐观和信心重新占了上风之后，他便坐下来给微软全体员工写信：

今天中午，美国华盛顿地区法庭公布了微软反垄断案法律裁决。正如我们所预料的，由于法庭先入为主，结果对我们明显不利，这是可能持续几年的法律程序的第一步。很显然，一旦上诉，这个裁决在很多地方经不起复审。不过，在我们上诉之前，审判法庭必须决定赔偿方案。我们估计，今后几个月内，杰克逊法官会决定赔偿事宜，并公布最后判决结果。我们将从公布之日起上诉。

我们相信，法庭最终会发现，微软过去的行为完全符合法律而且对消费者有利。我们认为，现在的裁决没有反映电脑行业的现实：激烈竞争，飞速创新，先进的软件产品给消费者和企业不断带来好处。这个裁决更没有反映这样的事实：我们致力于发展全新的软件平台，为大量相关企业提供机会，我们应永远拥有创新的权利，并且把新的技术放在产品中。这对整个产业至关重要。

政府反对微软的核心思想是，反对发展一个能有力支持因特网的新视窗版本。而我们相信，投资发展视窗全新版本对因特网发展有贡献，对大量的企业有利，这将使美国始终站在此项技术的前沿。我们相信，法庭最终的裁决，应当是以法律推动此类举措，而不是给它定罪。

当人们向我打听这场官司时，我告诉他们三件事。我告诉他们，上诉权是美国法律体系的基本原则，在上诉结束之前，任何事情都没有定数。这是我们从经验中得出的。我告诉他们，对这个伟大的企业，对我们出色的员工，对微软惊人的产品，我无比自豪。我还告诉他们，我比以往任何时候都对公司充满信心。我相信我们的员工、我们的技术、我们的前景。我们必须坚定信心。

今天的裁决意味着什么又不意味着什么，想清楚这些对我们很重要。裁决不会改变我们面临的挑战和机会。创新领域前所未有地扩大着。正是这种激动人心的机会和挑战，决定了微软和这一产业的命运。我们仅仅探索到改善人类生活技术的表层。同时，我们认识到树立产业榜样的特殊责任。过去25年，我们一直把自己看做一个不断进取、不断追赶产业巨头的小企业，尽管在前进的过程中，我们已经成长为一个大企业。尽管和一些企业展开竞争，但是微软和视窗给上千家企业带来了惊人的机会，同时也给我们自己带来成功。

我们可以做得更好。但这不意味着减少创新或者减少给消费者的利益。这恰恰意味着，我们曾经坚守的准则，如机会均等、正直诚实、创新改造、顾客至上和合作精神，在今天尤为重要。我们将一如既往地遵守这些准则。

过去两年，微软成了法律媒体追逐聚焦的目标，我完全清楚这样的日子有多难过，所有的人都希望事情到此为止，但如果我们坚持把精力放在创造机会、创新产品上，我相信等熬出头的那天，我们会变得更坚强，也更成功。

再次感谢你们的支持，你们是世界上最了不起的员工。

“视窗”：造福人类还是危害人类?

就在微软35000个员工在世界各地阅读斯蒂夫的既委屈又乐观的信时，美国市场上的一本书也开始引人注目。书里列举的证据，对杰克逊法官的判决和麦克尼利那样的谴责者不利。作者显然不是跟着起哄的那种人。他把过去几年每一个月专家对微软产品的评价都摘录下来，详细研究其中四个产品从进入市场到占领市场的整个过程，以及在技术方面的不断改进，令人惊讶地找到了两者之间的相关性。“凡是在超过50%的市场占有率的时候，都是产品得到客观杂志最好评价的时候，也是用户最欢迎的时候。”他这样写道。除了这个人和这本书，同情微软的还有不少，但总的来说，不如反对微软的阵营那样人多势盛。不过，那个阵营里面基本上都是微软的竞争对手和一些政府官员，至于消费者，大多数人并不认为这件事情值得这样兴师动众。一项在美国公众当中进行的民意调查表明，有66.5%的人认为，联邦司法部和地方法院对微软的诉讼，是“乱花钱”；19.6%的人认为，“调查必不可少”；还有13.9%的人说，他们“不知道应该怎么办”。在另外一项调查中，支持政府控告微软的只占20%，却有62%的人站在了“反政府”的立场上，他们认为，微软对美国经济发生了正面的作用，不应被拆分。

美国人对微软又爱又恨，中国人对微软也是又爱又恨。不过，事情的发展让我们再一次想到，大多数中国人，无论是特别爱微软的还是特别恨微软的，其实并不真的了解微软。当然这并不妨碍他们继续用自己的心态去衡量美国发生的事，就如同美国人喜欢用自己的价值观去衡量世界一样。《中华工商时报》的“水皮杂谈”专栏文章说：比尔·盖茨造就了“一个可以操纵现代网络时代经济脉搏的帝国，只要他愿意，随时可以伤害用户的利益、社会的利益。分解微软对微软不公平，但是对社会则是一种保护”。编辑还套用一句格言的后半句——“卑鄙是卑鄙者的通行证；高尚是高尚者的墓志铭”，稍加修正，就成了评论微软的标题：“垄断是垄断者的墓志铭。”这样的论述，显然并没有顾及事实本身，只是出自一种推理和联想，但却代表了很多有教养的中国人对这件事的看法。复旦大学管理学院副院长芮明杰在报纸上写道：“从拆分微软一事看，美国选择了‘自由竞争战略’。”又说，政府控告微软，“是为了美国经济长远发展的利益”。另外一位名叫陈彩虹的，在《IT经理世界》上说出一番话，更加富有感染力：微软是市场自由竞争制度下产生的一个神话，不过，对美国政府来讲，“维护一种充满活力的竞争制度，比维护一个或是数个‘神话’更加重要，即使这样的‘神话’有着相当的社会影响力。充满活力的竞争制度所展示的是无数个‘神话’出现的可能，维护它的价值不论如何小，也会大大地多于维护一个特殊‘神话’的价值”。党中央机关报《人民日报》的一篇文章，借着陈彩虹的这番话，把“美国微软”和“中国电信”加以对比，暗示中国也应当学习美国。

这些论述无论出自何种角度，几乎都有一个共同的前提，这就是，微软已经成了新经济时代的“拦路虎”，所以美国政府宁愿牺牲微软，也要顾全大局。这在我们国家那些饱尝垄断之苦的人看来，真是一个佳境。实则这一逻辑的背后是两个相互矛盾的结论。微软本身是一个“奇迹”，这不错。在它之前，福特、波音、国际商用机器公司，都是“奇迹”；在它之后，“雅虎”和

“甲骨文”，也都是奇迹。这似乎已经证明，微软虽庞大，却根本没有能力阻止美国产生新的奇迹，就如同当初没有一个“巨人”能阻止微软成为新的奇迹一样。在我们的国家里，几乎每一个评述微软的人，都相信微软早晚将被人取代，甚至现在就已日薄西山。看到杨致远的崛起，他们喊道：“比尔·盖茨的掘墓人来啦!”看到艾利森的股票市值超过了比尔·盖茨的，他们又喊：“世界首富换人啦!”可是，他们又说，微软横行霸道，微软在扼杀竞争者，微软在垄断……如果不把它大卸八块，他们会像“纳粹坦克”一样把前进道路上的一切都碾得粉碎。这前后两个结论出自同一些人之口，令人不禁有些奇怪：事情到底是怎样的呢?

最近十年中，美国的新经济之所以能够长足发展，并且领先于世界信息技术，微软毫无疑问发挥了作用。这当然不仅在于它为全世界提供了35000个就业岗位、数十亿美元的捐款（比尔·盖茨个人的）、数百亿美元的年营业额、数千亿美元的股票市值。而且更在于，它为个人计算机时代提供了一个操作系统——“视窗”。当“视窗”的市场覆盖率接近90%的时候，你可以理解为它垄断了市场，也可以理解为它为市场提供了一个标准。

“标准”的价值，不是暂时的和局部的责任，也不仅止于一个产品或者一个公司的兴衰，而是同整个计算机软件体系的基本情形相联系。

操作系统对于计算机软件体系，有如地基对于一个庞大的建筑群，乃是处于最基本的层次。绝大部分应用软件都是建立在操作系统之上，这情景又像是在一个地基上建造形形色色的楼房。在个人计算机尚未流行的时候，大型服务器的操作系统，大都是由国际商用机器或者数字公司来制作。那时候，一套操作系统的价格要几十万甚至上百万美元。个人计算机兴起、而“视窗”尚未成熟之时，一套普通个人计算机的操作系统，也要上千美元。今日个人计算机的“视窗”操作系统，价格不过为原来的10%，功能却比原来强大几百倍。应当说，这有着计算机技术整体进步的原因，但“视窗”的出现和完善，的确是其中一个最重要的动力。所以，张亚勤说：“正是因为有了‘视窗’，计算机才能进入千家万户，软件才会这样便宜。有了这个‘地基’，成千上万开发商才能在它的上面盖出形形色色的漂亮房子，而不必担心房子地基的内部是什么构造。只要地基坚固稳定，就已足够。”

张亚勤所说的“地基”，也即“视窗”，其实就是一种“标准”。一台个人电脑若要成功运转，必须“合三为一”：一个是用户；一个是软件开发者；

一个是硬件开发者。20年前，你如果找一个科学家，给他一台国际商用机器的个人计算机，送他一套软件，往往不能使用，因为三者不能配合。所以，那个时候人们挂在嘴边上的疑问是："能不能兼容?"现在，这样的问题已经没有了。三者之中，任何一方都不必担心另外两个方面能否"兼容"自己的东西。硬件开发商做的机器，可以运行任何软件；软件开发商做的应用软件，可以用在任何机器上；用户也不用在这个机器上学一套，到了那个机器上再另搞一套。大家有了一个共同的平台，就好像有了共同的语言，说话办事都方便。这种情形使得美国成千上万的软件公司和硬件公司，都有一个很方便的渠道去研究开发自己的产品。老实地说，美国计算机业在过去十年里迅速发展并且领先世界，这是一个重要原因。由这种情形来看，一个标准给人类带来的好处，远远超过它带来的伤害。

当然这仅仅是对那些应用软件的开发商和消费者来说的。如果一个人参与操作系统的竞争，也就是另行设计建筑地基，而不仅仅是盖房子，那么他就难免感觉到"视窗"的垄断。在目前微软涉嫌垄断案中，最急迫地要求微软开放"视窗"源码的，大都是这样一些人。

公开操作系统源码并且允许任何人来修改的建议，一旦付诸行动，当然可以产生鼓励竞争的效果，不过，事情不会这么简单，"你可以设想一下，如果一百个人都在做操作系统，会发生什么?"张亚勤这样说。他进一步解释，现在消费者买房子，并不在乎地基里面是什么样的，只要牢固就行。一大堆房地产建筑商本来是在一个完全没有疑问的地基上盖房子，只需关心房子的款式。但现在不同了，地基动摇了，任何人都可以来修改它，它不再具有统一的标准，也没有人知道它明天将会发生什么变化。于是，建筑商无所适从，不知道他们的房子怎样才能适应五花八门的新地基，当然也不会积极进取地去盖房子啦。

我们不能断定，这是不是那些拼命打破"视窗"垄断的人们想要看到的情形，但可以确知的是，这不是消费者想要看到的情形。

李开复坚持认为，就算司法部和19个州起诉的所有事实全都成立，以"视窗"占有82%的操作系统市场来衡量，微软也只是处在垄断与没有垄断的边缘，至于微软的其他产品，全都说不上垄断，甚至说不上有明显的优势。但是问题还不在这里，垄断本身并不一定违法，关键是微软有没有利用垄断欺压别人。"我们是根据消费者的需要做的。每一个人都希望在'视窗'里面增加与因特网连接的功能。”李开复说，“一个垄断者的反消费者的行为，比如不努力改进产品，只提高价格，这样的事情，在微软是没有的。”

微软在庭审中的失利，按照反对微软的人们来解释，是因为微软触犯了法律。但是按照一些维护微软的人来解释，乃是因为其间牵涉了很多法律之外的问题：

比如微软陷于今天这样的处境，是因为不懂规矩。这些人就像一个缺少教养的大孩子，不知道花足够的时间去做那些与政府修好的事情。可以想象，一个人爬得很高，得志便猖狂，不仅不能老实地夹起尾巴，反而耀武扬威起来，这就很容易遭人嫉恨，甚至成为挨整的对象。

又比如，微软的律师和证人在法庭上表现极差，而司法部的检察官却有超常的发挥。他们熟知此种法律程序的关键，即使证据不足，也知道怎样依靠丑化微软形象，来赢得胜利。当微软的一个证人出庭作证的时候，所有人都发现了这一点。政府的律师向这位证人询问一个很细小的问题：某某公司的人是什么时候向你要那个软件的？证人回答：6 月中旬。又问，此前有没有？回答：没有。律师拿出证据，证明那时间不是 6 月，而是 5 月。证人承认自己记错了。律师说：“那么你的每一句话是不是都记错了？”司法部于是得到他们需要的东西——不是“时间”，而是微软的证人“不诚实”。

不过，持有以上种种维护微软言论的人，仍然承认，微软的行为并非无懈可击：微软有些人年轻气盛，在外面表现很差。在和别的公司谈判的时候，他们很可能就讲出一些不可以说的话，诸如“我们已经占领了全世界，你的产品不要做了”等等，甚至也有可能指着人家的产品说，“用刀把这个婴儿杀了（被告在法庭上坚决不承认他说了这句话，原告证人坚持说确有其事）”。

从法律上说，诸如此类的话即使全部证实，至多引起人们感情上的厌恶，很难说就构成违法的证据。瑞曼德·比克赫尔茨博士站在一个旁观者的立场上，是如此评论这件事情的：“比尔·盖茨让世界变得更好了。他富有远见地创立了一个‘开放体系’，让成千上万独立开发者的天才智慧得以发挥。如果说他犯了一个错误，那是因为他太专注于微软的成功，而忽视了这样一个事实：当你占据相当优势的时候，你必须愿意让一些别人也做得很好的事情同样得到发展。”他认为“微软有些事的确做得不对”，不过，“审判太严厉了，拆分微软将对消费者产生不利影响。这样的惩罚措施不能解决问题”。

瑞曼德的话很明显地牵涉到美国司法制度的一个特色：法官的权力很大，而每一个人的主观倾向都不一样，因而也就影响到最后的判决。

华尔街最黑暗的一天

官司审到这个地步，多数中国人都认为，微软已经输了，报纸上也是这样说的。拿中国的情况来估量，企业惹恼了政府，那就只有自认倒霉：哪有政府打官司输给企业的道理？他们不明白，美国是一个很复杂的体系，目前的判决只是最低一层法庭的意愿，微软还有上诉的权利。这种上诉，也绝不会是我们中国人通常认为的那样，只是一种形式。事实上，在政府状告微软的这段漫长诉讼中，微软总是占上风。没有人来保证微软将在这次上诉中获胜，但微软的比尔·盖茨、斯蒂夫·鲍尔默以及所有职工都相信，他们在上诉法院中仍将处于有利地位。尽管《谢尔曼法案》对他们不利，但美国的整个法律秩序并非没有一点对他们有利的地方。在大多数情况下，美国法律倾向于保护被告，它规定：在不服法官判决的情况下，被告可以上诉，而原告不能上诉。按照这样的法律，微软上诉如果失败，仍有机会上诉到最高法院，但它如果获胜，则杰克逊法官和司法部就没有机会翻盘。

所以，无论是同情微软的人还是幸灾乐祸的人，都承认，这官司还要拖上很长一段时间，才能决出最后胜负。当然大家也全都同意，在整个诉讼过程中，微软都会陷于激烈的震荡，甚至给人以一种风雨飘摇的感觉。昔日那些在竞争中败北的对手，正可以利用微软不能全力以赴角逐市场这个时机，大展宏图，到最后，就算微软把官司打赢了，可市场上的形势就该急转直下啦！

看2000年4月3日这一天美国的情势，就会觉得这种期望一点也不荒唐。托马斯·杰克逊断案甫毕，股市应声而落。微软被宣判为“有罪”，是股市动荡的导火线。“纳斯达克”和“道琼斯”的几个历史最低点，都是这以后的两个星期里诞生的。其中“纳斯达克”在4月3日这天降了349.15点，有一个时刻，创下了指数单日跌幅的最高纪录。当日以4223.68点报收，跌7.64%。微软股票价格下跌15%，一天之中，市值损失800亿美元，超过了“视窗2000”发布那天股价升值幅度10倍。“全世界最值钱的公司”经过这一天的洗礼，排到思科公司和通用公司之后，变成“老三”了。

这才仅仅过了一天，世人谈论微软的话题，又转了向：不再说什么“垄断”或者“霸权”，而是说它“理所当然地具有牵一发而动全身的作用”。本届美国政府一向对国内经济问题不用操心，现在也沉不住气啦。比尔·克林顿总统在白宫召开“新经济智囊研讨会”，把比尔·盖茨也请来了。两个比尔比肩而坐，谈笑风生。这场面被美联社的一位记者拍照下来，传播得全世界都能看见。也许，作为总统的比尔，就是要在这时候向全世界展示他对“首富比尔”的支持。华尔街投资分析家里克·舍伦德赶忙出来说：“投资者应该拥有坚强的神经。微软的股票仍值得推荐。”不过，这一切收效甚微。第二天，股市稍微抬了一下头，便掉头向下，一路跌下去。

一年前有人警告说，股市过于膨胀。还有人说，在高科技的华丽招牌之下，已经吹起来一大堆“泡沫”，早晚会破。不过，没有人认真对待这些警告。1998 年 10 月以来，纳斯达克股指一路攀升，到 2000 年 3 月 9 日，突破了 5000 点。投资者欢呼这一历史新纪录，有人还一天天地数过来：从 4000 点到 5000 点，只不过走了 46 个交易日。报纸上的股评家们据此预测：“纳斯达克”在年底之前达到 6000 点，如探囊取物。却不料，第三天，股指开始下降，摇摇摆摆地走到 3 月 28 日，华尔街久有盛名的高盛证券首席投资策略分析师科恩女士发出警告：“危机正在向我们走来。”但直到这时，还没有人相信她的话呢。五天之后，真的是“狼来啦”。又过了十天，也即 4 月 13 日，“纳斯达克”已经跌了 26.5%，只剩 3764 点了。

然而还有更糟糕的事情呢。4 月 14 日，劳工部说，美国 3 月份的消费指数上升 0.7%，比 1999 年上升 3.7%，高出经济学家的预期，也是五年来的最高点。这可是真正的“火上浇油”。当日股市一泻千里：道琼斯指数下去 617.78 点，跌幅 5.6%，是历史上最惨的一天。纳斯达克指数又跌了 355.49 点，约 10%。这样算来，已经从最高峰跌了 34%。那一天是星期五，所以全世界的人们都说，这是一个“黑色星期五”，也是“华尔街最黑暗的一天”。美国国会共和党领袖再也按捺不住，对政府控告微软的举动提出怀疑。他说，微软对美国经济、对美国消费者的贡献，是美国任何一个部门不能比的。按照他的建议，应该被拆分的不是微软，而是司法部。也正是在这个时候，比尔·盖茨来到国会，在 100 多个国会议员中受到英雄凯旋式的接待。

这个周末，克林顿总统顾不上度假，因为他如果不能扭转颓势，就有极大可能让他的民主党在即将到来的大选中败北。他赶忙出来说，他认为股市的长期趋势仍然“非常乐观”，2000 年也将是一个经济增长强劲、通货膨胀温和的“好年头”。然而与托马斯·杰克逊法官的声音比较起来，总统的话显得一点力气也没有。

4月24日，《华尔街日报》、《今日美国》和《华盛顿邮报》这三家美国主要报纸同时报道，司法部倾向于将微软肢解成两家或者三家相互独立的公司。一是视窗作业平台；二是其他软件部门；三是网络部门。假如真的如此，那便是司法部自1974年以来首次根据“反垄断法”下令将一家企业拆分。报纸为这件事情留着余地，告诉读者，对于肢解微软的计划，司法部和19个州意见并不完全一致，多数州表示支持司法部的建议，但也有一些州认为，肢解计划仍然不够严厉。报纸还说，政府方面有所顾忌，担心过于严厉的惩罚会导致微软降低效率，还可能导致“视窗”分裂成好几个标准。这样看来，政府对微软倒还是宽容的了？

微软股票应声再跌，眼睁睁地到了一年以来的最低值。截至24日中午1点，道琼斯平均工业指数下跌了148.61点，纳斯达克指数跌了297.65点。这一天股市收盘的时候，微软股票市值又损失了640亿美元。如果按照微软股票52个星期以来的最高点——每股接近120美元来计算，跌幅累计达到43.28%，市值损失大约2400亿美元了。傍晚时分，纽约股市分析家还透露了一个消息：比尔·盖茨持有本公司股票740946300股，在这一天净损失100亿美元，只剩下价值494.1亿美元了。而另外一个人——甲骨文公司总裁艾利森，持有甲骨文股票689706050股，在这一天价值499.6亿美元，超过了比尔·盖茨。第二天，一个消息出现在全世界的报纸上：比尔·盖茨“世界首富”地位受挑战。不过，美国人对这个消息倒是不太在意：不论“旧首富”还是“新首富”，反正都是美国人。（关于艾利森的财富已超过盖茨的种种报道，显然不确。事实上，比尔·盖茨在股票之外的其他投资至少还有160亿美元，就财富总额说，仍超过艾利森很多。）

在太平洋的这一边，大多数中国人都是旁观者，但有些人不是。这一天，希格玛大厦里的经理们正在开会，坏消息来了，立刻影响到会场里的气氛。就科学的领域来说，希格玛大厦的人永远是关注未来的，至少也是五年以后的未来。但若说到腰包里的钱，他们无一不是“现实主义者”。

按照美国卡耐特集团的分析员麦克尔·卡顿波格的看法，微软公司“目前的工资低于行业标准”，它“通常用股票期权奖励员工而不是用厚厚的工资现金”。可是在4月3日这一天，这些人的股票财产减少了15%；14日这一天，减少了15%；24日这一天，又减少了15%。面对这种局面，谁能不“现实”呢？麦克尔·卡顿波格肯定也理解了这种情形，所以他说：“如果你的工资低于市场价格，而你又一周工作90个小时，那是因为微软的股票持续上升。现在，股票跌了，你突然发现，你工作的时间很长很长，仅仅为了领到低于市场价的薪水。”

斯蒂夫·鲍尔默怎样力挽狂澜

首席执行官斯蒂夫·鲍尔默真叫倒霉，上任伊始，就碰上了这么糟糕的局面。

斯蒂夫·鲍尔默的外表一点也不像他的前任比尔·盖茨。他身材魁伟，大脸盘儿，高鼻梁，宽额，秃顶，一双小眼睛炯炯有神。在微软，斯蒂夫·鲍尔默有“非凡之人”、“微软之魂”、“龙中之龙”这一连串的“称号”。他是一个无与伦比的鼓动者。对他来说，演讲不是演讲，而是战争。他在台上不是坐着，不是站着，也不是走着，而是在来回地奔跑着。不是在讲话，也不是在呼喊，而是在咆哮。他总是在一片“斯蒂夫”、“斯蒂夫”的呼喊中跑上台去，而当他走下台时，他和他的听众都把嗓子喊哑了。他的声音和他的身影铺天盖地，激情澎湃，每一次都把在场所有人的情绪燃烧起来。和比尔一样，斯蒂夫绝顶聪明，处事果断，个人意愿极为强烈。这两个人同样拥有员工的钦佩和信任，这与其他许多公司里的情形不同——在那些地方，员工们通常把老板当做饭后茶余嘲笑的对象。斯蒂夫有一副坏脾气，发起火来令人害怕，这一点又很像比尔。不过，在私下的场合，斯蒂夫和比尔的不同之处就会显露出来，他善解人意，总是从别人的角度来看问题，懂得体会别人的感觉，善于理解别人的想法，即使碰到不同意见，也能尊重。还有，他这个人永远都很愉快，对自己对公司有无比的信心。在李开复看来，他的老板身上还有一些更重要的品质。“与我在其他公司见过的总裁比起来，比尔和斯蒂夫两个人对公司的热爱更加强烈。”他说，“在别的公司，总裁都有一个感觉，是帮助别人打工的，哪怕位置再高，还是打工的。你雇用我，我有饭吃就干，哪一天没有饭吃了，就走。但在微软，他们两人给人的感觉是，公司就是我的家，是我一手创造出来的。他们把自己和公司融成一体了。”

自从4月3日给全体员工写出那封信后，斯蒂夫·鲍尔默又接连写了几封信，向他的下属解释官司的来龙去脉，但是，他仍能感受到一种失望的情绪在公司内部弥漫。“据几位知情者说，最近几周，大家情绪很低落。”一位名叫乔·维尔考克斯的记者在4月的第三周里这样描述微软。这话一点也不夸张。到了4月24日，这种情绪达到顶点。现在，就连斯蒂夫这样的鼓动家也感觉到，仅仅靠鼓动已经不够。他觉得有必要采取一项酝酿已久的措施。

4月25日，斯蒂夫·鲍尔默给微软所有员工发出电子邮件：

全体员工：

周一，我们的股票急剧下挫，政府又放出可能拆分微软的风声，对你们的担忧，我想如此作答：

先看一下，作为一家公司我们干得多棒！刚刚结束的第一季度，我们宣布，实现营业收入56.6亿美元，比去年同期增长23%；利润为23.9亿美元，增长也是23个百分点。

当你念完这份邮件后与家人及朋友交谈的时候，我希望你们还要记住几件重要的事情。

第一，微软公司是美国今天整个经济的代表，是最近25年新经济的代表，绝对不会被拆分的。你们不要看报纸上说什么，目前案件中没有一点能够证明解散微软是合法的。即便法官同意如此极端和史无前例的决定，按照法律程序也还有许多步骤要做，包括向上诉法庭申诉，如果需要的话甚至向美国最高法庭提出上诉。我们曾经在上诉法庭赢过，一步一步往前走，比尔和我有信心再赢。

第二，对微软的前景我十分乐观。微软与生俱来就是一个竞争者，我们将一如既往地公平公正而又充满活力地竞争下去。我们有一系列令人惊讶的新产品，它们将为我们的生意创造巨大的机会。我们今年将拥有视窗2000服务器、SQL 2000服务器和一批新产品，在服务器软件方面，与“甲骨文”和“太阳”竞争有强大优势。我们能支持多数网络公司和企业的需要。我们的MSN在可及范围内有着强大的吸引力，其上涨幅度大大超过“美国在线”和“雅虎”，仅在过去的四个月内，我们的MSN因特网接入业务就增加了50万新用户，这使我们的用户总量达到250万。所以我们对将来有信心。

第三，我们将往前走，不是因为过去有多了不起，而是因为我们有一个全新的战略。我们很多伟大的设想将会创造成功的未来。我们将在今春晚些时候召开的2000论坛上推出新一代视窗服务系统，这是微软为因特网时代推出的新平台。这些技术和服务将和第三方开发者一起，建立起因特网发展历程的新时代。我们在个人电脑领域占据强大的位置，如今和发展商及技术工人联合起来，新一代视窗服务系统将使我们和消费者、电子商务和非个人电脑设备一起成长。尽管有许多事情需要仔细考虑，但我们已经为这种转型准备好技术，并将果断地付诸现实。当我们这么做的时候，我们将拥有一个真正为其他公司创造同样机会的平台，正如视窗一直在做的那样，我们将永远是第一的。

第四，我们拥有整个业界最好的员工，有强大的领导队伍，有第一流的技术人才，再加上在研究发展领域的大量投资，我们拥有光明正大参与市场竞争的一切条件。所以，请不要，一分钟都不要，把你的眼睛从你们的竞争对手上移开。我们需要每一个人100%地专注，帮助我们创造良好的产品和服务，满足消费者的需要。

第五，我希望每一个人都知道，微软将继续感谢和奖赏员工作出的贡献。未来几年，我们必须不断前进，才能提供产品和服务，才能有效地参与竞争，为此，我们要求每一个人做的事情非常多，所以我们要确认你不会担心股票市场的上升或者降低，没有后顾之忧地面对你的竞争对手，从事你的工作。作为回报，尽管股市和公司股票出现不正常的波动，我们仍要确保你们实现未来的计划。

我们正制定一些额外的补偿员工的方案，4 月 24 日起有效。计划适用于公司的每一个人。另外，我们还将努力补偿那些为公司作出最大贡献的员工。

我感到高兴，我们能够向员工提供这些补偿办法，作为对你们的艰苦工作和对公司巨大贡献的承认。同时，从长远的眼光来看，我们的道路最终将通向成功和繁荣，对微软和对你们每个人同样如此。我想，认识到这点对我们也是很重要的。如果我们继续集中力量创造良好的产品和服务，为消费者提供他们所需要的东西，报酬定会随之而来。和过去15 年的多半情况相同，微软是一个公共企业。

回想过去 20 年我们和视窗的成长，看看我们的产品给顾客带来的巨大益处，我就能明白，为什么我会为这家企业工作近半生，而且仍对未来的前景感到兴奋。我们确确实实改变着世界。

我们拥有坚强的队伍，行业中最好的技术头脑，和一个名叫比尔·盖茨的首席软件设计师。招兵买马的工作竞争激烈，但进展顺利。我们的离开公司员工的百分比，比其他公司少一半。

我们的热情、产品和商业模式，将使微软继续成为软件、因特网、信息技术服务和新兴技术世界的领导者。继续你们的艰苦工作吧，我们将全心关注两件事情：创造出消费者需要的软件产品和服务；为我们的股东最大限度地创造长期利益。在未来的日子里，你和我是在一个队伍里，永远在一起，正如我们在广告中所说的："最好的一天还没有到来。"

斯蒂夫

斯蒂夫不愿意将他的"决定性的动作"向公众公开，这在美国的公司管理中乃是惯例。但是，对于微软这样的公司来说，实在是没有什么秘密能保守的。就在斯蒂夫向员工通告了他的"员工补偿方案"之后几个小时，几位无孔不入的美国记者便把所有细节都弄清楚了。根据当日美国形形色色媒体发布的"最新消息"，这一"补偿政策"包括：

——增加假期时间。

——增加晋升机会。最近一次的升迁给微软管理队伍增补了30个副总裁。随之而来的是工资大幅度上升。

——最重要的是，所有员工都将得到一次性的股票期权，价格是24日收市价66.63元。股票认购数量将比过去增加一倍。一些高级管理人员和对公司贡献极大的技术人员，获得的股票期权数额比通常多八到十倍，甚至可以达到20万股。

这些政策在4月25日传到希格玛大厦来的时候，首先引起李开复的激动。

两个星期以前，李开复和张亚勤还曾在一起交头接耳。张亚勤有几分忧虑地说："最近公司股票不好，会不会有人担心报酬出问题？"李开复说："我们应该向职工尽力解释未来的希望，但是如果公司能够有一些特殊措施的话，就更好了。"他嘴上这样说，心里却觉得这件事情困难之极。在苹果和SGI的时候，他曾经历过两次公司震荡，那时的情形至今还历历在目：每一次股票下降的时候，员工就会向老板抱怨："你把股票用30元给我，但现在只有15元了，怎么办？"总裁的第一句话总是："你们都想把30元到15元之间的钱让公司出，但是公司已经在亏损，怎么给你们出这个钱？"直到最后，员工纷纷离去，董事会真的着急起来，力图补救，为时已晚。这一回，李开复怎么也不会想到，斯蒂夫竟然如此迅速又如此大规模地颁布了“补偿政策”。

“我对他的果断非常惊讶。”李开复说。

“这么快、这么具体的反应，我过去从来没有见过。这表明斯蒂夫对人才特别重视。也让我对微软的信心更足了。”张亚勤说。

然则股市上的变化为什么如此令人震撼？斯蒂夫·鲍尔默又为什么如此快捷地做出反应？其“补偿政策”对于每一个员工来说，究竟有多大的实际意义。探本溯源，还必须从微软实行的薪酬制度说起。

“金手铐”

任何一个时代的公司制度中，薪酬都是关键一环。这在20世纪最初20年，有福特公司“日薪五美元”的轰动整个美国为证。现在到了20世纪末，收入仍是全世界的主要话题。

在中国，“财富”二字在今天报纸上出现的频率，甚至比过去出现的“革命”二字还要高。“暴发户”的发家史则是普通百姓中最引人入胜的故事。在信息技术领域中，“尊重知识”的呼声虽然强烈，但通行的逻辑仍然是，“智慧是财富之源”。“知本家”一类的观念开始流行，这表明人们不愿意将知识和财富分开。这个春天报纸上出现的一个激动人心的新话题，就是“中关村出了千万富翁吗？”

中国读者很关心微软员工的收入，他们对于一个公司居然能产生数千“百万富翁”、数百“千万富翁”、数十“亿万富翁”，惊奇不已。恕我们直到现在才来叙述这个问题。因为这在微软以及任何一个外国公司当中，既是公司机密，也是个人隐私，不仅不为外人所知，而且就是在公司内部，员工也不能确知彼此收入的多寡。但更重要的原因是，微软员工不喜欢人们从金钱的角度去看待他们。由事实的本身来看，这里最引人入胜的东西，的确不是财富，而是产生财富的环境。

可惜这种情况并不能被外人理解，至少在表面上看是如此。比如清华大学电子系的硕士生中间，就在流传一个让大家深信不疑的传说：

“你知道张亚勤年薪是多少吗？”

“六十万美金！六十万啊！”

希格玛大厦第五层的人们，口口声声只讲自己的科研而不讲自己的收入，他们知道大楼外面的人都把他们的收入“传得很邪乎”，却不知究竟是如何传的。直到有一天，一位经理听说了“张亚勤的年薪”，又好气又好笑地脱口而出：“瞎说！比尔·盖茨的年薪也不到这个数。”（根据美国媒体公布的资料，1999年比尔·盖茨的年薪是66.3万美元；斯蒂夫·鲍尔默的年薪是66.5万美元。）张亚勤本人在听说了自己的“年薪”以后，就只有无奈地摇头。

微软员工的年薪水平完全由公司确定，但却不是老板“拍拍脑门想出来的”。确定工资水平有如确定商品价格，必须确保公司在人才市场上具有足够的竞争力，而又不致把行情过分抬高，所以首先需要“知己知彼”。如前所述，公司人力资源部的职责之一是，确定适当的薪酬水平。公司设定专人不间断地作出“薪资市场评估”。这种调查每年举行两次，其中一次囊括了所有行业，另外一次则是针对大约20家可以成为竞争对手的公司。假如出现了公司员工外流的情况，那就要特别关注这些人流向哪个公司，那里的情况又发生了什么变化。调查通常委托两家最著名也最有信誉的调研公司同时进行，调查人员严格遵守行业的保密守则，资料显示也只是一般取样，而不涉及被调查公司的名称。不过，大家全都心照不宣。公司在充分了解竞争对手的情况之后，才会提出自己的工资水平。其基本原则是，不能太高也不能太低。如果把同业所有公司的工资水平按照从“零”到“一百”加以排列，微软看好的位置是“第三十五位”。

这样看来，单就年薪来说，微软雷德蒙总部18000名员工的实际收入，比人们通常想象的要低一些。至于北京的希格玛大厦里，凡是从美国回来的人，仍旧按照总部的工资水平，比如李开复离开SGI加入微软之后，工资降低了将近一半。张宏江离开惠普加入微软，工资降低了至少30%。张亚勤离开桑纳福，工资大约降低了20%。从中国招聘的研究员和工程师，乃是以国内外企的标准来衡量，工资水平不会超过北京地区同类外企，其绝对数量与美国总部的工资水平之间，大约有三倍至五倍的差别，即便如此，还是大大高于国内公司。比如童欣的父亲就曾感叹自己工作了大半辈子，现在一年的工资还不如儿子一个月的工资。这的确是事实，但又不是全部事实。童欣虽然也有医疗保险养老保险，但他没有父亲享有的住房一类的待遇。假如他要从自己的工资当中抽取部分去买房，那么实际收入水平又会打很大折扣。

以上一段情形告诉我们，微软员工的年薪在相应的外国大公司中不能算高（硅谷星罗棋布的小公司，以高薪广揽人才的就更多），仅仅依靠这一笔收入，根本没有可能造就如此众多的“百万富翁”。事实上，过去十年当中，微软员工的真正财源乃是其拥有的“认股权”，而非年薪。

“认股权”这种制度，简单地说，就是公司掏钱做本金，来帮助员工购买自己公司的股票，赔了是公司的，赚了是员工的。其具体的操作，则又有一套复杂程序。作为微软的正式员工，任何人在进入微软之前都将与公司签订聘用合同。合同中规定了员工享有的种种权利，其中一项即为“认股权”。股权的数额根据员工的技术级别而定，少则数百股，多则数千股。高级技术人员和管理人员得到的股票期权可达数万甚至数百万股。在通常情形中，从合同生效之日开始计算，一个月后公司股票的市场价格，也就是员工“认股权”的价格。每工作一年，“认股权”即获得一定数量的增加，也可以像股市上的投资者一样，享有“配股”的权益。员工只需记住你的股权数额以及股权价格，而不必花任何钱来购买，一年之后，可以卖掉“认股权”当中的一部分，以后逐年卖出，在公司工作满四年半的时候，即可全部卖掉首批“股权”。原定“认股”价格与当时市场价格之间的差额，就是员工的收益。如果股票升值，每年都可以通过出售股票来获得现金。如果股票贬值甚至低于你认股时的价格，员工也可以不要。当然员工如果并不急需用钱并且对公司有足够信心，也可以把股票一直攥在手里不卖，但不能超过七年。另外，每个人还可以用工资10%的部分，以市场价格85%的折扣购买微软股票，另外15%由公司出资补偿。

公司每年都会给员工分送新的“认股权”。同“老权”一样，“新权”也必须到一定期限方能认购。所以，员工无论在什么时候离开公司，手中都会有或多或少尚未到期的“认股权”就此作废。这样看来，一个微软职工，无论什么时候离职他去或者退休，都会造成直接损失。所以“认股权”又有“金手铐”之称。

20世纪最后20年中，“认股权”可以算做美国公司制度一项划时代的改革，其意义绝不次于1914年亨利·福特所实行的“日薪五美元”。很难说这是谁的发明，但可以肯定的是，微软是实行这一制度的最成功的范例。其成功的要点，一个是公司给予员工的“认股权”数额较多，一个是公司股票在过去十年中的成长幅度，最高时可达33倍。

90年代初期的两三年，微软股票每股价格浮动在4元左右。而在1999年，微软股票每股在100元上下浮动。在1993年以后的七年间，微软至少有过四次“配股”。有了这些基本情况，我们就可以大致估算，一个在1993年进入微软的员工，可能有的股票收益。

假如一个员工初入微软时的“认股权”为平均数量：1000股。这个员工在以后这些年始终没有出卖股票，那么他现在手里的股票，经过“配股”之后则应为：

1000×2×2×2×2=16000股

假如这个员工在1999年的某一时间想要出卖全部股票，那么他可以用每股4美元的价格，到股市上购买16000股，而以大约100美元的市场价卖出，其中96美元差价，为本人所有。这样，其首批“认股权”的总收益大约为：

96×16000=1536000美元

这种计算与实际的情形必定相差很远，但我们已能从中估量一种趋势：“认股权”给微软员工带来的收益，远远超过薪金。由此可以大致想象，“认股权”对于职工的吸引力之大，远非一般待遇可比。

“认股权”的本质，与凌小宁反复提到的“Ownership”概念有关。它让每一个员工分享公司成功带来的利润，以一种确凿无疑的利益来激励员工尽心尽力，同时又能约束优秀员工的离心倾向。它在无形当中构成了公司与员工之间的联系：只有每一个人都能做好，公司才能好；公司好了，股票才能涨；股票涨了，每一个人都得利。这个逻辑既简单又清晰，所以能够深入人心。“比尔很聪明，”微软的一位经理这样说，“正是因为他愿意和几万人共享公司利润，他才能成为‘世界首富’。”只要举出《微软通讯》上刊登的一件小事，就可以知道，让35000人都来关心公司，会产生怎样的力量：一个员工给公司老板发出一个电子邮件，批评洗手间里的卫生纸还没有用完就被取走，是一种严重浪费。有关经理赶忙出来解释说，他不能让洗手间在任何时候出现没有卫生纸的情形，所以只好不管纸架上有无，一律定时更换。

“认股权”制度的基本逻辑，是相信人的行为乃由物质利益所驱动。员工对公司的忠诚，也是源于公司能够满足员工对于物质利益的期待。正如李劲所说：“收入永远都是人们选择工作的一个理由。”但在研究院中，如此直截了当地用利益动机来解释自己行为的人，并不多。大多数人是期望在“利”与“义”之间寻求某种平衡。不过，这种平衡会随着本人物质环境的变化而发生变化。比如凌小宁现在对于钱的看法，就同过去大不一样：“当你没有钱的时候，钱的分量会很重，钱越多，就越不值钱。”他说：“对我来说，钱已经够了。所以时间是最宝贵的。对从国内招聘来的人来说，钱可能还很重要。”不过，他又说：“美国人非常看重自己能不能愉快。再多的钱，如果不开心，也不干。那是因为，他在别的地方也能挣到钱。可能少一些，但很开心，他宁愿这样。”

如果美国人真的是这样，那么李开复就是一个典型的美国人。他在各种场合无数次谈起微软的科研环境，以及身边这些优秀的人，说他从中得到无穷乐趣。只有一次，他与一位记者谈到了收入问题：

> 如果有两个机会，一个是工作不好，但物质很好；一个是工作非常好，物质方面勉强可以，那么我会接受后一个。但如果这个工作的物质非常差，差得我的家人没有办法接受，那么我会先接受前者，等到把钱赚够了，然后再做我喜欢的工作。我还是觉得不能因为个人的爱好让家人长期过一些不能接受的生活。我希望中国员工的工资会更快地增长。

当然，“认股权”的力量，须有一个前提方能凝聚而成。那就是，股票市值不断成长。倘若股票不能如所期待地增值，甚至还要贬值，那么“认股权”就等于废纸一张。那些在1999年春天加入微软中国研究院的员工，依据规则，已经可以在2000年春天出售自己首批“认股权”的一部分。大家在一种期待当中度过一年之后，却发现微软股票的价格与一年前相比，不仅没有增长，而且下降，自己虽无直接损失，但不能从“认股权”中获得好处，本身已是损失。这情形有些像张宏江在半年前说的，“微软的股票不涨，问题就会暴露出来了”。他那时认为：“这是一个潜在的问题。”如今，“潜在的问题”已经浮到水面上来了。

现在我们回过头来，看看斯蒂夫的补偿政策。对于微软35000名员工来说，这一政策中所包含的意味，是可以推算出来的。

假设1999年公司平均每一个员工拿到1000股股票认购权，按照斯蒂夫的政策，在2000年4月24日，以大约66元的价格分给员工大致同样数量的股票。股票今后如果涨上去，利益是员工的，跌了，亏损则是公司的。照此看来，微软需要出资：

$66 \times 1000 \times 35000 = 2310000000$ 美元

有了这样的估计，我们就可以理解斯蒂夫·鲍尔默所说“不希望我们的员工对他们未来的报酬有疑虑”这句话的含义：用数字来衡量，那就是，一夜之间把公司第一季度的全部利润（23亿美元）掏出来，就是为了稳定人心；用逻辑来衡量，那就正好应了微软的“以人为本”的精神：最重要的是人，而不是钱。只要李开复、张亚勤这样的人还在，钱就会失而复得，而失去了人，微软才是真的完蛋了。

难怪李开复和张亚勤全都感慨不已！

自由软件与自由创新

“稳定”这个概念，在微软的词典里是没有的。有“危机”，有如李开复所说：“微软永远有危机感。”也有“竞争”，就像里克·雷斯特说的：“微软的竞争者，就是我们自己。”走进希格玛大厦的那些稍有阅历的人，对于微软的第一个感觉，通常都是，这公司正在心急火燎地“转型”呢。王坚说：“微软中国研究院是建立在‘危机意识’基础上的。”陈宏刚每次回到雷德蒙总部都能发现，大家谈论成绩一语带过，谈论危机聚精会神。“我们从不否认自己有缺点，”陈这样说，“我们都明白自己随时可能被别人取代。”比尔·盖茨谈论这个问题的时间更早，也更加直截了当。1999 年年初，他在接受英国 BBC 电视台的记者专访时承认，“有人可能正在致力于带来某种具有石破天惊意味的创新”，就好像他自己在 70 年代对电脑行业做的那样。他对记者说：“所有企业最终都会被取代。”还表示，他“能够正视一个没有微软的未来”。在另外一个场合，比尔·盖茨重复了他的“微软总有一天会被取代”的说法。但他又说，他的任务就是推迟这个日子，而他的辞去首席执行官，也就是为了这个目的。

希格玛大厦里面这些人整天忙忙碌碌，似乎也都是为了“推迟这个日子”。“时间可以证明我们是对的。”张亚勤说。

2000 年 1 月的最后一天，也即微软中国研究院“龙苑会议”所规定的“1 月目标”截止期，一支来自中国的队伍，浩浩荡荡地走进雷德蒙，包括李开复和张亚勤，其他小组的经理张宏江、沈向洋、黄昌宁、王坚、凌小宁，还有好几位研究员和工程师。上午 10 点钟，这些人来到总部 112 号楼的会议室，向微软的产品部门报告他们 15 个月来的进展。

在微软总部编制的会议文件上，这个报告会被称做“微软中国研究院多媒体研究成果检阅”。就事情本身来看，是微软公司的高级副总裁克瑞克·曼迪将这些中国人从太平洋那边引过来的。两个星期以前，他来到北京，在希格玛大厦转了好几圈，李开复请他指点，他说他“非常满意”。

李开复问：“你看哪个项目最好？”

他说：“每个都很好。”

李开复又问："有没有哪个项目不很出色，或者是方向不对头?"

他想一想说："没有。"

克瑞克·曼迪带着一种既惊且喜的心情回到美国，立即发电子邮件，对属下各个部门的经理说："你们都应该到北京去看看。"

接下来的一个星期，李开复接到更多的电子邮件，微软总部的产品部门纷纷提出到北京来看一看的要求。李开复掰着手指一算：自己手下六个经理，那边可能有20个部门要来，这样，就要开120个会议啦。倒不如索性把自己的经理集合起来，到雷德蒙去开一个会，不论谁有兴趣都可以来听。

这一天，报告会从上午10点一直持续到午后1:30分，连午餐的时候也没有停止。李开复、张亚勤、张宏江、沈向洋相继站到前台，摆出证据说明微软在中国的政策取得巨大成功。这一次带来的13项成果也可以证明，研究院的基础研究已在多方面取得进展。在过去的六个月中，研究院已经发布49项发明，估计每年可以获得50—60项专利，其中有一些马上就能用在产品中，有一些要在两年以后才能用，还有一些则是五年以后的主流。但是，最重要的东西还不是已有的成果，而是将要有的成果：多媒体研究已经在三个方向全面展开。

李开复的阐述充满专业术语，让微软公司产品部门的几十位行家听得两眼放光。但李开复接着告诉那些美国人，在北京的工作刚刚开始，机构初创，只有大约60个研究人员和几十个实习者。他还说，他的19个高级研究员和研究员中，有"11个来自美国，8个来自中国"，另有26个副研究员和10个工程师和来自中国的2000多个申请者。他一边说一边驱动电脑，巨大的屏幕上呈现出一行字："来自13亿中国人中的100个最聪明的学生。"他们组成了微软中国研究院的"智慧塔"。

演说当场引起震动，其影响一点也不亚于前述那组"考评数据"。公司里那些关注中国的人了解到这些，不免惊讶万分，他们没有想到，太平洋那一边的形势变化得如此之快。微软雷德蒙研究院院长凌大任说，他觉得自己看到了"很好的东西"，其中有一些"不仅仅是技术成果，而且是理论上的突破"。但是，还有更加让他兴奋的东西呢。他是当初力主尽快建立中国研究院的人之一。以其华人的背景，他知道这是一个很具挑战性的工作，困难是明显的：一个是语言和距离，怎样与美国总部沟通和合作；第二个难题是，微软能在中国找到一个很扎实的班底吗？一年以后，再来回顾这些问题，凌大任说："我们非常兴奋，我们发现我们找到了一些非常优秀的人才。但过去的

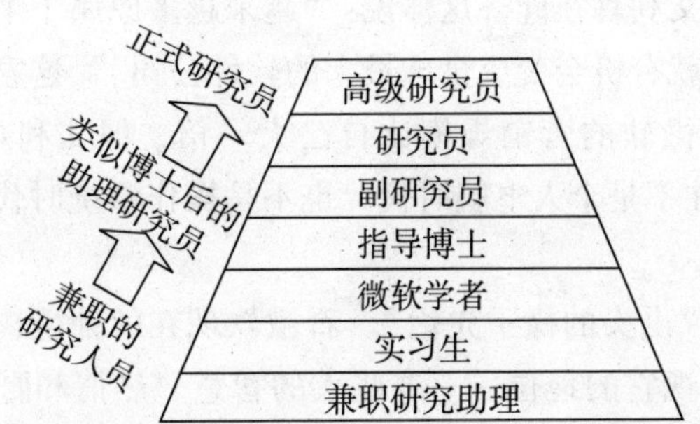

事情已经过去了。我们的第二个目标，是希望他们继续把他们的效益发挥在中国。”

另一个兴奋不已的人是副总裁里克·雷斯特。“他的工作非常优秀，非常出类拔萃！”他这样谈论李开复，“凭我自己的经验来看，我知道这非常困难。”他甚至认为，李开复在一年里面做的工作，在别的地方要10—15年的时间才能完成。这话当场就引起一位中国记者的怀疑，他问里克·雷斯特：“真的是这样吗？”“让我再把我的话说得精确一点。”里克于是笑着解释道，他的意思是，中国研究院所达到的工作效能，在一般的组织中要用更长的时间才能达到。

但这并不妨碍里克·雷斯特向比尔·盖茨直接表达自己的看法。在微软的两个高级主管回顾了中国研究院一年的工作之后，比尔·盖茨很惊讶地说：

“他有这么大的能力！”

尽管李开复成功地解决了他所遇到的最初的难题，但是，在新时代开始的时候，微软面前的两大难题没有一点化解的迹象：一个是司法部的挑战；一个是市场的挑战。6月7日，杰克逊法官判决微软公司一分为二，微软当即表示将上诉进行到底。司法部大有不把微软搞个妻离子散不罢休的势头，但若追究起来，其实这些事远不如市场的形势那么严峻，因为市场才是最终决定公司存亡兴衰的力量。正因此，斯蒂夫·鲍尔默才会在这场官司的高潮中吁请他的员工，“坚持把精力放在创造机会、创新产品”上。

微软最大的问题是，那些曾经风光无限的产品，已不能满足网络时代的要求。在很多领域，它不仅不像司法部说的处于“垄断地位”，而且连优势也说不上。比如网络上的“.com”公司中，有90%的部分在使用甲骨文的软件，这比微软“视窗”在个人电脑市场的占有率还要高。2月中旬，甲骨文公司的总裁赖里·艾利森在硅谷这样说：“越来越多原属于个人电脑的运算转向网络运算，我们就有机会变成全球最大的软件公司。”这家规模仅次于微软的软件公司，深知微软的营销规模比自己大一倍，但艾利森很乐观。他说：“理由很简单，现在不是个人电脑时代，也不是操作系统时代了。现在是信息时代。”

中国俗语说，“出头的椽子先烂”。看微软现在的处境，真的挺危险！后面有那么多人在窥视它的地位——这些人的智慧、热情和野心，个个都不次于25年前的比尔·盖茨。前边有司法部拦着去路，似乎不把微软的步伐耽搁下来决不罢休。股市上，微软的形象第一次在投资者心目中投下阴影。然而更加严重的事情，不是来自司法部，不是来自杰克逊，不是来自“纳斯达克”或者“甲骨文”，甚至也不是技术本身，而是来自一个新概念：

Free

这个词在英文中，既是“自由”之意，还有“免费”之意，用来形容软件的时候，更添了一层“开放”的意思，也即公开软件源码，任何人可以在此基础上修改。熟悉软件发展史的人一眼就能看明白，这同微软迄今为止的方针背道而驰。

软件发展的现实，显然正在出现背叛历史的兆头，但是，这个领域的历史正是由一连串背叛历史的人推动的。

世界软件业的起跑，是有相当具体的时间可以追溯的。比尔·盖茨在1976年2月3日给电脑爱好者的那个著名宣言，为个人电脑时代的软件事业奠定了最基本的逻辑，也是微软“未来之路”的出发点。到了1995年，比尔·盖茨在终于承认互联网的大趋势之后，内心隐隐流露出一丝不祥的感觉。他说：“我们必须极其小心地确保，即将产生的信息高速公路不会成为一个盗版者的乐园。”但现在的局面是，“盗版者”不仅不再感觉理亏，而且已经为自己在新时代里找到了一片“乐园”。

1999年10月9日，一个名叫唐木的中国人，在报纸上模仿着比尔·盖茨那著名宣言的口吻，说了一番完全相反的话。

比尔·盖茨当年写的是《致电脑爱好者的一封公开信》。

唐木现在就写了《致互联网爱好者的一封公开信》。

比尔·盖茨质问："高质量的软件可以被业余爱好者编写出来吗？"

唐木就质问："难道优秀软件一定要靠家财亿万的巨型公司才能编出来吗？"

比尔·盖茨说："一年以前，我和保罗很高兴地看到业余电脑爱好者市场迅速壮大。"

唐木就说："一年前，我高兴地看到，软件业沉寂多年的'开放自由'的传统复活了。"

比尔·盖茨说："为何如此？多数的电脑爱好者必须明白，你们中大多数人使用的软件是偷的。硬件必须要付款购买，可软件却变成了某种共享的东西。谁会关心开发软件的人是否得到报酬？"

唐木就说："为何如此？因为软件必须成为某种共享的东西，才能不断完善。"

比尔·盖茨说："谁会从事专业的软件开发却分文无获？哪有业余爱好者会花费'三人/年'的精力去编写软件，去修正软件，编写使用手册，却免费发放给别人使用？"

唐木就说："难道我们还永远要为'臭虫'和'后门'付钱吗，难道源代码还永远是付了钱也不能得到的禁果吗？难道软件的开发和完善还永远是排斥用户的闭门造车吗？"

……

如果这仅仅是一个软件用户的牢骚，微软也就可以不用在乎。但现在，"自由软件"似乎很得人心。过去有人把微软的创新能力讥讽为"捕捉创新技术的能力"，甚至说它是一个拙劣的"跟随者"，还暗示微软偷别人的东西。如今，针对微软的"知识产权"，他们提出"消费者主权"；针对微软的"打击盗版"，他们提出"源码共享"；针对微软的"创新自由"，他们提出"复制自由"。这里所谓"复制自由"的本意，其实是"复制免费"。"自由软件"者的逻辑似乎有些混乱：既然要谴责微软是个"跟随者"，那么自己又有什么正当理由成为"复制者"呢？既然微软不是"创新者"，它的源码又有什么用呢？直接请"创新者"开放源码岂不更好？如果微软的竞争者那么需要微软的源码，那么除了需要其中的"创新"之外，还有什么别的东西值得浪费那么多口舌么？

我们有足够的证据表明，微软过去始终在创新，现在还在创新。不然，就不能解释希格玛大厦中发生的那些事。当然我们还没有证据可以证明，在

“软件免费”和“源码共享”的原则下，程序员必会失去创新的能力。就现在的情形看，微软的创新能力，是以它的巨大利润为基础的，所以微软员工始终对“免费”概念不屑一顾。“免费必然导致软件设计人员的不负责任，”凌小宁这样说，“所以，免费的技术永远不会成为最好的技术。”但“自由软件运动”的领袖理查德·斯德尔曼针锋相对地说：“不自由的软件只能归于平庸。”

关于这场争论，罗杰·瑞迪在2000年的春天与记者有过一番问答：

记者问：“让消费者免费使用的研发成果，能够对微软这样依靠卖软件获得利润的公司，构成真正的威胁吗？微软会不会垮掉？”

罗杰·瑞迪回答：“我不这样认为。免费的商业模式是可行的……不管商业模式怎样变化，微软会不断变换方向去适应。”

又问：“你的意思是，免费软件能成为最好的软件？”

又答：“是的。免费软件有可能成为最好的软件。很多应用软件商会在它的基础上做很多东西。”

这话说得有点含糊，但若细心体会，就可发现，这位“图灵奖”获得者在维护软件开发者的创新自由。但是他把作为基础的软件和形形色色的应用软件分开了——自由软件可以成为重要的软件基础，但在它之上建立起来的应用软件则是有偿的。这样看来，他的看法既不同于那些抨击微软的人，也不同于微软人。

比尔闭门数月，营造“Microsofi. NET”

整整一个春天，张亚勤都在默默看着太平洋那一边发生的事情，希格玛大厦里这位首席科学家关注的事情真不少：官司、股票、新产品的发布、市场的营销。但他更想知道比尔·盖茨在干什么。到了4月，他终于做出这样一个结论：“比尔好像在扭转微软的整个方向。”

方兴东也盯着比尔·盖茨。1999年10月，他挺有把握地说：“种种迹象表明，‘维纳斯计划’是微软的最后一张王牌。”到了2000年开始的时候，他又说，对微软涉嫌垄断案的判决是一场“信息屠龙大战”，而比尔·盖茨辞去首席执行官，已经“成为象征性人物”。

后来的事实证明，张亚勤说对了，而方兴东又说错了。

自从在1月13日辞去首席执行官以后，比尔·盖茨连续数月除了应付官司，就是闭门苦思冥想。真是像他对员工们所说，他在微软上花的时间，一点也没有少。当斯蒂夫·鲍尔默把大批股票期权分给员工的时候，比尔·盖茨却在试图营造公司的新战略。

张亚勤早就得到消息，“新战略”将在5月7日发布。“这将是一个关键的日子。”他这样想。但到了这一天，什么也没有发生。他又听说，还要让大家等上一两个星期。可事实上，微软的35000员工又焦心地等待了六个星期。看来，构筑未来的大厦比人们想象的更加复杂，就连比尔·盖茨也不例外。

“新战略”虽然没有如期而至，但比尔·盖茨已经将它的主旨透露出来，叫做“新一代网络平台”。

“新一代”是不言而喻的，“网络”也在意料之中，所以，新战略的核心，就应当是“平台”了。张亚勤说“重要的是建立一个平台”，也就是这个意思。此前我们已经叙述，“平台”是一种操作系统，也是一种标准。个人电脑时代的“平台”以“视窗”为代表。网络时代的“平台”，是以互联网为中心。这样看来，比尔·盖茨脑袋里面正在酝酿的“新一代网络平台”，说得简单露骨一点，其实也就是互联网时代的“视窗”。

希格玛大厦里的年轻人，对于这道理全都心知肚明，根本等不及首席软件设计师从雷德蒙的8号楼里发出指示，就在心里勾画出他们未来的蓝图。

概括地说，整个微软都在走向网络世界。互联网将成为新时代的中心。今天，你的生活中还有“上网”和“下网”的区别，将来，你将总是在网上。网络将不再是“视窗”独领风骚的世界，里面包括无线通信，包括智能家电，也包括新一代人机界面。个人电脑仍将不可替代，但最活跃的将不再是个人电脑，而是“非个人电脑”——电话、电视、可移动的通信工具，以及形形色色的其他设备。所以，新一代平台必是开放的平台，它不仅要适应个人电脑，还要适应“非个人电脑”。

什么样的基础研究、什么样的产品开发、什么样的技术、什么样的商业模式，才能在服务领域里继续领先？这是微软今天面临的全部问题的关键。很显然，技术很重要，但更加重要的是建立一个全新的商业模式，也即一个“软件服务体系”。当网络更普遍、用户更多的时候，要用“提供服务”来取代“推销软件”。软件仍是新时代的主角，但那些印着微软标记、花花绿绿的盒子，将不再横行天下，甚至有可能越来越少。微软不能仅靠“卖软件”来发展自己，“视窗”仍将存在，但其销售额也许只在营销总额中占1%的部分。竞争将转向服务领域，企业利润也将以提供服务的方式产生。

举例来说，你现在要在你的电脑上做一些文字处理，就需要买一个“办公室”软件回来。将来，你不需要再去买各种各样的软件，也不需要再去关心软件的升级换代。你在自己的各种家电上，比如电视、电话，还有电脑，只需要一种服务。不是买一种软件安装在电话或者电视上，而是到网络上去寻找你需要的功能，然后拿来使用，用完了，再还给人家。网络的功能是提供用户需要的东西，让用户在电脑上找到想要的软件，在电视上找到想要的节目，在电话上找到想要找的人。比如你每天打开电视的时候，不愿意在那些空洞无物、毫无新闻的“新闻”上浪费时间，但你很想知道最新的足球赛事、福利彩票的最新一轮中奖号码，或者当天早上美国大选的情况，网络就会为你找出这些，并且展示在你的电视屏幕上，就像商店里的售货小姐从货架上为你拿来你最喜欢的那双皮鞋一样。又比如有一天你行走在川藏公路上，忽然想要告诉李开复你的最新感受，但你忘记了电话号码。这不要紧，你拿起电话，呼叫李开复，电话不仅找来你需要的号码，而且可以在网络上为你寻找李开复的踪迹。如果你们是密友，他的行程对你公开，电话就会在网络上的任何一个地方找到他。也许他正在中南海里拜会一位国家领导人，电话就很有礼貌地不去打扰。也许他是在飞往雷德蒙的飞机上，电话就会自动将你的信号接到他的移动通信器上。也许他是在办公室里，电话就会接到他的电脑上。所有这些，都是在转瞬间完成，比你阅读这一段文字的时间还要短。

只要知道微软现在98%的营销额都是建立在“卖软件”的基础之上，就可以想象，下定决心驱赶整个公司开进“服务业”，对于微软来说，这件事本身就是一个不得了的变化。问题在于，直到现在，还没有人能想清楚，怎样做出这么一个庞大的具有服务功能的软件。收费也是一个很复杂的问题。软件设计师的收入将不再依靠卖软件，电视也将不能再依靠广告来维持节目的播出费用，因为用户一旦有了自由选择的权利，就只会搜索他们喜欢的节目而不会搜索广告。可是软件设计人员不能靠喝西北风去工作啊！大多数人倾向于按照服务的质量和数量来收取费用，就像现在人们租用轿车、电脑一类的硬件一样，来租用软件。李开复认定，这一问题的核心是，我们是否有一种生生不息的商业模式，给自由软件的程序员足够的报酬，以支持他有热情、有效率地修改和发展他的程序。“这种模式有可能存在，”他说，“但我们现在还没有见到。”

对于希格玛大厦里面这些科学家和工程师来说，当务之急就是做出以服务为中心的新一代软件。这样的事情做到了，微软就从个人电脑时代走出来，

走进了网络时代。李开复说："这就是'新一代网络平台'，也是比尔辞职之后思考的事情。"

6月22日，比尔·盖茨终于公开了他的"思考"。他在"2000论坛"上宣布了新的战略，看上去，其最基本的部分与希格玛大厦中那些人的"思考"相当吻合。不过，名称不是原来设计的"新一代视窗服务系统"（NGWS），而是另外一个词：

Microsoft. NET

把".NET"这个词译做中文，就是简单的一个字"网"。比尔·盖茨在名称上不再沿用古老的"视窗"，似乎表明他已全身心地投向全新的领域——这一领域以"网"为核心而不再以"窗"为核心。"微软及其产业合作者将通过软件产品来开辟'新一代因特网'，"他说，"因特网的大冲浪正在产生汪洋大海般的数据，而创新的步伐也将在今后五年加速前行。我们的目标是，让网络超越今天的相互孤立相互隔绝，而进入一个融合交互的新世界。"

比尔·盖茨的"新世界"是一个以互联网为基础的个人服务系统。他认为这一系统将代表互联网的发展趋势。按照他的设想，微软的所有软件产品都将被放到"微软网"上。"微软网"事实上是一个"在线商业软件服务系统"，也即"新一代网络平台"。它融汇了微软"办公软件"的在线版、"视窗"操作系统和其他服务软件。

在比尔·盖茨说出这番话的几个小时之后，他的坚定不移的搭档斯蒂夫·鲍尔默，向微软全体员工发出电子邮件，进一步阐述比尔的思想和公司的新战略邮件题目：《".NET"的机遇》。无论其最后结局怎样，它都可以成为微软发展上最重要的文件之一：

今天是微软公司历史上一个激动人心的里程碑。无论对我们所有微软员工，还是对我们的顾客、合作者和股东，都是如此。在我们的"2000论坛"上，我们颁布了"微软网"——我们曾经将其称为"新一代视窗服务系统"。这就是我们的"新一代网络平台"。

准确地描述技术领域的新革命，并且付诸实行，是一次了不起的机遇。我们已经非常幸运地领导了个人电脑时代的革命，它给全世界亿万消费者和整个商业领域带来持久的利益。新的革命已经开始，它必将使计算超越网络浏览的理念，创造“新一代网络平台”和一个生机勃勃的软件服务新世界，因而也将对更多的人们发生影响。

“新一代网络平台”也即“微软网”，以四个要点为其基本特征：

——作为一种服务体系的软件：在开发者的极其认真细致的改善当中，新一代软件将肯定能够覆盖网络，紧跟时代变化。对于消费者和开发商来说，这是一个戏剧性的日益完善的体验过程。

——基于XML的体系：对于开放的程序来说，XML是一个伟大的标准。它使软件的功能更好地体现在各种文本、系统、服务体系和设备上。对于因特网来说，它将是一种“世界通用语言”。

——全新的用户体验：新一代软件将使用户的个人电脑和各种设备更好地相辅相成，将使用户以一种强有力的新方法掌握他们的信息。

——多种设备：用户希望他们在各种设备上都能体验新一代软件。“微软网”的服务体系和信息体系，将最大限度地覆盖于各种设备，也将为任何一种设备提供最理想的环境。

毫无疑问，“微软网”包含下列三个方面：一种全新的用户体验；基础和工具；一套可编制的网络程序。这是一个长期的战略，我们将在未来很多年里倾全力于这个战略；它也是非常紧迫的工作，我们将不仅聚焦于我们的目标，也聚焦于每一天里那些引导我们走向成功的实际步骤。

我们——比尔和我，已经不再记得我们在微软曾经拥有的岁月。当我们更兴奋更乐观地面对这个公司和这个领域的时候，当我们充满激情地面对未来的挑战和机遇的时候，当我们和信心百倍的同仁们并肩工作的时候，我们满怀希望地和你们所有的人在一起，共同走上新的旅程。

按照微软的计划，这一“在线服务系统”将在2001年推出。尽管这个公司在过去的岁月中总是表现出异乎寻常的野心和超越常人的力量，但这一次的情形看上去有些不一样。毫无疑问，它将在短时间内推出一些属于“微软网”的产品，但几个新产品仍不能代表整个方向的转移。新战略迫使微软必须改变的东西太多了！

尽管如此，我们还是能够确信，“维纳斯”远非比尔·盖茨手上的“最后一张王牌”，他的辞去首席执行官，也根本不是让自己“成为象征性人物”。事实更像王选所说，“盖茨退了一小步，微软前进了一大步”。不错，所有的人都相信微软终将被人取代，就连比尔·盖茨本人也这样说，但是，他的几个月来的行动表明，在他内心深处的念头原来如此：取代微软的将不是别人，正是微软自己。当旧“视窗”领衔的个人电脑时代不复存在的时候，一个新的“微软网”也许真的会出现在网络时代。

中国人未来的希望

“未来”这个概念，有时候没有什么特殊意味，有时候可就意义深远。在两个世纪的交会点上，预测什么将“结束”、什么将“开始”的风尚流行于全世界，中国人自不例外。2000 年春天，中国工程院院士、清华大学教授李三立写道：“‘后 PC 时代’是中国出比尔·盖茨的时代。”这话有意无意间宣布了比尔·盖茨时代的结束。李三立教授没有说中国的“比尔·盖茨”在哪里，但从这话的逻辑来看，他至少把比尔·盖茨当成了一个时代的代表。

还有些中国人可不这样想。《北京青年报》上正在开展一个讨论：比尔和保尔，谁是大英雄？“比尔”就是“比尔·盖茨”。“保尔”则是“保尔·柯察金”，一本苏联小说的主人公。一个名叫奥斯特洛夫斯基的身残志坚的苏联青年，以自己在战争年代的经历为蓝本，写成这本小说——《钢铁是怎样炼成的》，故事雄壮而又哀婉，感人肺腑，保尔也就影响了我们国家从 50 年代到 70 年代的整整两代人。

今天 40 岁以上的受过教育的人，每十个中就有八个能够知道保尔的这一段名言：

> 人最宝贵的东西是生命，生命属于我们只有一次。人的一生是应当这样度过的：当他回首往事的时候，不因年华虚度而悔恨，也不因碌碌无为而羞耻。这样，当他临死的时候，他就能够说，我整个的生命和全部的精力，都已献给世界上最壮丽的事业——为人类的解放而斗争！

但 40 岁以下的受过良好教育的人中，每十个就有八个知道比尔的那段名言：

> 我们的目标是让每一个办公桌上和每一个家庭都拥有计算机。使未来的计算机会看、会听、会说、会学习，让人们能像与人交流一样与计

算机自然地进行交流。

现在到了2000年，尽管比尔·盖茨遇到麻烦，其“世界首富”的地位也在动摇，但在中国，一项以经济类报刊读者为对象的调查表明，还是有70%以上的人认定，比尔是他们最喜爱的外国企业家。不过，各种半官方半民间的活动，是以“保尔”为中心的。电视里正在播放新拍摄的连续剧《钢铁是怎样炼成的》，这个被遗忘了20年的英雄，重新回到人们的视线中。一个语文教师在自己的班会上做出统计：41个学生认为比尔和保尔都是英雄；9人认为保尔是英雄；38人认为比尔是英雄。这些人都是中学生。在年龄更大些的人中，分歧更大。李虹说：“真正的英雄，不仅仅是成就大业者，还应该符合最高的道义标准。盖茨成就的事业无论如何巨大，在道义上则远远不及保尔。”陈嘉渊显然不能同意这种看法，他说：“盖茨的钱和胡长清（胡是原江西省副省长，因巨额受贿罪被判死刑）的钱不一样。他对于世界的影响已远远超出了物质的层面。他改变了人类的生活方式、思考方式、处世方式。”首都师范大学教授房宁却认定，比尔和保尔根本是不可比较的。“将这两人做比较，实际上是在比较两个不同时代。”其情景有如侯宝林说的相声：《关公战秦琼》。

4月25日，就在“保尔”和“比尔”此起彼伏不相上下的时候，一个很大规模的学术研讨会——“21世纪的计算：进入网络时代”，在北京和上海如期召开。这是1999年6月“21世纪的计算”会议的继续，主办者是微软中国研究院和国家自然科学基金委员会。一批世界顶级的计算机科学家应邀前来，包括“图灵奖”获得者吉姆·格雷，他也是美国工程院院士、美国计算机协会院士、美国总统信息技术顾问委员会的成员。还有世界上第一台激光打印机的发明者盖瑞·斯塔克伟泽，他在一种完全孤寂的状态中持续奋斗十年，终有大成。那时候周围的人都说，“唯一适合盖瑞的地方就是疯人院”，而现在他在北京受到英雄般的欢迎。还有里克·雷斯特，他是微软公司的高级副总裁，还是计算机科学网络执行委员会的会员、美国计算机协会系统奖励委员会的前任主席。但在计算机的世界里，他的最著名的“头衔”是“疯狂的天才”。还有微软的高级研究员琳塞·维丽亚姆丝博士、约翰·波拉特博士、玛利·克塞维斯卡博士和艾利克·赫维茨博士。这些人和一大群中国人坐在一起，把“网络时代的计算技术何去何从”一类的话题，说了整整一天，把京城很多一心关注“保尔和比尔谁是英雄”的记者们，也吸引过来了。

“进入网络时代”这样一个命题，为当今全世界所关注。在2000年4月25日，它之所以能够成为中国舆论中的一个热点，也就表明，今天我们国家某些最重要的话题，已经同世界没有分别。然则从本书的角度来讲，这样的评说仍然流于空泛，我们所关注的是，一群杰出的中国青年，究竟是怎样获得了充分施展才华的机会？如果他们脱离眼前的环境，是否能一如既往地大展宏图？对于第一个问题，读者看到这里，即已能够得到答案。关于第二个问题，我们仍然不能做出确凿无疑的回答。所能知道的只有，我们的国家中，存在着一股把希格玛大厦的环境拓展出去的冲动，这冲动的力量不仅来自世界潮流，更来自年青一代中国人的内心。

我们经过再三考虑，则又觉得希格玛大厦的精彩之处，不在于其完美无瑕，而在于它给我们留下了一份详细的记录，使我们有机会充分了解环境对于人的智慧和热情所能有的激励作用。没有这样一个例证，我们无法揣测这激励的深度和广度，甚至还会以国家和民族的特色为由，拒绝融入世界潮流。即使是对于比尔·盖茨这样纯粹西方式的历险者和成功者，以及微软这样纯粹美国化的公司，也因为有了希格玛大厦中的这一群中国人，才使我们得到一次从最近距离去观察和理解的机会。

但是我们仍然不可忘记，李开复和他的伙伴们既然是在中国的土壤上，其个人行动也就无法全凭西方文化的简洁或者东方文化的曲折，其机构的发展和健全，既会得到中国内部的种种推动，也必会受到种种牵制，又难免为形形色色个性化的情感所左右。这一点，在1999年12月8日晚上北京大学电教楼的大厅中，已有明显征兆。

当晚6:20，暮色苍茫，寒风瑟瑟。李开复驱车从西门进入这个百年老校。沿五四路缓缓东进，路上行人与自行车交织而成的潮流，一起向电教楼涌去。学生们慕名而来，却没有人注意到身边的来客就是他们要见的李开复。楼前无人迎接，李开复也没有吃晚饭，虽然他素好美食，但他到大学作演讲的时候经常是空着肚子上台的。此刻他一手提着自己的便携式电脑，随着学生走进楼中。楼内没有暖气，他身着单西服，禁不住有些冷，但大厅里拥挤着的学生让他感到温暖。他的演讲持续两个小时，然后又在学生重重包围中站了一个小时，回答学生的各种问题，也为学生签名。直到晚上10点，主持者不断要求学生离开，请他去吃饭。但李开复说：“我不要吃饭，我要回答他们的问题。”这样的场面，李开复在中国国内各个大学演讲的时候，总会遇到。他每一次都会极其认真地对待。大多数名人在这种时候都很认真，但似乎只有李开复一人，把这种时刻看做是相互交流和理解的机会，所以他才会对学生倾诉自己内心的情感，令在场所有人感受到他的真诚和坦率。

“他是一个没有国家界限的科学家。”尚笑莉有一次这样评价李开复，“过去，我们一直在说‘赤子之心’，可我从来没有真正体会到。但是有一次，我在他的身上，突然就看到了，让我特别感动。”

那一次是在清华大学的演讲。像在北大的这次一样，也是座无虚席，学生们也是围着他不让离去。学校给他安排了晚饭，李开复也是坚持说，他不要去吃饭，要回答学生的问题。这时候，有一个学生问他为什么回到中国工作，忽然就触动了他的那种情感。他说：

> 我从小就一直牢记父母亲的教诲：不要忘了自己是一个炎黄子孙。我希望，当我年老体弱时，回首往事，我会很自豪，我为中国人做了一点事。我希望，当我离开这个世界之后，人们想起我，会说，李开复曾为中国人做了一点事。这样，我就会觉得没有虚度这一生。

他的话音平静从容，脸上由于激动容光焕发。学生们中间爆发出掌声。尚笑莉说，她当时感觉他是在朗诵一首诗，接着又在心里喊起来：“哎呀！他终于把这句话说出来了。”她说：“以前他从来没有这样说过，但我能够感觉他心里有这句话。”清华的学生后来讲，他们都是些慵懒、傲气的人，很难为某一个人的话热烈鼓掌，更难为某一个人的行为而倾倒。可是，那一瞬间的确令他们激动。

然而就在当场，还有一个人更加激动，那是陈宏刚。这位久经海外生活又回到中国来的人后来说，他不仅相信李开复那句话的真诚，而且在内心立刻产生了巨大共鸣：“我一听到这句话，眼泪就在眼睛里面打转。我在努力不让自己的眼泪流下来。”他们驱车走出清华园的时候，陈宏刚说着这话，眼圈还是红红的。两个月后，陈同朋友谈到这件事，眼圈不禁又红起来。他说：“这样的情感，没有出国经历的人不能体会。”

对于那一瞬间，尚笑莉也念念不忘，她说她当时以为李开复要背诵保尔·柯察金的那段名言。其实，李开复从未读过保尔的那段话。他后来说，他当时想到的是父亲：

父亲生病时，正在写他的最后一本书《周恩来评传》。他心中最想写的另外一本书《中国人未来的希望》，已经没有能力完成。儿子问父亲，要不要帮助他出版《周恩来评传》。父亲不说话，只是深深地看着儿子……

现在，在经历了1998年、1999年和2000年发生的那么多的事情之后，李开复忽有所悟。他说：“或许，父亲是在告诉我，他要我做的，不是完成《周恩来评传》，而是完成《中国人未来的希望》！或许，他在梦中捡到的那一方白纸——‘中华之恋’，已经交给了我！”

结束语　微软精神能成长起来吗？

2000年6月24日午后，西雅图市华盛顿湖，一艘白色游艇驶出港湾，至湖心，减速缓行，随波荡漾。艇上，微软中国研究院的14个人——李开复、张亚勤、张宏江、沈向洋、李劲、郭百宁、李江、刘文印、祁卫、顾烈、朱文武、李世鹏、林斌和凌小宁，开始以一种既精心而又随意、既奢侈而又节俭的方式，举行一个庆祝活动。

在一片惊喜的目光中，李开复拿出为大家准备好的礼物。礼物以三层礼品纸包装，一丝不苟。一层一层剥开，露出一个多米尼加盒子，再打开，赫然是14支雪茄。每一支都伴随着一根很长的火柴、一片雪松木和一把形状特异的刀具。这是一种特殊的雪茄，美国本土不生产也不进口，极为少见，只有很少的高官富商才有机会享用。眼前这些中国人，大都只闻其名，未谋其面。现在，大家在李开复的指点下，把雪茄一端插入刀具，切去顶部，以火柴点燃雪松木片，用木片点燃雪茄，然后就在一片笑声中吞云吐雾……

"很遗憾我不能送给研究院每人一支，"李开复对大家说，"这种东西太不容易搞到啦。"

以此种特制雪茄相赠，是李开复独有的庆祝成功的方式。1999年10月研究院第一次向比尔·盖茨汇报之后，他就是以这种方式，向中文语言处理研究领域三个小组的成员们祝贺。现在，在向比尔·盖茨的第二次汇报完成之后，他以同样的方式向多媒体研究领域的三个小组祝贺。

6月23日，也即比尔·盖茨向公众发布"微软网"新战略的第二天，这14个人走进雷德蒙微软公司总部董事厅，向比尔·盖茨报告他们在网络多媒体技术研究领域的最新进展。这是研究院成立20个月来，第二次向比尔·盖茨汇报。计划的议程为一个小时。"我想你们大家都明白，能够从他的时间和注意力上抓到60分钟，是多么困难！"张亚勤事后对研究院的全体员工这样说。

在张亚勤展示研究院的网络多媒体技术成果时，比尔·盖茨满脸关注之情。他不断地提出问题，甚至站起身来，走到台前去询问一些技术细节。面对中国研究院如此快地建立起的这支世界级多媒体研究队伍，他既惊讶又激动。两天之后，斯蒂夫·鲍尔默再次约见李开复，说他简直不敢相信，中国研究院已有大约12项技术正在转移到公司的产品中！其实，中国研究院的人们所做的事情还远不止这些呢。他们还发表了90多篇论文，申请了70多项专利（就在这个月，国际计算语言学会2000年年会决定发表研究院语言和语音两个小组的六篇论文，这超过了过去十几年里中国内地研究人员在这个年会上发表的全部论文总数）。

由于比尔·盖茨本人的兴趣异常浓厚，研究院的汇报持续了75分钟。当讨论结束的时候，比尔·盖茨已经做出结论："中国研究院的某些工作与微软的新战略密切相关，并且非常重要。"他还使用了一系列最强烈的词汇来评价在中国的研究院：

"太棒了!"

"绝妙的数据!"

"完美无瑕!"

对于李开复和他的伙伴们来说，这真是快乐的一天。他们把庆祝成功的活动持续了九个小时，抽罢雪茄，又是一种典型的中国娱乐方式——"拱猪"。直到晚上10点，大家散去。一部分人直奔机场，搭乘班机飞回中国。张亚勤回到自己的电脑前，给希格玛大厦发出电子邮件，说："我想向形象计算组、网络多媒体组、多媒体计算组的所有成员祝贺！我还要特别感谢开复的指导，感谢他对于那个完美境界的无情的追求!"

希格玛大厦第五层，办公大厅里已人满为患，所以就把休息厅隔成临时的办公区域。电脑桌和电脑密集地排列在一起，整个夏天，上百个访问学者和大学生坐在这里，完成一些临时性的课题。

看上去，这里人气依然挺旺。不过，我们已有可能在若干员工的进退之中，看到一种分化的趋向。研究院的28位副研究员中，累计有14人被提升，成为微软的正式员工。另有7人辞职他去。在徐彦君数月前辞职去国之后，蔡东风也于2月离开。王宏武去了美国，江灏去了加拿大，王海峰去了香港，邸烁去了美国。刘挺也走了，回到他的母校哈尔滨工业大学去任教。

差不多同时，研究院向新年度毕业的13位博士和硕士发出聘书。这些人是从大约600名申请者中挑选出来的，并且在夏季全部进入希格玛大厦第五层。在未来的两年中，他们也将和前述28位副研究员一样，经历一个分化和进退的过程。

4月1日，凌小宁离开北京，回到美国去了。18个月之前，他是首批从美国来到北京的三人中的一个，现在则是第一个回去的人。他的理由很简单，却让李开复无法拒绝：同在美国的家人团聚。回到雷德蒙之后，他仍在为微软中国研究院工作，所以，李开复在欢送会上说："小宁没有走，还是微软中国研究院的人。"

那次欢送会上气氛热烈，每个人都带着笑，尽管如此，还是有几分伤感，也让我想起李劲说过的话。他说，从美国回来的人，不会长期在国内工作的。李劲本人的想法是，在国内干三年。李开复和妻子的"协议"是，至少在北京工作五年。李劲说起这些事的时候，流露出一种淡淡的、但却深远的忧虑，这给我留下很深的印象。按照既定原则，研究院的成果将在五年以后对市场发生重要影响，但是，李劲"忧虑"的事会不会更快地出现呢？

这种忧虑也许是多余的。因为我们也看到许多令人乐观的迹象。几个月前，张宏江和陈宏刚把家从美国搬到北京，加入了李开复和沈向洋的行列。现在，从美国搬到中国的家庭有四个了，这给研究院增加了不少安定感。6月1日，林斌来到希格玛大厦。他在广州长大，去国已十年，在1995年成为微软雷德蒙总部的软件工程师，现在回来接替凌小宁留下的位置，这又带来了一种清晰的前赴后继、生生不息的气氛。

微软的文化中，有些东西令人神往，也有些东西令人讨厌——事实上任何文化都会包含两个方面。对我们来说，重要的事情不是分清是非，而是回答下面这个问题：在中国的土地上以及在一群中国人当中，微软精神中那些令人神往的东西，能成长起来吗？

尚笑莉说，在科学的领域里，这些人是"没有国界"的。可是，我们还能看到他们作为一个普通人的精神世界。无论周围发生怎样的变化，他们的精神世界中总会有一些永恒的东西。就在这个夏天，还发生了一件研究院的员工们并不知晓、但却意味深长的事：斯蒂夫·鲍尔默很急切地与李开复单独约见，他想知道李开复对自己未来的工作有什么期望。见面安排在6月的最后一周。那天中午，在一个地道的美国人和一个美国籍的华人之间，有如下一番对话：

"我知道你在中国的工作非常出色，你是否想到要回到总部来？"

“我还没有做完我在中国想做的事情。我希望干满五年以后，我的成果能有成千上万人使用，也能够看到对公司有一些贡献。”

“总部现在特别需要你这样的人。你如果回来的话，可以给你一个很大的队伍，甚至是一个提升的机会。”

“我对在中国的岗位非常满意——从来没有这样满意过。”

“好，那你就干下去。每次回美国的时候，别忘了来看我！”

现在我们回到本书开头。微软中国研究院成立的那一天，李开复就说过，他们是“为进步而来”。浙江大学校长潘云鹤的题词“桥架中美”，也高高地悬挂在“火药库”中。但是，我们中间总是有些人不愿意理解他们的想法，还是会不断提出“两种价值观和两种精神的交锋”一类的问题；还是把“挑战微软”看做一场民族革命，而不是技术革命。其潜在逻辑，与20世纪通行的那个口号并无不同——“不是东风压倒西风，就是西风压倒东风。”但是，21世纪的世界潮流，显然已不再是“谁压倒谁”，不同的文化和价值观念，正在相互理解、尊重、共处和融合。这问题在1998年11月5日微软中国研究院的成立庆典上没有人会注意，到了2000年夏天结束的时候，希格玛大厦中必有更多的人已能洞悉。

“大约三年五年之后，可以看出结果。”沈向洋说。这样看来，微软中国研究院所面临的真正考验，并非过去和现在，而是在五年以后！

然则我们站在自己国家的立场，又可以这样来提出问题：倘若这一群充满智慧和激情的人们竟渐渐陷入失望、彷徨和委靡，一个美国公司在中国的种种努力也归于失败，这样的结局对于我们中国人来说，难道就能说是一种胜利么？

2000年2月初稿于美国雷德蒙

2000年7月改毕于中国上海

补记：

7月22日凌晨，就在我全部完成本书的事实校核和文字润色的时候，接到李开复的电子邮件。他异乎寻常地要我尽快给他打电话，说有一个紧急情况，必须亲口告诉我。

“我要走了。”一分钟后，他在电话里面对我说。

他是在几个小时之前接到通知的。由于斯蒂夫的鼎力推荐以及比尔·盖茨的支持，他被任命为微软公司副总裁，成为“.NET”集团主管之一。

“.NET”集团是微软公司根据“新一代网络平台”的战略组建的新部门。李开复主管未来“微软网”用户界面的所有部分。他将领导的几百人，大都是来自微软公司浏览器小组、“视窗”小组、语音识别小组和自然语言小组的精英。

“在微软，这是最令人激动也最富有挑战性的位置。”副总裁鲍伯·马格利在一个越洋电话中这样对他说。

“这可能是公司里面最困难的工作。”里克·雷斯特对李开复说，“但我相信你能够做出最出色的成绩。”这个在两年以前把李开复引进微软的人，现在说：“我将永远支持你，因为你的每一个成功都在证明我的知人之明。”

李开复接受了这项任命。他将在 8 月的第一周离开中国。与此同时，张亚勤将接替他在研究院的工作。张宏江、沈向洋被提升为副院长。

我放下电话，心中似有所失，又似有所得。

几天后，李开复向研究院的全体员工告别，这是我在他的无数电子邮件中看到的唯一的用中文写成的信。他写道：

其实我不想走，因为聪明能干上进勤奋的人围绕着我；

其实我不想走，因为我热爱我的工作，更热爱我周围的人；

其实我不想走，因为这里像是我的家，你们像是我的家人；

其实我不想走，因为我们曾一起努力，建立了这个独一无二的智慧岛。

……

附　录

与图灵奖获得者罗杰·瑞迪的对话

(2000 年 1 月 25 日)

凌志军：我知道你在卡内基梅隆带过许多中国学生，你觉得中国学生和美国学生有什么不同吗？

瑞　迪：中国学生的创造性不亚于任何其他国家的学生，同时他们还非常守纪律。我认为我见过的最有创造性的学生来自法国。可是这些学生大部分不守纪律，我知道他们这样其实并不成功。

凌志军：是不是因为你有一些优秀的中国学生，比如李开复和沈向洋，才有这样的看法？或者你是在谈一般的看法？

瑞　迪：我有过一些优秀的学生。我很荣幸能和许多很优秀的中国学生一起工作。比如开复和沈向洋。他们在学校非常刻苦，经常星期天在学校里面看到他们。他们的工作非常刻苦。他们还非常执著。

凌志军：李开复和沈向洋是你的最优秀的学生吗？

瑞　迪：实际上能考进卡内基梅隆大学的学生，已经是非常了不起的。开复和沈向洋的确是我的最好的学生中的两个，但不是全部。

凌志军：在中国，很多人说他们是“世界级的科学家”，我想知道，这种说法是不是夸张？还是的确如此？

瑞　迪：绝对是事实，不论他们在什么地方工作，在什么国家，在中国，或者在美国，或者在欧洲，他们在各自的领域，绝对都是领头人。

凌志军：现在我相信了。因为在中国，很多事情是被夸张的。以你这样的学术地位和名声，我想这样的评价是可以相信的？

瑞　迪：是的。

凌志军：几乎所有成功者的记忆中都会留下一个激动不已的瞬间。李开复总是念念不忘，他当年设想用统计学的方法研究语音识别系统的时候，你不赞成他的方法，但却支持他继续做，以至于“不赞成你，但支持你”成为他今天指导其他人的一个信条。你认为在科研领域中，这样的理念的确很重要吗？

瑞　迪：这个理念是非常非常重要的。这样的事情在我的迄今为止的生涯中发生过两次，一次是开复。他要用统计学的方法去做语音识别研究的时候，我当时不同意。事实证明，开复是正确的，他成功了。另外还有一个学生，也要做一个东西，我当时也不同意，但我说你要是坚持，就去做。事实证明，也是那个学生对了。他们两个的成功都是很了不起的。我很高兴我的学生当时没有听我的，很高兴他们能有那样的成功，很高兴看到他们的成果。

凌志军：我很奇怪一件事情。当学生比老师正确的时候，在很多情况下，会让学生看不起老师，但是我发现李开复对你的尊敬依然非常强烈。这里有一个问题，他说你的方法虽然不正确，但你给他指出的方向是非常正确的。我想知道，当方向正确，而找不到方法的时候，作为一个研究的指导者应该是怎样的呢？

瑞　迪：在这个问题中，没有学生和老师的界限。他们是合作者，是共同的研究者。他们应该去鼓励各种各样的思想，做研究，没有人能保证你一定成功，所以要非常灵活，应该鼓励去尝试各种可能性，宽容各种思想。开复这件事情，正好证明了这个道理。

凌志军：但是这里是不是有一个前提：要方向正确？谈到方向，沈向洋还记得，他在做你的学生的时候，提出研究“视觉”，这并不是你的研究方向，但你却说“这没有问题。你出去拿一个照相机把周围照下来，重现出来就好了”。他说，你的这一句话，让他做了十年，终有所得。还说：“这才是大师的远见。”后来的事实表明，你本人取得的成就的确同你的“开拓性”有关，你能对这些往事谈一些想法吗？

瑞　迪：我觉得沈向洋给了我太多的赞誉。当时我的脑子里面有很多问题，我知道一些这方面的情况，当沈向洋和我谈论这个问题的时候，我就给了他一个很难的问题。我知道这个问题可以让他做很多年。

凌志军：有时候，一个很难的问题并不是一个马上要做的问题。可能人们需要的东西才是马上要做的东西。有时候，我们要做的不是现在的需求，而是未来的需求，这就需要大师的眼光，但我知道有些大师是会犯错误的。

瑞　迪：我有一本书特别讲到这个问题，我会给你做参考。确实，有一些研究，在今天看来没有什么，在不远的将来就会给人类带来好处。沈向洋研究的问题就是这种情况，肯定会在将来对人类的生活带来很大影响。

凌志军：李开复的语音识别从开始起步到现在热起来，中间经过了十年。沈向洋的东西也已经十年了，还没有看到热起来的迹象。它还要多少年才能发挥作用？

瑞　迪：实际上人们还是认识到了视频的重要性。比如说三维的物体等等。但因为数据很大，是一般的数据量的十倍，所以今天的人们还不是很满意这些成果，从长远来说，这些研究是很有希望的。

凌志军：你的很多中国学生去了微软公司，但现在，他们中间至少有两位到中国来了，你认为这是明智之举吗？你有没有感觉到，在中国从事科研同在美国从事科研会有一些不同的地方？

瑞　迪：我认为他们这样做非常好。他们的成就告诉中国，一个中国人也能成为很了不起的科学家。

凌志军：在中国做科研，会不会遇到更多的障碍？

瑞　迪：如果你想从事世界一流的研究，应该有世界一流的设施，在中国，可能会遇到一些困难。比如，你没有工具，没有必需的很多资源。对目前在中国从事基础研究的人，有没有足够的资源是一个很大的问题。不过，在微软中国研究院没有这个问题。

凌志军：你是图灵奖获得者，大家都在谈论你的远见。请再来使用一下你的远见。你认为不久的将来世界各地的华人中间，有没有人可能获得图灵奖？

瑞　迪：绝对会有的。而且不是一个，会有很多的中国学者获得图灵奖。

凌志军：出在微软中国研究院的可能性有多大？

瑞　迪：做这样的预测是非常困难的，因为有太多的人已经有资格得到这个奖。但我们应该认识到，世界上有很多了不起的学者，这个奖每年只有一个，不得不等待几年以后才会有人获得。我觉得开复现在就有资格得到。

凌志军：中国人对 Linux 一类的新趋势非常关注。人们目前最注意的事情不是它的技术水平，而是它的免费商业模式。但免费的技术真的能成为最好的技术吗？换句话说，让消费者免费使用的研发成果，能够对微软这样依靠卖软件获得利润的公司，构成真正的威胁吗？微软会不会垮掉？

瑞　迪：我不认为微软会垮掉。免费的商业模式是可行的。现在微软的浏览器的方式就是免费的。不管商业模式怎样变化，微软会不断变换方向去适应。

凌志军：你的意思是，免费软件能成为最好的软件？

瑞　迪：是的。免费的软件有可能成为最好的软件。很多应用厂商会在它的基础上做很多应用软件。

凌志军：你是美国总统信息技术顾问委员会的成员。你说过，计算技术将深刻影响人们的生活，克服距离的障碍和语言障碍。但在中国，有些人担心西方计算技术的进入将会使东方文化处于不利的地位，他们会说“数字化”的本质是“西方化”。你认为这种说法有道理吗？作为一个有着东方血统、又是在西方获得成功的科学家，你认为计算技术果真能够淡化不同国家和不同文化的界限吗？如果真的淡化了，是一件好事吗？

瑞　迪：世界上的文化本来就是非常丰富的。大家都知道，在耶路撒冷，有一堵哭墙，过去人们要到墙边上去哭，现在，有些人可以在巴黎，用手提电话来哭，表达自己的哀悼之情，也可能用一个录音带表达。科技的发展，对于文化来说是一种扩展。但是，还是有一个问题，就是每一个民族怎样保存他们文化中特定的东西，简单地复制也是有问题的。这样就需要有创造性的研究员，做相应的研究，既满足他们自己的文化需求，同时也是世界的科技。

与电气电子工程师协会院士瑞曼德·比克赫尔茨的对话

(2000 年 5 月 25 日)

凌志军：在美国，张亚勤被认为是电子工程界最有成就的科学家之一。有人甚至说，华人中“无出其右”。这是否名副其实？张亚勤是电气电子工程师协会（IEEE）最年轻的院士（31 岁），你认为他是当之无愧的吗？

瑞曼德：绝对名副其实。仅仅推荐就必须经过相当漫长的过程，至少要有五位电气电子工程师协会院士写推荐信，再经过专业协会的专家委员会复核。这些成员都是该领域的知名人士，他们通常将所有提名的候选人分成几等。最终决定由完全独立的委员会做出。通过第一道程序的被提名者非常少，只有 15%，甚至更少。这么小的比例在我的协会里不是什么稀奇的事情。IEEE 规定，将录取成员人数压到 0.1%。

凌志军：在你的所有学生当中，张亚勤是最优秀的吗？与你的其他学生比起来，他有没有一些独到之处呢？特别聪明？特别勤奋？特别有激情？天赐良机？也许他和其他人一样，没有什么特别之处？

瑞曼德：毫无疑问，他是最好的学生。给他讲课和提供指导，对我来说是一种愉快。和他相处不到一星期，我就意识到他非常特殊。他极其聪明，异常勤奋。他的知识远远超出自己的专业，这一点从一开始就十分明显。实际上，他有机会去麻省理工学院，到美国后第一个秋季开学就到了乔治·华盛顿大学。我立即让他参与图像项目，试图将他留住。剩下的就是历史了。还有，在我的记忆里，在获取博士资格的通信考试中——这是非常难的考试，他是唯一获得满分的。

凌志军：张亚勤说，在科研道路上，你是对他影响最大的人，你给了他什么呢？

瑞曼德：如果我对他产生了影响，那只是把我对所有学生和自己孩子说过的话也告诉了他。我说，一个人职业生涯中最重要的东西是：要做就要做到最好。去追求你真正喜欢做的事情，不是因为它“时髦”，而是因为你将在这个领域出类拔萃，独占鳌头。不要担心能不能找到工作，在任何领域，只要你是最优秀的，就一定能找到工作。当然，成为最优秀的人需要勤奋和天赋，亚勤兼而有之。

凌志军：你对比尔·盖茨的看法如何？在中国，有人把他描绘成一个唯利是图的人，也有人说他是英雄。你说呢？

瑞曼德：我认为，比尔·盖茨让世界变得更好了。无论是在商业领域还是在技术领域，他都是一个聪明人。在个人电脑开发和软件支持应用产业，他发挥了重要作用。他富有远见地创立了一个“开放体系”，让成千上万独立开发者的天才智慧得以发挥。我不认为他是一个自私的人，如果说他犯了一个错误，那是因为他太专注于微软的成功，而忽视了这样一个事实：当你占据相当优势的时候，你必须愿意让一些别人也做得很好的事情同样得到发展。微软进入网络太晚了。

凌志军：难道微软真像杰克逊法官判决的那样，是有罪的？

瑞曼德：我认为审判太严厉了，拆分微软将对消费者产生不利影响。微软有些事的确做得不对，但这样的惩罚措施不能解决问题。

凌志军：让我们再来谈一些与张亚勤有关的事。他在一年多前回到北京，就任微软中国研究院首席科学家，这是明智之举吗？这对他的研究有好处吗？你认为他应该长期待在中国，还是应该过一段时间就回美国去？

瑞曼德：亚勤是一个了不起的人。他对祖国怀有很深的感情，而且知恩图报。他以前经常说，要回中国做一些有益的事情。我自己到过中国几次，亲眼目睹了中国人渴望融入现代世界的热情和才能。在北京建立研究中心是他做得最好的事情。研究中心将留下一笔永久财富。亚勤还很年轻，在为研究中心打下基础后，他应当继续自己的研究。他真的是全世界的财富，尤其是，他来自占人类1/4人口的中国。

凌志军：听说你访问过中国，还曾会见中国最重要的领导人江泽民，你认为中国是一个有良好科研环境的国家吗？

瑞曼德：我想我见到江泽民先生是在他担任国家主席之前。大约是1987年，我带领一批数据通信专家到上海，访问了交通大学。即使在那个时候，交通大学也给人留下了深刻印象，尽管那时他们不得不使用落后的材料。1994年，当我带领摩托罗拉代表团重返北京时，我简直不能相信这里发生的变化。那时，我很高兴见到了电子工业部的部长，他是一个很不错的人。

凌志军：我还是想听听你对中国的科研环境的看法。中国人都希望，活跃在美国硅谷里的那些中国人中，有更多的人才回到他们的国家来。怎样才能做到这一点呢？你能给我们一些建议吗？

瑞曼德：改变企业家的创业氛围；保持法律的一致性和公正性；允许突破常规的思想存在；承认人们通过奋斗竞争得来的结果；使成功和失败不一样。

凌志军：在我们这里，有人说，像微软这样的跨国公司进入中国，对中国计算机产业是一个威胁，比如他们现在已经在“抢人才”了。你认为是这样吗？

瑞曼德：这个我不知道。在美国，的确有这种情况，我们建立的贝尔实验室和国际商用机器公司研究中心，是唯一真正开展基础研究的。但是，随着技术领域的发展，情况发生了很大变化。现在，美国缺少训练有素的技术人才。在生物技术领域，同样的情况也在发生，但变化要慢得多。

凌志军：我听说你是犹太人，有人说，这个世界上，华人和犹太人的智商最高，你认为是这样吗？

瑞曼德：我不这样看。我相信，不同种族、宗教、文化的人们同样能够获得才能和成功，他们各有与众不同之处。在过去的经历中，我发现中国人也像犹太人、穆斯林人、日本人、韩国人一样，特别看重学习教育和建立牢固家庭。做到这两点，孩子们就会很杰出。在欧洲基督教家庭、印度家庭和其他我有幸结识的人群中，我都发现了同样的性格特征。我相信这也是所有文化的要素，因为，这恰恰是人类生存的方式。

与微软副总裁里克·雷斯特的对话

(2000 年 2 月 14 日)

凌志军：我的问题有些可能很小，有些可能会很大，希望你不要介意。

雷斯特：没有问题。

凌志军：开复曾对我说，他来微软第一个见面的人就是你。是这样吗?

雷斯特：是的。

凌志军：在开复来到微软之前，你认识他吗?

雷斯特：开复来之前，我已经知道他的工作效率，而且我们是在同一个地方。我对他很熟悉。

凌志军：那好，我们就从开复谈起吧。

雷斯特：我们不是在同一个研究范围，但我认识他。因为是在同一个大学，卡内基梅隆大学。那个时候他是一个明星学生，他做出了一些里程碑式的工作。

凌志军：你的意思是，他在那个时期的工作是开创性的?

雷斯特：他在 80 年代的时候已经开始研究一种新的语音识别的方法。他是这一个领域里面的先锋、开拓者。这件事情已经过去了十年，直到今天，全世界所有语音识别的研究，都是在他的开拓性工作的基础上继续的。

凌志军：你们想要他到微软来工作，是不是和这个事情有关?

雷斯特：是的。

凌志军：但是，据我所知，开复后来在苹果和 SGI 公司的运气并不好，他在那里的时候，公司的状况都不好。是不是他没有显示出管理的才能?

雷斯特：不一定。其实他一直都非常有名。我们从苹果公司也雇了其他的人。他们对他的反映都很好。微软有机会雇他，是非常理想的事情。我们在美国之外有了两个研究中心。一个是在英国，一个是在中国。在英国，我们很幸运地邀请到了一些有才能的人。现在，我们在中国也开始了。

凌志军：我听说，比尔在 1991 年建立研究院的时候，请了很多人来说服你加入微软。后来你来了，你对比尔说，你要请50个像你一样优秀的人来。比尔不相信。他说：“难道有那么多比你还优秀的人吗？”有这件事吗？

雷斯特：（笑）我没有听到过。这是一个故事。让我弄清楚这个事情，好不好？当时比尔建立研究院，的确是想要邀请很多优秀的人。其实在比尔还没有请我来之前，微软开董事会，他们提出要请100个能人，当时还没有要我进来。但现在我们已经有500个能人了。我们已经超越了当初的目标，也超越当初计划的研究范围。我来了以后，就想要建立一个很有魄力的研究中心。

凌志军：据说当时比尔动员了戈登·贝尔和奈森·梅尔沃德两个人来请你，这是真的吗？

雷斯特：这是真的。第一个来邀请我的是戈登先生。如果不是他打电话来邀请我的话，我不会考虑来微软的。

凌志军：那么这个故事中有80%是真的？

雷斯特：（笑）其实，这是每十年到二十年才出现一次的机会。是微软公司、比尔给了我这个机会。

凌志军：那么，开复来当微软中国研究院院长这件事，是你决定的还是比尔决定的？

雷斯特：这是我的决定，当然要比尔点头同意。这是大家都同意的，但我要向比尔汇报。

凌志军：向比尔汇报是微软公司的人事制度决定的，还是仅仅出于一种尊重？

雷斯特：这是一个很自然的事情，也许不是你所顾虑的那么严重的事情。我和比尔之间经常交流。当然这也是一个程序的安排。但我们之间有多种交流的方式，就像我和下属之间的交流一样，这是一个很自然的交流过程。

凌志军：但是我想知道，最后的决定权，是你还是比尔？

雷斯特：是我的决定。当然最后的决定还是在比尔这边。当然我会给他提供很多情况。虽然我有我的权力，但我们也彼此互相交流。如果是牵涉总体的资源，比尔会考虑，但一些细节，包括所有研究院的领导，我有权力决定。

凌志军：当你向比尔提到开复的时候，他是什么反应？他是说不认识这个人，还是说他很熟悉开复？

雷斯特：他对开复很熟悉。他说：“噢，我早就知道他。”

凌志军：那么，在一年以后的今天，你对开复的工作满意吗？

雷斯特：他的工作非常优秀，非常出类拔萃！很少有人能在一年里面组织这么强的一个班底，雇到这么多非常优秀的人，写了很多论文，参加了很多很高级的会议，参加一些主流的座谈会。一年里面做的工作，质量非常高，恐怕别的地方要十年到十五年的时间才能完成。我发现他在中文方面的研究、网络方面的研究、视觉方面的研究，做的工作都非常艰难。凭我自己的经验来看，我知道非常困难。我们回顾一下之后，比尔也很惊讶：他有这么大的能力！比尔对他的工作效能大为称赞。

凌志军：你刚才说到"很强的班底"，这包括从中国招聘的人吗？

雷斯特：是的。我现在非常欣赏能够这样，非常欣赏能把当地的有才能的人带进来。当初建立研究院的时候，我们有两个问题：如果我们请美国和欧洲的人去，他们在当地能不能产生有效率的工作？另外一个问题是，能不能在当地找到非常好的人？现在，这两个问题的结论，都是正面的。两个目标都达到了。

凌志军：你刚才提到开复一年的工作，别的地方要做十年到十五年，真的是这样吗？

雷斯特：（笑）让我再把我的话说得精确一点。我刚才的比喻，是考虑到他们所达到的工作效能，在质量方面，一般的组织要用更长的时间才能做到。他们在很短的时间里面做到的事情，在整体效能方面，不是说和另外一个人的十年工作量来对比，不是这个意思，而是说，在整个架构，就整体而言，他们达到了一个很高的程度。

凌志军：你认为他们过去一年里取得的成果，在质量方面是最高水平的吗？

雷斯特：很难说什么是"最高的水平"。我只能这样推理：以他们的论文的角度，他们已经达到国际水平。在公司以外发表出来，我们鼓励他们这样做。他们的工作的确是高水平的，都是国际级别的、很高水平的东西，也获得微软公司其他同事的尊重。

凌志军：你能不能把中国的研究院和美国的研究院比较一下？在数量上和质量上怎么样？

雷斯特：我只能说，如果对比，在中国的人数量少，但质量上都是很强的，都是在国际上公认的。两个研究院都是同一个级别，都是经常交流，有些共同的合作。在美国研究院和英国研究院，有很多已经是非常有名的、很了不起的人。在中国的人比较新。

凌志军：你是不是认为，有一些研究项目是在别的地方不能做，或者不能做得很快很好，只有在中国才能做得更好？我听到一种说法：我们在美国既然有这么多优秀的人，能做得更好，为什么还要在中国做这些事情？

雷斯特：任何组织，不论有多高水平，能力都是有限的。现在的问题是，在中国也好，在英国也好，每个地方都有自己的人才库。这些人才在美国是不能替代的。所以，基本上，人才库是一个最重要的考虑。每一个地方的人才有自己的特长。比如英国研究院的人，在语言方面，在安全系统方面，在提取资料方面，都非常强。中国研究院对亚洲人使用计算机的观念比较清楚。当时我们很少能提供一个渠道，容纳当地的人才。我有一个预感，微软公司未来在亚洲的科研会有一些不同的结论，导致他们做出一些研究。

凌志军：你说到亚洲，我们能不能把问题说得再大一些。有人认为，微软正在出现一种危机，但也有人说不是这样，他们相信微软还在蒸蒸日上。你认为是怎样的情形？

雷斯特：实际上，微软永远在担心。我们知道技术永远都是在变化当中，除非我们能产生一些更快的更好的东西，否则我们很快就不会存在。过去有很多这样的例子，一些公司没有拿出更好的东西，用不着其他竞争者，自己就垮了。其实，我们的竞争者，就是我们自己。在市场上，如果我们不能有更新的东西，别人就会说，我们不再需要用微软的东西啦。

凌志军：这样看来，你认为科研是决定微软未来命运的最关键的东西。

雷斯特：是这样。比尔多次在会议当中指出这一点。

凌志军：微软不断扩大研究院的规模，是不是也是出于这种考虑？

雷斯特：是的。科研和更新技术是非常重要的。比尔曾经多次提到，我们投在科研上的钱是最佳投资。

凌志军：你提到比尔对科研的关心，他辞去首席执行官，任命自己为首席软件设计师。他自己曾经有一个电子邮件来解释这件事情。但在中国，有人认为，这是他的“以退为进”的行动。这是针对司法部的官司的。你认为怎样？如果你不愿意回答这个问题，没有关系。

雷斯特：（笑）微软公司的目标永远是：怎样更新更好，比尔发现，如果他把精力花在技术方面，更好。他会在公共关系方面，在签合约方面，采取一个比较低调的姿态。

凌志军：最后一个问题。

雷斯特：好。

凌志军：在个人电脑时代，“视窗”覆盖了个人电脑操作系统的90%，可以说统一了天下。在网络时代，有人说微软要被人取代。也有人说，微软正努力在网络时代拿出新一代操作系统统一天下。你认为微软能做到吗？

雷斯特：我对你的问题还不能很敏锐、很具体地了解。我们知道，有很多不同的操作系统，网络上也是一样。我们尽可能提供新的软件。为人们带来更多的新东西。市场上有很多竞争，我相信没有任何一个公司能成功地垄断所有事情。我希望我们能提供更多的好东西给大众，希望自己能够成功，但没有任何一个公司能垄断。

与微软美国研究院院长凌大任的对话

(2000 年 2 月 14 日)

凌志军：我们能不能从最近的事情谈起？主要是关于中国研究院的事情。他们最近带来一些成果，在这里演示，我想你一定看到了。你能评价一下吗？

凌大任：我觉得都是一些很好的东西，新的技术，内容很广泛。我觉得他们有一些理论方面的重要突破。沈向洋的图像处理不仅仅是一个技术成果，而且是理论上的突破。

凌志军：你认为"视觉图像的采样"不仅是技术成果，而且是一种理论上的突破？

凌大任：历史上的发展是这样的，过去是三维的方式，现在是建模。沈向洋的研究有一个特长，他把两种方式的优点结合在一起，综合成一个主要的表达方式，用一种数学的方式、一种新的平台来表达出来。这是这个论文的新特点。后人回顾这段历史的时候，会发现这不仅是一个简单的增长，而且是非常非常重要的一个提升。

凌志军：你说的这个"提升"，是沈向洋提出的新想法，还是别人已经想到但没有实现，而他实现了？

凌大任：以图像为基础来表现，过去已经存在。但是，现在把这两个表现方式融合在一起，很明显，是他们自己的创造。这是非常重要的突破。

凌志军：沈向洋的研究和美国研究院项目小组的研究没有重合吗？

凌大任：我认为沈向洋小组和我们美国研究院的研究形成了一个互补性的融洽关系。很明显，我们都对图像表现方式感兴趣。他到北京后，和我们这边的专业人员经常有交流。

凌志军：但是他们两个方面，难道不是在研究一个东西吗？

凌大任：他们都有个人的目标和兴趣。但沈向洋是建立在一个新层次上的研究。对我们这一边所有人来说，都是受益的。他的工作是非常基础的，不但能影响到这个领域，甚至在产生跨领域的积极的影响。

凌志军：他们带来的项目中，还有没有其他的项目很精彩呢？

凌大任：当然很多。另外一个例子是，他们在中文的语言处理范围中，做出很多突破，在写、读方面有很多不同的表现方法。

凌志军：我听说，他们的中文语言处理和这边的英文语言处理方面有很多合作。听说他们是在这边的支持下取得的进展，是这样吗？

凌大任：是的。我们有很多合作。

凌志军：我听下来，觉得你和开复的关系，是合作的关系，不是竞争的关系？

凌大任：不论是北京也好，英国也好，美国也好，这几个研究院都有很好的合作基础。当北京研究院刚刚开始的时候，我们担心，距离这么远，还有语言问题，会不会发生沟通的困难。后来证明不是这样，我们这边去了很多人，他们的人也过来。大家在交流的过程中发现，这个问题不存在。

凌志军：我没有听到你对张宏江小组在多媒体方面的研究成果的评价。我的感觉是，他的研究成果与产品更加接近，你认为是这样吗？

凌大任：我很感谢你正好提到张宏江的项目。这都是一些非常令人兴奋的产品，他们有很多成果是可以直接转移到产品中去的。举例说，已经有了一些新的设备，现在出现的新问题是，在多媒体的信息当中怎样搜索。现在张宏江在这些方面做的事情都是非常好的事情，和我们这一边配合得非常好。举例说，在辨认人脸和声音等方面都是我们的专长，我们可以把他们的研究成果，把不同的技术结合在一起。这是一种非常好的配合。

凌志军：让我们把张宏江的研究和沈向洋的研究比较一下。张宏江的研究更加靠近产品，沈向洋的更加基础。我想知道，对于你们来说，哪一种情况更理想？你们是更加需要张宏江的呢？还是更加需要沈向洋的？

凌大任：我认为这两者都非常重要。一个在理论上有长远的影响力，而且影响是很大的，使得我们公司成为一个世界级的科研中心。另外一个，我们也是一个企业，是一个公司，所以，研究如果有应用价值的话，也可以拿到产品当中，产生效益。所以我们只能说，这两种研究是混合的，是互补的。研究有两种，一种是长期的，一种是马上生效的。举例来说，我们的自然语言的研究，让计算机明白语言的意义，这是长远的，但我们马上也能受益。

凌志军：你有没有可能帮助我区分一下，在微软的研究中，基础研究和应用研究各占多大的比重?

凌大任: 这个问题比较难。我们雷德蒙这边，有一个小组，六到八个人左右，他们的研究非常深非常专，是纯理论的。举例来说，物理方面的应用和计算机的应用，水变成蒸汽，变成冰。这是物理的。我们发现，可以把一些纯理论的东西应用到计算机中。至于百分比，很难判断。关键是从长远来说，我们有一些理论的研究，但在这个过程中，我们发现一些小的突破，就马上用在产品中。把这两个东西完全分开，很难。我们只有一个纯粹理论的小组，其他的小组都是混合的，既做长期，也做短期的。

凌志军: 对微软来说，一种研究是在一个很窄的领域做得很深；还有一种研究，是在一个很广泛的领域涉及很多方面，但却都不深，哪一种方式更有价值?

凌大任: 首先，我们的主导思想，就是做一个很深入的研究，要把一些很能干的人，放在很基本的方面，做深入的研究。但是我们也发现，不同的小组、不同研究院的不同成果，放在一起的时候，合作产生了很好的效果。不是一种技术，而是多种技术的混合。我们的一个目标是怎样和计算机对话，这个课题不是一个技术，而是多种技术。其中之一是，让计算机辨认文字，但是知道这个字的意思还不行，还不够，还要知道字的意义是什么，但还不够，对用户来说，还要有反馈，还要把吸收的信息进行排序，才能对话。

凌志军: 我多次听你谈到合作，但我想知道合作之中个人的创造精神是怎样鼓励的?

凌大任: 重要的还是管理，使得大家都有合作的倾向。当然每一个人都有自己的贡献。每一个领域的人都做了很好的工作，但只有和其他人合作，才能知道人家做得怎样，才能知道自己的工作怎样继续。我们要检查他们个人的贡献，我们强调他们的合作。另外一个是，公司怎样为他们提供一个目标，激发他们。我们在科研方面有一个定律是这样的，有成功，也有失败。我们不要求所有的环节都必须成功。

凌志军: 开复是一个很好的研究人员，现在成了一个管理人员，你认为他的管理才能比他的研究才能更有价值吗?

凌大任: 当我们考虑开复去做这件事情之前，正是考虑他有这方面的专长，他不仅是一个研究人员，而且他也有很丰富的管理经验。他同时有两种专长，我们才推荐他来做。他在苹果和 SGI 都是管理一个很大的公司。

凌志军：巴特勒·拉姆伯森曾经说："把一个最好的研究人员变成一个最好的管理者，不一定是一个好主意。"你认为把开复这样一个好的研究人员变成一个好的管理者是一个好主意？

凌大任：（笑）巴特勒说的当然是正确的，但这是一般性的表达，不能使用在每一个人身上，开复就是一个例子。把他的研究和管理两方面的才能合在一起，比分开更加成功。

凌志军：你是一个院长，开复也是一个院长。你是不是认为，有一些研究项目一定要放在中国才能得到更大的成果，而在美国则不能这么快地取得成果？

凌大任：应该从两个方面来考虑，有一些科研与当地的情况有很大的联系，比如界面，比如中文搜索方面，在中国研究的确效果很好。但另外一些研究和地方性不一定有关系，主要取决于在哪里找到优秀人才。能在哪里找到优秀人才，我们就放在哪里研究。在一个地方从事什么研究，很大程度上取决于那里有什么样的人。比如在英国，开展有关编程语言的项目，是因为那里有很多这个方面的世界上最了不起的人，所以就在那里研究。

凌志军：说到人，我听到开复说，他加入微软后第一次到北京，是和你一同去的。你能说一下你当时对北京的感受吗？是当时的感受，不是现在的。

凌大任：我一直认为在中国应该建立一个研究院，我是当初促使建立这个研究院的人之一。当时我知道这是一个很具挑战性的工作，但这也为他带来一个机会。当时他的确是想找到一些很好的人才，建立一个世界级别的研究机构。困难是明显的。一个挑战是语言和距离，怎样与美国雷德蒙研究院合作、沟通。第二是，他们能够在中国找到一个很扎实的班底吗？这要他们在那边和所有大学沟通，还有和政府的合作。

凌志军：一年以后，我们再来看这些问题，你有什么看法？

凌大任：当然，在过去一年，我们非常兴奋，我们发现我们找到了一些非常优秀的人才。但过去的事情已经过去了。我们更加关注现在，怎样把他们的研究成果应用到微软的产品当中，使成千上万的人能够使用他们的成果。我们的第二个目标，是希望他们继续把他们的效益发挥在中国，他们也有能力影响别的研究中心。当然我们知道他们刚刚起步。

凌志军：你是华裔，想必对中国有更多的了解。你有没有发现，在中国做事情可能比在美国遇到更多的困难？主要是研究以外的困难。

凌大任：最重要的是，不要闭门自守，外界有很多竞争性的公司。在美国，公司和公司之间、研究所和研究所之间都有沟通。

凌志军：雷德蒙研究院里的华人有多少？

凌大任：大概的数字是10%或者更高一些，准确的数字我还要帮助你确认一下。

2004 年繁体字版补记
寻找你的家

燃烧智慧的狂欢节

对于微软公司在全世界的三万多职工来说，从 2000 年夏天到 2001 年夏天的这 12 个月，实在是值得大书特书的。这段时间，是张亚勤接任微软中国研究院院长后的第一个财年。在美国，纳斯达克股市迄无振作之象，新经济市场上那些破碎的泡沫，让人对新经济本身也产生了怀疑。比尔·盖茨的满脑门子官司还是纠缠不清，全世界都在等着看他的笑话。奇怪的是，雷德蒙微软总部里总是有令人兴奋的事发生，而且大都与中国人有关系。比如公司里面一个普通的项目主管，菲力普·弗希特，三年前幻想举办一个“技术节”来汇聚公司的最新研究成果，就在 2001 年的第一个月里成为现实。它吸引了公司在世界各地的员工，吸引了所有高级执行官，还吸引了比尔·盖茨。这个绝顶聪明而又富有激情的人，这时候围着微软中国研究院的 40 项新技术转来转去，连连感叹“中国人特别有激情”。也正是在这一天，微软中国研究院无可逆转地在公司总部树立了自己的信誉。

这是 2001 年 1 月 22 日，星期一，在中国农历则是庚辰年除夕。张亚勤率领微软中国研究院的 30 个研究员走进公司总部，来参加这家公司的“首届技术节”。雷德蒙的冬天总是阴雨霏霏，难得见到阳光，但此刻竟是阳光明媚。这是张亚勤就任院长之后第一次检阅自己的队伍，本来情绪激昂，又见碧空如洗，不禁惊叹“天公作美”。他后来用一段文字来描述那一刻自己的心情，仿佛不是一个科学家而是一个文学家：“向远处看去，皑皑的雪山为澄澈的蓝天镶上了一道别致的银边儿。雨后湿润、清新的土壤气息，让我们暂时忘却了汉民族每年最重要的传统节日——春节即将来临。”

公司总部那个浩大的展厅，现在被分割成 80 多个独立的格子间，里面摆放着计算机终端，以及至少 130 项最新技术。这家全世界最值钱、最有影响力、也是招来最多毁誉的公司，现在关注的不是自己的今天，而是自己在今后十年将走向何方，甚至就连那场让人沮丧的官司也被丢在一边了。从现场气氛看，他们显然把自己的未来寄托在分布全球的四家研究院——微软雷德蒙研究院、微软剑桥研究院、微软硅谷研究院以及微软中国研究院。而展览大厅里那些让人眼花缭乱的新技术，每三项中就有一项来自中国。

距离开幕还有半个小时，来自中国的年轻人已经各就各位。“比尔会来吗?”每个人都在心里盘算。他们知道比尔正在美加边境的某个小城开会，而且此人一向计划严密，分秒不差，不是非同寻常的原因，很难让他改变自己的日程，更何况那地方距离雷德蒙还有几百英里呢。

但就在这时候，大厅门口一阵骚动，人们都看到比尔走进来，接着又听到他在解释自己为什么宁愿中断计划中的会议跑到这里来。“我不能错过这个技术节。”他说。于是，他乘坐一架直升飞机赶回来了。

在张亚勤看来，这并不奇怪，他知道比尔对新技术的热情远远超过对财富的热情，也知道正是这个原因才能让此人成为“世界首富”。让张亚勤和他的同事感到意外的是，居然有那么多人对他们的技术感兴趣。参观者进入展厅，流连忘返，徘徊不去。前面的人还没有走，后面的队伍又涌进来。他后来回忆道：“真是人如潮涌，摩肩接踵。”

从美国西雅图、旧金山和英国剑桥来了 5000 多人，来和这些中国人汇聚在一起。曾让北京的记者们惊叹不已的新技术，现在又让微软公司的这些专业人员大出意外。他们怎么也想不到，在那个遥远、神秘、飞速进步但却依然落后的国家里，竟一下子冒出这么多的新鲜玩意儿，还和自己正在开发中的产品息息相关，不免人人兴奋不已。工程师们一心想着要把新技术汇集起来，经理们则在脑子里面想象着如何把新技术推销出去，用他们自己的话说，去“影响和改变亿万人的生活”。微软中国研究院在大约 80 个展位中拥有 17 个。中国的研究员们现在都成了解说员，张亚勤也是一样。大家兴致勃勃，一边演示，一边解释，个个饥肠辘辘、唇焦口燥。“本来预计不会有这么多人的，”张宏江说这话的时候有点得意，“我们连午饭都没有时间吃，甚至没有时间去卫生间。”比尔 · 盖茨连续观看了中国人的 12 场演示，不停地就各种细节提出问题，他甚至了解中国人手里那些尚未展示的技术。“以并不算充裕的人手，钻研出如此多有价值的成果”，这让比尔惊讶。

“技术节”持续了九个小时，结束的时候张亚勤仍然激动不已，沈向洋和张宏江也是一样，三个院长联名向北京的同事发去电子邮件：

怀着激动的心情，我们向各位汇报技术节的巨大成功：这是一次对微软研究院业绩的成功展览，也是对微软中国研究院实力的一次特殊演示，是对献身于微软中国研究院的每个人的努力的赞词。

感谢你们大家，祝诸位拥有一个幸福的新年！

现在已是深夜时分，太平洋另一边的那片大陆上爆竹声声，亿万中国人正在欢度新世纪的第一个春节。雷德蒙这一边却已万籁寂静，这一群中国人既疲惫又兴奋，全都无法入眠。张亚勤灵机一动，想到“技术盛宴”这个词。他在后来为同事撰写的一篇颇有见地的文章中，说它是一次“燃烧智慧的狂欢节”，又把文章的题目叫做《凿通妨碍创新的“柏林墙”》：

过去，产品开发人员往往忙于开发出能够满足市场并直接服务于用户的技术和产品，理所当然地，他们更关注用户的实际需求，关注市场的细微变化，关注竞争对手的一举一动；而研究院的学者们一直习惯于独立自主地探索那些自认为有市场前景和受众需要的科研领域，探索着那些五年甚至十年以后可能对人类生活产生巨大影响的高新技术。很明显，在产品组和研究院之间存在着一道技术价值观念的无形壁垒：产品组着眼于现在，研究院则通常着眼于未来。两方面对于技术价值的认识都有道理，但也各有欠缺：忽视基础研究，将使一个企业缺乏可持续发展的重要动力；而漠视市场实情和用户需求，则可能使自己的智慧结晶流于形式、百无一用。

他停下来，想到研究院两年多来的历程，想到现在自己已不仅是首席科学家，还是个科学的管理者——院长，想到自己曾经无数次地告诫属下去“寻找你的家”。现在，他异常清晰地感觉到他们的“家”在哪里，那就是公司的产品部门。

“周围的沉静使我陷入更深的思考。”他继续写：

此次盛会不仅是展示微软中国研究院形象的大好机会，也是研究者走出象牙塔、了解产品组实际需求的关键步骤。先前壁垒分明的两个世界，通过技术节的形式实现了彼此沟通。

无论是研究者还是产品开发人员，现在都获得了一个崭新的视角。

对于在微软中国研究院废寝忘食工作、用尽心力钻研的人们来说，这不啻是新的机遇和挑战，即便如此，我们也有充分的理由相信，在这座卓立于网络革命潮头的智慧之岛上，必将诞生更多荡涤人类固有生活方式的技术硕果。

写完这些，天已大亮。张亚勤依然沉浸在自己的梦想中，但却无比清醒。他说他再一次想起比尔·盖茨说过的一句话："每天清晨当你醒来时，都会为技术进步为人类生活带来的发展和改进而激动不已。"

新院长张亚勤

每天早上 7:30，张亚勤就从京城东郊香江花园他的住所走出来，坐上他的"别克"轿车，经过机场高速公路，一路向西，转上北四环路，经过学院路，来到花园路，再钻过一架地道桥，到了希格玛大厦，昂首走进第五层他的办公室里，立即开始工作。

就像他所洞悉的那样，技术和市场之间的界限模糊了。同时也像他还未曾想到的那样，美国和中国之间的界限也模糊了。当然也有不少美国人在冷眼旁观，他们大都是反对微软的人，都在期待哪一天早晨微软宣告破产。还有不少中国人也在冷眼旁观，他们不一定反对微软，但却对整个美国都抱有敌意，其中有些人在 2000 年到 2001 年这段时间表现得特别激烈。比如张亚勤在北京的一次会议上说软件研究"跨越国家界线"时，很多人为他鼓掌，中科院软件研究所所长反唇相讥："这要看我们站在什么样的立场上。"另一个人，中科院软件所研究生部主任，不是那么锋芒毕露，但却话里有话："有些跨国公司在国内哄抬价格。许多刚毕业的大学生应聘竟然提出月薪低于 5000 元免谈。"张亚勤坐在自己位置上，面对这样的问题似乎无言以对。看来，过去几年里让李开复头疼的那些事，现在也纠缠在他的身上了。

他搬到当年李开复的办公室里已经有 12 个月了。屋里的所有摆设都同过去一样，新院长也表现出和前任一样的干劲、激情、洞察力和野心。但是，在周围的同事看来，他还有着完全不同的行事风格。李开复喜欢让事情按照自己期待的方向发展，无论巨细，事必躬亲；张亚勤则倾向于让自己的意志顺其自然，从不强人所难，也不强己所难，即使是天大的事情，在没有了解同事的想法之前，他便不会抢先做出决定，至于细枝末节，完全不在他的视野之内。李开复看着你的时候，你会感觉到一种敏锐、一种挡不住的智慧，感觉到一种信任和怀疑兼而有之的机警，感觉到有一种无形的力量在向你压过来，而你总是处在下风；张亚勤的眼光则会让你感觉到朦胧、温暖和随意。他在每位来客面前都会迅速起身，笑容可掬地招呼他们到身边来，向他们伸出手来。那双手软绵绵的，你握着它的时候，绝对不会想到这是那么了不起的一个人，不会想到美国总统会写信给他，把他叫做“一个灵感的启示”，不会想到一位享誉世界的科学家会说他是“属于全世界的财富”。事实上，张在世界计算机领域里享有的声望之高，与他的年龄之轻的确不大相称，但是他的真正超越年龄的东西还不是他的成就和声望，而是他的品格。这个人既自信又谦虚，既犀利又含蓄，既坚强又富有弹性，他总是直截了当地仰望着那些身材比他高的人，却尽量避免俯视那些比他矮的人。他的神情往往像是个没有主见的下属，或者像个总是在倾听别人说话的学生。他的确说过“我觉得自己现在还是个学生”这样的话。可事实上，这位院长聪明绝顶，他用那对看似茫然的眼睛隔着一副深度眼镜打量世界，心里早已把看到的一切都想得清清楚楚。

他喜欢星巴克咖啡，不吃肉，自称与佛有缘，还曾对基督教发生强烈的兴趣。“我不是信徒，但我在美国的时候会到教堂里去。”他这样说。他喜欢网球、游泳，尤其喜欢围棋，与国手下，让四子互有胜负。他最喜爱的礼物是一把扇子，那上面有很多围棋国手的签名。他喜欢开着名车兜风，对房子却要求不高，他不喜欢手机，却喜欢写电子邮件。他有七台电脑，其中三台总是放在他的办公桌上，那里面有他的无数奇思妙想，还有一套功能强大的围棋软件。“古老的围棋和现代软件结合是一件非常美妙的事情。黑白二子之间孕育着无穷变化。就像计算机软件一样。”他有时候会对来客这样说。还总是回想起与诺贝尔奖得主盖尔曼一起吃饭的情形。“盖尔曼八十多岁了，可他见到一棵新奇的植物都会盯上半天。”张有一次这样说，“他保持一颗童心，对任何事情都抱着好奇的态度，这很重要。”

关于张亚勤，有三件事情是很多人都知道的，特别是那些真正了解他的人。第一，他总是把“一流”、“最好”和“世界级”这一类的词汇挂在嘴边上，那不仅是他的口头禅，而且还是他的信念；第二，他不喜欢拼命压倒别人，他把“赢得优势”看做是一种自然而来的过程；第三，当他得到“第一”、因而万人称羡的时候，他却认定这没有什么了不起。他在 34 岁那年接任微软中国研究院院长，在大多数人看来，这是少年得志，也是一种难得的殊荣，但对这个人来说，这不算什么，只不过是在他的一系列年龄纪录上增加了一个。他12岁开始读大学，17岁为自己选择终生事业，23岁获得美国乔治·华盛顿大学博士学位，25岁成为美国桑纳福研究院的部门主管。1996年他30岁，已经发表了几百篇论文，还拥有几十项国际专利。到了31岁，他成为美国电气电子工程师学会100年历史上最年轻的院士。又两年之后，也即1999年，他成为微软中国研究院的副院长和首席科学家，与此同时还获得美国“杰出青年电子工程师奖”。他是获得该奖的唯一华人。他所达到的成就，大多数人穷其一辈子也难能完成，可是他这一年才33岁。

张亚勤崇敬比尔·盖茨这样的人，这倒不是因为那个人是世界首富或者是他的老板，而是因为那个人“既有智慧又有爱心，还对社会产生了重大影响”。但是，随着他自己的成就越来越大，张越来越看淡成就。他渐渐崇尚从容、简单和自然的境界，开始用欣赏的眼光打量那些豁达平和的人，常常提到自己多年前就读美国乔治·华盛顿大学时的指导教授皮克·雷茨。他喜欢导师的那句名言：“简单的才能工作，复杂的不能工作。”

到了就任院长的时候，张把自己性格中最后一丝年轻气盛的痕迹也抹去了。他开始学着去做一些自己过去不愿意做的事情，比如到那些虚张声势的会场上去发表演讲、对新闻记者笑脸相迎、陪着有身份的人闲谈。他要花费很多时间、精力和热情去和政府官员打交道，还要在心里时时衡量一个外国公司在中国的处境。但是不论多忙，他每天都要把至少三个小时留给自己，他没有忘记自己的“首席科学家”的角色。有时候你坐在他的对面，听他说话，会觉得他在内心深处一直把“首席科学家”的分量看得比“院长”更重。

事实上，无论是作为首席科学家还是作为院长，他都喜欢“和谐”。这是围棋棋理的最高境界，在他看来，这也是做人做事的最高境界。无数人来询问他的成功历程，他总是淡淡地说：“这是很自然的过程。”便没有更多的话好说。只有一次，他对一个记者谈到自己对成功的感受：“成功本身是一种和谐，是很多方面的和谐。它包括自己内心的世界，包括对社会的贡献，还包括外部环境的认可。”他告诉那些奋力争胜的大学生们，“成功是一种习惯”，告诉那些不断统计自己的论文发表数量的研究员们，成功就是“找到你的归属”，而你的“归属”归根到底是在亿万用户的手里，不是在什么国际著名学术刊物的编辑部。他就是这样来谈论成功的，的确与众不同。有一天他的五岁的女儿问他什么叫“成功”，他说那就是“要做自己喜欢做的事，自己要幸福，要感觉很快乐”。当女儿把这种成功想象成“阳光照在身上的那种感觉”时，他笑了，觉得女儿的比喻真是妙不可言。

2001 年开始的时候，这位新院长发表了很多文章，还到处演讲。他谈论的话题有很多，其中充满了自信，满是对未来的预测：

“2001 年是移动互联的一年。”

“21 世纪的中国将出现‘新四化’——技术全球化、产品多样化、市场本地化、服务个性化。”

“席卷半个世纪的信息革命已为网络革命的开始扫清了障碍。”

“网络革命是一场刷新人类生存方式的暴风骤雨。”

“变革源于需要，而人类最根本的需求是渴望自由。”

……

当他的前任李开复在大洋彼岸阐述《网络经济的十四个定律》时，他在北京为 21 世纪的网络世界做出“八大预言”。他认定“摩尔定律”和“贝尔定律”依旧有效、新一代多媒体技术将大幅度提升人类工作和生活质量、语音识别技术将使人机界面发生革命性突变、“人工智能”将会变成“智能人工”、互联网的构架正在改变、智能家电和家庭网络将从亚洲开始、而数字高清晰度电视将从美国走入主流。他断言“网络计算机的理想永无实现之日”，但是他对互联网的信心却和当日舆论对互联网的失望形成对照。“网络本身不是泡沫，网络经济更不是泡沫，”他说，“只有急功近利的网络企业才会在信息革命的暴风骤雨中破裂。”他预言，个人计算机在经过一段的饱和之后，不仅将在两年之内重新崛起，还将变得“更聪明”、“更无限”和“更有个性”。

比尔·盖茨说过一句话：“软件发展无极限，它只受人的想象力的限制。”听上去这有点像中国共产党 40 年前崇尚的“人有多大胆，地有多大产”的“IT 版”，但是张亚勤对此深信不疑，甚至把这话概括为“比尔·盖茨定律”。就像人们当年谈论“摩尔定律”时一样，在新世纪开始的时候，张充满激情地说：“地理意义上的此岸与彼岸将不再有任何意义，因为只要开启个人电脑，我们就已经在碰触着‘无限的可能’。”

“我已经拼了全力，你呢?”

平心而论，21 世纪开始的那几个月，微软公司的员工们并不好过。他们异常努力，每天都在前进，每周都在发表论文，每月都有新的专利技术投入到产品中去，可是他们还是感到危机四伏。张亚勤说，他心里的“危机时刻表”是“五年”。还有一个人似乎有更急迫的感觉。“我时刻提醒自己，”他有一次这样说，“微软离破产永远只有 18 个月。”这就是比尔·盖茨。

2000 年夏天李开复加入公司管理层的核心圈子后，第一个感受是，“比尔并不快乐，总是带着若有所思的神情”。那时候比尔·盖茨刚刚经历自己历史上最黑暗的时期，看上去倒霉透了。网络的神话被戳破了；纳斯达克指数一泻千里；微软自己的股票也跟着泻；司法部和 19 个州政府发起的诉讼旷日持久；公司副总裁马瑞兹辞职他去；互联网浏览软件部门的十个“精英”又相继离开……外患内忧纠缠在一起，包围这个曾经不可一世的公司。到了这一年 4 月最后一周，比尔手上的股票一日之内跌去 100 亿美元，全世界的报纸纷纷扬扬，都说他的“世界首富”位置要被甲骨文公司艾利森取代了。后者得意洋洋地说：“要让中国南部的一个乡村少女通过网络拿到哈佛大学的学位。”就像约定好了似的，中国这一边，一个名叫潘石屹的房地产开发商也在贬低比尔·盖茨：“他落伍了，成为网络一代嘲笑的对象。”有个中国记者不失时机地写道：“微软有一百个理由应该灭亡。”

可是春天结束的时候，华尔街上那些精明的股票分析师都发现，微软不仅没有灭亡的迹象，而且还应当被列为“利好”的股票，重新推荐给投资者，因为这家公司第一季度的净利润没有降低，还增加了，有 20 多亿美元。这以后的两个月里，就像天气不可逆转地越来越暖和一样，对微软有利的消息也越来越多。夏天开始的时候，美国联邦最高法院驳回了地方法院关于分拆微软的建议，笼罩在微软头上的乌云就一下子散开了。它的股票回升了，人气重新聚合起来，比尔的“世界首富”交椅，看上去又稳固了。《纽约时报》发表文章说：“闹剧彻底结束了。”传记作家肖思说：“比尔·盖茨是时下最伟大的竞争者。”几个月前甲骨文总裁艾里森说“罗马帝国都能灭亡，为什么微软不会”时，完全是咄咄逼人的口吻，可现在这句话似乎成了无可奈何的叹息。

是啊，为什么微软不会灭亡？这可真是奇怪！所有人——那些喜欢微软的人和仇恨微软的人，都想知道原因何在。2001 年夏天，李开复回到中国，一个中国记者想到他现在的身份是微软公司全球副总裁了，就提出这个问题。在比尔身边度过最艰难的 12 个月后，李开复显然觉得自己有资格回答这个问题。

“聪明的定义应该是，能够在最短的时间学习最多的知识，做出最好的决定。”李开复这样谈论比尔，“比尔的聪明还在于他愿意认错。他知道自己不是永远完美的，不是永远都是对的。”

李开复接着给中国记者讲了一个故事：

> 比尔的技术专员是一个并不资深的年轻小伙子，也是绝顶聪明。有一次开会，碰巧我也在，在听完一个人的新想法后，比尔说：“你的这个想法不对，我觉得应该这样才对。”这时，这个技术专员说：“比尔，你错了。”比尔反问：“我错了？实际上就是这么回事呀！”专员坚持：“比尔，你的确错了，让我告诉你为什么。”他讲完之后，比尔说：“好的，你是正确的，我们继续。”在这样情况下，比尔不会在乎所谓的面子，坚持己见，或者说，待会儿再说吧。

尽管已经柳暗花明，但要说微软的厄运就此“结束”，恐怕就连公司内部那些具有真知灼见的人也不会同意。当初人人都说微软就要倒霉的时候，他们对自己企业抱有的信心令人生畏。现在，人人都说他们时来运转，他们却又多了一种既清晰又强烈的危机感。比尔·盖茨是其中一个。从这一年开始，他周围的人发现他有了一个新习惯，“他每年有两次离开公司，到深山老林去待上一个星期，”李开复说，“不是休假，而是在脑子里面勾画着什么东西。他后来在中国演讲的时候说出了其中秘密，他是在‘追逐未来’。”

“追逐未来”的人显然不只是比尔，还有鲍尔默，这位上任不久的首席执行官给大家放了一段阿里在拳击场上的录像，接着驱动着他的身躯跳将起来，对员工说：“我已经拼尽全力，你呢?”他当场就把嗓子喊哑了，不过，他的话随后成了微软公司员工的口头禅。有些人走了，这不错，但留下来的人全都拼尽全力。李开复是其中一个，尽管他没有像比尔那样跑到深山里去，却也在脑子里面苦苦探索网络经济的“定律”，他想到了14条，然后详加描述，其中“第十定律”是：不创新则灭亡。张亚勤也是一个。“在这个领域当中，我们已经站住了，可以说是一流的，”他说，“但是五年之后可能就不一定了。”

“五五规则”

微软中国研究院里的这一群人——无论是曾在国外求学的“海归派”还是在国内毕业的“民粹派”，现在已经完全摆脱那种茫然无措的心态。他们足够聪明而又异常勤奋，又有一股生生不息的力量激励他们向前，所以能够造就巨大的变化。2001 年开始的时候，研究院给人的这种印象特别强烈，似乎有很多理由让人们相信他们正在展翅高飞。这包括他们已经发表的 200 多篇论文、得到的 100 多项专利。毫无疑问，微软中国研究院的成果在全世界范围内产生了影响，来自希格玛大厦的消息越来越多地出现在中国和外国的报刊上。“现在中国也开始做研究了，”美国有家电视台的解说员在谈到他们的时候，显出难以置信的口吻，“而且最好的研究都是他们做出来的。”让他们的中国同行艳羡的是，聚集在希格玛大厦里的聪明人越来越多，已经超过了 100 个。有一项在中国大学生中展开的调查显示了更加令人吃惊的结果：微软中国研究院以 100% 的票数当选为“最值得去的公司”。

但是张亚勤内心深处的那种“不满足感”依然强烈。也许是某种潜意识发挥了作用，他不厌其烦地对自己的研究员们解释什么叫“一流”，说这个概念既包括数量，也包括质量。

“做研究，一定要一流。”他说，“你做二流三流的产品，价钱便宜一点还可以卖出去，可是你如果做二流的研究，就卖不出去，就没有任何附加价值。所以我们不能只讲中关村第一、北京第一、中国第一，你必须要世界第一才有意义。”

什么叫“世界第一”？稍有资历的研究员们都知道，但是那些年轻的研究员初来乍到，还真说不清楚，不禁把眼睛盯着他，然后听到他继续解释：“就是在你们各自研究领域最高水平的五个国际学术会议和学术刊物上，发表的论文总量至少占 5%。”他说，“比如全世界这一年一共发表了 500 篇最棒的文章，我们这个研究院至少要有 25 篇，这样才可以称为一流。”

这句话后来成为研究院的一个规则，叫做“五五规则”——第一个“五”是质量的标志，第二个“五”是数量的标志。就人数来说，这个研究院在全世界计算机领域的研究员中不到 1%，所以张亚勤的“五五规则”听上去不仅自信而且狂妄。不过，接下来发生的事情证明，这“五五规则”对他们来说并不是一个遥远的目标。2000 年 11 月，微软的“网络视频传播中的检错容错”成为 MPEG—4 的国际标准。成为中国计算机研究领域的一大喜讯，专家们纷纷撰文，记者们也赶来凑热闹，都说这是中国人的“零的突破，质的飞跃”。因为“MPEG—4 标准有了‘中国造’”。其实这就是微软中国研究院的李世鹏、吴枫，以及一个在这里实习的学生阎蓉的研究成果。那个冬天，来自微软中国研究院的新技术源源不断，每一个都是媒体追逐的焦点，先是黄昌宁的“机器辅助翻译”，然后是张益肇的“听话的电脑”，然后是李世鹏小组展示的“多媒体信息压缩和集成”，然后是朱文武小组的“信息在网络和无线传输”，然后是张宏江小组的“视频检索”；春天到来的时候，又有了“无线网上的音乐容错编码”，有了“鼠标点起层层涟漪”，有了“自动生成舞蹈”，有了“指鹿为马”，有了“数字羽毛”。一篇引人入胜的文章说：“微软会织毛衣了。”当然那毛衣不是羊毛的，而是数字的。不过，“数字毛衣”看上去就像真的一样动人。

“我过去在美国工作的时候，每天早晨起来，有时候会觉得很带劲，但也有时候会突然觉得不高兴。有些事情，让我甚至有不想工作的感觉。”张亚勤这样来对比他在两个国家的感受，“在中国，我完全没有这种感觉。早上醒来马上就想来公司，很自然地就不想离开这个地方，好像有一种磁力一样。我觉得这里很多人都是这样的。”

研究的成果接二连三，这表明这个机构有一种连续性的力量，也表明了一种强烈的加速度。2001 年春天，华尔街股票分析师把微软股票重新确定为“最有潜力股”的时候，张亚勤在北京接到消息，他和朱文武获得了电气与电子工程师协会的最佳论文奖。获奖论文叫做《在互联网上以点对点结构传输 MPEG—4 视频》，发表在这个协会在视频领域的唯一刊物《视频技术电路与系统学报》上。能够在电气与电子工程师协会的大约 130 种刊物上发表文章，一向都是全球 35 万电气与电子工程师协会会员的期望，《系统学报》将 2000 年度唯一的最佳论文奖颁发给张亚勤和朱文武，所以微软全球副总裁里克认定，这是具有标志意义的事件：“它标志着微软中国研究院已经成为计算机科学领域世界一流的研究中心。”

5 月的第二个星期，张亚勤到悉尼出席“最佳论文”的颁奖仪式。此前研究院发表的论文已有 250 多篇。此后几周，研究院又有 10 篇论文被第八界国际计算机视觉大会接受。一年以前张亚勤喋喋不休地对属下说着他的“五五规则”的时候，人们还觉得他是在吹牛呢，但现在，人人都能计算出，他

们不仅做到了，而且还大大超过，甚至就连张亚勤本人也感到意外。“我们已经占到 8% 到 10%。”他这样说。事实上，若论在全世界五个最高水平的学术会议上发表的论文，他们的数量比中国大陆所有大学和研究所的总和还要多。

我们为未来工作

由论文垒起来的大厦还在不断地增加高度，令计算机领域同行们瞠目结舌，也在很大程度上成了衡量研究成果的标志。这也难怪，全世界的科学家都对论文情有独钟，微软中国研究院也不例外。但也正是在这个时候，张亚勤开始用另外一种眼光打量他的“大厦”。

从悉尼回到北京的时候，恰逢“北京高新技术产业国际周”。这个活动是北京政府发动的，规模空前，有 80 万人参加。张亚勤决定把他的新想法告诉公众。他马不停蹄，逢人就说，先是跑去参加“中关村顾问会议”，又去参加“高新技术发展趋势论坛”，接着跑到北京图书馆去发表演讲：

> 变革源于需要。信息革命最重要的意义并不仅限于开拓智慧或提高效率——席卷半个世纪的信息革命已为网络革命的开始扫清了障碍，并准备好了一切必要的条件。这将是一场刷新人类生活方式的暴风骤雨。人类有史以来第一次面对这样的可能性，那就是人与人之间、物与物之间的无限连通。这种变革已经远远超越了提高生产效率的层面。

像他迄今为止的许多演讲一样，这次演讲也是在一种既亢奋又深远的精神状态下展开。然而这还不是随便说说的。“我是集中了我在过去一年里的思考，”他后来说，“有些事情是要牵涉我们的研究方向。”

如果说张亚勤与我们国家大多数科学家有什么不同，这就是其中一个了。在他的心里，国家的界限不重要，“立场”这个东西不重要，“意识形态”也不重要，重要的是那些最能满足世人需要、因而也最具有影响力的事情。现在，他能想到的这件事情就是“科研的方向”。这一点，他有点像他的前任李开复。

2001 年这整整一年，他都在考虑为研究院确立新的研究方向，这同李开复在 1999 年的心情也是如出一辙。如前所述，那一年李开复主张的“科研方向”，是新一代多媒体、新一代信息处理技术、新一代用户界面。现在，张亚勤对属下说：“今后的研究重点之一，是把多媒体传输扩展到网络之中，把目前的计算扩展到无线领域中。”新的方向将是“无线技术及网络”。三个新的研究小组同时建立起来，有朱文武领导的无线技术及网络组，有李世鹏领导的网络多媒体组，还有郭百宁领导的网络图形组。微软中国研究院把这次行动叫做“改组”，说它是“紧紧围绕公司网络战略”提出来的。那情形就像张亚勤说的，“从而使未来的研究成果更接近人们在网络时代的无限需求”。也像沈向洋说的，“我们为未来工作”。

秋天开始的时候，微软公司总部再次热闹起来。这一年对全世界来说都有一些特别的意义：它是微处理器诞生 30 周年，也是个人计算机诞生 20 周年。对微软公司来说，它就更加值得庆祝——它是微软诞生 25 周年，也是微软公司开辟科研之路整整十周年。

微软雷德蒙研究院的“十岁庆典”在 9 月 5 日举办。来自全球的 200 多名新闻媒体记者和分析家汇聚在雷德蒙的微软总部。一大串演讲者的名单中，还是比尔·盖茨最引人注目。就像他属下的这些科学家一样，他也不喜欢纠缠“国家”和“立场”这一类问题，他脑子里面想的是“过去十年与未来十年的计算技术”，想的是自己每年为科研投入的 50 亿美元是否值得，想的是自己麾下的这些人是不是全世界最优秀的。“我从来没有料到，早上起来的时候会对花掉这 50 亿美元而感到自豪。”他得意洋洋地对听众说，“我们今天在这里讨论的这些创新性的工作，使得包括我在内的所有微软员工的工作充满乐趣，因为我们必须推动未来向前发展。很幸运，我们能把这么多优秀的人聚集到一起。”

在比尔的这一番话之后不到 24 小时，美国政府说，它不愿意看到微软被肢解，并希望尽快找到结束微软官司的办法。五个星期之后，这个每年把 50 亿美元花在科研上并且为此感到自豪的美国人来到中国，在 48 小时里赶了七个会场，发表了五场演讲。

又过了两个星期，也即 2001 年 11 月 1 日，微软中国研究院正式改名为微软亚洲研究院。张亚勤后来说，这个日子是微软研究院的发展历史上的一个转折点，此前三年是“创业阶段”，也是“中国历程”；此后则开始了快速成长的阶段，也开始了研究院的“世界历程”。

一切都是“数字的”

当微软中国研究院改名为微软亚洲研究院的时候，它的一系列成果已经大大超出研究院的创建者李开复和里克·雷斯特的想象，超过了比尔·盖茨的想象，也超过了全世界所有同行的想象。在它的数百项成果中，王坚的“数字笔”是最令人激动的发明之一。“王坚的核心技术将改变世界，”张亚勤在谈到王坚的发明时，激动之情溢于言表，“我真的没有想到他这么了不起。”

“个人计算机历史的第一个 25 年，是从比尔·盖茨开始的；第二个 25 年，有可能要从王坚开始了。”他的同事这样开玩笑。

王坚来到微软亚洲研究院之前的简历中，有一连串辉煌的头衔：“教授”、“博士生导师”、“浙江大学心理学系主任”、“浙江大学工业心理学国家专业实验室主任”、“中国人类工效学会理事”，还提到，“他曾经主持完成了数十项国家自然科学基金、国家‘八六三’计划、国家各部委以及与摩托罗拉和英特尔合作的项目”。在来到微软之后的五年中，他的头衔少多了，只不过是个主任研究员，还是一个研究小组的主持者，但他成为十几项国际专利的发明者。就像我们在前边曾经描述过的，他生长在杭州西子湖畔，却有北方人的脸盘和身材，总是顶着一头乱发，衣服皱皱巴巴，你在他的身上看不到一点奇异的光彩。少年时代的老师如若知道他今天的成就，准会跌破眼镜。

从小学到中学，王坚都很难说是老师心目中的那种好学生。他的功课平平，从没得过什么名次，从不参加什么竞赛，甚至没有进过什么好学校，没有读“重点高中”，也没有读“名牌大学”，直到博士毕业之后，他的母校杭州大学被并入浙江大学，让他终于和“名校”沾了边。不过，他一直不认为自己和这所大学的荣耀有什么关联。“我都不好意思告诉人家我是哪个学校的。”他笑着说。这话听上去是谦虚，其实了解他的经历的人都明白，那正是他的独到之处。

这就是王坚的学生时代，只有一个老师在这个学生身上看出一点名堂：“王坚这个人如果有所成就，就在于他的独立性和想象力。”

进入研究院的最初半年，王坚对自己要做什么还有些摸不着头绪。他一边做着计算机的界面，比如中英文的切换，一边看着周围，大家都说这很“酷”。可是他不一样，他嘲笑这种做法。他说：“如果你想的东西都是正确的，可是却没有什么用处，那有什么必要去想呢?”让别人困惑的是，他说他“要想天上的事情”。

要说“天上的事情”，可能有点儿玄，但是与仅仅探讨数字科学本身比起来，把数字化概念推广到一切领域去，的确需要更广大的想象力。

王坚在计算科学的事业中属于第三代人。所谓“计算科学”，经历了30年以上的缓慢发展和20年的飞速成长，最终由于微软和英特尔这样一些西方大公司的推动，进入千家万户，可谓成就非凡，到了王坚这一代长大成人的时候，那种由一个显示屏、一个键盘、一个大小不等的机箱和一个“视窗”操作系统组成的电脑，已经占领了90%以上的市场。

当王坚在1999年进入计算科学领域的时候，那种希望用一支笔来取代键盘的努力正在流行，这也就是人们通常说的“手写输入”。在以后的一年里，“手写”和“语音识别”甚至成了最热门的两大技术话题。不过，那时候人们已经明白“语音”是一个更加困难的领域，所以把短期的期待更多地转向“手写”。当时的报纸上，“手写笔”成了频繁出现的词汇。编辑们是这样来为那些消息制作标题的:《手写笔市场爆发“井喷”行情》、《手写发展最快的一年》。王坚把这一切都看在眼里。但是他不打算在这条路上继续前行。他说:“我们要做，就要做那种能够影响技术发展方向的东西。”

转折点发生在2000年。王坚觉得那是“很久以前的事情了”:“那一天我和沈向洋兴冲冲地跑到亚勤那里，要求成立一个小组，专门研究这个东西。”

王坚把他的“东西”设想为“三部曲”:

第一部，让人们可以在电脑上任意书写涂鸦，就像在一张普通稿纸上书写涂鸦一样，这是“数字墨水”;

第二部，制作一支与普通笔一样、也能出水的“笔”，让你在写的同时，就能将所有数据以及语音同步发送给电脑，这是“数字笔”。

第三部，让一张随处可见的稿纸具有电脑的功能，这是“数字纸”。

“我做这个东西可以得到大家的认可。”王坚极力对张亚勤描述自己想象中的那个世界。

望着王坚满脸激动不已的样子，张亚勤一时还想不清楚。但他已经意识到，王坚的想法中有些东西前所未有:迄今为止的计算机发展历史，都是让人去适应机器的历史，但是现在，王坚显然正在尝试一种全新的人机交互方式，这也许真的开启了一个让机器适应人的新时代。

“只要你认为你是在做一个有用的研究，我就支持你。”张亚勤回答。

新的小组就这样成立了，几个研究员和实习学生聚集到王坚身边，开始了这项大胆、粗糙、想入非非，还让所有人莫名其妙的研究。“我总有一个梦想，”王坚对他的小组成员说，“这有些极端，但它和我对世界的认识是有关系的。”

王坚的“梦想”从一个问题开始：世界的本质到底是模拟的，还是数字的？“这是很大的一个问题。”他自问自答，“模拟是相对于数字而言的。人人都认为世界是模拟的，一个桌子就是桌子，一支钢笔就是钢笔，但是现实社会中还存在着太多的没有被数字化的东西，任何东西都是可以被数字化的，而这些就是我们要做的。”

此后两年中，王坚有不少机会和比尔·盖茨交流。他发现比尔在本质上并不认为微软的最大敌人是那些竞争对手，甚至也不像很多人说的，“微软的最大敌人是微软自己”，事实上，比尔·盖茨认为，微软的最大敌人是“模拟的世界”。

与“一定要打败谁谁谁”相比，“挑战和改变世界”是对天才更有号召力的目标。从某种程度上说，比尔的目标就是挑战和改变模拟的世界。认识到这一点令王坚激动不已，他发现“比尔的这个梦想和我的梦想几乎是完全一样”。

比尔·盖茨的想法是这样的，到目前为止，我们面前的大部分东西是模拟出来的，数字化的东西很少。我们要做的所有技术，就是把模拟的东西转变为数字的。比如文字处理、语音识别、扫描仪，都是这样。但是仅仅这些还不够。在比尔看来，世界所有东西的原始状态就应该是数字的，而不是模拟的。举个最简单的例子，当你用胶片拍摄照片的时候，原始的状态是模拟的，然后在胶片上扫描，就是把模拟转变为数字，再打印出来，就还原成模拟的。所以，这是一个“模拟—数字—模拟”的过程。但是如果你直接用数码相机拍照，那么原始的材料就是数字，而不是模拟。再比如一纸文字，过去，如果我们要找到它的电子文档，就要用原件来复印，所以文字的原始状态是模拟。现在，我们直接把文字录入计算机，它的原始状态就是数字的。

“在常人看来，一切都是模拟的，而在我们看来，一切都是数字的。这就是差别，也是我的数字笔计划的起点。”王坚这样说。

人们在本能上更容易接受模拟的东西，但是计算机的世界里只关心数字。他现在要做的事情，就是在别人看起来是模拟的东西上做出数字的东西。或者反过来说，就是自己做出来的数字化的东西，让别人看起来却是模拟的东西。王坚想象中的那支笔就是这样，它和现在流行的那些“手写笔”是不一样的。“手写笔”关心的不是你写出来的字，而是把你写出来的字变成数字的，然后把原来的东西丢掉。王坚将要做的东西，将完全没有模拟的过程，只有数字。“最好的工具就是看起来根本没有工具，”王坚说，“你用这个笔的时候，将不会感到是在用一个什么特殊的东西，纸和笔是无处不在的。你根本不用把模拟的变成数字，再把数字的变成模拟的。你将跨过这个阶段。这个技术是让你在纸上做的东西和你在电脑上做的东西完全一致，信息变活了，很多原来不可能的事情现在都可能了，比如你将来可以在纸上书写，但是你写下的东西已经全都跑到电脑里面去了。”

“这里面奥妙是在软件上，而不是硬件。”王坚继续解释他的想法。你可以把它叫做“笔式电脑”。“视窗”不存在了，但它的很多核心技术都被转移到这支笔里面了。比如你在看一本英文小说的时候，遇到了一个不认识的单词，于是你把笔放在这个单词上，它立刻就可以告诉你单词是什么意思。可实际上，笔根本不需要认识这个词，只要这个词是印在这种纸上就可以了。做出这种数字笔和数字纸，让它们看上去和寻常的纸笔没有什么两样，但实际上是电子设备。这就是王坚的梦想。

“你们创造了历史”

2001年6月，“世界个人计算机产品大展”在纽约举办，几乎所有最新型的个人计算机都拥挤在这里，形形色色，令人兴奋。也就是在这个月里，张亚勤发表文章，阐述了他所想象的“个人电脑的未来之路”：它将变得“更聪明”、“更无限”、和“更有个性”。他鼓励手下的研究员把更大的热情投入到研究中去，“因为你研究的技术将对千万用户有一种长远的影响”。就像是要为张亚勤的预言提供证据，在这个夏天里，王坚带着他的“三部曲”中的第一部来到雷德蒙，在微软总部的那些技术专家面前展示自己的“数字墨水”。

那是一个外形奇特的电脑，正面的屏幕就像普通书写纸一样大，可以很轻灵地在手上翻动，所以被叫做“平板式个人电脑”。王坚用一支“笔”在上面随意书写涂抹，在他身侧的大屏幕上同步显示他写下的东西：文字和图形都被直接导入计算机文本，可以任意编改和传输，手写痕迹则被原样存储。

这时候你可以清晰地感觉到，张亚勤所谓“更聪明”、“更无限”、“更富有个性”的个人电脑是什么意思。

“我想知道，它为什么那么神奇？”比尔·盖茨叫道，不禁童心大开，突然起身，跳到王坚面前，把王坚吓了一跳。

比尔从最近的地方仔细端详那支“笔”。那是“数字笔”的雏形，看上去比我们通常使用的笔要粗大得多，造型笨拙，还很粗糙，比拇指还要粗。从半透明的外壳看进去，可以看到里面缠绕着塑料胶皮的导线。一切都像是一个小学生在少年宫里的课外习作。“我都不好意思拿给比尔看，”王坚后来讲述自己那一刻的心情时笑着说，“感觉就好像骗了他一把一样。”

但是比尔兴致很浓，他把眼镜摘下来，用牙齿咬着眼睛架，神情专注，仔细打量面前这个神奇的小东西，看上去完全被迷住了。在场的人都可以看到，他的眼睛闪烁着一种奇异的光彩。他不会对那笔的粗糙外表感到失望，也不会被王坚的天花乱坠的描述所蒙蔽，他隐约感到王坚的想法中有什么东西大有前途。

“这支笔为什么会有那么强大的力量？”

“如果我把它用在一张普通的书写纸上，会怎么样？”

比尔眼睛盯着王坚的“笔”，嘴上不住问，与其说那是一个技术大师的眼光，倒不如说更像一个好奇心很浓的孩子。但王坚知道，比尔一下子就抓住了要害，他现在还有很多更急迫的问题要解决，他知道，比尔的问题是他最终要解决的最重要的问题。

王坚拼命解释自己的想法：“我当初把这么粗糙的东西拿给比尔看，就是想带给他一个概念，纸和笔也可以是数字的。”

在比尔听来，有些地方一拍即合，有些地方闻所未闻，有些地方让人觉得伸手可即，有些地方又让人觉得那只是遥远天际的一片彩云，看得见，摸不着，而且一阵风过来就会散去。

“成就此业，尚需日时。”这是比尔在那天给王坚的最后一句话，“继续干，无论你需要多少钱，都没有问题。”

五个月后，也即 2001 年 11 月，王坚的“第一部曲——数字墨水”大功告成。他带着它再次来到雷德蒙。

“墨水就是墨水，不是手写识别。”王坚进一步解释他的发明，“新技术的要点，不在于辨认这个字是什么，这个图是什么，而在于，赋予人在电脑上随意挥洒的自由。赋予电脑用‘墨水’而不是用文本思考的能力。让物理墨水的性能就像数字墨水一样。”

尽管微软的大部分研究人员仍然认为，数字墨水的研究气很重，但王坚还是让所有人都跟着他激动起来。微软公司总部成立了“平板个人电脑”产品组。产品组给这个电脑的定义是：一个功能强大的个人计算机，但却像一张纸一样简单。比尔·盖茨预言，“平板个人电脑”将取代笔记本电脑，并将为个人计算机带来一场革命。“平板个人电脑”小组项目经理的话没有那么豪迈，但却更加富有人情味：“我认为，数字墨水不放进产品中来，简直是罪过。”

微软总部的人大都对此抱有一种乐观的心情。很多人都相信，一年之后，这个令个人计算机业心惊肉跳的玩意儿，就要在全球上市了。但是王坚认为：“我们这个想法，不是解决了一个什么问题，而是引出来很多新的问题。”他在想着演奏他的“第二部曲”——那支数字笔。

“将来很多人用一支笔和一张纸就够了，对于很多人来说，这就是电脑了。”王坚说，“这就是我要做的事。”

当你拥有一支“数字笔”和一张“数字纸”的时候，计算机就完全不是现在这个样子了，它只是一支笔和一张纸。这支笔是黑色的，看上去很像你现在手上的普通圆珠笔，不过它的内部有一些特殊的装置，而这张纸是真正的普通书写纸，它可以是单张的，也可以是一叠。你用这支笔在纸上随意书写，就像计算机时代之前你的工作习惯一样，可是你写下的任何东西，都将直接进入一台远距离的电脑终端，变成电脑可以处理的信息。显然，你仍在使用电脑，但你的面前已经没有主机和显示器，没有键盘和鼠标，也没有“视窗”软件操作系统。

12个月后，“数字笔”再次摆到微软公司高级主管的会议上，比尔·盖茨一眼看出其中奥妙，当即兴奋地一跃而起，把脚上的鞋都脱了，跳到椅子上。

“你们创造了历史。”比尔对张亚勤说。

这次会议结束后的第40分钟，微软所有高层主管都接到比尔的电子邮件。“笔式计算将成为微软下一代视窗系统的主要特点。”他在邮件中这样写道。也是从这时起，王坚成了比尔·盖茨最关注的中国人之一。他的很多想法可以立即得到比尔的回应。比尔有了想法，也乐意听到王坚的意见。就像美国《商业周刊》说的，这个中国人成了比尔的“技术顾问”。出现这种局面，应当说，与这两人有着一些相同的也是最基本的信念有关。后来发生的事实证明，比尔喜欢王坚的“笔”，更喜欢王坚的想法。

王坚把他的“数字笔”视为珍宝，但是他也说不清楚，自己是不是在从事改变历史的工作。

对于王坚来说，2002 年的秋天非同寻常，事实上，对整个微软公司都不寻常。“数字墨水”第一版诞生了。尽管这是微软公司中美两国技术人员通力合作的结果，但所有人都认为这是王坚的“儿子”。几天后，微软总部一行七个开发人员再次来到北京，要和王坚一同开发第二版。10 月 16 日，“全球第四大电脑资讯展”在东京开幕，微软公司负责“平板电脑”小组的副总裁阿莱克斯·劳芭女士，高举着这个有着 A4 大小的液晶显示屏、外形类似手写板的“新玩意”宣告：“平板电脑时代已经来临！”

又过了十个星期，2003 年开始的时候，王坚的成果问世了。他比任何人都明白自己这个发明的价值。“我们甚至认为五年以后，所有人都将使用这些电脑。”王坚说，“这个东西的方向有一个很大的空间，可以伸到生活中任何的地方中去。”

有个外行人在这个春天看到这支笔和这张纸，把玩良久，突然惊呼：“你们已经占领了全世界 90% 的办公桌面，现在又在打人们的公文包、衣服口袋，甚至还有两只手的主意了。”

“我认为所谓研究，就应该是前所未有的东西，可以一举改变游戏规则的东西。”王坚说，“就是创造能改变成千上万普通人的日常生活的东西，就像个人计算机和视窗。”

自从“数字笔”和“数字纸”诞生的这一刻，横行全世界的“视窗”的确听到了自己的丧钟。不过，“视窗”的主人也许不会为此伤心，事实上他还欣喜若狂。他明白，那丧钟如果真的不可避免，那么最好由他自己来敲响它。现在，他觉得历史的主动权回到了自己手中。

王坚是富有想象力的，这引导他走在历史的前面，不过，他承认让亿万用户接受他的想象力，是另外一回事。对那些熟悉计算机技术发展历史的人来说，如果王坚的想法在理论上可以成立，那么商业上呢？科学家们看过太多的演示，知道从成功的表演到产品之间还有漫长的路要走，有一些表演甚至永远只能停留在实验室里，无法走到市场上去。因此，把“天上的事情”变成“地上的事情”，就成了关键的环节。

王坚在微软公司常常被人叫做“天才”。这也许有些言过其实，但千真万确的是，没有人能忽视王坚的想法。事实上，作为一个普通人的王坚，要比作为一个成功科学家的王坚更耐人寻味。他的外表和谈吐表明他实在是一个普通人，他的与众不同在于他的精神。他故意地追逐那些“天上的事情”，并且企图把他的梦想与实用主义的市场精神合而为一。当2003年结束的时候，他的数字笔和数字纸仍然还处在演示阶段。但即使这样，他的梦想仍然非常迷人，透露出强烈的启示意义，深深地触动着人的灵魂。

“孵化器”

进入2002年的时候，张亚勤的新想法层出不尽，让他周围的人有点眼花缭乱。1月24日，一个“企业研究院高峰论坛”在北京中关村开幕。他来了，对那些竖着耳朵听他的人说，微软每年的研究发展费用是50亿美元，占营业收入的18%。这在听众中引起一片惊叹。除此之外，比尔·盖茨的那句话也是在这个会上流传开的：“当有一种新技术出现，能够覆盖‘视窗’的时候，微软的好时光将不再有。所以，我时刻提醒自己，微软离破产永远只有18个月。”

在继续描述张亚勤的新思想之前，有必要提到他喜欢说的一句话：“有足够的勇气去改变你能改变的事情，有足够的宽容去包容你不能改变的东西，有足够的智慧去分清什么是你能改变的什么是你不能改变的。”很多人将张亚勤和李开复比较，倾向于认为李开复具有更多的勇气而张亚勤拥有更多的宽容，但是在张亚勤就任院长后的第三个年头，所有人都发现，他的改变现实的勇气日益强大，一点也不逊于他的前任。

很多新思想都是在天上产生的，其中有一个是他坐在飞往美国的飞机上冒出来的。开始是“图形、影像、数字电影、网络游戏”这一连串念头，不能遏止，渐渐地一个想法清晰起来，这就是“数字娱乐”。等飞机在美国大陆着陆以后，他立即写下一个简短的邮件发给所有研发经理，说他打算把“数字娱乐”作为一个新的研究方向。

他把自己的想法报告里克·雷斯特。后者是微软公司主持科研事务的全球副总裁，他说：“很好啊，就这么干。”张亚勤就紧锣密鼓地干了起来。他对全中国计算机领域的科学家宣布：“计算机将成为人类未来生活的娱乐中心。”还把至少40位专职研究人员和1/3研究经费投入到“数字娱乐”中。

五个月后，也即 2002 年夏季，微软亚洲研究院“第四次研究成果开放日”在希格玛大厦举行，主题就是“数字娱乐”。又过了几个星期，他再次飞回美国，向比尔·盖茨汇报，其中最重要的议题还是“数字娱乐”。比尔听了他的解释，立即回答：“在这里花多少钱都行，这是我最好的一笔投资。”

但是当张亚勤离开比尔，登上飞机穿云破雾向着北京飞回来的时候，脑子里面又有了新的念头。

“我一般做一件事，都有一段思考的时间。”张后来描述自己的这个想法时这样说。这个念头在他脑子里面已经转了差不多好几个月，2002 年 2 月在中关村研究院院长会议上，他曾经阐述它的雏形，当时没有引起人们的注意。现在，与比尔的见面让它前所未有地强烈了。他想的是，微软亚洲研究院迄今为止定位于“基础研究”，但现在形势已经发生变化，研究院的定位需要重新设计。

在飞机的轰鸣声中，他打开电脑，开始整理自己的要点：

> 第一个职能，作为公司的技术发展战略的智囊团。最聪明的软件技术人员，应该是公司战略的制定者，也是执行者。我们不仅仅做技术，而且要影响产品的走势，影响比尔·盖茨。过去这些事基本都是经理或者产品部门来做，研究员不参与。从现在起，我们要做产品发展战略的智囊团。
>
> 第二个职能，还是做基础研究，使研究院成为“研究成果的诞生地”，新的研究成果将使我们的产品拥有更强大的功能。
>
> 第三个职能，新技术的发起和培育。

“过去的四年，我们主要是做基础研究。”张亚勤写道，“从现在开始，我们将在第一方面和第三方面慢慢发展，我们会发展现在的产品，还会影响未来的产品。这是我们的新使命。”

有个记者问：“原来的状况是，公司在前边走，你跟着。它有时回过头来看看你的东西有没有用，有用就拿走，没用就放着。”

“对，大部分公司都是这样。”张回答，“现在我们想和大家一起讨论应该怎样走向未来。”

2003 年的最初几个月，这念头是如此强烈地纠缠着张亚勤，挥之不去。春天到来的时候，他有一次和一位朋友闲谈。朋友提到他就任院长后的两年里取得的成果：研究院人数增加一倍，办公空间增加一倍，有了新的研究方向，2002年一年发表的文章数量相当于前三年的，申请的国际专利数量也超过了前三年的总和……原以为这些成就会让这位院长自豪的，却不料他只是淡淡地一笑，然后说：

我们可以设想，五年十年之后，别人不会记得你发表了多少文章，不会记得你申请了多少专利。人们能记得的是你做了什么了不起的东西。

比如提起当年的施乐，你想到的不会是它写的文章，而是它发明的激光打印机、图形用户界面。所以我希望，我们也能研究这样的东西，这是可以改变公司方向的东西，可以引导亿万用户进入新时代。

他的思路是沿着两条路线展开的，要拿出真正具有广阔深远影响力的发明，这是其中的一条路线。另外一条路线是，要让那些最好的技术最快地走出研究室，走向市场，走到亿万用户那里去。在这条思考的路线上，他再次想到施乐：

很多公司做出很好的研究，包括像施乐这样杰出的公司，却没有把研究成果转变成产品，写了论文以后就放在那里。比如用户界面和激光打印技术，施乐的研究人员发明出来，但是他们的公司并没有得益于这些发明。这里面有两个因素，一个因素是公司的决策水平太差，没有抓住机会把研究成果产业化。另外一个，这些研究员没有很好地帮助公司制定战略。他们只不过是技术的发明者，而不是公司的智囊团。

怎么把自己的最具影响力的新发明融入公司的长远战略？张亚勤开始寻找自己的途径。他知道任何新技术都需要一个消化培育的过程，特别是那些重大的新技术。“如果你不经过培育就把它拿给产品部门，他们往往无所适从，就好像一个婴儿刚刚出生，母亲还要给他喂奶，你不能直接把他送去幼儿园，你必须要有孵化的过程。要不然可能很早就夭折了。”他这样说，然后又拿自己属下的那些发明做依据，继续说：“有的孩子非常聪明，但他先天体质很弱，还要放到恒温的无菌箱里去哺育。当然你也可以把你的‘儿子’给别的公司去继续开发，这样对社会是好的，但是‘儿子’就不是你的了，弄得不好你自己不存在了。有些很了不起的研究院做到最后，居然连生存的能力也没有，就是犯了这个错误。”

每当一个研究员来找张亚勤谈论自己的发明时，他都要问一个问题：你的家在哪里？“你的发明也许很棒，要做很长时间，但是你要告诉我，如果做成了，谁会用它。”也就是说，他要自己的属下首先想清楚把自己的“儿子”送到哪里去。

接下来，他的问题是，弄清楚把“儿子”送到家里的该哪条路？在研究院诞生的很多“儿子”，直接送给产品部门就成了，但是有些可能是个子太大，也有可能是体质很弱，就这样把他送到产品部门，他可能长不起来，甚至还夭折了。所以张亚勤开始构思一个新的东西来培育自己的“儿子”，他把这个新东西叫做“孵化器”。

“孵化器”的念头一经涌出，就让张亚勤兴奋不已：

> 这将是一个很大的改变啊。这意味建立一种新机制，也意味着建立一个新机构，这是相对独立的机构，叫它什么呢？先叫它“新技术中心”吧。这个中心将会在第一年招收一百人，第二年增加一倍，第三年就差不多成型了。它的主要的职能就是“孵化”那些最有希望的新技术，比如王坚的“数字笔”，比如无线通信，再比如数字游戏。我认为这是目前最有意思的一件事情。

在研究院内部，原本有一个 30 个人的开发队伍——新技术开发部，它是四年以前由李开复和凌小宁建立起来的，现在则由林斌负责。开发部在新技术和产品之间充当着桥梁的作用，但它毕竟不具备那么专业的工程环境，更没有开发产品所需的整套技术体系。研究院既然以“基础研究”为已任，当然不可能在工程方面无限制地扩展，所以不得不常常拼凑起临时小组来应付。比如王坚和林斌就曾前后带着十位工程师长时间地驻守微软总部，只是为了让“数字墨水”技术变成产品。身陷这个项目的研究人员，半年甚至更长的时间不能全身心投入自己的研究，这叫张亚勤感到失去很多。“不仅如此，由于开发部无法完全弥补研究成果与产品之间的隔阂，有些技术根本无法转移，只能搁置一旁。”随着研究的成果越来越多，“转移”已经明显成为技术与应用之间的瓶颈，而且成本越来越高。

为什么不能充分利用中国这么多优秀的开发人才，把研究成果向产品延伸的部分做得更好呢？2002 年 11 月，张亚勤把建立一个“孵化器”的想法告诉了里克·雷斯特，又去向比尔·盖茨游说。这时候比尔和里克已经在心里建立起对中国人的信任。他们都相信，让中国人放手去干是最好的办法。“他们给我的支持，比我能想象的还要高。”张亚勤后来谈到这件事情的时候说，“我原来在方案中给自己增加的一些约束条件，都被他们取消了，他们认为我们不应该限制自己。”

新计划就这样诞生了。“你认为需要搞多大，就搞多大。”比尔·盖茨对张亚勤说。

自从进入微软以来，张亚勤总是觉得自己无论想要做什么都能做成。但是这一次，张亚勤还是感到这最令人兴奋的一个夏天，因为这个计划的确太大了，等于是在微软亚洲研究院之外，再建立一个微软亚洲工程院：

> 真是越做越兴奋。本来几个月前公司就让我回美国去，但我不愿意。一般来说，一个单位刚刚成立的时候，大家都会兴奋。但是在这里，直到今天，我们每个人仍然会废寝忘食地工作，过了这么久为什么大家还这么兴奋呢？我觉得我们总有新的东西，不仅是新的课题新的项目，更重要的是大家觉得自己的东西越来越有影响，影响了公司，影响了世界。所以大家都是一条心。大家都会达到一个共识，完全没有个人恩怨。

2002年年底到2003年年初的那几个星期，张亚勤和他的同事们，脑子里面装的就是这些。这同我们很多公司、学校、机关的领导人脑子里面想的东西是多么不一样啊。

“疯狂鸟”——许峰雄

在全世界的跨国公司中，似乎没有哪一家能像微软这样，总是让自己像明星一样地出现在公众面前。2003年2月27日下午，微软发起“新一代软件技术大会”。会场选在北京国家奥林匹克中心综合馆。7000多名中国大学生来到现场。他们的座位上全都有个印着“微软”字样的纸袋，还有一个荧光棒。头顶上的会标有个奇怪而又令人激动的副题——“与比尔·盖茨面对面”，人人皆知这是真的，因为他们已经从报纸上知道比尔在一天前来到这座城市。不过，要想见到真正的比尔还得有点耐心，他们只能先在一个巨幅屏幕上看到那个人。

从录像上走出来的比尔虽然还是个年幼的孩子，却已经在观众中引起一阵激动。接着，比尔迅速长大，由青年到中年。画外音在陈述比尔的成长和微软的成长，屏幕上的那个人却懒洋洋地靠在沙发上朝中国学生微笑。笑脸渐渐暗淡，灯光忽然大亮，屏幕上的比尔消失了，真的比尔出现在舞台上。全场掌声响起，还有欢呼，荧光棒挥舞起来，色彩缤纷。

这是比尔·盖茨第八次中国之行。每一次都像明星一样在中国刮起一阵旋风。中国的记者把眼睛全都盯在他身上，后来写出的文章都说这是他的“个人演唱会”。其实他不会演唱，只会演讲。他演讲的题目叫做“数字时代的编程”。讲完了就给一群学生发奖。那些学生都是持续三个月的“亚太地区高校学生网络开发大赛”优胜者，来自 11 个国家和地区 2981 支队伍的 94214 名大学生。可以想象，个个年轻，执著，聪明绝顶。

微软的高层管理者个个心里明镜似的。他们把比尔推到前台，让他如此风光，可不只是要造成“明星效果”。他们的眼睛始终盯着台下的那些学生。他们知道，微软未来的希望，就在这些学生中间。

微软亚洲研究院诞生还不到五年，已经有大约 170 个人了，这大大超过当初李开复设计的“六年一百人”的目标。研究员的队伍中，除了张亚勤和王坚，还有沈向洋和张宏江，还有张益肇，还有朱文武、郭百宁、李世鹏、林斌。这些人都是在国外学成并且在国外有过一段工作经历。还有张黔、高剑峰、童欣和吴枫，这四人全都没有国外留学的经历，是在微软亚洲研究院成立的那一年才从中国大学里毕业，年龄也更轻些，所以被叫做“微软四少”。这些人都是我们在前边叙述过的人物。此外还有马维英，生长在台湾一个贫穷的下层军官家中，又以超凡的毅力完成海外学业，并且成为计算机科学领域里的佼佼者；还有周明，少年时代有名的浪子，现在则是世界计算机自然语言处理领域里第一流的专家；还有朱文力，一个文静端庄的女性，却拥有一种奇异的力量，她在哈尔滨工业大学完成博士学位，现在则是微软庞大的研究员队伍之中少有的女性；还有张波，他是舟山群岛上一户渔家的儿子，一步一步走到这座城市和这个计算机技术的最高殿堂里来……

张亚勤在 2003 年春天有一次谈起这些人来，满脸红光，如数家珍：“张黔这个人不得了，一个人发表了 80 篇论文。像那种世界一流水平的论文，很多中国的教授一辈子都不一定能发表一篇，她才毕业五年就发表了 20 篇。这种水平就是在全世界也算得上出类拔萃。高剑峰也了不起，他到国际会议上去的时候，就像一个明星，别人都围着他，听他讲话。这些人都是中国土生土长的。还有从美国回来的那些人，大部分都不想走了，都要留在这里。那些没有回来的人中，想回来的人也越来越多。可见我们的吸引力有多大。五年前我们刚刚成立的时候，最担心的是找不到优秀的人，现在我们一点也不担心了。”

“聪明人就像一个重力场。能把更聪明的人吸引来。”张亚勤说。“如果五年以后我仍然是这里资历最深的人，那就证明研究院是失败的。”

就在张亚勤说这些话的时候，又有个人从美国来到北京。“这个人非常了不起，非常有名，走到任何地方都会受到尊敬。”张亚勤说。

他叫许峰雄。只要我们了解这个人，就会知道，他成为微软亚洲研究院的高级研究员，对全世界计算机研究领域带来怎样的震动。

20 世纪 80 年代后期计算机领域发生了两件大事，轰动世界。它们出自美国卡内基梅隆大学计算机系的两个学生。两个学生又都来自台湾。

其一，全世界有几十位最优秀的计算机专家在研究语音识别技术，他们全都绞尽脑汁，想让电脑听懂人类的语言，但是直到 1987 年，有一个 20 多岁的学生开创了历史，那就是李开复。

其二，1988 年，一台名叫“深思”的计算机第一次成为“国际大师级棋手”，并且战胜国际象棋特级大师本特·拉尔森。它的制作者是许峰雄。

我们已经叙述过，李开复是如何与 15 位专家分道扬镳，另辟蹊径，而他的导师罗杰·瑞迪教授又是怎样“不同意他，但支持他”的。现在让我们来看许峰雄。当年他是比李开复早一年入学的博士生。

看见许峰雄的时候，我们脑子里冒出来的第一个念头是“深蓝”：这就是那个被叫做“深蓝之父”的人吗?

是的，就是他。他和他的两个伙伴制作出来的那台“深蓝”是个庞然大物，有 1.4 吨重，里面装了 32 个并行处理器、世界上所有国际象棋大师的棋谱，还拥有每秒计算两亿步棋的能力。1997 年 5 月 11 日，许峰雄用它战胜了卡斯帕罗夫。后者拥有很多辉煌的头衔：国际象棋世界冠军、世界排名第一、特级大师、有史以来最伟大的国际象棋棋手。所以，“深蓝”的胜利让全世界电脑和人脑两大领域又惊又喜，还有一种五味俱全的感觉。自从 1958 年国际商用机器公司那台名叫“思考”的计算机掀开与人类博弈的第一页，“四十年人机大战的历史”就在这一天彻底改写了。

许峰雄其人中等个子，看上去温文尔雅，年龄不算大，却已早生华发，一副深度眼镜后面的那双眼睛，有时候有些木然，心不在焉，但是突然间又会神采飞扬，把脸上的表情甚至全身都带动起来。1997 年 5 月那次持续一周的“人机大战”之后，“许峰雄”这个名字在全世界传扬开，也为很多中国人知晓。但是昔日的同学和今日的同事并不叫他“许峰雄”，而是叫他“CB”——Crazy Bird，意思是“疯狂鸟”。

“CB”的早期教育简历很简单，但却令人印象深刻。他出生在台湾，自幼“好新奇之事”，中学时期“奇思妙想层出不穷，天空海阔恣意驰骋”。在台湾大学读书的时候成绩优秀，但他给同学留下的印象是“思想异于常人”、“特立独行”。1982 年他来到美国，进入卡内基梅隆大学计算机系，又是一个“不务正业”的学生。所以他说：“我不是老师的好学生，因为我不喜欢按照教授的计划走，总喜欢做自己想做的事。”

有一天有位教授来找他，要他帮忙去完成一台能下国际象棋的电脑。他喜欢下棋，也喜欢电脑，还知道让电脑学会下棋的努力已经持续了很多年，但直到那时为止，电脑还只是具有业余级别的棋力。他喜欢做这件事，可是他不能同意教授的计划：“他们打算按照国际象棋的 64 个格子做出 64 块芯片，所以那是一个很大的东西。我觉得这种做法很笨。”他对教授说：“现在的技术可以把这些东西装进一个晶片，为什么要做 64 块？”可惜这教授不是瑞迪，许峰雄没有李开复那么幸运。他和教授发生了冲突，离开的时候满脑子只有一个念头：“我非要做出一个来不可。”

对他来说，这是一个前所未有的历程。没有人要求他去做这件事，那是他自己想要的。“很多事情，你不做就不会理解其中艰难，一旦做起来，才能发现自己低估了困难的程度。”他这样说，“面对那么一大堆问题，我有时候担心自己也许要做十年。”旁人遇到这种情况，也许会退缩，至少要求导师给自己更多的时间，但他是“CB”——疯狂的鸟，他不肯退缩。

每天从早到晚坐在电脑前。他要把 36000 个晶体放在一块长 6. 8 厘米、宽 6. 7 厘米的芯片上，每一条线路都要重新设计，这用掉了第一个月。然后把一点一线画出来，有几万个点和几万条线，其中大部分依靠手工完成，这又用去了四个月。每天的工作时间越来越长，昏天黑地，不分昼夜，但最大的问题是“前途难测”。他一边往那小小的芯片里面塞进晶体和线路，一边对自己说：“应该可以。应该可以。”

第六个月开始的时候，他把 36000 个晶体连同所有电路全都装在芯片上了，再多一条线都加不进去。然后开始检测，在发生错误的地方重新开始，这用去了他的最后一个月。“六月限期”全用完了，他的芯片真的诞生了，不仅能够正常工作，而且证明比那 64 个芯片组成的系统还要快 10 倍。

他把自己的第一个成就叫做“晶体测试”，它的样子粗糙，甚至不是一台像样的电脑。他带着它去参加国际象棋比赛，时在 1986 年。他就是从这时起，开始了走向“深蓝”的道路。

等到“深蓝”诞生的时候，“CB”已经全美知名，因为《纽约时报》在头版发表文章，说这是一场“电脑与人脑之间的战争”，弄得人们既兴奋又紧张。

这场“战争”的结局现在人人都已知道，但是“总攻”发起之前的那一段时间仍然漫长。从“晶体检验”到“深思”的诞生，用了四年，从“深思”再到“深蓝”，又用了八年。其间有过无数失败、无数烦恼、无数惊喜、无数不眠夜，这一切外人至今还不知道。人们津津乐道事情的成败。“深蓝”的胜利和卡斯帕罗夫的失败，成为那一周世界媒体的头版新闻。美国的《时代周刊》、《纽约时报》，英国的《卫报》，还有新华社、美联社、路透社、共同社，纷纷报道，连中国的《人民日报》这样的严肃报纸也加入进来。IBM 甚至单独为这场比赛申请了一个站点，每天有上千万用户访问该站点，发表见解。“这是一部像人的机器和一个像机器的人之间的决斗”，印度人阿南德这样评价“深蓝”与卡斯帕罗夫的较量。卡斯帕罗夫说他“没有想到电脑会如此像人一样下棋”。国际商用机器公司则名声大振。他们为这次比赛投入 1000 万美元，然后把 70 万元的“胜利者奖金”发给了自己，又从股票价格上涨中收益 2 亿美元。

如今，“深蓝”功成身退，它的一部分捐给了博物馆，另一部分则存放在国际商用机器公司，作为资料，也作为纪念。至于许峰雄，所有人都记得他。

张亚勤说，他是“很安静、很坚韧”的科学家，脑子里每时每刻都跳动着“各种各样的想法”，一旦决定了主攻方向，他便会“执著地整合各种资源”。

沈向洋说：“他应该是所有中国学生的榜样，当然，也是我的榜样。”

他自己说：“当时我也没有想到，这件事情一做就是 12 年。”有一次他还对朋友说起自己为什么到那么大的年龄才结婚：“在战胜卡斯帕罗夫之前，我根本不知道女人是怎么回事。”

2000 年张亚勤就任院长的时候，许峰雄正在美国西海岸的硅谷，是惠普

公司的首席科学家。张并没有见过许峰雄，但那个人总是在他心里冒出来，他想把许峰雄请到希格玛大厦来，可是一点把握也没有。他知道微软设在美国总部的研究院曾经曾劝说许峰雄加盟，但被拒绝了。那时候许峰雄说他喜欢住在加州，特别喜欢硅谷，不喜欢西雅图的绵绵阴雨。

但是张亚勤还是打算试一试。

对微软来说，“挖人”并非随意而为的事情，要有足够的吸引力，要有一套巧妙的“程序”，要有一股真诚的愿望，还要有足够的耐心。这一切张亚勤都有。他请了很多最有名的人前去游说，自己则没完没了地打电话，把许峰雄请到北京来参观，谈梦想，也谈技术，谈论中国的发展，也谈研究院里那些聪明的中国青年，谈中国的工作环境，也谈北京的生活条件。直到有一天，张亚勤终于听到许峰雄说出“很乐意来北京”这句话，开心极了。

当年许峰雄的“深蓝”战胜卡斯帕罗夫的时候，《纽约时报》有一篇评论说，IBM 导演的这场“人机大战”，是演给全球最大的软件公司微软看的，“‘深蓝’已经打败了棋王卡斯帕罗夫，它能打败比尔·盖茨吗?”现在来看，“深蓝之父”许峰雄并没有向比尔·盖茨挑战，他在 2003 年春天加盟微软，来到比尔·盖茨旗下。

五周年

2003 年 11 月，微软研究院成立五周年庆典，热闹异常。张亚勤的“战略构想”有了结果：微软亚洲工程院也在这一天成立了。

希格玛大厦的年轻人兴奋异常。五年前他们曾有过一个巨大的机会，结果证明他们获得累累硕果。现在，这是又一个巨大的机会，可以让他们的研究成果更快地融入产品，进入千家万户。不过，这些人的脸上仍然带着些疑虑。几个月前他们聚集在青岛讨论新机构的名称时，总觉得“孵化器”不是个正经名字，“新技术中心”又过分小气。有人当场说出个“微软亚洲工程院”，大家都说是个好名字，可是按照中国的人眼光看，会不会太大了，还有些张狂?

“中国工程院的规模有多大啊，有多少个人，多少院士，全都是泰斗一级的人物，也不过是‘中国’啊，”沈向洋说，“我们这里不过几个毛头小子，就要冠上‘亚洲’了，哈……”

现在，3000 多人汇聚在国际会议中心的演讲大厅，来向微软亚洲研究院祝贺它的五周岁生日，也来祝贺微软亚洲工程院的诞生。有中国计算机科学界的专家、教授、学生和官员，有几百个记者，还有研究院的几百个研究员和工程师。我们回到本书开头，回到五年以前国际饭店那个只有六个人的成立大会，再拿今天国际会议中心里的情形来对照，就可以看到，这里的确有一种持续性的力量，生生不息，由此产生了至少800篇国际一流水平的论文和100多项国际专利。在这持续性的成功背后，是持续性的文化。

里克·雷斯特在五年前曾经来过，现在又来了。他是研究院的首倡者之一。在这个研究院成立之前，他甚至还没有来过中国。过去五年来，中国成了他最常来的国家之一。他把研究院看做“他平生最伟大的杰作”，一说起这个“杰作”就把两手搓在一起，不停地笑。

张亚勤则用另外一种方式表达了同样的意思。他把《从优秀到卓越》送给研究院的每一位经理：“这是我在2003年看到的最好的一本书，所有经理都应该看一看。”

五周年庆典之后两个月，也即2004年1月8日，微软公司宣布，张亚勤升任微软公司全球副总裁，调回微软总部，负责微软移动通信及嵌入式系统在全球的开发业务。同一天里，沈向洋晋升为微软亚洲研究院第三任院长，全面接管研究院基础科研及高校关系等方面的管理事务；张宏江被提升为微软亚洲工程院院长，全面负责该机构的发展和管理事务。

张亚勤博士成为过去三年里第二位来自中国的微软公司副总裁。

第一位是他的前任李开复。

同事们为张亚勤举行的送别仪式，也像三年前送别李开复一样，半是欢快半是伤感，还有强烈的依依不舍的气氛。台上的横幅写着，“常回家看看”。

现在轮到两位新院长，沈向洋和张宏江，从张亚勤手里接过火炬。有人对沈向洋提到他在2000年说过的一句话。那时候他谈到研究院的时候说：“大约三年五年之后，可以看出结果。”

“现在呢，现在三年多过去了，能不能说研究院已经成功了？”

“不，还要再看五年，才能说我们是不是成功了。”新院长说。

2004年3月补记于中国上海

人名中英文对照

Alan Kay	阿兰·凯
Alan Perlis	阿伦·伯利斯
Alan Turing	阿伦·图灵
Alex Loeb	阿莱克斯·劳芭
Andy Van Dam	安迪·戴姆
Bill Gates	比尔·盖茨
Bob Muglia	鲍伯·马格利
Bryan Nelson	布莱恩·尼尔森
Butler Lampson	巴特勒·拉姆伯森
Claude Shannon	克拉德·商农
Craig Barret	克瑞格·波瑞特
Craig Mundie	克瑞克·曼迪
Dan Ling	凌大任
David Cowig	大卫·克维克
Derek Mcauley	戴瑞克·姆卡勒
Douglas Engelbart	道格拉斯·英格伯特
ED Mc Cracken	艾德·迈克拉肯
Edward D. Lazowska	艾德沃尔德·拉苏斯卡
Eric Bina	里克·比纳
Eric Horvitz	艾利克·赫维茨
Fred Moody	弗雷德·默迪
Gary Starkweather	盖瑞·斯塔克伟泽
Gil Amelio	杰欧·艾姆利奥
Gordon Bell	戈登·贝尔

Jack Breese	杰克·巴利斯
Jeremy S. De Bonet	杰瑞米·波奈特
Jim Gray	吉姆·格雷
Joe Wilcox	乔·维尔考克斯
John L. Mc Carthy	约翰·卡斯
John Platt	约翰·波拉特
John Sculley	约翰·斯考利
Kai – Fu Lee	李开复
Kevin Schofield	凯温·斯卡费尔德
Larry Elison	赖里·艾利森
Linus Torvalds	利纳斯·特沃尔斯
Lyndsay Williams	琳塞·维丽亚姆丝
Marc Andreessen	马克·安迪森
Marvin Minsky	马温·明斯克
Mary Czerwinski	玛利·克塞维斯卡
Michael Dell	麦克尔·戴尔
Michael Gartenberg	麦克尔·卡顿波格
Michael Rawding	罗迈克
Nathan Myhrvold	奈森·梅尔沃德
Noam Chomsky	诺姆·乔姆斯基
P. Anandan	比·阿纳丹
Paul Allen	保罗·艾伦
Raj Reddy	罗杰·瑞迪
Raymond L. Pickholtz	瑞曼德·比克赫尔茨
Richard Newton	理查德·纽顿
Richard Stallman	理查德·斯德尔曼
Rick Belluzzo	瑞克·布鲁斯
Rick Rashid	里克·雷斯特
Rob Burgess	瑞伯·布吉斯
Roger Needham	罗杰·尼德哈姆
Sanjoy Mahajan	萨卓依·玛哈俊

Steve Ballmer	斯蒂夫·鲍尔默
Steve Jobs	斯蒂夫·乔布斯
Thomas Jackson	托马斯·杰克逊
Tom Jermulak	汤姆·杰姆拉克
Victor Zue	舒伟都

致　谢

在我结束这个故事的时候，我要特别感谢下面这些人。感谢他们慷慨地给了我那么多的时间，还给了我那么多的故事和思想。

按照我的采访顺序，这些人是：李开复、陈蕾、沈向洋、黄昌宁、王坚、陈宏刚、凌小宁、张宏江、邸烁、徐迎庆、童欣、夏鹏、张高、李明镜、张益肇、陈成就、尚笑莉、王瑾、张黔、刘挺、蔡东风、祁卫、刘文印、李劲、李世鹏、张亚勤、陈正、李岩、李江、陈劲林、杨强、孙燕峰、罗杰·瑞迪、陈家恩、杨飞、潘锦辉、里克·雷斯特、凌大任、洪小文、芮勇、蒋自新、黄学东、吴安迪、张正友、杰克·巴利斯、艾德沃尔德·拉苏斯卡、凯温·斯卡费尔德、比·阿纳丹、王庆、比尔·盖茨、瑞曼德·比克赫尔茨。

我的朋友罗晓对于图书市场以及读者需求有着透彻的了解，他将这一切毫无保留地给了我，可以说，我能够“摆脱完美主义的迷人陷阱”，确立“读者第一”的观念，主要就是得益于他。

作　者

2000年7月30日